本书的撰写受国家自然科学基金“所有权结构、高管薪酬公平性与管理防御行为”（71502041）、广东省自然科学基金自由申请项目“现代化转型期家族企业‘业主—部属’社会偏好及其激励机制”（2014A030313613）和中国博士后科学基金“混合所有制、高管薪酬与公司财务效率”（2017950637）的资助。本书的出版得到了广东省优势重点学科经费资助

产权、偏好与激励

——基于中国文化背景的经验研究

杨志强 著

中国财经出版传媒集团

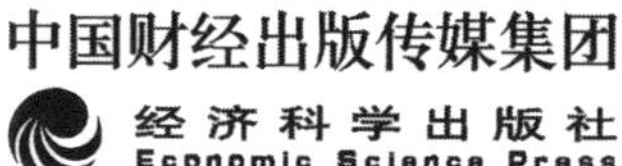

图书在版编目（CIP）数据

产权、偏好与激励：基于中国文化背景的经验研究/杨志强著.—北京：经济科学出版社，2019.8
ISBN 978-7-5218-0979-4

Ⅰ.①产… Ⅱ.①杨… Ⅲ.①企业管理-工资制度-研究-中国 Ⅳ.①F279.23

中国版本图书馆CIP数据核字（2019）第210944号

责任编辑：程晓云 王金红
责任校对：靳玉环
责任印制：王世伟

产权、偏好与激励
——基于中国文化背景的经验研究
杨志强 著
经济科学出版社出版、发行 新华书店经销
社址：北京市海淀区阜成路甲28号 邮编：100142
总编部电话：010-88191217 发行部电话：010-88191522
网址：www.esp.com.cn
电子邮件：esp@esp.com.cn
天猫网店：经济科学出版社旗舰店
网址：http://jjkxcbs.tmall.com
北京季蜂印刷有限公司印装
710×1000 16开 20.75印张 360000字
2019年8月第1版 2019年8月第1次印刷
ISBN 978-7-5218-0979-4 定价：58.00元
（图书出现印装问题，本社负责调换。电话：010-88191510）

序　言

2018 年是中国改革开放40 周年。40 年波澜壮阔，40 年风雨兼程。40 年来，中国在经济总量、人均收入、财政收入、工业化、城镇化等方面成就卓著，一跃成为世界第二大经济体、世界经济增长的主要稳定器和动力源。中国的发展经验、发展道路也越来越多地得到世人关注，成为发展中国家的楷模。40 年来，中国坚定不移深化改革，摸着石头过河，由易到难、由浅及深，系统地推进了农村、国企、价格、科技、财税、金融等多领域改革，进入了全面深化改革新阶段，释放了巨大改革红利，激发了无穷经济活力，顺应变革创新的滚滚洪流。可以说，改革开放 40 年，世界给予了中国机遇，中国造就了世界奇迹。

还记得在 2010 年，杨志强在暨南大学思考他的博士论文选题的时候，我跟他讲了我彼时的思考和关切，即“中国经济改革三十年最大成就即选择市场经济带来的经济高增长，但这种体制所带来的负面效应日益彰显，体现在参与竞争的机会不平等与收入分配差距日益加大。因此，要使中国社会主义市场经济得以健康、平稳发展，亟须对 30 年市场经济运行效率与公平性进行研究”。时光如过隙之白驹，转眼就是 10 年。10 年来，中国资本市场发生了翻天覆地的变化，新的商业模式层见叠出，科技从根本上改变了人们的生活，中国面临的国内外环境也与 10 年前大相径庭。从根本上解决人民对美好生活的向往与发展不平衡不充分之间的矛盾已然成为中国继续向前走必须处理的主要任务。从全面建成小康社会到基本实现现代化，再到全面建成社会主义现代化强国，党的十九大报告为新时代中国特色社会主义发展做了清晰的战略安排，往前看就是如何降低在这个进程中的交易成本了。

本书的研究是杨志强在其博士学位论文研究基础上的延展，他试图将我国制度文化背景下个体的社会偏好结构嵌入不同产权结构和性质企业的激励合约中，一方面旨在使企业激励机制的制定和实施建立在正式的契约之上，并使其制度化；另一方面也兼顾了中国人的传统性，保留了差序格局下人际信任治理的合理内核。这是一种切合中国文化特色和经济转型现实的管理会计理论创新。他试图通过在管理会计理论和实践中引入和运用社会偏好理论，引导个体形成亲社会性偏好，在企业组织内部形成制度信任机制，为“激励相容”契约的设计目标提供了全新的研究视角，凸显了社会偏好这一行为机制的治理效应，具有较重要的理论和现实意义。相关研究结论有着广泛的推广价值，在诸如收入分配不公平、不合作、短期性经济决策、信任缺失的治理等重要现实问题方面都有进一步探索的前景，是一种从平面到立体的理论创新。

人类从何处来，又向何处去？一直是一个永恒的话题。在众多的设计中，古希腊人为我们埋下了民主政治、理性追求、自然美和热爱运动的种子，2000 多年后英国人第一次让这一种子开花结果，后来被人们称之为“现代化”。今天，现代化已经成为这个星球绝大多数国家追求的目标，它的核心是理性：是政治的民主化，经济的市场化，文化、艺术与信仰的多元化、科学的缜密化。一个好的经济机制，一定是这些要素的有机融合，而不能割裂开来。嵌入个体社会偏好的激励合约是这个方向的有益探索，尽管正如作者后文指出的，本书仍存在许多的不足，但瑕不掩瑜，我相信本书所构建的“产权—偏好—合约”内生配置模型及其丰富的经验证据，对于现代化转型期的家族企业和全面深化改革阶段的国有企业，都是有启迪意义的。

石本仁

2019 年 5 月于暨南大学惠全楼

前　言

本书的研究方法是经验性的，强调“格物致知”在知识构建中的重要性，重视验证的科学主义精神。笔者认为，文化传统，或者由既定文化所塑造的个体偏好和行为的差异性是建立特定组织中人们会如何行动的一般知识所需格的“物”之一，了解它们是建立一般知识的必要经验积累。举例来说，“共享经济”是现代经济社会中的一项重大的“发明”，但它并不是在任何一种制度和文化环境下都能够存在的。在判断其是否能够存在的众多因素中，人们的文化传统、道德水平是其中一项重要的局限条件，它影响了这种商业模式在既定环境下的成本结构。习近平总书记在十九大报告中强调，从全面建成小康社会到基本实现现代化，再到全面建成社会主义现代化强国，是新时代中国特色社会主义发展的战略安排。降低达到宏伟目标进程中的交易费用，对于发展的质量至关重要。在这个过程当中，国内外环境的变化，商业模式、交易模式以及科技变革可能带来的冲击都是难以预料的，在未知的领域，交易费用将如何发生以及其大小利害如何变化是需要小心求证的，激励契约的设计是需要知行相资，参用所长，反复校量的。中国5000年的文明历史进程中，大浪淘沙，却历久弥新，有着强大的包容性和与时俱进的生命力。当前，我国倡导富强、民主、文明、和谐，倡导自由、平等、公正、法治，倡导爱国、敬业、诚信、友善，积极培育和践行社会主义核心价值观，弘扬中华传统美德，把社会主义核心价值观融入社会发展各方面，转化为人们的情感认同和行为习惯，旨在发挥优良传统文化对社会发展的促进作用。我们强调文化自信，强调对传统文化、传统思想价值体系的认同与尊崇，是因为中华文化形成的历史进程是绝无仅有的，孕育着文化的那些社会实践，不管是过去、现在还是将来是独一无二的，更是因为传统文化中的诸多美德和规范对于降低整个社会交易费用是有益的，尽管这种降低可能缓慢而有限。研究个体社会偏好和行为特征，就是对漫长历史沉淀下来的文化传统、道德规范、习俗礼仪及其在不同组织中的表现的重视，就是对于它们在降低整个社会交易费用中扮演的角色的重视。

追求个性使文化艺术走向多元化，充分激发个体的灵感和智慧；追求真理使人类对自然与社会的探索走进科学，按可量化、可验证、可证伪等一套严密的法则来探索自然和社会的发展规律。在社会科学领域，有关效用、偏好、文化传统等方面的研究，总是存在方法论上的诸多争议，存在着作为研究对象的观念与有关这种对象的观念之间的差异，使得读者常常会误认为作者旨在问“好不好”，而不问“为什么”，抑或相反；特别是当作者的文字未能达意时，潜在的风险就更大。为此，笔者在前言写下以上的话，祈读者批评指正。

杨志强

2019 年 3 月于广财笃行楼

目录

CONTENTS

下篇 理论的运用

第 1 章

导　　论

1.1 方　法　论

本书的研究方法是经验性的。

中国古代儒学经典中最重要的是“四书”，“四书”之一的《大学》中提出了“八目”——格物、致知、诚意、正心、修身、齐家、治国、平天下。这八目，实际上阐述了儒学专门研究事物道理的方法论及其运用问题。其中，修身齐家治国平天下是运用，而格物致知、诚意正心，代表了两种方法论取向，前者是经验性的，与科学主义认识论接近；后者则与理性主义认识论接近，强调“圣人”通过心性顿悟，获得“真理”，并“推之于四海、传之于万世”①。

南宋朱熹诠释的格物致知为：“格，至也。物，犹事也。穷推至事物之理，欲其极处无不到也……，所谓致知在格物者，言欲致吾之知，在即物而穷其理也。”即格物致知是指通过推究事物的原理，从而获得知识的过程。苏轼以“礼”为例，阐述了“礼”这种道德规范是人类社会发展促进人自身知识完善的过程：“昔者，上古之世，盖尝有巢居穴处，污樽抔饮，燔黍捭豚，蒉桴土鼓，而以为是足以养生送死，而无以加之者矣。及其后世，圣人以为不足以大利于天下，是故易之以宫室，新之以笾豆鼎俎之器，以济天下之所不足，而尽去太古之法”。在认识论上格物致知是“形而下”的，它强调经验的积累，要对已经了解的事物、已经发生的事情进行归纳、思考和总结，形成观点，并不断发展出一套

① 此处“格物致知”与科学主义认识论、“诚意正心”与理性主义认识论之间对应关系，只是“接近于”，因为《大学》文本中没有作出详细阐述，也未见任何先秦古籍提及，遂使“格物致知”与“诚意正心”的方法论含义成为儒学思想史上的千古之谜。从最早为《大学》做注的东汉郑玄，到后世儒学学者的争论，已逾千年，至今未有定论。尽管如此，从历代学者对两者的阐述中，“形而下”和“形而上”的区分却是共通的，现代学者也多有类似对应关系的论述，参见丁肇中《应有格物致知精神》（1999）、盛洪《先有整体，后有个体》（2008）等。

理论体系，这与现代基于证伪的逻辑实证主义方法论无疑是契合的。源自实践的猜想，人们提出一个假说，并通过实验或者新的实践来验证假说，在假说没有被证伪之前，人们暂时接受其“真理”性，并据以指导当下的实践活动。而一旦被证伪，说明既有理论未能解释新的实践，存在偏差，人们再对其进行修正，通过经验，不断地试错和积累、不断地发展出新的理论，得到新的知识[①]。由于经验本身是有局限的，因而“格物致知”方法论所形成的知识结构就具备个体性、局部性、有限性等特征。举例来说，农场主雇佣十几户农户为其种植果蔬，并销往城市，每月按照收成情况分配农户薪资。起初，城市居民对果蔬品种和质地的需求比较单一，农场主按照计件工资方式支付农户薪资，由于多劳多得，农户都觉得公平，大家和睦共处，根据自身条件有效地组织生产。随着城市居民对果蔬的需求结构发生变化，对品种和质地有不同的需求，愿意支付不同的价格。此时，如果农场主还是按照“计件工资”方式分配薪资，农户之间的互动关系就会发生变化，那些能够产出更加优质的品种和质地果蔬的农户会感到不满，他们会向农场主声张，由于他们所生产的果蔬品质更好价格更高，应该得到更多分配，他们也可能通过降低果蔬品质以弥补心中不公平之感，或者仅仅是退出农场。不管怎样，如果农场主因循守旧，他将会失去一部分市场。为了更好地协调新环境下的生产，农场主修正原有的分配方式，他区分不同品质的果蔬进行计价分配、或将农户果蔬种植与销售挂钩并用提成方式、或将种植工种标准化并采用计时工资方式、或在农户之间设定一个锦标赛的奖金计划等，通过这种改变，农户之间紧张的生产关系得以缓解，重新恢复有效率的生产秩序。农场主会发现，为了保证农场的正常生产秩序，他需要不时地根据内外条件的变化作出调整，这是制度变迁的过程。一个农场的协调问题解决了，并不表示这一套协调机制适应于另一个农场，因而村一级的协调问题出现了。村干部需要用一套制度协调不同农场主之间的生产关系，因为他们都有自己的利益诉求，而他们个体的利益的加总并不等同于这个村整体利益；村一级的协调问题解决了，村与村之间的矛盾又出现了，需要由更高社会层次的乡一级来协调，乡与乡之间的问题又需要区县一级来协调、区县之间的问题由市一级来协调，市与市之间、省与省之间、国与国之间、洲与洲之间，每一个层级的协调机制和行为规范都是通过该层级利益相关者之间长期互动的经验中自发形成并不断发展的，是内生的制度变迁。由于经验的差异性和有限性，同一层级内部不同组织或者不同层级之间，以及不同时期的协调机制和行为规范，都不完全一样，这是“格物致知”所得理论的特性，它的解释力在时

① 形成于20世纪20年代奥地利的逻辑实证主义是传统的经验主义和现实主义相结合的产物，与理性主义和理想主义不同，认为有意义的陈述（理论）必须被经验所检验，且独立于的心智。但由于全称陈述无法穷尽，因而科学命题只能被证伪，无法被证实（Popper，1956），它对于科学家能够成功地最终确立理论的真理性并描述事物的“本质”而克服一切合理怀疑的“本质主义”（绝对性真理）持否定态度。

空上是受到限制的。

早期儒学传统，如先秦儒家，是比较侧重经验性的，是“形而下”地形成的。例如，周礼文化传统是周天子通过总结夏商周的治理经验总结而成的，《论语》主要记载孔子及其弟子的言行，也主要是基于现实经验总结的一系列处世原则。他们对于形而上学——诸如“天”“天命”“天理”，以及华夏远古宗教中“帝”“上帝”“神祖”——是敬畏的，知识阐述上是克制的，《论语·先进》载：“季路问事鬼神。子曰：‘未能事人，焉能事鬼?’‘敢问死。’曰：‘未知生，焉知死?’”，《论语·十则》载：“子曰：‘由，诲女知之乎！知之为知之，不知为不知，是知也。’”，《论语·雍也》载：“樊迟问知，子曰：‘务民之义，敬鬼神而远之，可谓知矣。’”，此类阐述，不一而足。与经验性儒学传统相对应的是心性儒学传统，心性儒学演绎了上古“上帝”“神祖”观念，继承了夏商周对于“天”的看法，例如“天道”“天命”等概念，尽管先秦儒家没有过多阐述，但它一直都存在。到了汉代，董仲舒发展了《春秋》“天人合一”思想，有了天人感应，即“天人之际，合而为一”，将天命之说拔高；至宋代，程颢说，“天人本无二，不必有合”，提出了“天理”的概念。方法论上看，心性儒学是形而上的，是超越自我的，对实践的指导是“俯瞰式”的，它与古希腊理性主义哲学方法论是相通的，均主张到“心灵世界”去探求真理，追求知识的“确定性”特征①，而非相对、有限的，强调圣人“思辨”“顿悟”在知识构建中的重要地位。举例来说，前面农场主雇用农户种植果蔬例子中，当外部市场条件发生变化时，农户之间、农户与农场主之间的相互关系变得紧张，有了争端。此时，“格物致知”方法论认为，有效率的协调制度会在各利益相关者之间的互动经验中形成，农场主通过总结经验，遵从自然秩序，顺势而为即可更好地协调生产。“形而上”的方法论体系则认为，那个制定协调机制的人是超越的，他能够领悟天意，“宙斯俯瞰众生”般地从上往下俯视矛盾着的各方，通过思辨获知什么样的分配方式是最公正最有效率的，并据以指导实践。但是，现实中，作出决策的人往往是局中人，他不是超脱的，他并非“圣人”，他有自己的私利，一旦存在私利，他的决策就会出现偏差，不可能完全公正。正如《大学》中阐述的：“所谓修身在正其心者，身有所忿懥，则不得其正；有所恐惧，则不得其正；有所好乐，则不得其正；有所忧患，则不得其正。”换句话说，当心忿懥、恐惧、好乐、忧患时，心就不得其正。心不正，顿悟就无法实现，知识就难以形成。于是，这一方法论

① 例如，苏格拉底认为，“对于美德”，“不论它们有多少种，而且如何不同，它们都有一种使它们成为美德的共同本性”（《古希腊罗马哲学》）；柏拉图的“灵魂不死”也旨在确认思维的内在本性，他认为理性是灵魂中的最高部分，人的认识只不过是人的肉体降生尘世后灵魂对理念世界的回忆，只有清除了感觉的杂念，人才能达到对真理的认识；亚里士多德把理性主义对事物确定性的追寻提高到哲学本体论的高度予以思辨的把握，古希腊的理性主义在其“主动理性”中臻于极致（《哲学史讲演录》）。

体系主张要做到“心不在焉，视而不见，听而不闻，食而不知其味。此谓修身在正其心”。程颐注释道：“忿懥、恐惧、好乐、忧患，非是要无此四者，只是不以此动其心”，而要做到这一点，就要诚其意，不为私心左右，此即“诚意正心”方法论之要义，借由它获取的知识是无限的，是绝对的真理，它的解释力在时空上是不受限制的。

儒家学说在阐述修齐治平之路时，“格物致知”与“诚意正心”并非相互割裂、非此即彼的关系；相反，它们有着内在的递进关系。《礼记·大学》：“古之欲明明德于天下者，先治其国；欲治其国者，先齐其家；欲齐其家者，先修其身；欲修其身者，先正其心；欲正其心者，先诚其意；欲诚其意者，先致其知，致知在格物。”也就是说，方法论上并没有很严格的区分，格物致知是诚意正心的基础。实际上，西方经验主义和理性主义早期也没有严格的区分，只是后人作出了区分，理性主义代表人笛卡尔、休谟、康德等人都认同经验科学的重要性。在中国，到了宋代，两者出现较为明显的分野，形式上出现了儒学分支旷日持久的辩论。比较典型的一场是北宋“二程理学”与“苏氏儒学”之辩，程颐、程颢兄弟认为，“命，犹令也。性，即理也。”把《中庸》的要义纳入“天命”“性理”之中，即天能造人，并赋予人“仁义礼智信”之性，这就是天道，也就是天理，他们信奉“天不变，道亦不变”。苏轼则在《中庸论》中明确提出来不同的观点，“夫圣人之道，自本而观之，则皆出于人情。”在他看来，“仁义礼智信”并非是上天强加于人的，而是由人情之好恶演进而来的，体现了朴素唯物进化论观点①。另一场辩论是著名的“鹅湖会讲”，核心是“程朱理学”与“陆王心学”之辩，这场辩论其实是“二程”之间的争议，程颐、程颢虽然都以“天理”阐述其哲学观点，但对于如何得到天道存在分歧。朱熹继承了程颐的思想，主张格物致知，读书穷理；而陆九渊则是继承了程颢的思想，主张通过内心体悟天道。到了明代，王阳明心性儒学将“格物致知”和“诚意正心”统一起来，强调“心物一体”“心外无物”。格物时，反观其心；正心时，参照于物。这些辩论的个中细节已难以考究，我们知道的是，宋代以后，理学和心学日盛，成为正统儒学传统，而带有唯物进化史观的科学主义儒学分支没有得到强化。对此，盛洪（2008）认为：“他们用天理这种宪政纲领统摄帝王。他们这样做是为了驾驭更大的、流动性更强的中国社会。”丁肇中（1999）对于传统的中国教育不重视格物致知的状况，也说：“这可能是因为传统教育的目的并不是寻求新知识，而是适应一个固定的社会制度。”今天看来，虽然“程朱理学”有格物致知的方

① 对于“形而上”知识的阐述，苏轼与孔子相似，也是谨慎的，持敬而远之的态度。苏轼临终前，据《苏文忠公诗编注集成总案》记载，“琳叩耳大声曰：‘端明宜勿忘。’公曰：‘西方不无，但个里著力不得。’钱世雄曰：‘至此更须著力。’答曰：‘著力即差。’”对于知识的构建，苏轼始终强调应着力于对现实人生中人情演变的考察以及经验的总结。

法论导向，心学到了王阳明，也融合了格物致知和诚意正心，承认了经验在知识构建中的作用，但他们都信奉绝对性“天理”的存在，“程朱理学”试图以一套既定的三纲五常去规范所有的实践，当人情与这一套“天理”矛盾时，主张存天理、灭人欲；而“陆王心学”的“心明即天理”，试图用“心”去格物[①]，终究徒劳无获。“格物致知”在他们这里旨在明道德之善，不在求科学之真，终究与先秦儒学所强调的遵从于“自然秩序”的方法论取向有悖，亦与唯物史观相去甚远。当然，涵盖于“天理”中的早期儒学教义，那些优良的礼仪习俗、道德规范等，却在这种宣扬中得到了极大的强化，成为中华文化最为深厚的沉淀，根植于一代一代人的心中，已然内化为全社会的基础道德共识，至今仍影响着人们的偏好和行为模式，这是心性儒学传统积极的现代意义所在。这种影响，是今天研究中国文化背景下的组织行为时，格物致知所绕不开的“物”之一。

偏好是效用理论中的一个概念。个人偏好是人的个性中能够表现出来的比较稳定的特征，是潜藏在人们内心的一种情感和倾向。偏好有很多的类型，例如风险偏好、时间偏好、消费偏好、流动偏好、投资偏好等等。本书研究的“偏好”是个体的社会偏好（Social Preference），它是指人们除了关注自己的物质利益外，还关注诸如其他社会福利、社会成员之间的公平分配及公平动机的偏好。常见的社会偏好类型有不公平厌恶偏好（Fehr & Schmidt，1999）、社会福利最大化偏好（Andreoni & Miller，1998）、互惠主义偏好（Rabin，2002）、利他主义偏好（Becker，1976）以及竞争性偏好[②]等。因此，社会偏好主要是描述人与人之间互动关系的倾向性，这也是儒家学说所侧重阐述的方面，孔子所倡导的“仁”“义”“礼”“智”“信”等，主要讲的就是人与人之间的互动问题，而不是人与物之间的关系。“投之以桃、报之以李”“滴水之恩，涌泉相报”“你做初一，我做十五”“互惠互利”“一视同仁”“多行不义必自毙”“不偏不倚”“大公无私”“明公正义”“秉公任直”等成语，均是不同社会偏好在我国传统文化语境下的表述形式，这些形式都在心性儒学的强调中得以固化和代代相传，它们在多大程度上影响着个体在组织分配关系中的行为，是本书所研究的对象。传统企业组织中薪酬分配制度，往往只关注于契约本身的设计，忽略了被激励对象偏好的差异性，许多经验证据表明，同样的分配制度在不同组织中的激励效果可能是迥然不同的，因为不同组织中个体的组成结构以及他们的偏好类型存在差异。研究表明，文化、制度背景不同的人群的社会偏好存在明显的差异，不同类型的偏好差

---

① 据《传习录》载：“初年与钱友同论做圣贤要格天下之物，如今安得这等大的力量：因指亭前竹子，令去看。钱子早夜去穷格竹子的道理，竭其心思至于三日，便致劳神成疾。当初说他这是精力不足，某因自去格，早夜不得其理，到七日，亦以劳思致疾，遂相与叹圣贤是做不得的他大力量去格物了。”

② 具备竞争性偏好的人，总是喜欢自己的收益尽可能地高于别人，他们会为了提高自己的相对收益而伤害别人，甚至牺牲自己的绝对收益。

异程度也不同，这些差异除了受到共同的社会公德规范的影响，还跟个体的特征，如他们的性别、学历、年龄、智力、性格、信仰、风险偏好等有关。许多学者进行了社会偏好外部有效性检验后表明，通过测定人们在特定实验情景下的社会偏好，可以用来预测其在另一种情景下的特定行为，这显然具有积极的政策意义，使得嵌入个体社会偏好激励机制成为可能。本书旨在解释个体在组织中所表现出来的不同的社会偏好行为，以更好地引导个体形成亲社会性行为，探索减少其帕累托破坏性行为的制度设计，改进组织内部的信任关系。适度限制和塑造个体社会偏好，使其向维护公共秩序的方向发展，减少组织和社会的交易成本；适时更新社会公德规范，反映“人情”好恶演变的时代特征，使其符合人性化的发展要求；有机协调二者的内在冲突，是建设和谐社会的内在要求，也是实现人的全面发展的必然趋势。

“格物致知”与“诚意正心”方法论的融合之处，存在于对早期儒家和道家学说中宣扬的“自然秩序”或者“自然神”的信念当中。“格物致知”方法论适用于自然科学，也适用于社会科学，其方法逻辑均是基于新的实践修正人们对它的研究对象所形成的流行观念，但社会科学的特殊难题在于：观念在社会科学中既是研究的对象，又是有关这种对象的观念。社会科学试图回答的问题之所以出现，仅仅是因为许多人的自觉行为造成了未经设计的结果，是因为可以观察到不属于任何人的设计结果的规则。这是社会科学与自然科学不同之处，自然科学家恐难承认社会现象中存在着某种秩序，因为它无法用自然语言描述，它是看不见摸不着的①。对此，哈耶克在《科学的反革命》中以乡村原野上形成小路的过程为例，形象地描述了这种秩序背后的规则：“起初，人人都想给自己找一条在他看来最好走的道路。但是这条道路被再次利用的事实有可能使它变得更易于行走，从而也更有可能被再次利用。于是逐渐出现了一条越来越清晰的道路，它逐渐得到人们的接受，并排斥了其他可能的道路。人们在一个区域的活动逐渐遵守某种明确的模式，虽然它是许多人仔细考量的结果，却不是任何人自觉设计的结果。”这种使得观察到的结果得以产生的方式，适用于其他社会现象如何发生的解释，构成了一种基本的“理论”或者“秩序”，它是来自我们有关自己和别人在特定处境下会如何行动的一般知识。这种知识与作为我们研究对象的人的观点不是同一回事，导致人们经常重复某种行为的信念和意见，完全不同于他们对自己属于其中一员、他们的全部行为总和所构成的“社会”整体或“经济系统”

---

① 亚当·斯密在《道德情操论》中描述了，当神把土地分给少数地主时，地主为了满足自己的欲望，会雇用他人来为自己劳动，“但是他们还是同穷人一样分享他们所作一切改良的成果。一只看不见的手引导他们对生活必需品作出几乎同土地在平均分配给全体居民的情况下所能作出的一样的分配，从而不知不觉地增进了社会利益，并为不断增多的人口提供生活资料”，《国富论》则进一步在经济领域阐述了，在公正合理的原则之下，个人利己动机所促成的行动可导致一种意图之外的同样美满的后果。

所形成的观念。这条在无数人的决策中走出的又不属于任何人自觉设计的“道路”之所以重要，是因为它反映了自然选择的力量，是达尔文法则在经济社会演变中的体现（Alchian，1950）。因而，那些偏离了“自然秩序”的个体选择①，就不能够长久地存在。

社会偏好看起来是对传统经济学“理性人”假说不同程度的偏离，许多有关社会偏好的研究文献也是这么提的，如“超越理性人假说”“放松理性人假说”等，本书并不旨在构建一套新的理论，因而并不需要提出一个“理性人假说”之外的“初始条件”或者分析起点。本书分析的基本假说和逻辑起点与传统经济学无异，都界定在“经济理性”范畴之内，即“理性人”或“自利人”假说。这样的界定仅仅是为了使得分析更加便利、简单、经济而有力，而不追求它与个体的经验完全吻合。原则上，本书也可以将社会偏好中任何一个类型，例如利他主义偏好、不公平厌恶偏好、互惠偏好等，作为分析的初始假说条件，但可能会使得分析过程更加冗长而复杂。逻辑实证主义认为有意义的陈述必须被经验所检验，但困难在于验证规则无法与多样化的个体经验一一对照，有时候它甚至与个体经验是相悖的。对这个困难的解决是引入“工具主义”哲学方法论，即对于科学命题的提出和检验，验证规则可以非现实（Friedman，1953）；甚至说，越有解释力的假说（理论）越抽象，离个体经验越远，它是工具性的②，它的应用范围在于经济系统（Alchian，1950）。既然是“假说”，就存在可证伪性，因而它是有限的——本书只在“知不知”的层面上诠释“有限理性”的含义，即认识到人类认知的局限性，而不把“有限理性”衍生为“理性人假说”的一个对立性的抑或是替代性的假说。研究的“初始条件”（理论）是唯一的，但研究对象——不同社会偏好差异下的个体行为——却是丰富多彩的，多样化的个体行为是需要进行理论解释的方面。换句话说，它们只是格物致知中所需要格的“物”之一，它们只是经验素材，而不是知识本身，更不是“天理”。因而，本书遵循的是这样一种理论建构：它未必能够与个体经验一一对照，但对于解释那种“系统中个人行为长期互动的结果但不是由哪个人设计的结果的秩序”是相对便利、简单、经济而有力的。

社会科学家所定义的大多数社会偏好行为，如互惠行为、利他行为、公平性行为等等，都只是不同情形下的理性行为而已。其中，一种情况是，在信息不对称下，每一笔交易的成本都太高，人们就倾向于建立替代性的关系型契约，如互

---

① 诺斯（1990）将人们选择低效率的制度归因于“路径依赖”。

② 张五常在《经济解释》第一卷“科学说需求”中总结到：“有解释力的理论的非真实性，起码有四种含义：第一，理论本身必定有抽象的成分，因为事实不能解释事实；第二，所有事实或观察的描述，一定要简化，而简化使事实变得‘非真实’；第三，简化的假说，是为了便于处理，只要简化不影响分析效果，就无关宏旨；第四，假说是局限条件，无论怎么简化，也一定要与真实世界的情况大致吻合。”

惠原则等，在较长的时期内治理一揽子的交易，使特定时点当事人之间的互动行为看起来就像是“非理性”的，当这种治理方式普遍存在时，它就体现为特定的社会或者组织文化，一个外来的人如果想与这个圈子里的人进行交易，他马上就会发现，他的行为只有符合这种互惠性，面临的交易成本才是相对较低的，不管他自己的偏好是怎样的。另外一种情况，类似于塔洛克（Tullock，1965）所描述的官僚体制中的“优选制”，如果某种道德取向，如“谦逊”被看做位高权重者可取的品德，并且如果它成为选拔时的重要考虑因素，那么那些雄心勃勃的聪明人就会表现得极为谦逊礼让，只要这种做法就是事实上最可能得到升迁的做法。在一些等级森严的组织形式中，如现代大型企业集团或者产权可转让性受到限制的公有制企业中，上级的主观评价会变得重要，个体的理性行为也会呈现为某些“非理性”的偏好特征，传统文化多大程度上塑造并影响了这种行为取向，是需要通过经验予以回答的。再有一种情况是贝克尔（Becker，1981）在其论著《家庭论》中分析的家庭单位的情况。毋庸置疑，利他主义行为在家庭内是随处可见的。一般地，人们会将这种利他行为归因于某种“爱”的形式，它可以是由血缘联结的，也可以是由罗曼蒂克（Romantic）联结的，家庭成员之间到处可见“无私”的帮扶行为，父母对子女、丈夫对妻子、长辈对晚辈，更是时常表现出某种程度的溺爱，相对于其他组织形式，偷懒在家庭中总可以得到更多的宽容。但是，贝克尔（1981）却认为，家庭是由多个人组成的生产单位，不同成员的商品、时间、货币和技能等生产要素的投入会产生联合效用，这些效用包括孩子、商品、技艺、健康、声望等家庭产出，为了使家庭产出最大化，家庭成员在户主的组织下，对有限的资源进行最合理的配置，夫妻双方通过订立一份长期契约，避免了高昂的交易费用，降低了生产成本；家庭成员之间彼此了解、相互信赖，大大降低了监督和管理费用。换句话说，如果父母的效用（偏好）函数中考虑子女的收益、如果丈夫的效用（偏好）函数中考虑妻子的收益……，如果每一位家庭成员的效用（偏好）函数中都纳入其他家庭成员的收益系列，那么，家庭中的利他主义行为就是可以提高家庭成员的产出水平，保证家庭成员能够抵御自然灾害和其他随之而来的不测事件的理性行为。在农业生产长期占主导的中国社会里，“家”的存在无疑是极其重要的，《论语》说“礼之用，和为贵”，家和万事兴，即家庭作为一种治理机制，本身是一个有效率的经济单位。在现代经济社会，人们活动的范围得到大大的拓展，交易的对象也不局限于熟悉的群体，“家”的属性多大程度上延续传统文化的积极因素，在组织中发挥治理效应，也是亟须提供经验证据的。最后一种情况，是信息匮乏或者信息缺乏的局限条件下个体的理性行为，即所谓“合乎理性的无知”。它是指个体在信息、知识匮乏或者缺乏的时候，作出了某种行为决策，在局外人看来是“不理性”的。但是，获取足够的信息和知识是需要成本的，这种成本可能高昂到使个体宁愿选择在没有足够信息和知识的条件下作出决策，从这个意义上讲，他的行为就能够得到理性解释。总而言之，以上几种情形中，人们之所以会将一些行为视为“非理性”，仅仅是因为漠视或者忽略了某些局限条件，一旦纳入这些条件，它们就可以在理性框架内被解释[①]。

那么，难道不存在着自发自生的、纯粹的、类似动物本能[②]的情感偏好的差异吗？也许是存在的。实际上，哈耶克强调我们应该破除对个体经济理性的迷信，承认自己对经济理性的无知。人的信息和知识是有限的，对于什么是理性行为，什么是非理性行为，在很多情况下都无法判断，或者会作出错误的判断。很多从局外人看来非理性的行为，也许对人类社会的知识作出贡献，如很多成功的企业借鉴了很多失败企业的经验；而迷信于个体经济理性计算的制度设计，也可能与自然秩序的结果南辕北辙。杨小凯和黄有光（1993）证明了，在知识不足的情况下，某些非理性行为有可能有助于社会发现最有效的组织。诚如上所述，本书的“理性人假说”只是针对“经济系统”“自然秩序”的解释，而不是针对个体行为，因为信息和知识散布在系统内的每一个个体，任何个体的知识都是有限的。我们只追求游戏规则的公平和可理解性，并接受这些游戏规则下出现的任何经验，不论它们是理性、还是非理性的。竞争性的、多样化的经验是人类社会知识得以不断修正的基础，个体的行为是基于“本能”情感还是“理性”计算作出的，对于自然秩序的形成过程是无关宏旨的[③]，我们能够观察到的是有些个体行为会适应之后的自然选择，而另外一些则不会；并且合理地假设，人们会努力使自己的行为能够适应于之后的自然选择，即局限条件下追求自身利益最大化。

1.2 制度背景

1.2.1 我国古代的“公平性”分配思想及其效率观

我国古代“公平性”思想渊源，在于历代思想家关于“大同”社会的理想

---

① Harold Demsetz（1963）指出，如果引进交易费用，传统违反帕累托最优点的结论均不能成立。

② 乔治·阿克洛夫和罗伯特·希勒发展了凯恩斯和赫伯特·西蒙的学说，阐述的“动物精神”的概念，试图用它来解释现实的宏观经济现象和波动。近年来，随着脑成像技术的成熟，激发了神经经济学的研究，也旨在探索大脑的内在秩序及其与人类决策之间的关系（Glimcher，2010）。

③ 亚当·斯密在《道德情操论》中指出，在人们可以幸福地生存的社会里，希腊式的感情——爱、友谊和感激之情占据优势；但是人类社会即使缺乏希腊式的感情，通过“看不见的手”，也可以像它存在于不同的商人中间那样，存在于不同的人中间；并且，虽然在这一社会中，没有人负有任何义务，或者一定要对别人表示感激，但是社会仍然可以根据一种一致的估价，通过完全着眼于实利的互惠行为而被维持下去。

及历代统治阶级为缓和社会矛盾所采取的一些带有平均主义色彩的措施。例如，儒家所提出的“天下为公”“老有所终，壮有所用，幼有所长，鳏、寡、孤、独、废疾者皆有所养”的“大同”理想；孔子提出的“不患寡而患不均”的思想，杜甫“安得广厦千万间，大庇天下寒士俱欢颜”等。这些思想根源于农民和手工业者的小生产方式和他们所处的经济地位及其诉求。早在东汉末年及魏晋南北朝时期，黄巾农民起义信奉的《太平经》中，已经出现了“太平均”的字样，认为“财物乃天地中和所有，以供养人也”，少府之钱财，不过“万户之委输”，因而“有不足者悉当从其取也”，这是社会财富分配的一种思想雏形。到了唐末，“公平性”思想开始在农民起义中得到反映，或者作为一种革命的口号而存在。例如浙江农民起义领袖裘甫年号“罗平”，王仙芝起义后自称“天补均平大将军”。北宋以后，“公平性”思想得到更大的发展，对社会产生更加直接而深刻的影响，如王小波、李顺公开提出“吾疾贫，富不均，今为汝均之”；钟相、杨么提出“我行法当等贵贱、均贫富”；李自成公开提出了“均田免粮”的口号；太平天国起义军制定的《天朝田亩制度》中明确提出，“有田同耕，有饭同食，有衣同穿，有钱同使，无处不均匀，无人不饱暖”等。

我国古代思想家、政治家在主张“公平性”社会分配思想的同时，也蕴含着对于分配与生产、平均与效率的思考。例如，管仲学派在《管子》一书中提出了“均地分力”和“与之分货”的思想，荀子提出“制礼义以分之”、使欲和物“相持而长”的思想，董仲舒提出了“受禄之家”“不与民争业，然后力可均布，而民可家足”的分配思想，司马迁提出的“贫富之道，莫之夺予”，使“人各任其能，竭其力，以得所欲”的思想，白居易“夫利山散于下，则人逸而富；利壅于上，则人劳而贫”的思想等，都是强调为政者应给农民生产要素，让其获得比较平均的土地，以调动农民的积极性，从而提高生产效率。

1.2.2 我国企业管理层薪酬体系的发展与演变

1. 计划经济体制下的薪酬模式

改革开放以前，我国大多数企业由各级国有单位所有，企业的剩余索取权和剩余控制权几乎完全为政府拥有，几乎所有的生产决策、投资决策和用人决策都由中央计划确定。所谓的“企业”不过是一个大一统的生产车间，企业的“经理”也不过是个车间主任，而且严格来说，这个“车间主任”也只是一个特殊的工人，他的主要任务是协调和监督普通员工以完成政府下达的生产计划而非经营决策（吴敬琏，1994）。企业内部的所有员工的薪酬均由中央按照等级工资制度制定，与企业经营的好坏没有直接的关系。企业的经营者的主要激励方式是官位升迁和精神奖励（如“劳动模范”等荣誉）。这一时期企业的盈亏主要由政府的产业计划和价格政策决定，并不完全取决于经营管理者的努力程度。如果说谁有动力把企业搞好的话，那只能是中央政府领导人，因为他们才是真正的剩余要求者（张维迎，1995）。计划经济体制的好处是经理人员的代理问题几乎不存在或者非常少见，因为他们几乎没有自由决策的权力，但是坏处是激励不足造成的巨大资源配置无效率的存在。

2. 改革开放以后的薪酬模式

从 1979 年开始的中国国有企业改革的基本特征是决策权和剩余索取权逐渐从政府手中转移到企业手中（谢德仁，2003），让企业“独立自主、自负盈亏”。剩余索取权下放给企业内部成员主要考虑的正是激励问题。这个过程是随着各种政策逐步推进的，在改革初期，基本的政策是“放权让利”（Granting Autonomy and Sharing Profit），从 1985 年到 20 世纪 90 年代早期，主要推行经理承包责任制。1994 年以后，改革的方向主要是用国有股为主导的公司化替代经理承包责任制，推行“年薪制”。

（1）经理承包责任制时期的薪酬激励。“让权放利”政策给了经理很大的自主权但未能使他们承担相应的责任，因而产生了很多的代理问题，为了解决这些问题，1986 年 9 月国务院颁布《关于进一步加强和深化企业改革的决定》，提出了“经理承包责任制”的具体实施规则。之后很多企业开始推行承包制，到 1987 年承包制已经遍及全国。1989 年，大多数国有企业已经实行经理责任制。按照国务院有关规定，承包制的合同内容由承包经营者与政府主管部门代表协商确定，政府主管部门在一定期限内将企业的经营权给予承包人，承包人则按合同的规定上缴一定的利润，剩下的利润中除企业生产经营所需之外，其他的则作为对企业经营者的补偿。与以往的平均主义分配制度相比，承包制无疑是我国报酬制度的一次重大变迁，在一定程度上调动了经营者的积极性。在经理承包责任制下，经理的激励主要有两种方式，第一种是显性激励，即经理和员工通过合同合法地获得部分剩余索取权，而“放权”又使得经理人员拥有部分剩余控制权，剩余索取权和剩余控制权的对应使得经理人员有了更好的动机追求经济利润。第二种是隐性的激励，这部分主要是因为“所有者”缺位问题使得对经理人的监督缺乏效率，他们可以借助于会计盈余操纵来侵吞资产，或者通过在职消费摄取超过合同规定的实际剩余。因而，经理承包责任制提高了经理的短期激励问题，但是却没能解决长期激励问题。

（2）国有股为主导的公司化改革时期的薪酬激励。随着时间的推移，经理承包责任制下的代理问题日益凸显。一方面，当政府控制着企业时，经理就没有自主权去做决策；另一方面，如果政府放弃控制，内部人控制又会产生严重的代理问题。为了有效激励企业经营者，1992 年上海市率先在全国实行年薪制，随后深圳、四川、江苏、北京、河南、辽宁等省市也先后开始了年薪制试点。在这一阶段，企业在建立经营者激励机制方面进行了大胆的尝试，为企业的持续发展注入了动力，取得了一定的积极效果。年薪制是以企业一个生产经营周期（一般以年度为单位）来确定经营者的报酬。经营者薪酬的收入结构主要由“固定薪金+绩效年薪”构成。其中，固定薪金包括基础薪金和福利津贴；绩效年薪则与企业绩效相联系。年薪制的核心是把经营者的收益与职工的收益分离出来，同时与经营者的经营成果和经营风险相挂钩。实行年薪制，可以突出经营者在企业生产经营过程中的重要作用，对其付出的大量劳动和承担的风险予以相应的补偿，从而更好地体现多劳多得的分配原则。

需要指出的是，虽然在改革初期并没有打算实行民营化，但是从这一时期开始，在一定程度上已经加快了公开和非公开的民营化进程。对于私营企业也开始有相关支持的政策，使私营经济在这个过程中有了长足的发展。非国有部门经理人员的薪酬决定机制更加以市场为导向，在市场竞争当中，对于国有企业改革也起到了促进作用。

（3）股权分置改革以来的薪酬激励。为了进一步提高对企业经理人员的激励，早在 1997 年底开始，上海市委、市政府及有关部门就进行了股权激励方面的研究和探索，武汉、北京等地也先后制定了经营者股票期权改革方案。但由于我国上市公司管理者能否持股还须由公司申请，地方政府和证券监管机构联合审批，而且原《中华人民共和国公司法》（以下简称《公司法》）禁止公司回购本公司股票（回购注销的除外）及禁止管理者转让其所持有的本公司的股票，这些规定极大地约束了股权激励制度的发展。2005 年开始的股权分置改革在一定程度上为股权激励的实施扫清了制度性障碍，2005 年 12 月 31 日，证监会颁布《上市公司股权激励管理办法（试行）》，为上市公司股权激励制度的设计提供了政策指引。在这样的背景下，许多上市公司在股改对价方案中顺势推出股权激励计划，也有不少上市公司单独推出了股权激励计划。此后，国务院国资委和财政部分别于 2006 年 1 月 27 日和 2006 年 9 月 30 日颁布了《国有控股上市公司（境外）实施股权激励试行办法》《国有控股上市公司（境内）实施股权激励试行办法》，对国有上市公司建立股权激励制度作出进一步的制度规定。2006 年 2 月 15 日，财政部发布《企业会计准则第 11 号——股份支付》规定了国内公司股权激励的具体会计处理方法，确立了我国企业会计股份支付业务的会计处理应遵循以公允价值为基础，股份支付交易费用化的确认计量原则①。然而，自我国股权

① 自 2005 年发布以来，实行股权激励的上市公司数量逐年持续增长，截至 2015 年底，推出股权激励计划的上市公司总共有 808 家，涉及股权激励计划达 1110 个，其中有 229 家公司推出两个或两个以上的股权激励计划，对科技型、创新型公司的推动比较明显。

分置改革以来，股权激励制度的推行一直备受争议，股权激励计划草案的设计是否合理，能否激励管理层为股东财富最大化而努力工作、提高公司经营效率？或只是沦为管理层攫取股东利益，中饱私囊的“合法”手段呢？为了对股权激励的实施进行进一步的规范，监管层先后出台了一系列文件。例如，证监会于2008年前后颁布的3号“股权激励有关事项备忘录”；国资委和财政部于2008年10月联合颁布的“关于规范国有控股上市公司实施股权激励制度有关问题的通知”等。这些文件所规范的内容大多与限制经理层自利行为有关。

为贯彻中央关于深化改革的战略部署，落实党的十八届三中全会、《国务院关于进一步促进资本市场健康发展的若干意见》和《国务院办公厅关于进一步加强资本市场中小投资者合法权益保护工作的意见》等重要文件中关于“优化上市公司投资者回报机制”的精神，促进形成资本所有者与劳动者的利益共同体，提高管理者理层的积极性，增强企业核心竞争力，优化投资者回报能力，证监会于2016年7月13日正式发布《上市公司股权激励管理办法》，并自2016年8月13日起施行，《上市公司股权激励管理办法（试行）》、股权激励有关事项备忘录1号至3号以及两个监管问答同时废止。此次制定的总体原则是以信息披露为中心，根据宽进严管的监管理念，放松管制、加强监管，逐步形成公司自主决定的、市场约束有效的上市公司股权激励制度。

（4）政府“限薪令”的颁布。2002年，国家开始推行国企管理者年薪制，规定其年薪不得超过职工平均工资的12倍，但随着经济发展和国有企业盈利的增长，以及国有企业所有权层面的放权，激励逐步深化，企业之间以及管理者与员工之间薪酬差距出现并扩大，这一比例早已被突破，使得公司管理层的薪酬问题处在风口浪尖上，面对社会上的种种争论和质疑，国家相关部门紧急出台了一系列的相关规定来进一步规范上市公司的管理者薪酬，例如，2009年有多个“限薪令”出台，当年1月份，财政部发布了《关于金融类国有和国有控股企业负责人薪酬管理有关问题的通知》，4月发布《关于国有金融机构2008年度管理者人员薪酬分配有关问题的通知》，9月国资委也下发了《关于进一步规范中央企业负责人薪酬管理的指导意见》，规定管理者年薪应限制在60万元左右，国有银行董事长、行长、监事长以及其他副职负责人的薪酬均按此标准执行，进一步对中央企业负责人薪酬管理进行了规范。2014年，中共中央政治局会议通过了《中央管理企业负责人薪酬制度改革方案》，要求对不合理的偏高、过高收入进行调整，形成中央管理企业负责人与企业职工之间的合理工资收入分配关系，合理调节不同行业企业负责人之间的薪酬差距，促进社会公平正义。2015年1月1日起，国有银行董事长、行长、监事长以及其他副职负责人的薪酬，按照国家关于中央管理企业负责人薪酬制度改革的意见执行。

1.3 研究问题

2008年以来，席卷全球的次贷危机引发人们对于管理者薪酬制度的新一轮反思。许多学者指出，美国等发达国家激进的管理者薪酬制度为次贷危机的发生埋下了深深的隐患，在次贷危机中，只涨不跌的管理者薪酬与一泻千里的公司业绩形成了巨大的反差。因此，在次贷危机后，各国积极采取了各种措施纠正管理者薪酬制度和管理者行为，其中就包括实施限薪和减薪计划、调整薪酬结构，增加使用股权等长期激励性根据，减少现金薪酬等短期性激励方式，以及针对上市公司高管薪酬的监管漏洞，如高管自定薪酬现象、高管薪酬绩效评价机制不完善、高管薪酬支付条件过于宽松等制定了更加严格的监管机制等①。那么，在我国是什么情况呢？首先来看看如下一些描述性统计：

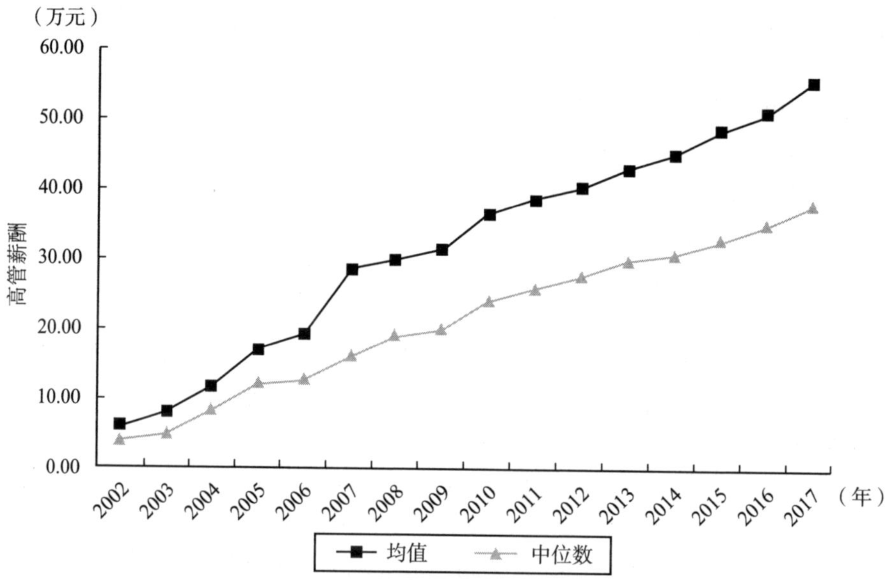

图1-1　2002~2017年上市公司管理者薪酬均值和中位数变动趋势

① 例如2009年2月4日奥巴马政府宣布了对华尔街的限薪令，公布了一系列限制措施，凡是获得政府救助的金融企业管理者最高年薪不得超过50万美元，此举旨在平息普通民众日益上升的不满情绪，推动相关企业管理者励精图治，早日走出困境。另据美世管理咨询公司2009年的一项调查显示，芬兰、法国、德国、荷兰、瑞典和英国等国家至少有70%以上的公司将其高管的基本薪酬定位于市场中位值，仅有不超过20%的公司将其高管薪酬定位高于市场中位值。

从图1－1可以看出，2002～2017年，管理者薪酬中位数呈稳步上升状态，而从均值来看，在2007年有一个较大的涨幅，也因此将均值与中位数的差距拉开。对比看，2002～2005年，管理者薪酬的中位数与均值是比较接近的，这说明管理者间的薪酬差距较小，过高薪酬的管理者不多。从2006年开始，均值与中位数的差距逐渐拉大，特别是2007年，均值比中位数高13万元左右，涨幅明显，说明这时期高收入的管理者在增加，出现了明显的薪酬差距。2008年金融危机后，公众对于管理者高薪、行业间的收入差距不断提出质疑，2009年国家出台了央企“限薪令”，对于限制高收入薪酬起到了一定的作用。然而2010年薪酬均值仍有较大幅度上升，说明薪酬控制难度不小。2010年以后，管理者薪酬均值与中位数的差距在逐渐扩大，均值的上升速度大于中位数，管理者之间薪酬的差距越来越大。

图1－2为2005～2017年管理者内部绝对薪酬差距的变动趋势。从图1－2中看出，2005～2006年，管理者内部薪酬差距较低，且均值和中位数差距不大，说明大部分企业管理者薪酬差距较为一致。然而2007年管理者内部薪酬差距均值大幅上升，甚至在2008年达到35万元，均值与中位数的差距也因此加大，体现出这一时期有较多企业管理者内部薪酬差距较高，将整体平均值拉高了。2009年均值有一个明显的下降，“限薪令”的出台是该现象出现的原因之一。2009～2014年，薪酬差距逐年上升，从均值看，5年间增加了15万元左右，中位数也增加了11万元。从2014年后，薪酬差距的均值增速明显上升，以每年5万元左右的差距增加，并在2017年达到65.07万元。

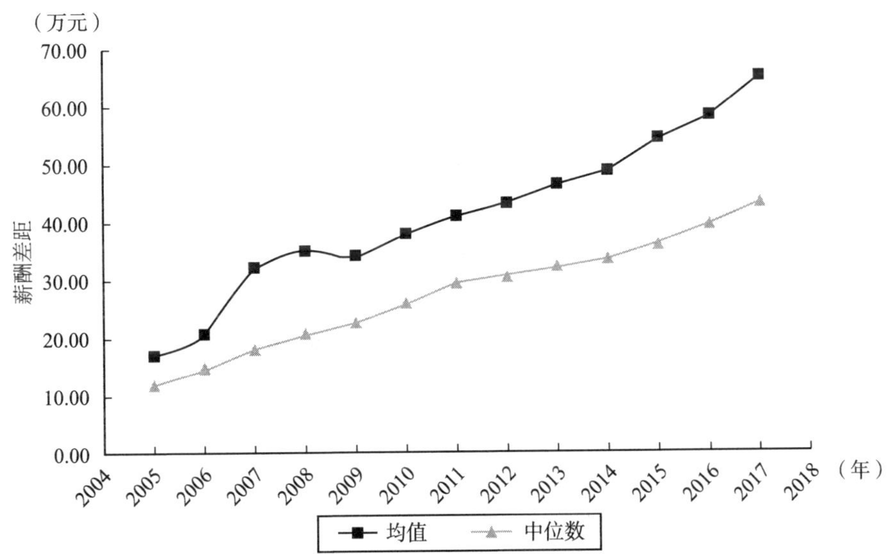

图1－2　2005～2017年上市公司管理者内部绝对薪酬差距变动趋势

注：管理者内部绝对薪酬差距＝董监高前三名薪酬总额/3－（领取报酬的董监高总额－董监高前三名薪酬总额）/（领取报酬董监高人数－3）。

表1－1以2017年数据为例，排列出管理者内部薪酬绝对差距最高的前10名企业，由表1－1可见，薪酬差距最大的企业是方大特钢，达1701万元，高出第二位中国平安近650万元。方大特钢董事长钟崇武2017年年薪为4036.71万元，居当年上市公司管理者薪酬榜首，这也是方大特钢管理层绝对薪酬差距排名第一的原因之一。前10名中其他企业的薪酬差距也在500万元以上，远高于图1－2中计算出的2017年薪酬绝对差距均值65.07万元，这体现出不仅在企业内部管理层薪酬差距大，且企业间薪酬差距也较大的特点。

表1－1 2017年上市公司管理层绝对薪酬差距TOP 10 单位：万元

排名	代码	简称	管理者绝对薪酬差距
1	600507	方大特钢	1701.93
2	601318	中国平安	1052.87
3	600887	伊利股份	841.62
4	000046	泛海控股	835.14
5	000818	航锦科技	722.58
6	000002	万科	697.25
7	002739	东音股份	664.01
8	000100	TCL集团	628.18
9	600196	复星医药	597.07
10	600183	生益科技	590.02

图1－3为2002～2017年上市公司管理者与员工间的绝对薪酬差距。2002～2007年，薪酬差距均值总体呈波动上升的状态。具体来看，2002～2005年，管理者与员工的薪酬差距普遍较低；2006年开始，薪酬差距的均值上涨明显，在2008年超过了中位数，这是由于薪酬差距大的企业在增加，而到了2010年，均值再次低于中位数，出现了2006年以来的首次下降，这也体现了出“限薪令”所发挥的作用。2011～2013年，管理层与员工的薪酬差距呈现上升趋势，在2014年有所下降，但之后则增速明显增加，并在2017年达到26.6万元。薪酬差距的中位数呈稳步上升的状态，“限薪令”的影响已不再明显。对比均值与中位数，整体看来均值与中位数的差距变大，说明管理者的薪酬越来越高且增速并没有与员工薪酬增速相匹配。管理层与员工的薪酬差距变大会使员工不公平感增强，不利于员工生产积极性的激励。

以2017年数据为例，见表1－2，薪酬差距前10名中有5家企业是处于表1－1管理者内部薪酬绝对差距前十的企业，这说明这5家企业无论是在管理者薪酬还是在管理者员工薪酬的差距上都有较大的问题，特别是位于第一的方大特工。在表1-2中，薪酬差距最大的数值为447.86万元，相对于表1-1，这是一个较小的数字，但对于薪酬差距的均值来说，仍相差较大。

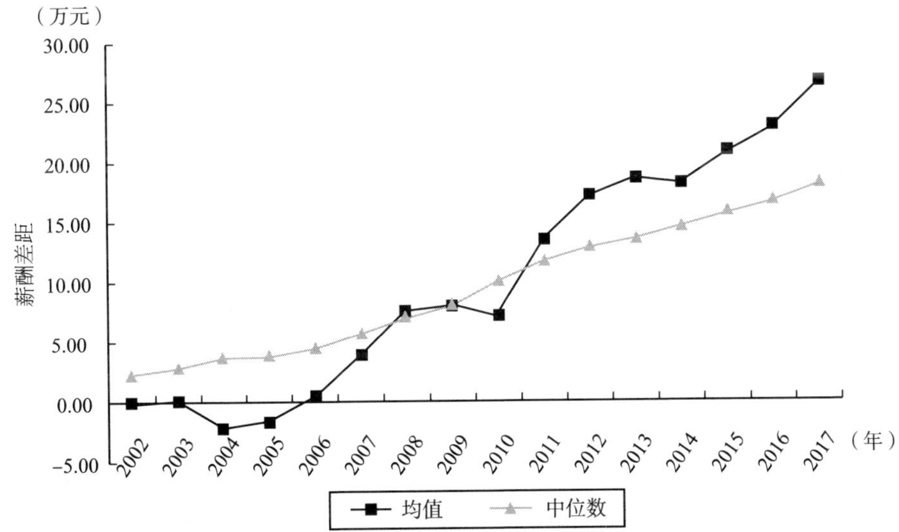

图1-3 2002~2017年上市公司管理者员工间绝对薪酬差距变动趋势

注：管理者与员工间的绝对薪酬差距=领取报酬的董监高薪酬总额/领取报酬董监高人数-(TSE/(员工人数-领取报酬董监高人数)。其中，TSE=支付给职工以及为职工所支付的现金-领取报酬的董监高薪酬总额。

表1-2　　2017年上市公司管理层绝对薪酬差距TOP 10　　单位：万元

排名	代码	简称	管理者员工绝对薪酬差距
1	600507	方大特钢	447.86
2	000002	万科	439.61
3	600606	绿地控股	358.52
4	601318	中国平安	322.97
5	600196	复星医药	303.11
6	000402	金融街	298.77
7	000046	泛海控股	283.82
8	002594	比亚迪	277.28
9	002624	完美世界	267.23
10	600584	长电科技	265.84

表1-3与表1-4分别是2015~2017年我国上市公司管理者薪酬前10名与后10名。从年份对比来看，薪酬最高上市公司管理者的薪酬在增加，而薪酬最低的前10名薪酬在下降。方大特钢董事长钟崇武在2015年与2017年都居薪酬榜榜首，薪酬在两年间增长了2000万元左右。3年间薪酬排行榜出现最多的是中国平安，占据了7个席位，这也体现出这段时期金融业在薪酬上的优势。表1-3中薪酬排第10位的薪酬在1000万元左右，是我国管理者薪酬中位数（见图1-1）的33倍，体现出管理者薪酬差距之大。

表1-3　2015~2017年薪酬最高上市公司管理者TOP 10

排序	股票简称	姓名	2015年最高薪酬（万元）	股票简称	姓名	2016年最高薪酬（万元）	股票简称	姓名	2017年最高薪酬（万元）
1	方大特钢	钟崇武	2019.34	海通证券	林　涌	1549.40	方大特钢	钟崇武	4036.71
2	浙江龙盛	陈德贤	1683.25	泛海控股	赵晓夏	1472.69	泛海控股	张　博	1771.45
3	中国平安	阮伟祥	1286.38	泛海控股	张　博	1420.32	浙江龙盛	徐亚林	1506.06
4	浙江龙盛	徐亚林	1106.10	中国高科	郑明高	1412.00	伊利股份	潘　刚	1486.56
5	方大特钢	谢飞鸣	1011.40	泛海控股	余　政	1374.23	航锦科技	闫奎兴	1393.38
6	中国平安	马明哲	998.95	中国平安	陈德贤	1286.57	中国平安	李源祥	1303.70
7	万科	郁　亮	998.80	浙江龙盛	徐亚林	1286.26	中国平安	陈心颖	1303.70
8	万科	王　石	998.80	泛海控股	陈基建	1221.14	中国平安	叶素兰	1300.13
9	中兴通讯	张振辉	985.80	金科股份	王洪飞	1089.81	中国平安	陈德贤	1286.99
10	国金证券	金　鹏	972.44	航锦科技	闫奎兴	1055.92	万　科	郁　亮	1189.90

表1-4　2015~2017年薪酬最低上市公司管理者TOP 10

排序	股票简称	姓名	2015年最低薪酬（元）	股票简称	姓名	2016年最低薪酬（元）	股票简称	姓名	2017年最低薪酬（元）
1	长江投资	熊红斌	660	ST*友好	王建国	300	北信源	邓华明	300
2	长江电力	邓玉敏	1000	ST*友好	袁宏宾	300	华闻传媒	郑　毅	600
3	神开股份	蒋益琴	1000	红阳能源	张　颖	800	华闻传媒	覃海燕	600
4	远大控股	戴广宇	1300	红阳能源	毛司英	800	华闻传媒	金伯富	600
5	ST*凡谷	戴方莲	1400	红阳能源	任志宏	800	长江投资	朱贤峰	660
6	福建高速	王雷刚	1500	北部港湾	周卓莉	800	兴业矿业	陈庭燕	900

续表

排序	股票简称	姓名	2015 年最低薪酬（元）	股票简称	姓名	2016 年最低薪酬（元）	股票简称	姓名	2017 年最低薪酬（元）
7	华东数控	刘旭辉	1500	深高速	梁 鑫	1000	桂林旅游	孙金伟	900
8	旋极信息	阮亚占	1700	深高速	方 杰	1000	杭州银行	张克夫	1000
9	日发精机	董益光	1700	深高速	陈元钧	1000	长江投资	舒 锋	1000
10	成飞集成	刘林芳	1700	宝塔实业	霍 言	1200	中国软件	韩宗远	1100

图 1 -4 为 2015 ~2017 年每个企业管理者薪酬均值的区间分布，从图中可以看出，随着经济社会发展，管理者薪酬小于 10 万元的数量在逐年递减，其他区间段的薪酬则在逐年上升。从分布来看，管理者薪酬主要集中在 10 万 ~50 万元的区间中，少部分企业管理者薪酬均值处于 50 万 ~100 万元，有极少部分企业的管理者薪酬均值大于 300 万元。总体来说，大部分公司的薪酬维持在相似的水平上，但高收入的管理者数量在增加。

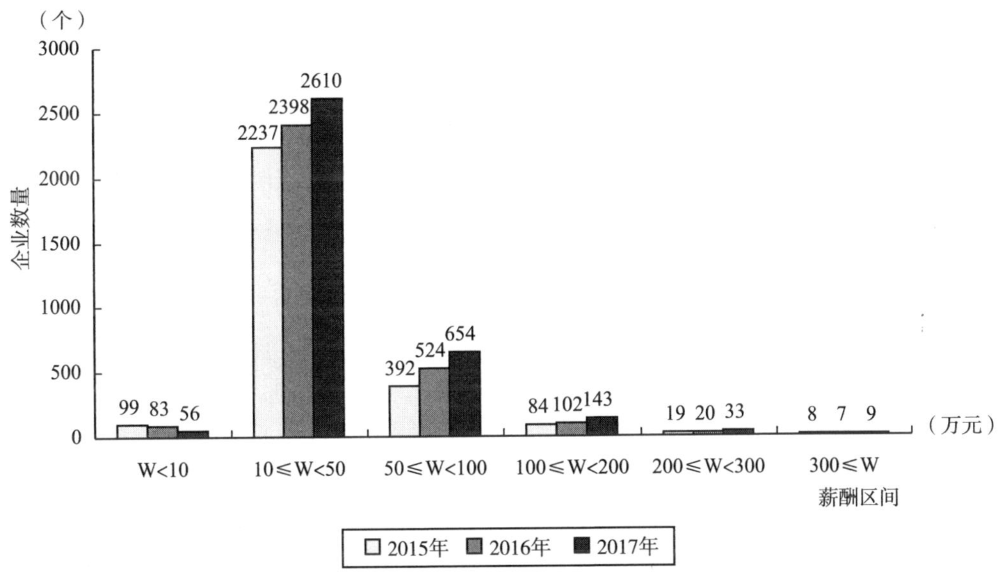

图 1 -4 2015 ~2017 年上市公司管理者薪酬均值总体分布情况

图 1 -5 为 2015 ~2017 年上市公司管理者薪酬最大值分布情况，由图 1 -5 可见，极少部分企业的管理者薪酬最大值小于 10 万元，且这个数字在逐年递减。最高薪酬在 10 万 ~50 万元区间的企业数量最多，且 3 年中数量变化不大。最高

薪酬在50万~100万元、100万~500万元区间的企业数量逐年上升，其中，最高薪酬在100万~500万元区间的企业数量上升较快。

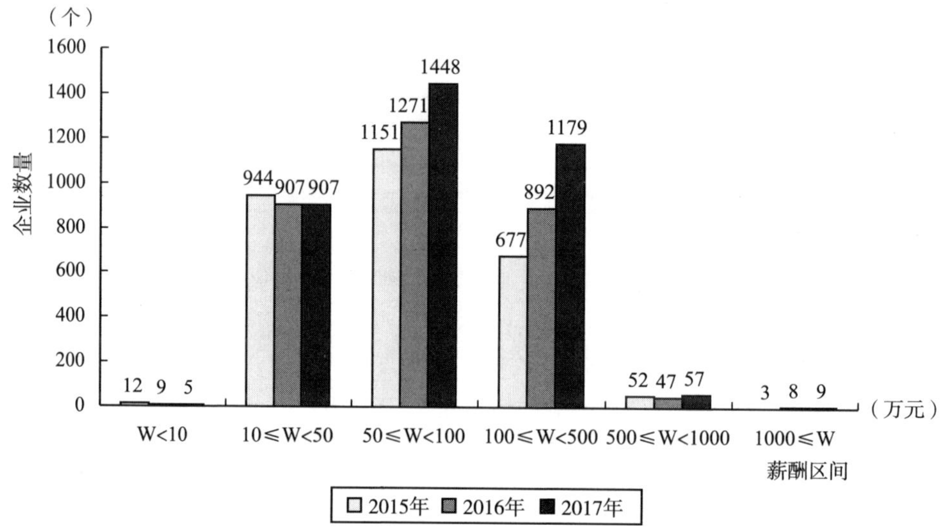

图1-5 2015~2017年上市公司管理者薪酬最大值总体分布情况

受到国内、国外对于薪酬制度的质疑，我国针对上市公司管理层薪酬方面的政策和实务主要有两大特征：一方面，大力推行股权激励制度，从2005年证监会颁布的《上市公司股权激励管理办法（试行）》以来，我国许多上市公司对股权激励表现出前所未有的热情；另一方面，2009年以来，监管部门出台各种形式“限薪令”，对企业负责人薪酬管理进行了规范。“限薪令”的颁布和实施在深受次贷危机影响的西方国家里是可以理解的，但在我国的制度背景下，监管部门对于公司管理者薪酬的规制政策之间是存在矛盾的，一方面在上市公司大力推行股权激励制度，另一方面又颁布了种种“限薪令”，制约激励强度。诚然，“限薪令”的初衷是为了减少薪酬差距，但许多研究却发现，限薪令加大了薪酬差距，造成更大的不公平，因为更多的公司管理者会转向追求隐性收入或者控制权收益，而降低了正常合同薪酬的激励作用。许多研究指出，在一些大型垄断性国有企业中，表面看来存在严重的“激励不足”，但是从绝对薪酬来看薪酬却非常高。我国上市公司管理者的薪酬差距是否大到有必要进行强制限薪的状况有待检验，一定程度的管理者薪酬差距可能发挥“锦标赛理论”预期下的正向激励效应，对所有上市公司或者特定行业所有公司进行“一刀切”的限薪政策未必能达到预期的政策效果。薪酬制度在实务和政策中的种种相互矛盾情况的根源，在于不管是微观企业主体还是监管部门，对于薪酬激励内部机理还很不清楚，需要在管理实践中厘清这些问题。

1.4 研究思路与结构

本书认为，对于薪酬制度的设计，仅从薪酬制定和执行上是不够的，必须考虑管理人员的社会偏好。因为，对于同样额度的薪酬差距，不同的经理人员会产生很不一样的内心感受，这种内心感受会直接影响到薪酬制度的激励效果。为此，本书在第2章介绍社会偏好理论的基本概念与理论渊源，第3章基于一组实验设计，甄别了我国企业文化情境下，管理人员的各种社会偏好相对强度。在这个基础上，第4章构建一个纳入管理人员社会偏好的理论模型，对于模型中得到的相关命题和推论，一方面，采用问卷调查的数据，直接进行检验（第4章、第5章）；另一方面，基于上市公司的数据，采用有关社会偏好替代的衡量方式（主要以公平性偏好为例），对模型的命题和推论进行系统检验（第6章~第9章）。由于我国制度背景的复杂性，以及研究问题的差异性较大，为了行文中对那些竞争性的结论进行更好的解释，本书也结合现有理论工具，例如，产权经济学、委托代理理论、最优契约理论、社会比较理论、高阶管理理论、管理层权力理论等进行分析。

具体而言，本书理论模型的构建基于不同的产权基础（股权性质和股权结构交互影响）。根据股权集中度，公司的股权结构可以划分为集中股权和分散股权两种，存在绝对控股股东（单一大股东）的公司在对管理层行为的影响、股权激励强度方面与分散股权和存在股权制衡的公司具有系统性的差异（Grossman & Hart，1983），因而本书先按照公司股权集中度指标（包括Z指数、S指数等）将上市公司划分为股权集中以及分散持股或者存在股权制衡公司两类。另外，黄运成（2005）指出，集中的股权有益于增加公司价值，但前提条件是，实施监督功能的大股东应当是以利润最大化为目标的“经济人”，否则结论就会出现偏离。也就是说，由于单一大股东“性质”的不同，其产生的代理问题也不同，例如家族控股企业普遍存在着金字塔持股结构，而国有控股企业又存在“内部人控制”问题等，黄形和陈汉文（2005）也指出，大股东所归属的终极所有权性质对其行为方式具有重大影响。单方面考察股权结构或者股东性质对公司治理效率的影响，结论可能不尽一致。因此，关注股东性质和控股程度的交叉作用，才能更好地认识股权结构对公司治理效率的影响。在以上划分的基础上，本书根据股权性质分类标准，将股权集中（存在绝对控股股东）的公司进一步划分为家族控股、国有控股以及其他控股三类。

本书不仅考虑管理层薪酬水平，也关注其薪酬结构。由于管理层薪酬有不同的形式，各种薪酬形式的激励效应不尽相同，货币薪酬的激励效果是短期的，但激励强度却是立竿见影；管理层持股的长期激励效果则会因预期时间过长和诸多不确定因素而降低激励效果；作为隐性的自我激励，在职消费可能导致的过度自我激励将会抵消其对企业经营业绩带来的正面影响。不同的薪酬结构中，货币薪酬、股权激励和在职消费三者的正向、反向激励作用相互交汇，其结果可能是正向激励、反向激励，也可能相互抵消。因而，结合我国上市公司的实际情况和上市公司管理层薪酬的特点，本书将管理层薪酬界定为货币薪酬激励、股权激励、控制权激励三个主要部分。在理论模型的构建中，本书主要关注管理层薪酬结构中随业绩变动的那部分薪酬（包括现金薪酬中变动的部分、持股、股票期权以及部分控制权收益等），理论模型揭示由于不同产权结构的公司赋予控制权收益不同权重，在提供这部分薪酬上具有系统性的差异，这种差异会内生地吸引到异质性的经理人员，从而对于公司业绩表现、公司价值等产生系统的差异。

本书以薪酬激励合约为中介，构建了不同产权基础的公司和不同管理者特质（不同的不公平厌恶感和不同的能力）内生配置的模型，主要基于社会偏好实验分析了不公平厌恶偏好在我国管理者激励合约中的作用。模型的均衡结果揭示不同的配置类型，并得到五个方面命题：（1）分散持股或存在股权制衡的公司在提供更具有激励效应和业绩敏感性更强的薪酬合约方面更有优势；（2）公司所提供的合约的斜率部分（随业绩浮动的工资）和经理人员的能力与有利不公平厌恶呈正相关，而与不利不公平厌恶呈负相关；（3）在均衡时，面临更加陡峭的合约斜率的经理人员将付出更多的努力、获得更多的薪酬（固定部分和变动部分）、获得更高的期望效用；（4）控制了产权基础，提供更高激励效应的公司，业绩更高、公司价值更高；（5）管理人员控制权收益对薪酬的斜率 b（包括股权、期权激励等）具有替代效应，并因而产生反向的激励后果，替代程度越大，反向激励效果越大。尽管单独而言，以上命题与其他学者的模型一致，但是以笔者所掌握的文献看，还没有一个框架能同时整合这些结论。本书在理论模型构建以后，基于问卷调查和上市公司大样本数据对这些基本命题进行了检验，系统分析了管理人员的不同的薪酬契约形式的激励效果，以及管理人员将其现金薪酬、股权激励和私人控制权收益等在公司管理层之间（内部薪酬差距）以及行业间做比较（薪酬外部公平性）时所产生的公平性感受的激励效果。

此外，现有关于管理者薪酬激励强度和公平性经济后果的研究文献，大多数集中在检验其与管理者“是否做对股东有利的事情”方面（如努力程度、经营业绩等）的因果关系，对于激励管理者“是否不做对股东不利的事情”方面却鲜有涉及，例如，在降低管理防御行为方面的效应。管理者薪酬契约对公司业绩等方面具有正向激励效应，并不表示其在降低管理者的管理防御方面也符合最有契约理论预期，管理者在努力提高公司业绩的同时也很有可能进行更多的管理防御行为，如过度投资、盈余管理、超额现金持有等。有鉴于此，本书后续章节试图在这个方向提供一些经验证据，第 10 章主要分析了薪酬公平性、股权集中度与盈余管理行为之间的内在关系；第 12 章分析了管理者股权激励契约与融资决策中的防御行为。尽管这个方向还有许多的命题仍需进一步提供经验证据，但作为对第 6 章 ~ 第 9 章中激励契约及其公平性经济后果的有益补充，能够使得对薪酬契约的经济后果的检验更加全面，使理论研究与政策制定、社会共识更为一致。需要指出的是，管理者进行管理防御导致的代理成本的上升是内生于公司的生产经营过程的，这部分内容旨在探索最小化公司代理成本和生产经营成本之总和的激励机制设计。

本书第 11 章和第 12 章，主要是本书研究理论在我国制度背景下两类重要的股权性质企业——国有控股企业和家族控制企业中的运用研究。本书试图分析在现代化转型期，这两类企业经营中所面临的核心问题以及管理层激励在其中所扮演的角色。

本书的具体章节安排如下：

第 1 章为导论。在本章中，主要交代本书的方法论、研究背景和主要研究问题，研究思路与结构，主要特色与局限性。

本书导论之后，分为上篇和下篇两部分。其中，上篇主要是理论模型的构建与实验检验，包括第 2、第 3、第 4、第 5 章；下篇是理论的运用，包括第 6、第 7、第 8、第 9、第 10、第 11、第 12 章。

第 2 章是社会偏好的概念基础与理论渊源。以信念、偏好和约束（BPC 假说）为起点，分析了社会偏好的理论渊源及其演进路径。重点介绍了等级依赖效用模型以及不公平厌恶偏好、竞争性偏好、准最大最小偏好、互惠主义偏好、利他主义偏好等社会偏好类型及其融合形式。

第 3 章是社会偏好倾向及其影响因素的实验检验。本章基于我国企业文化情景下的实验数据，借鉴国外前沿的实验设计和数据分析方法，以 310 位企业管理人员作为实验对象，通过一组独裁者博弈实验和两组策略博弈实验共 9610 次分配决策检验了各类社会偏好的相对普遍性及其强度，甄别了中国儒家文化背景下个体社会偏好独特性。

第 4 章是理论模型的构建和实验检验。本章以公平偏好为例，构建了嵌入个体社会偏好的激励契约模型，从均衡解中得到基本研究命题和推论，并结合实验和调查问卷的数据，提供了实证检验证据。

第 5 章旨在将第 4 章的检验由公平性偏好推广到其他类型的社会偏好，提供不同社会偏好在激励契约中表现的经验证据。本章重点提供管理者社会偏好、报酬心理契合度与公司绩效之间关系的传导路径—组织承诺方面的证据。

第 6 章从产权视角分析企业内部薪酬差距的公司治理效应。这一章主要结合第 4 章中构建的理论模型和国内外有关企业内部薪酬差距研究中的两大理论基础（锦标赛理论和行为理论）对我国上市公司管理层内部薪酬差距、管理层与员工薪酬差距进行分析。主要分析了内部薪酬差距对于公司业绩、经营效率和公司价值等方面的影响。

第 7 章从产权视角分析货币薪酬外部不公平性的公司治理效应。这一章主要结合第 4 章中构建的理论模型和国内外有关外部薪酬公平性研究中的两大理论基础（最有契约理论和管理层权力理论）对我国上市公司货币薪酬外部不公平性的公司治理效应进行分析，主要分析其对于公司业绩、经营效率和公司价值等方面的影响。

第 8 章从产权视角分析股权激励外部不公平性的公司治理效应。这一章主要结合第 4 章中构建的理论模型和国内外有关股权激励研究中的两大理论基础（最有契约理论和管理层权力理论）对我国上市公司股权激励外部不公平性的公司治理效应进行分析，主要分析其对于公司业绩、经营效率和公司价值等方面的影响。

第 9 章从产权视角分析控制权收益外部不公平性的公司治理效应。这一章主要结合第 4 章中构建的理论模型和国内外有关控制权收益研究中的两大理论基础（效率观和代理观）对我国上市公司控制权收益外部不公平性的公司治理效应进行分析，主要分析其对于公司业绩、经营效率和公司价值等方面的影响。

第 10 章检验了薪酬公平性、股权集中度与盈余管理行为之间的作用机理，提供了薪酬水平及其公平性是否激励管理者“不做对股东不利的事情”的经验证据。

第 11 章探讨了现代化转型期“齐家”（家族企业）的核心问题——如何实现由人际信任向制度信任的转变。重点进行了嵌入“业主—部属”社会偏好的制度信任构建的理论分析，并以家族涉入度与国际化战略之间关系为例，提供了上市家族企业在选择信任文化方面得失取舍的经验证据。

第 12 章探讨了全面深化改革时期“治国”（国有企业）的核心问题——如何进行合理的产权界定和执行，以形成对产权价值的合理预期，更好地发挥产权的专业化比较优势。这一章以上市国有控股公司的融资行为为例，检验了国企混合所有制、股权激励公平性与管理防御之间的关系。

第 13 章为全书总结与展望。为本书的主要结论与启示、研究局限与展望。

1.5 本书的创新点和贡献

本书的创新和贡献主要体现在以下几个方面：

第一，丰富了个体社会偏好、社会比较等对于薪酬合约制定和履行效果影响研究相关文献（Fehr & Schmidt，1999；Fisman et al.，2007；Ambrose et al.，2007；吴联生等，2010；Kube et al.，2012），较早使用社会偏好理论来构建激励模型，解释管理层合约制定和履行效果，提供了薪酬具有“外部性”作用的经验证据。从我国企业现有的企业管理实践来看，旨在解决委托代理问题的激励机制设计更多的是企业主单方面的决策，随机性明显，忽略了被激励对象的社会偏好。本书在传统激励契约及其拓展形式中嵌入被激励对象的社会偏好，对亲社会偏好作用下激励契约的均衡解和适用的条件区间进行求解和分析，有助于打开传统两权分离下激励契约制定和履行效果的“黑匣子”，即在公司激励契约和公司绩效表现之间，本书深入揭示它们中间的若干衔接的机理，是微观管理理论交叉融合的新探索，有助于提升理论对我国企业管理实践的解释效果和指导意义。

第二，丰富了薪酬契约经济后果研究相关文献（Cheng & Warfield，2005；Bergman & Jenter，D，2007；Fabrizio & Sandino，2009；吕长江等，2008，2009，2011），提供了薪酬激励公平性在公司治理和公司经营效率中发挥作用的经验证据，揭示了不同产权基础下这种作用的系统性差异。本书对于管理者薪酬激励强度和公平性激励效果的考察，不仅检验其与管理者“是否做对股东有利的事情”方面的相关关系，还检验其在激励高管“是否不做对股东不利的事情”上所发挥的激励效应，综合两方面的激励效果，全面展现薪酬契约发挥作用的内在机理，以整合结论相左的经验证据。

第三，本书着眼于中国这个新兴市场，提供了在新兴市场独特的制度背景下薪酬契约的实施是如何与公司基本特征、股权结构与治理机制等交互影响，对公司经营业绩、经营效率、公司价值、风险对冲效率、研发创新、企业国际化等方面发挥作用的经验证据，并进一步分离出“激励效应”和“治理效应”，从而为吴敬琏、张维迎和刘小玄等为代表的学者们关于“改制是通过完善法人治理结构，形成有效的利益激励机制和高管选择机制来解决国有企业低效问题”的改革观点（吴敬琏，1993；张维迎和栗树和，1998；刘小玄和李利英，2005）提供了经验证据。由于股权高度集中的国有控股企业和家族控股企业在许多新兴市场的普遍存在，我们的研究对于其他新兴市场国家同样具有借鉴作用。

第四，本书遵循实证科学方法论，在经济理性的框架内解释不同社会偏好差异下的个体行为。换句话说，本书视文化传统或者由既定文化所塑造的个体偏好和行为的差异性为建立特定组织中人们会如何行动的一般知识所需格的“物”之一，即理论构建的“经验素材”。因而，本书的分析并不需要提出一个“理性人假说”之外的“初始条件”或者分析起点，使得嵌入个体社会偏好的内源性制度信任机制设计成为可能，对于深化改革时期的国有企业和现代化转型期的家族企业的激励机制设计具有借鉴意义，既能够为其制度化建构提供理论依据，又能够兼顾中国人传统性，保留差序格局治理的合理内核。

◆上 篇◆

理论的构建与检验

第 2 章

社会偏好：基本概念与理论渊源

2.1 信念、偏好和约束

建立在新古典基础上的主流经济学是一个以“经济人”假设为逻辑起点的演绎系统。20 世纪 60 年代以后，随着主流经济学微观基础的博弈论转向，策略博弈（纳什均衡）假设就成为“经济人”假设在博弈过程分析中的延伸与扩展。因而，新兴经济学派对传统经济学核心理论假设的建构性替代主要体现在以下两方面：第一，信息、偏好和约束（BPC）假设对“经济人”假设的替代。BPC 假设认为，人的行为是在给定约束和信念的前提下，最大化自身偏好的过程。它保留了“经济人”假设“最大化”的形式，却将其内涵从最大化自身利益扩展到最大化自己的“偏好”，这种偏好可以包括利己的，也可以包括不利己的，甚至是利他的偏好。第二，行为博弈假设对策略博弈假设的替代。行为博弈假设认为博弈过程取决于每个人的行为特质、甚至心理特质，而不是一个标准化的最优策略选择过程。它保留了策略博弈假设将人与人的互动视为某种博弈过程的形式，却改变了其内容，把博弈过程视为人类多样化行为互动的过程，而不仅仅是两组最优策略的互动关系。

2010 年纽约大学保罗·格莱姆齐（Glimcher，Paul W.）出版的《神经经济学分析基础》引起人们的极大关注，甚至被誉为“标志着读脑时代的来临”。早在 2002 年，诺贝尔经济学奖得主弗农·史密斯（Vernon Smith）在颁奖大会上就做了题为“经济学中的建构主义和生态理性”报告，他指出，“新的大脑影像技术激发神经经济学研究去探索大脑的内在秩序及其与人类决策（也包括由市场和其他制度规则所中介的选择）之间的关系”。之后，越来越多的研究者开始关注这一学科，神经经济学也成为经济学的最新分支和前沿的研究领域。该领域最突出的贡献在于对传统经济学理论中“经济人”假设的偏离，简单地说，借助于现代脑科学的技术与手段[1]，该领域的研究者们正试图重构古典经济学、决策理论和博弈论，以提供一个可以完整解释人类行为的理论框架。

广义上讲，通过脑科学的技术和手段的研究属于实验经济学范畴。而实验经济学派在偏离传统经济学"经济人"假设上已有探讨，例如，在有关利益分配的实验中，许多研究者发现，与传统经济学假设不同，当实验参与者的决策会影响到他人的利益时，他们并不总是选择让自己利益最大化的决策，更多情形是，人们不仅有自利心，希望获得高回报，但也关心别人的回报，他们甚至会为了惩罚那些不当使用社会财产的人牺牲自己的利益，然后进行更公平或者合理的分配。近10年来，行为和实验经济学派所进行的一系列有说服力的博弈实验，例如最后通牒博弈实验中响应者拒绝提议者一个正的分配方案（List & Cherry，2000）、礼物交换博弈实验中博弈双方的互惠互利行为（Kube et al.，2012）、公共物品博弈实验中的合作行为（Fischbacher et al.，2012）、第三方惩罚条件下囚徒困境（Gracia – Lazaro et al.，2012），促使人们对"经济人"假设的质疑开始从理论层面走向实证上的检验，并催生了社会偏好理论的出现。社会偏好[2]是指人们除了关注自己的物质利益外，还关注诸如其他社会福利、社会成员之间的公平分配及公平动机的偏好。由凯莫勒（Camerer，1997）提出，并经由费尔和施密特（Fehr & Schmidt，1999），博尔顿和奥肯费尔斯（Bolton & Ockenfels，2000）等人的发展，法尔克和菲施巴赫尔（Falk & Fischbacher，2006）、梅尔（Meier，2007）等人的进一步整合和拓展而形成的理论体系，大致分为不公平厌恶偏好、社会福利偏好、互惠主义偏好、利他偏好等几种类型。近年来，各种社会偏好呈现融合的趋势，例如查尼斯和拉宾（Charness & Rabin，2002）的互惠主义社会福利最大化模型、科勒（Kohler，2011）的不公平厌恶与利他主义综合模型以及法尔克和菲施巴赫尔（2006）的不公平厌恶与互惠主义综合模型等。社会偏好理论打破了传统经济学"经济人"假设，还原了人类心理和行为多样性的特征，在一定程度上是对社会生活中人类价值观多元化存在性在学理上给予足够的关注和认同，具有非常重要的现实意义。

社会偏好有积极的一面，即"亲社会性偏好"（Prosocial Preferences）（Ariely et al.，2009；陈叶烽，2009），比如互惠主义带来合作行为、准最大最小偏好带来总福利最大化、利他主义行为等；但也有消极的一面，比如消极互惠主义带来报复行为、不利不公平厌恶偏好带来消极懈怠行为。近些年，许多研究表明

---

① 该领域的主要研究方法是观测实验者在进行相关决策时脑神经的反应的差异，主要借助于脑成像技术，包括脑电 EEG、正电子发射断层扫描技术 PET、功能性磁共振 FMRI 等。

② 本书所指"社会偏好"（Social Preference）是指个体的社会偏好，与社会选择理论中的"社会偏好"作为每个个体所表达的偏好综合而成的群体性偏好倾向不同。

特定的情景下，个体亲社会偏好是可以被塑造的，从而能激发其选择亲社会行为。例如，克尔德森和安德森（Kjeldsen & Andersen，2013）基于不同国家的比较数据，检验了亲社会动机如何影响员工工作满意度。研究发现，员工对其工作对社会有用性的感知影响了亲社会动机和工作满意度之间的正相关关系，而员工这种感知与特定的制度背景和特定的行业有关。尔威肯等（Aaken et al.，2014）分析了企业组织中的管理者为什么选择亲社会行为的若干影响因素，如处于特定的社会领域、管理者个人的社会定位、他们的股票资本存在方式等，并据此揭示了企业履行社会责任的内在动机。另外，由于个体的社会偏好的形成过程与其所处的特定的文化、制度环境相关，许多学者在不同的国家、地区运用不同的方法进行检验（Teyssier，2012）。实验表明，文化、制度背景不同的人群的社会偏好存在明显的差异，不同类型的偏好差异程度也不同，这些差异主要跟实验对象的个体特征，譬如他们的性别、学历、年龄、智力、性格、信仰、风险偏好等有关。

尽管如此，有学者指出，实验室中甄别出来的个体亲社会性行为倾向可能是实验对象隐藏自己偏好的结果，跟现实生活中可能存在显著差异（List，2006）。为此，许多学者对社会偏好检验是否可外溢进行了检验，即进行外部有效性检验（External Validity）。主要的方法是进行田野实验，将现实情境中的自然数据与实验室中甄别的个体社会偏好倾向进行比较分析（Carpenter & Erika，2005；Baran et al.，2010），这些检验表明，个体社会偏好呈现出一定的外部有效性。也就是说，通过测定人们在特定实验情景下的社会偏好，可以用来预测其在另一种情景下的特定行为，这显然具有积极的政策含义。

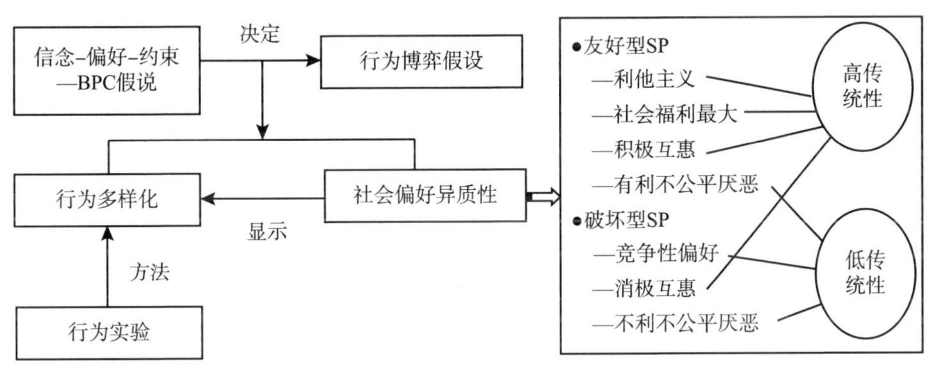

图 2-1　概念

2.2 社会偏好的理论渊源与演进

2.2.1 等级依赖效用模型

20 世纪 80 年代，奎金（Quiggin，1982）和施梅德勒（Schmeidler，1986，1989）分别在风险条件下和不确定条件下提出了等级依赖效用理论（Rank - Dependent Utility，RDU），该理论后续又经洛普斯（Lopes，1984）、吉尔博亚（Gilboa，1987）以及卡尔尼和施梅德勒（Karni & Schmeidler，1991）等学者的发展和完善。

在非单调加权函数下，施梅德勒所购建的等级依赖效用模型捕捉了实验中和实证研究中的一个事实：人们关心他们在收入分布中所处的等级。也就是说，人们除了关心他自己的所得，所有其他人的所得也一并进入他的效用函数，他加总这些效用得到他的总体效用水平，其他人的所得对他效用影响的权重取决于其他每个人在收入分布中所处的等级。通常的情形是，相对于境况较好的人，他赋予境况较差的人更大的权重。具体而言，定义权重函数为 W，为每一个个体的集群分配一个权重，假设 $W(\varnothing)=0$，$W(\{0, \cdots, n\})=1$。考虑一个收入分布 x，将收入从最高到最差排序，以 ρ 表示个体集群的一个排序 $\{0, 1, \cdots, n\}$，令 $x_{\rho(0)} \geqslant x_{\rho(1)} \geqslant \cdots \geqslant x_{\rho(n)}$，每个个体 j 所赋予的权重定义为：

$$\pi_{\rho(j)} = W(\{\rho(0), \cdots, \rho(j)\}) - W(\{\rho(0), \cdots, \rho(j-1)\})$$

则等级依赖效用（RDU）可表示为：

$$RDU(x) = \sum_{i=0}^{n} \pi_i u(x_i)$$

其中，u 是效用函数。权重函数是单调的意味着，对于所有的个体集群，当 $A \supset B$ 时，$W(A) \geqslant W(B)$，权重函数非单调则反之。柯尔斯顿（Kirsten，2009）证明了当 $u(x_i) = x_i$ 且 $W(I) = \begin{cases} 1-(n-|I|+1)\beta, & 0 \in I \\ -|I|\alpha, & 0 \notin I \end{cases}$（其中 I 表示群集里个体数量）时，费尔和施密特等（1999）的“不公平厌恶偏好”模型成为施梅德勒所购建的等级依赖效用模型的一个特殊情形。在不公平厌恶偏好模型下，人们不是关心他在收入分布中所处的等级，而是关心那些状况比他好的人以及状况比他差的人，他赋予状况比他好的人的所得一个相同的权重，赋予状况比他差的人的所得一个相同的权重，这样，所有其他人的所得也进入了他的效用函数。因而，可以说等级依赖效用模型是不公平厌恶偏好模型的理论渊源。

2.2.2　不公平厌恶偏好

为了解释传统的基于自利人假设的经济学模型所无法解释的实验现象和实证证据，费尔和施密特（1999）构建了如下效用函数来捕捉包含 n 个体的集群的“不公平厌恶感”：

$$U_i(x_1, x_2, \cdots, x_n) = x_i - \frac{\alpha_i}{n-1}\sum_{j\neq i}\max\{x_j - x_i, 0\} - \frac{\beta_i}{n-1}\sum_{j\neq i}\max\{x_j - x_i, 0\}$$

$$(0<\beta_i<1, \beta_i\leqslant\alpha_i)$$

当集群里只包含两个个体时，该函数变为：

$$U_1(x_1, x_2) = x_1 - \{\alpha_1\max[x_2 - x_{1,0}] + \beta_1\max[x_1 - x_2, 0]\}(0<\beta_i<1, \beta_i\leqslant\alpha_i)$$

其中，n 代表行为个体的数量，U_i 表示第 i 个人的效用水平，$i\in(1, 2, 3, \cdots, n)$，x_i 表示第 i 个人的所得。参数 $\alpha\geqslant0$，捕捉了个体 1 的“不利不公平厌恶”，此时个体 2 的回报大于个体 1 的回报；第二个部分中参数 $\beta\geqslant0$，捕捉了个体 1 的“有利不公平厌恶”，此时个体 2 的回报小于个体 1 的回报。当 $\alpha=\beta=0$ 时，则与传统假设个体 1 完全自利相符合。该效用函数不仅包括了行为个体的收益 x_i，而且包含了自己和他人之间的收益差距，以此来度量由不公平所减少的效用。这样，他们就把自利问题和公平问题统一到了一个分析框架中，以便用一个模型同时解释这两种现象。

集群里的每个个体都有一对参数（α，β），整个集群就有一个 α 和 β 的联合分布。可见，要使得模型具有现实指导意义，需要知道现实人群中 α 和 β 的分布情况。费尔和施密特（1999）在提出该模型后，采用数据做了 4 个严格的最后通牒（Ultimatum Games）博弈实验①，实验结果证实了“不公平厌恶感”在人群中的广泛存在性。这 4 个实验分别如下：

（1）提议者竞争市场。假设提议者有多人，同时向同一个反应者提供分配方案，反应者对于所有的分配方案里自己能得到最高额的那个方案作出接受（或拒绝）的决策，分出最高额的提议者里面随机指定一位和反应者分配剩余。实验结果是竞争性的结果，提议者们将把所有剩余分配给反应者。

（2）反应者竞争市场。假设一个提议者提供一个分配方案给反应者，反应者有多人。在那些接受分配方案的反应者里随机选择一位和提议者分配剩余。实验

① “最后通牒”的博弈实验是实验经济学和行为经济学中最著名的实验之一，最早由德国教授 Guth Werner 提出，后得到卡梅伦等（Cameron et al.，1995，1997）拓展和完善。其基本内容是：让两个实验对象分一笔钱，随机决定由其中某一个人（称为提议者）分配，如果另一个人（称为反应者）接受，就按提议者的分配方案，提议者即使只给反应者留下很少的钱，反应者也会接受。然而，许多实验检验发现，现实中个体的行为与理论预测相差很大。

结果表明80%的反应者愿意接受任何分配方案。

（3）无惩罚的公共物品博弈。在这些博弈实验里，人们决定用他们收入 y 的一定比例 g 对公共物品作出贡献，产生总额为 ag(a<1）的公共物品为所有人所享用，包括他自己。实验结果表明，73%的实验者选择不对公共物品作出贡献。传统经济学认为，个人贡献的边际收益小于个人贡献的边际成本，在理性人单纯追求个人利益最大化的前提下，他们会选择不对公共物品作出贡献，从而形成所谓的“公地的悲剧”和搭便车行为。作者认为，人群中既有自利的人群，也有互惠的人群，互惠人群表现出了自利行为是受到自利人群的影响，当他们意识到自利人群的存在并且同时预期到自利人群会为了他们的自身利益作出不利于自己的行为，他们就会采取相应的报复手段而选择不对公共物品作出贡献。

（4）有惩罚的公共物品博弈。这个实验跟无惩罚的公共物品博弈类似，但是假定最后阶段，人们在惩罚别人的时候自己也要付出成本。在调整后的公共物品重复实验和绝对陌生人重复实验中，被测试者的选择几乎达到了接近社会效用最大化的选择，这种直接惩罚机制的存在使最后的社会效用相对于没有直接惩罚机制时发生了很大的改善，实验结果表明80%的人在一开始就选择对公共物品作出贡献。

针对这些最后通牒博弈实验，作者采用数据拟合他们的模型。根据模型，一个具有不公平厌恶感的反应者的行为取决于他的“不利不公平厌恶”参数 α，而一个具有不公平厌恶感的提议者（知道所有反应者参数 α 的分布）的行为取决于他的“有利不公平厌恶”参数 β。参数 α 的分布可以通过计算反应者接受或者拒绝分配方案的频率来得到；参数 β 的分布可以通过计算提议者提供的分配方案来得到。作者据此得到实验者们 α 和 β 的联合分布的情况见表2-1。基于实验数据，总结出如下一些结论：一是所有提议者提供的部分都会小于或等于总金额的一半，并且60%~80%的提议者提供的部分为40%~50%；二是几乎所有提议者提供的部分都大于20%，只有3%的提议者提供的部分少于20%；三是大部分提供过低份额的提议者都会被反应者拒绝，而且被拒绝的概率随着其所提供的比例的上升而下降。

表2-1　不公平厌恶参数 α 和 β 的联合分布

参数 α 的取值及其占比		参数 β 的取值及其占比	
α 的取值	占比（%）	β 的取值	占比（%）
α=0	30	β=0	30
α=0.5	30	β=0.25	30
α=1	30	β=0.6	30
α=4	10	β=0.6	10

除了最后通牒博弈实验，“不公平厌恶”偏好在独裁者博弈（Dictator Games）（Forsythe et al.，1994；Burks，2002）、公共物品博弈（Public Good Games）（Ledyard，1995；Fehr & Schmidt，2001）、礼物交换博弈（Gift Exchange Games）（Fehr et al.，1993；Fehr & Gächter，2000）和第三方惩罚博弈（Third Party Punishment Games）（Fehr & Fischbacher，2002）等实验中都得以证实。许多学者基于不同的实验也得到了与费尔和施密特（1999）相似的 α 和 β 分布情况，比如查尼斯和拉宾（2002）指出 β 的取值大概为 0.4 左右；而塞布丽娜（Sabrina，2008）实验得出，33%的实验者 $\beta<0.15$，67%的实验者 $\beta\geqslant0.15$；沙克德（Shaked，2006）根据 α 和 β 的配对进一步细分为（0，0）、（0.5，0.25）、（1，0.6）和（4，0.6）四类等。

“不公平厌恶”理论提出以后，许多学者在模型的构建上对人们的“不公平厌恶”偏好进行了更为深入地探讨，对于现实社会中人们的行为进行了更为精确的拟合。这些文献主要分为两大类：结果基础模型和情境基础模型。结果基础模型（Outcome-based Models）即那些把个人偏好的探讨建立在以分配结果为基础的模型；而情境基础模型（Context-dependent Models）是指那些分配结果（从而影响偏好）随着情境因素的变动而变动的模型。

（1）结果基础模型（Outcome-based Models）：这类模型适用于最后通牒博弈，但是跟传统的理论不同，它们是关注博弈双方的分配结果，而不只是仅仅考虑决策一方的分配份额。不公平厌恶模型正是以分配结果为基础构建的模型，博尔顿和奥肯费尔斯（Bolton & Ockenfels，2000）运用“不公平厌恶”模型，解释了竞争行为可观察条件下的博弈现象，例如“伯特兰市场”。查尼斯和拉宾（2002）构建了“社会福利偏好”效用模型，与其他模型不同，该模型指出，相对于降低所得的差异，被测试者更加关心增进社会福利，特别是那些所得较低的受助人。他们还发现，当被测试的一方没有意愿达到一个公平的分配结果的时候，另一方也不愿意为了达到一个公平的结果而牺牲自己的利益，有的时候，被测试者还会对不公平行为施以惩罚。欧科和寇克森（Ok & Koçkesen，2000）构建了“追赶与攀比”偏好模型，也即效用的大小跟与人比较的相对状态有关系，作者将这种偏好称为“负项相互依存偏好”（Negatively Interdependent Preferences），他们据此检验了相对工资假设。安德鲁尼和米勒（Andreoni & Miller，2002）则表明，在独裁者博弈中，只要多加入一个回报（Payoff）向量，利他主义行为就能够模型化到已有的不公平厌恶效用函数当中。

（2）情境基础模型（Context-dependent Models）：在这类模型当中，考虑最后分配结果以外的因素影响偏好的情形。例如，森（Sen，1995，1997，1999）的文献关注选择决策，他指出，每一个分配结果都取决于“谁做的分配决策”（即“选择者”依赖）以及可选择的分配方案（“菜单”依赖）。有关公平性偏好在选择决策中如何发挥作用的理论是“互惠理论”（Rabin，1993），该理论假设人们偏好于褒扬公平意图而惩罚不公平意图。更一般化地，早期一些文献里，学者们已经意识到公平与否不仅仅体现在分配结果上，也体现在到达这些分配结果的过程当中，这方面的模型也得到了很多实证研究证据的支持，弗瑞等（Frey et al.，2004）提供了一个详细的综述。大量的文献已经表明分配结果以外的很多“情境”因素都影响人们的总效用，包括可供选择的分配结果集合（Andreoni et al.，2002）、承诺（Dufwenberg & Kirchsteiger，2004）、真相揭示（Brandts & Charness 1999）、地位（Cox et al.，2007）、性别（Andreoni & Petrie 2004）以及产权（Gächter & Riedl，2005）等。

除此之外，有些学者融合了这两类模型，构建了参照依赖偏好结构（Reference-dependent Preference Structure）（Munro & Sugden，2003；Sandbu，2008）。这些模型通常依据情境基础模型中的因素构建参照系，当参照系是常量或者没有参照系时，纯粹的结果基础模型则成为这些模型中的特殊情形。

2.2.3 竞争性偏好

竞争性效用模型（Competitive Preferences）是文献中较少被提及的一种偏好类型，这种偏好认为，人们总是喜欢自己的收益尽可能地高于别人，可以视为等级依赖效用的一个极端情形，其简单的线性形式可表示如下：

$$U_i(\pi) \equiv (1-\theta)\pi_i + \theta(\pi_i - m_i) = \pi_i - \theta m_i$$

式中，m_i 表示其他博弈者的平均收益，$\theta \in (0, 1)$ 是衡量实验者竞争性偏好程度的参数，也就是说，他赋予多大的效用权重在高出别人收益的份额上。虽然不公平厌恶偏好更为常见，但从直观上看，竞争性偏好不免让我们感到迷惑：一些人当他们获得更低收益的时候会降低其他人的收益，但有些人领先的时候也会倾向于伤害别人，增加自身的相对收益。事实上，当结合互惠主义偏好时，竞争性偏好部分地可被不公平厌恶偏好所解释，考虑一个二期序贯博弈，如果在一起，参与者 A 发出不善意的分配信号，则在二期，即使 B 在收益上领先于 A，他也会作出伤害 A 的分配决策，此时，很难说 B 是纯粹的竞争性偏好的人，还是对 A 的不善意分配造成的不公平性的一种互惠主义报复，如果是后者，则可以认为 B 是具有不利不公平厌恶偏好的人。

2.2.4 准最大最小偏好

安德鲁尼和米勒（1998）测试一个独裁者博弈，让一博弈者与另一个博弈者决定如何分配固定数目的美元，他们发现，一些博弈者选择与别人分配数额相等的决策，这种行为可以定性解释不公平厌恶偏好模型。但同时他们也发现，部分博弈者愿意牺牲钱去增加总盈余，在这过程中给了大部分或全部给另外的博弈者。直观上看，这与不公平厌恶偏好是完全相反的，作者们把这种偏好称为“准最大最小”的偏好，它的简单线性形式为：

$$U_i(\pi) \equiv (1-\gamma)\pi_i + \gamma[\delta \mathrm{Min}(\pi_k) + (1-\delta)\sum_{k-1}^{k}\pi_k]$$

式中，γ，$\delta \in (0, 1)$ 分别衡量实验者关注其自身收入和总收入最大化的程度。由于准最大最小偏好假设人们总是倾向于帕累托改进，他们不能解释最后通牒博弈中的拒绝行为，而不公平厌恶偏好可以。事实上，与前面的分析相同，如果纳入多期博弈模型当中，准最大最小偏好也可以部分地由不公平厌恶偏好模型所解释。

2.2.5 互惠主义偏好

雷宾（Rabin，1998）发展了吉纳科普洛斯等（Geanakoplos et al.，1989）的“心理博弈论”，构造了存在互惠意图（Intention Based Reciprocity）的两人博弈模型，认为人们普遍具有“互惠互损”动机，即每个人都会对那些对自己友善的人友善，而敌视那些伤害自己的人。雷宾模型的最大局限在于没有考虑策略的动态结构，当它被用于序贯博弈时就会产生不合理的均衡，例如，在两人囚徒困境序贯博弈中，如果不修正非均衡路径中的认识意图，博弈一方无条件合作就成了公平均衡的一部分。鉴于此，杜芬伯格和柯尔奇斯泰格尔（Dufwenberg & Kirchsteiger，2004）将雷宾模型的分析框架伸延到扩展型博弈，建立“序贯互惠均衡”，他们假定在任何时候，参与者作出决定的动机所依据的是他在不同阶段得到的对对方意图的新认识，因此，无论是在均衡路径上还是在非均衡路径上，均能保持博弈发展的认识意图轨迹。表2-2归纳了主要社会偏好类型的函数形式及其含义。

表2-2 主要社会偏好类型的函数形式及其涵义

社会偏好类型	主要文献	函数形式	参数含义
等级依赖偏好	奎金（1982）、施梅德勒（1986，1989）	定义权重函数为W，为每一个个体的集群分配一个权重，假设 $W(\varnothing)=0$，$W(\{0, \cdots, n\})=1$。考虑一个收入分布x，将收入从最高到最差排序，以ρ表示个体集群的一个排序（0，1，…，n），令 $x_{\rho(0)} \geqslant x_{\rho(1)} \geqslant \cdots \geqslant x_{\rho(n)}$，每个个体j所赋予的权重定义为： $\pi_{\rho(j)} = W(\{\rho(0), \cdots, \rho(j)\}) - W(\{\rho(0), \cdots, \rho(j-1)\})$ 则等级依赖效用（RDU）可表示为：$RDU(x) = \sum_{i=0}^{n}\pi_i u(x_i)$	权重函数是单调的意味着，对于所有的个体集群，当 $A \supset B$ 时，$W(A) \geqslant W(B)$，权重函数非单调则反之

续表

社会偏好类型	主要文献	函数形式	参数含义
不公平厌恶偏好	费尔和施密特（1999）	包含 n 个体的集群的“不公平厌恶感”： $U_i(x_1, x_2, \cdots, x_n)=x_i-\frac{\alpha_i}{n-1}\sum_{j\neq i}\max\{x_j-x_i, 0\}-\frac{\beta_i}{n-1}\sum_{j\neq i}\max\{x_i-x_j, 0\}$ $(0<\beta_i<1, \beta_i\leqslant\alpha_i)$ 当集群里只包含两个个体时，该函数变为： $U_1(x_1, x_2)=x_1-\{\alpha_1\max[x_2-x_{1,0}]+\beta_1\max[x_1-x_2, 0]\}(0<\beta_i<1, \beta_i\leqslant\alpha_i)$	参数 $\alpha\geqslant 0$，捕捉了个体 1 的“不利不公平厌恶”；参数 $\beta\geqslant 0$，捕捉了个体 1 的“有利不公平厌恶”。当 $\alpha=\beta=0$ 时，则与传统“经济人”假设相符合
竞争性偏好	查尼斯等（2002，2010）	等级依赖效用的一个极端情形，认为人们总是喜欢自己的收益尽可能地高于别人：$U_i(\pi)\equiv(1-\theta)\pi_i+\theta(\pi_i-m_i)=\pi_i-\theta m_i$	$\theta\in(0, 1)$ 是衡量被试竞争性偏好程度的参数
准最大最小偏好	安德鲁尼和米勒（1998）	准最大最小偏好假设人们总是倾向于帕累托改进，即社会总体福利最大化：$U_i(\pi)\equiv(1-\gamma)\pi_i+\gamma[\delta\min(\pi_k)+(1-\delta)\sum_{k=1}^{k}\pi_k]$	γ，$\delta\in(0, 1)$ 分别衡量被试关注其自身收入和总收入最大化的程度
互惠主义偏好	拉宾（1993）	参与者 i 不仅关心自己的货币收益 $\pi_i(a_i, b_j)$，他的效用中还包括了他是否受到对方善待的预期 $\tilde{f}_j(b_j, c_i)$ 以及他对别人相应的态度 $f_i(a_i, b_j)$ 共同作用下产生的“公平性”感受： $U_i(a_i, b_j, c_i)=\pi_i(a_i, b_j)+\tilde{f}_j(b_j, c_i)[1+f_i(a_i, b_j)]$ $f_i(a_i, b_j)=[\pi_j(b_j, a_i)-\pi^e(b_j)]/[\pi_j^h(b_j)-\pi_j^l(b_j)]$ $\tilde{f}_j(b_j, c_i)=[\pi_i(c_i, b_j)-\pi_i^e(c_i)]/[\pi_i^h(c_i)-\pi_i^l(c_i)]$ 假定：当 $\pi_j^h(b_j)=\pi_j^l(b_j)$ 时，$f_i(a_i, b_j)=0$；当 $\pi_i^h(c_i)-\pi_i^l(c_i)=0$ 时，$\tilde{f}_j(b_j, c_i)=0$ 且 $\tilde{f}_j(\cdot)\in[-1, 1/2]$	a_i 为 i 的策略选择，b_j 为 i 推测 j 的策略选择，c_i 为即 i 推测 j 对 i 的策略选择的先验认识
利他主义偏好	贝克尔（1976）	参与者 h 的行为随着他的利他主义偏好而变化： $U_h=U[Z_{1h}, \cdots, Z_{mh}, \varphi(U_w)]$ $\partial U_h/\partial U_w>0$	U_h 和 U_w 分别是利他主义者和他的受益人的效用，φ 是 U_w 的一个正函数。Z_{jh} 是由 h 消费的第 j 个商品

这些不同的偏好模型可以统一到如下模型框架中来分析，不公平厌恶偏好、竞争性偏好和准最大最小偏好成为其中的一种特殊情形：

$$U_i(\pi)\equiv\pi_i+\rho(\pi_j-\pi_i)\quad 当\ \pi_i\geqslant\pi_j$$

$$U_i(\pi) \equiv \pi_i + \sigma(\pi_j - \pi_i) \quad 当\ \pi_i \leqslant \pi_j$$

当 $\rho<0$，$\sigma<0$ 时，模型表示竞争性偏好；当 $0<\rho<1$，$\sigma<0$ 时，模型则表示不公平厌恶偏好，当 $1>\rho>\sigma>0$ 时，模型变为准最大最小偏好，而在 $\rho>0$ 或者 $\sigma>0$ 时，反映了个体利他主义偏好。从上面的分析可以看出，如果纳入多期博弈模型当中，互惠主义偏好会使得这些存在矛盾的偏好变得一致。例如，查尼斯和拉宾（Charness & Rabin，2002）融合了准最大最小偏好和不公平厌恶偏好，构建了“差异厌恶社会福利最大化”模型；法尔克和菲施巴赫尔（Falk & Fischbacher，2006）的模型则融合了不公平厌恶偏好和互惠主义偏好模型的特征。科勒（2011）的模型同时考虑了不公平厌恶偏好、互惠主义偏好和利他主义偏好等。可见，在社会偏好研究中，学者们已作出了很多的努力，这些综合模型的提出，都是为了更好地解释现实中观察到的现象①。各种社会偏好见图 2-2。

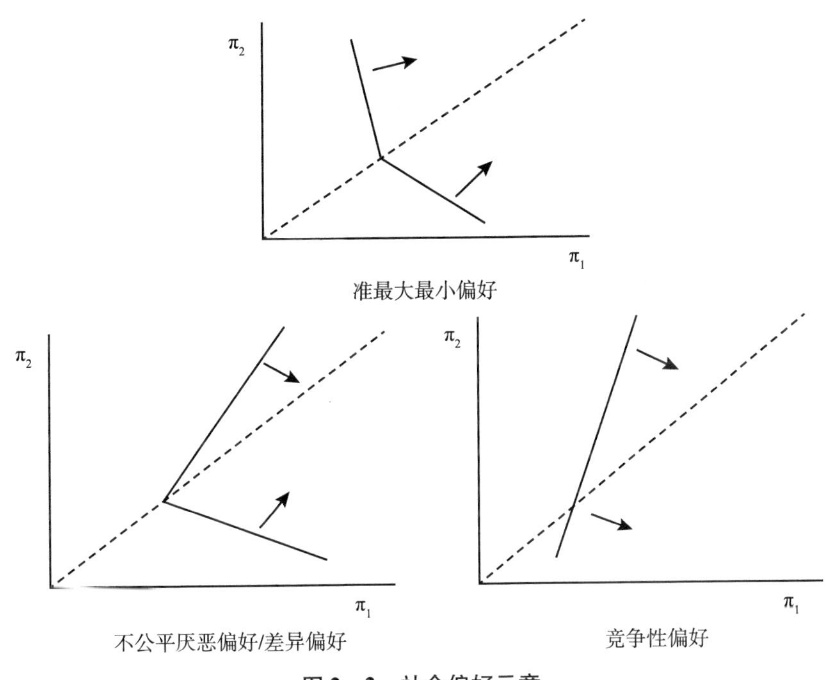

图 2-2 社会偏好示意

本书基于实验研究，对不同类型的社会偏好在我国人群中的存在性进行甄别

① 正如卡梅伦（2003）指出，实验经济学家的目的并不仅仅通过改变效用函数来解释各种不同的实验结果，其最终目的是要找到一个简单而有效的综合性效用函数。这个效用函数能够体现人类复杂的心理活动特征，从而能够对许多不同的实验现象给出解释。

并引出本研究的基本研究思路：即不公平厌恶偏好在人群中广泛存在，而且它也表现为纯粹自利偏好、准极大极小偏好以及互惠主义偏好等社会偏好某种程度上的组合。在之后章节，将把不公平厌恶偏好模型嵌入到管理会计中的薪酬契约当中，得到本书的基本研究命题和推论，并结合实验的数据检验其在我国制度背景下的适用性。

第3章

社会偏好倾向及其影响因素：一个实验分析

3.1 中国儒家文化与社会偏好独特性

儒家文化是以儒家学说为指导思想的文化流派。儒家学说为春秋时期孔子所创，倡导血亲人伦、现世事功、修身存养、道德理性，其中心思想是恕、忠、孝、悌、勇、仁、义、礼、智、信，其核心是“仁”。儒家学说经历代的传承和发展，使其对中国文化的发展起了决定性的作用，在中国文化的深层观念中，无不打着儒家思想的烙印。

我国企业组织根植于传统儒家文化中，雇员对组织工作环境的认知和社会偏好有其特殊性，近年来，部分学者对此进行了实验检验，积累了部分证据。例如，夏纪军（2005）在考克斯（Cox，2002）的实验设计基础上进行了一组信任实验，发现实验被试在实验中表现出显著的互利与利他倾向，个人特征中的信仰、地域、城乡，以及工作经历等个人特征对参与者的信任结构存在显著影响。基利（Gilly，2010）研究指出，相对于西方文化传统下的个体社会偏好，中国的员工体现出较强的不公平厌恶偏好、利他主义偏好和互惠主义偏好，较弱的准最大最小偏好和竞争性偏好。陈叶烽（2009）在中国企业文化情景中进行实验研究，证实了四种经典亲社会性行为的广泛存在性，其中，信任博弈中的信任投资行为受互惠偏好的显著影响，而可信任回报行为受到纯粹利他偏好和互惠偏好的双重影响；而公共品博弈实验中的投资行为受到差异厌恶偏好的显著影响。王庆娟和张金成（2012）研究发现，工作场所的儒家传统价值观具有良好的效用，与员工的公平敏感性和组织公民行为显著正相关。何贵兵和蒋多（2013）实验研究表明，个体不仅存在自我损失规避倾向，也存在不同程度的他人损失规避倾向。杨志强等（2013）以企业经理人员作为研究对象，实验研究表明，我国企业管理者表现出较强的有利不公平厌恶偏好倾向。国内外众多研究表明，不同的文化下，个体社会偏好表现出很大的差异性，而本书试图提供如下经验证据：即在相同的儒家文化情境下，不同所有权结构的企业内，雇员的社会偏好是否也有系统性的差异？如果有，这种差异性对于一个有效率的激励机构意味着什么？

随着中国经济的增长、国际化和可持续发展，当前我国企业组织正面临现代化转型的节点，代理人和组织之间的信任基础建构变得越来越重要。代理人对组织信任的形成不仅来自对组织文化的感知，更为重要的是，组织的文化与个体社会偏好的相符程度。因而，个体社会偏好检验就成为进一步研究的关键。本章立足于我国的企业文化情景，借鉴国外学者的实验设计和数据分析方法，通过一组独裁者实验和两组策略博弈实验对这些偏好在我国企业雇员中的存在性进行检验，比较了各类型社会偏好的相对普遍性、相对重要性及其强度，并进一步按照被试对象的个体特征、风险偏好和所在单位产权性质进行分组检验。

3.2 实验设计与过程

现有文献对于社会偏好的检验和度量可分为三个层次：(1) 在实证研究文献中，采用替代变量近似的衡量个体的社会偏好，或者用个体社会偏好差异来解释有关实证结果（Schulze et al.，2003）；(2) 在实验研究文献中，采用 Z-tree 等实验研究软件进行相关实验，形成对个体社会偏好的认知（Chen & Li，2009；Baran et al.，2010）；(3) 借助于脑成像技术，比如脑电 EEG、正电子发射断层扫描技术 PET、功能性磁共振 FMRI 等，观测实验者在进行相关决策时脑神经的反应的差异来甄别其社会偏好（Tricomi et al.，2010；Glimcher，2012）。根据实验目的，本章主要采用心理学实验研究方法，实验设计如下：

3.2.1 被试对象

本实验于 2011 年 10 月 ~2014 年 12 月期间在暨南大学和广东财经大学商科专业课堂上进行，总共有 310 位企业管理岗位的人员参与实验。其中：EMBA 有两个班级，实验参与者共 72 人；MBA 有 5 个班级，实验参与者共 160 人；MPAcc 有两个班级，实验参与者 78 人[①]。从所处行业看，实验者所在公司分布广泛，涉及 12 个行业，绝大部分是大中型企业，员工人数 500 人以上的公司所占比重达到 56.21%；从企业性质看，43% 是国有控股企业、18.240% 是家族控股企业、24.760% 是外资企业，14% 是股份制公司（分散持股）。实验者 70% 是

① 国外许多学者也是在大学实验室中进行他们的社会偏好甄别实验，例如巴兰（Baran et al.，2010）的实验对象为芝加哥大学布斯商学院 2008 级 MBA 学生；查尼斯和雷宾（Charness & Rabin，2000）于 1998 ~ 1999 年所进行的实验中，对象为巴塞罗那大学和加州伯克利大学商学院的学生等。

企业各个层级的管理者，其中，男性54%，女性46%；年龄集中在20~40岁；大约有35%已经在公司工作5年以上，超过75%在公司工作2年以上；其所分管的业务也比较广泛，包括生产、销售、行政、人力资源、研发、财务等。所有参与者均未参加过有关实验。为了进行假设检验，本章设计了调查问卷（详见附录），在实验结束后让参与实验的管理者填写，得到有效问卷310份。为保证问卷的信度，在两个被调查班级上进行了重测信度分析，将样本在前后两次（2周时间间隔）测验分数的数据合并在一起，并采用Correlate之下的Bivariate求其相关系数，结果超过0.9，问卷具有较高的信度。

国外部分学者在进行相关实验时，为了激励被试者，会在实验前告知被试，实验结束后将从其众多决策中随机抽取一两次决策结果作为依据，给被试者相应的奖励金额。考虑到本实验被试均为在职的MBA、EMBA学员，少额的奖励并不能得到预期的激励效果，对实验结果的影响有限，本实验并未设置物质奖励，而是在实验开始前，强调这是与他们课程密切相关的一次有趣的实验，并承诺后续如果他们对实验结果感兴趣，课题组将赠送已发表的论文或者出版的著作留作纪念，作为参与实验的回报①。

3.2.2 实验设计

为了对我国企业文化情境下经理人员的社会偏好进行检验，本章借鉴克里蒂科斯和波尔（Kritikos & Bolle，1999）、陈岩和李鑫（2009）、基利（2010）等学者的实验设计，采用树杈状的选择方式，让被试在既定的实验情景下，对不同的"分饼"方案进行选择。课题组设计了三个实验局，第一个实验局是让被试进行二元选择独裁者博弈实验；第二个实验局是在策略博弈实验中让被试进行"提议者"决策；第三个实验局是在策略博弈实验中让被试进行"响应者"决策。为便于说明，考虑以下几种情形（见图3-1）。

第一个实验局中，括号内左边金额表示对方所得，右边金额表示自己所得，考察不同被试在各个博弈决策之间的选择情况。例如，在GAME1中，进行的是

---

① 正如林树等（2006）指出的，心理学实验与实验经济学的实验是有差别的。首先，实验经济学文献中经常需要讨论实验是怎样设计激励的，因为他们经常研究被试是怎样对概率事件做出推断，并将被试的判断结果与某一数值进行比较，根据比较结果给予不同的奖励，以便被试在进行判断的思维过程中就下意识地将自己的结果与某一数值进行比较。本实验只是要求被试对各个相互独立的决策根据自己的偏好进行选择，事先已告知其所有的决策并无对错之分，也就没有设置比较标准。其次，心理学方面的研究文献，除非专门研究激励问题，一般不会对实验中怎样激励被试给予过多关注，研究文献指出，对被试激励的大小并不会显著影响实验结果（Tversky & Kahneman，1992）。心理学实验一般在研究之前善意地"隐瞒"实验的真实目的，实验结束后才告知实验目的，并给予参与者少量金钱或者纪念品作为占用其时间的回报。

独裁者博弈实验（Dict 1），参与者 A 单方面的决定他和对方（假设为 B）的奖金数额，他的选择决定了最终的分配结果。如果他选择 A1，则他和 B 都将得到 4000 元奖金[①]，如果他选择 A2，那么 B 将得到 7500 元，而他自己只得 3750 元。

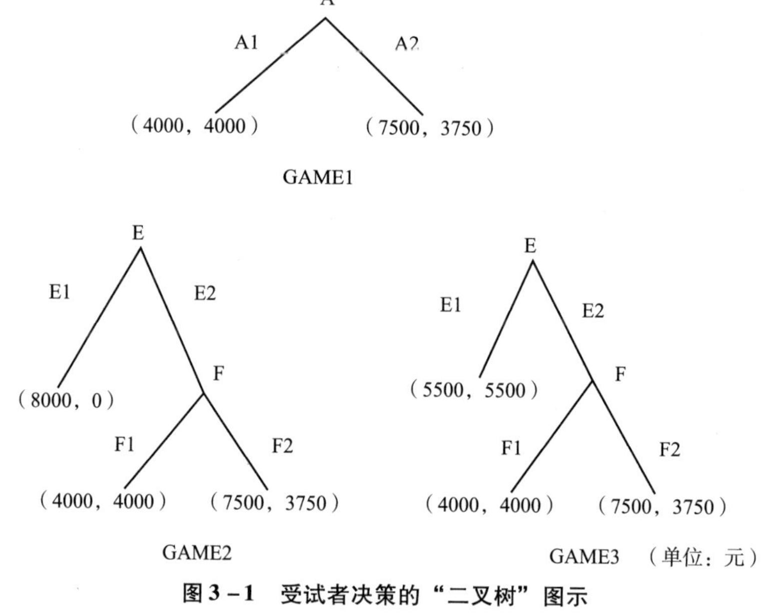

图 3－1 受试者决策的“二叉树”图示

那么，按照不同的偏好模型，对于具有不公平厌恶的被试来说，将更加倾向于选择（4000，4000）的分配结果，因为更加公平；而对于社会福利最大化偏好或者准最大最小偏好的被试来说将更加偏好（7500，3750）的方案，因为，此时双方的奖金总额为 11250 元，大于 8000 元。实验结果表明，大约有 82% 的被试选择（4000，4000）的方案，只有 18% 的被试选择（7500，3550）的方案。在基利（2010）的研究中，69% 的被试选择了福利最大化的决策，即相对于 31% 的被试选择（400，400）的方案，69% 的被试选择（750，400）的方案，安德鲁尼和米勒（2002）也得到和他们相似的结果，虽然比例有所下降，在50% ~ 60% 。可以看到，我国的被试比美国的被试有着更强的不公平厌恶偏好。这里的设计跟他们的稍微不同，即如果 A 选择（7500，3750）的方案，他的奖金要比

① 为了保持与其他学者研究结论的可比性，在设计分配份额时候严格按照其他学者的实验设计，由于币值不同，只按照 10 倍调整金额。例如对于（750，375）的欧元分配设计，我们设计为（7500，3750）的人民币决策方案。尽管在实验情景设计中，已经告知被试与其对应方初始禀赋一样，对于决策树干中的奖金数额，可根据实际情形，同时按照 10 的倍数增减，例如有些被试可能认为（75000，37500）的人民币决策方案更加贴近现实。

选（4000，4000）时少250元，体现为一种成本的权衡，而基利的设计中A不管作出什么决策，他自身的回报是不变的。我们实验中也设计了（4000，4000）和（7500，4000）之间的独裁者博弈实验（Dict 6），结果表明，虽然选择总福利最大化的比例有所提高，但是仍然有75%的被试选择更为公平的分配方案（4000，4000）。

为了测试互惠主义偏好的存在对于其他社会偏好的影响，本章进一步分析策略博弈，即被试A在作决定的时候，会考虑到对方B的反应或者对方的决策会影响自己决策的情形。对于GAME2和GAME3，实验局二中被试作为“提议者”的情景（Eresp），此时被试是E的身份，他可以选择E1，也可以选择E2（让对方F选择），如果他选择E2，则他会预期到对方将在F1和F2之间进行选择。实验局三是让被试进行角色转变，设计其作为“响应者”的情景（Fresp），此时被试是F的身份，他知道对方E已经选择E2，即让他在F1和F2之间选择。对于GAME2，实验发现，当被试作为提议者时，有83%的人选择E2，即让对方选择，这是可以预期的，因为此时被试面对很大的不利不公平。而当被试作为响应者时，80%的被试选择了（4000，4000）的方案，比独裁者实验中只下降了2%，也就是说，尽管此时对方作出了友好的选择，避免被试得到0元的情形，大部分被试仍然体现出公平性的偏好，互惠主义偏好并不明显，本章后面对比了两种不同情形下的差异，除了总体样本外，还分别对高级管理者和中低层管理者进行检验。可以看到，从Dict 1—Fresp 3的情景变化下，被试的选择并不存在显著的差异，这跟雷宾（1998）的实验结果不同，他们发现，一个善意的决策往往得到对方互惠性的回报。在GAME3中，当被试作为提议者时，有83%的被试选择（5500，5500）方案，同样体现为较强的不公平厌恶感。而当被试作为响应者时，即当对方作出了不友好地没有选择（5500，5500）决策后，79%的被试选择（4000，4000）的方案，比GAME1中的比例还小，这让人感到诧异，被试在面对较不友好的对待时，并没有体现报复心理。仅从这两个博弈决策来看，不管是正向的互惠主义偏好，还是负向的互惠主义偏好在我国的人群中表现的并不明显，这与部分学者的结论一致，如博尔顿和奥肯费尔斯（2000）的研究找不到证明互惠主义显著的证据，但是更多的证据却支持了互惠主义在人群中的存在性。

3.2.3 实验内容与程序

课题组让每位参与实验的管理者都进行了三个实验局9组实验（除了第一组没有进行响应者决策外）：9个独裁者博弈实验和22个策略博弈实验（其中11个为提议者决策，11个为响应者决策），总共进行了9610次分配决策，有效的实验结果涉及310位被试①。

实验局一：让被试进行独裁者博弈实验。假设被试和其对应方是在同一公司相同层级的管理人员，各方面条件都相似（初始禀赋一样），今年工作业绩都比较好，公司决定对其进行奖励，并且被试的选择将决定他自己和对应方的奖金数量。在这个实验局当中，每位被试均被要求进行9次决策，各个决策方案之间互不关联。在9组实验中，课题组都先让被试进行独裁者博弈实验，然后收齐决策卷并编号后，再进行另外两个实验局的决策实验。

实验局二和实验局三进行策略博弈实验，在各个组之间交互进行，“提议者”和“响应者”的决策按顺序作出。在第一组实验中，被试完成9个独裁者博弈实验后，课题组分发实验局二的指引和决策空表，要求被试进行11个“提议者”决策实验，实验结束后收齐决策卷并编号。从第二组实验开始，课题组同样让被试先按前后顺序进行9个独裁者博弈实验和11个“提议者”决策实验，收齐实验结果并编号；然后，将第一组实验中收取的“提议者”决策实验结果，随机分发给第二组的被试（如果第二组被试的总人数多于第一组，则决策卷发完为止；反之，如果第二组被试的总人数少于第一组，则剩余的决策卷将连同第二组收取的“提议者”决策实验结果，在第三组或之后的实验中进行分配），并告知每位被试，这是他们的对应方作为“提议者”所做出的决策，如果对应方让他们做决策，他们要据以作出“响应者”的决策，决定双方的最终分配结果；如果对应方已经做了最终分配决策，则无须再做决策。实验结束后收齐“响应者”实验结果并编号。至此，第一组的三个实验局完成，之后的每一组实验的流程与此相同。

课题组总共在9个课程班进行了9组实验。在整个实验过程当中，与基利（2010）等的实验程序相似，每一个策略博弈实验都进行了两次隔离的决策，每位被试的角色在两次实验中也不同，并且配对是随机的，以防止被试之间共谋的发生②。在每组实验完成后，课题组让每位被试都填写一份个人信息表，旨在了

---

① 实验在课程教学的中途进行，课题组让授课教师预先给学员交流实验的细节和注意事项。为了使得不同组的实验结果具有可比性，课题组在实验时点的选择和流程设计方面做了一些努力，例如由于被试在周三早上和周五下午的心境可能不大一样，实验尽可能安排在类似的时间段进行，9组实验均安排在周二至周四早上进行。为了使得实验设计，如金额、流程等方面更加合理，课题组对于部分设计根据已完成实验的情况作了修改，并进行后面组的实验。实验前告诉被试这是一个跟课程相关的有趣练习，不记名并且决策无对错之分。实验开始，给每一位被试分发《实验指引》和决策空表，每位被试都被告知，课题组已为其随机分配了一位决策的对应方。《实验指引》在所有被试前大声宣读并确保每位被试都清楚实验程序。

② 在每一组实验中，课题组都让被试进行不同博弈实验决策，被试的角色也在变化，这与单纯地让他们以一种角色做一次决策时的结果可能有所差异。此外，有些心理学实验中，对同一种决策，会要求被试重复做几次，与本实验的程序也有所不同，因此会相应地降低实验结果的可比性。但是，我们认为，本实验的目的是检验个体特定的社会偏好倾向，让被试进行各种设计不同的决策与让被试在不同时点重复同一种决策的效果类似，而前者能更好地甄别个体各种社会偏好的相对强度。

解被试所在公司（行业、规模、所有权结构等）、被试个人的有关信息（所处管理层级、年龄、工龄、性别、风险偏好等），并告知被试任何信息只用于研究之用，不作其他用途。

3.3 实验结果与分析

表3-1报告了本次实验中，参与实验的管理人员9610次分配决策的主要结果，各部分分析中均剔除信息不全和决策不全的样本。

3.3.1 独裁者博弈实验中的社会偏好检验

表3-1（a）列示了独裁者博弈实验下的结果。除了实验设计中举到的例子独裁者博弈实验1（Dict 1）外，Dict 2考察被试是否具有准最大最小偏好或者竞争性偏好，可以看到60%的被试选择（3000，6000）的方案，说明这些被试表现出较强的竞争性偏好，他们不愿意牺牲1000元的奖金，以帮助对方达到7000元的奖金，从而达到总福利最大化的结果。当然，这里还很难区分这部分被试是严格的竞争性偏好的人，还是不公平厌恶偏好的人，因为两种方案都具有不公平性，但选择（7000，5000）的方案，意味着自己处于不利不公平的状况下，被试可能是由于不利不公平厌恶感很强。当然，另外的40%则证明了安德鲁尼和米勒（2002）的准最大最小偏好模型。对比两组分样本可见，相对于中低层管理人员，较高级别的管理人员体现出更强的竞争性偏好。Dict 3是为了考察被试是否为有利不公平厌恶偏好者，68%的被试体现出有利不公平厌恶偏好，他们愿意牺牲1000元的奖金，以帮助对方达到6000元去实现平等。另外的32%被试是竞争性偏好很强或者有利不公平厌恶感很弱的人。对比两组分样本发现，相对于中低层管理层，高级管理人员体现出更大比例的有利不公平厌恶偏好，当他们得到比别人更多时，更愿意牺牲一定的奖金以达到更高的整体福利。Dict 5也是为了考察被试是否为有利不公平厌恶偏好者，与Dict 3的结果相似，69%的被试体现出较强的不公平厌恶偏好，在自己的奖金远高于对方时，他们愿意牺牲自己以达到更为公平的分配方案。在Dict 3中，这部分被试愿意牺牲1000元的奖金去达到公平的分配方案，而这里的结果表明，即使需要花费更多的成本（4000元），他们也愿意得到一个更公平的结果，这与其他学者们的实验结果很不同，在他们那里，随着成本的增大，被试愿意帮助对方的比例减少。当然，需要指出的是，在Dict 3中，不公平性的额度是5000元，少于Dict 5中的不公平额度，有理由相信，对于有利不公平厌恶的人来说，随着有利不公平性的增大，他们的厌恶感增

强。另外，对比两组分样本，与 Dict 3 不同，相对于中低层管理层，高级管理人员体现出更少比例的有利不公平厌恶偏好。说明部分高级管理人员，在有利不公平份额较小时，他们愿意牺牲自己部分奖金去帮助对方以达到公平的分配方案，但随着不公平额度和为达到公平需要付出成本的增大，他们不愿意帮助对方，这与其他学者的研究结论一致。

Dict 4 是为了考察被试是否具有不利不公平厌恶感，跟 Dict 1 不同，这里被试为了达到公平的分配，双方都只能得到 0 元，替代的选择方案虽然很不公平，但至少能得到 2000 元的奖金，因而公平性的方案是帕累托损害的选择。结果让我们感到惊讶，有 41% 的被试倾向于选择（0，0）的方案，也就是说这部分被试具有较强的不利不公平厌恶感，为了达到公平性的分配结果，宁愿选择帕累托破坏性方案。对比两组分样本，相对于中低层管理者，更大比例的高级管理者体现为不利不公平厌恶偏好低。Dict 7 是另外一组考察被试是否具有不利不公平厌恶感的方案，跟 Dict 4 一样，这种情形下的不利不公平份额也是 6000 元，但不同的是，如果被试选择公平性方案（6250，6250），他的境况将变好，因而虽然不能使得总体福利最大化，但也不是帕累托破坏性选择，尽管他变好的程度 250 元比对方损失的份额 6000 元要小得多。从结果来看，85% 的被试选择公平性方案，表现为较强的不利不公平厌恶，大部分被试不愿意花费即使是很小的成本去造成一个不公平的分配方案，即使会使总福利大大提升，不支持准最大最小偏好模型。Dict 9 是另外一组测试不利不公平厌恶偏好的实验，跟 Dict 4 一样，公平性的选项也是帕累托破坏性的，但是此时不公平的程度比较低，只有 2000 元的差距。48% 的被试选择（5000，5000）方案，比 Dict 1 中的比例要高一些，也就是说，随着帕累托破坏效应的减小，更大比例的被试会选择更为公平的分配方案，体现为较强的不利不公平厌恶。最后，本章在独裁者博弈实验中还加入一组三分叉的决策选择，该实验设计是借鉴查尼斯和格罗斯科普夫（Charness & Grosskopf，2001）的做法，旨在测试当被试的决策对他自己的回报没有影响或者影响很小，但对对方的影响很大时，会进行怎样的选择。结果显示，当被试的奖金保持不变（6000 元）时，23% 的被试选择让对方得到 12000 的奖金、67% 的被试选择让对方得到跟自己一样多的奖金，另外 10% 的被试则选择只让对方得到 3000 元。也就是说，在这种实验情境下，大约 20% 的被试是准最大最小偏好者、70% 的被试是不公平厌恶偏好者以及 10% 是竞争性偏好者。对比两组分样本，发现高级管理人员体现出更大比例的竞争性偏好，而在中低层管理者中，不公平厌恶偏好更加普遍。这与查尼斯和格罗斯科普夫（2001）得到的结论存在很大的差异，他们的实验发现，70% 的被试是准最大最小偏好者，而只有 20% 的被试是不公平厌恶偏好者，竞争性偏好者占比也是 10% 左右。这里再一次表明，在我国的人群中，不公平厌恶偏好模型的适用性更强，而不是像在美国那样，准最大最小偏好在人群中更为普遍。

表3－1（a） 管理人员社会偏好甄别实验结果

两人间的独裁者博弈实验—A决策

方案	被试选择	中低层管理人员（Obs＝234）			高层管理人员（Obs＝69）			总样本（Obs＝303）		
		Left		Right	Left		Right	Left		Right
Dict 1	（40000，4000） vs. （7500，3750）	0. 81		0. 19	0. 83		0. 17	0. 82		0. 18
Dict 2	（3000，6000） vs. （7000，5000）	0. 59		0. 41	0. 67		0. 33	0. 60		0. 40
Dict 3	（2000，7000） vs. （6000，6000）	0. 34		0. 66	0. 28		0. 72	0. 32		0. 68
Dict 4	（8000，2000） vs. （0，0）	0. 56		0. 44	0. 68		0. 32	0. 59		0. 41
Dict 5	（0，8000） vs. （4000，4000）	0. 28		0. 72	0. 38		0. 62	0. 31		0. 69
Dict 6	（4000，4000） vs. （7500，4000）	0. 76		0. 24	0. 70		0. 30	0. 75		0. 25
Dict 7	（12000，6000） vs. （6250，6250）	0. 15		0. 85	0. 14		0. 86	0. 15		0. 85
Dict 8	（12000，6000） vs. （6000，6000） vs. （3000，6000）	0. 22	0. 70	0. 08	0. 26	0. 56	0. 17	0. 23	0. 67	0. 10
Dict 9	（5000，5000） vs. （8000，6000）	0. 5		0. 5	0. 42		0. 58	0. 48		0. 52

3.3.2 策略博弈实验中提议者社会偏好检验

为了进一步测试互惠主义的作用，课题组设计两种形式的策略博弈实验，表3－1（b）报告了实验局二中被试作为策略实验中的提议者的决策行为，他在做决策时会考虑对方可能的反应，而表3－1（c）报告了实验局三中被试作为策略实验中响应者的决策行为，他在作出决策时会把对方已经作出的决策纳入考虑因素。

表3－1（b）中，提议者的决策行为按照不同的分配情景分为四类。第一类是当被试面对有利但不公平的分配时，他是否会基于帮助对方的考虑而选择让对方作最终的决策。在Eresp 1实验中，56%的被试选择让对方进行选择，表现出较强的有利不公平厌恶，因为被试此时可以合理地预期对方将会选择（4000，4000）的公平性方案，即使对方是非常不理智的人，对被试的善意不领情而选择（0，4000）的方案，不公平的额度也从8000元下降为4000元。假设被试预期到如果让对方选择，对方会选择（4000，4000）的方案，则此时他面临的决策与独裁者博弈Dict 5中的情形就一样了，我们对两组博弈实验的结果进行对比，发现

在策略博弈情境下，表 3-2 的结果表明被试的决策出现了显著的差异。相对于独裁者博弈实验，在策略博弈实验中，被试中选择公平性分配方案的比例更小，而且在 1% 水平上显著。究其原因，我们认为，策略博弈比独裁者博弈具有某种不确定性，被试在不能确信对方的反应的情形下，可能会改变其决策。在实验 Eresp 9 中，让对方选择使得自己减少了至少 6000 元的奖金，而最多只能让对方增加 250 元奖金，所以，唯一可以解释被试选择让对方作最终决策的偏好是有利不公平厌恶，从结果来看，超过 30% 的被试选择更为公平但是更少的奖金份额，但相对于 Dict 3 和 Dict 5 中将近 70% 的有利不公平厌恶比例，有很大的下降，说明部分被试在面对帕累托破坏性的公平性选择时更为理智，而体现出准最大最小偏好，选择使得总体福利最大化的决策。实验 Eresp 10 的情景跟实验 Eresp 9 大同小异，被试如果选择让对方作最终决策，自己将会损失 5000 元的奖金，而对方也不能够因此而获利，因而也是一种帕累托破坏性的决策，大概有 30% 的被试选择公平但减少总福利的决策，体现为强烈的有利不公平厌恶偏好。

策略博弈中提议者决策的第二类是当被试面临有利也公平的分配时，是否会为了帮助对方而潜在地牺牲自己的奖金。其中，实验 Eresp 4 中，82% 的被试选择对自己有利而且公平性的分配方案，但还是有 18% 的被试愿意为了是的总福利最大化而牺牲自己 1500 元的奖金份额，使对方得到 7500 的较高额奖金，这种偏好在中低层管理者样本中比例更高，而且在 5% 水平上显著。可以看到，相对于美国相关研究中得到的结论，我国经理人员人群中，具有不利不公平厌恶的比例要高得多，而支持准最大最小偏好的人群比例较小。实验 Eresp 5 中，基本设计跟 Eresp 4 一样，但此时为了帮助对方获得 7500 的奖金，他自己需要多牺牲 250 元奖金，从结果上看与 Eresp 4 基本一致。实验 Eresp 8 中，被试面临一种较为极端的情形，如果被试选择让对方作最后的决策，说明他的不利不公平厌恶感、准最大最小偏好以及竞争性偏好都非常地弱，更多体现的是一种极端的利他主义（Altruism）倾向，由于样本中有 18% 的经理人员供职于家族控股企业，而且大约有一半是属于家族内部人员，因而，我们预计会有部分被试体现出这种偏好。结果证实了我们的预期，大约有 10% 的被试放弃（7500，7500）的方案，而让对方选择。这种偏好在高级管理人员中显著更少，只有 3% 的比例。应该说，利他主义偏好在家族控股企业中能够减少一部分交易费用，但也会带来新的代理问题，在这里，被试的利他主义选择使总体福利减少了 1/3，很容易出现家族企业中的“撒玛利亚困境”。

策略博弈中提议者决策的第三类是当被试面临不利也不公平的分配时，是否会为了获得更加有利和公平的分配结果，而损害对方的利益。Eresp 2 中，当被试面临不利不公平分配方案（8000，0）时，他可以选择让对方作最后决策，但此时对方将会因此而损失至少 4000 元的奖金，从结果来看，85% 的被试选择让对方作决策，我们很难确定这部分被试是由于不利不公平厌恶很强还是因为具有竞争性偏好。Eresp 3 中，被试为了达到更加有利而公平的分配方案，只需要损害对方 500 元的奖金，从总福利来看，是帕累托改进的选择。从结果来看，83%的被试选择让对方作决策，很难区分这部分被试是由于不利不公平厌恶很强还是准最大最小偏好的人。令人诧异的是，总体上被试选择更加有利而公平的比例比 Eresp 2 中要小，虽然并不显著，有小部分的被试当预期到自己依然会处在不利状态的时候，减弱了追求更加有利而公平的动机，这部分被试并不支持准最大最小偏好模型。Eresp 7 的情形跟 Eresp 3 差不多，结果表明，87%的被试选择让对方作决策，比 Eresp 3 中要高一些，可能是由于当这部分被试预期到提高自己的奖金份额并不损害对方收益时，才选择更加有利而公平的分配方案。在实验 Eresp 6 中，若被试选择不利不公平分配方案（7500，1000），奖金至少可以增加 4000 元，但对方至少需要损失 500 元的奖金，对于不利不公平厌恶感很强或者具有准最大最小偏好的经理人来说，可以预期他会让对方选择，结果表明大约有 85%的被试具有这种偏好。Eresp 11 的情形跟 Eresp 6 相似，83%的被试选择让对方作最终决策，表现出不利不公平厌恶偏好和准最大最小偏好。总体而言，当被试面临不利也不公平的分配时，大约有 85%的被试会选择让对方作决策以达到更加有利而公平的结果，而较少比例的被试考虑是否会因此损害到对方的福利水平，体现出较强的不利不公平厌恶偏好。

表 3-1（b）　　管理人员社会偏好甄别实验结果

两人间的反应博弈实验—E 决策								
方案	被试选择		中低层管理人员（Obs = 234）		高层管理人员（Obs = 69）		总样本（Obs = 303）	
	E 选 E1	E 选 E2，让 F 选择	Out	Enter	Out	Enter	Out	Enter
有利、不公平情形下								
Eresp 1	（0，8000）	（0，4000）vs.（4000，4000）	0.43	0.57	0.45	0.55	0.44	0.56
Eresp 9	（3750，10000）	（4000，4000）vs.（3750，3750）	0.70	0.30	0.68	0.32	0.69	0.31
Eresp 10	（4500，9000）	（2000，4000）vs.（4000，4000）	0.69	0.31	0.71	0.29	0.70	0.30
有利、公平情形下								
Eresp 4	（5500，5500）	（4000，4000）vs.（7500，4000）	0.79	0.21	0.91	0.09	0.82	0.18
Eresp 5	（5500，5500）	（4000，4000）vs.（7500，3750）	0.81	0.19	0.91	0.09	0.83	0.17
Eresp 8	（7500，7500）	（8000，2000）vs.（0，0）	0.88	0.12	0.97	0.03	0.90	0.10

续表

两人间的反应博弈实验—E 决策								
方案	被试选择		中低层管理人员（Obs =234）		高层管理人员（Obs =69）		总样本（Obs =303）	
	E 选 E1	E 选 E2，让 F 选择	Out	Enter	Out	Enter	Out	Enter
不利、不公平情形下								
Eresp 2	（8000，0）	（0，4000） vs. （4000，4000）	0. 17	0. 83	0. 06	0. 94	0. 15	0. 85
Eresp 3	（8000，0）	（4000，4000） vs. （7500，3750）	0. 19	0. 81	0. 11	0. 89	0. 17	0. 83
Eresp 6	（7500，1000）	（3000，6000） vs. （7000，5000）	0. 18	0. 82	0. 06	0. 94	0. 16	0. 84
Eresp 7	（7500，0）	（4000，4000） vs. （7500，4000）	0. 16	0. 84	0. 05	0. 95	0. 13	0. 87
Eresp 11	（4500，0）	（3500，4500） vs. （4500，3500）	0. 19	0. 81	0. 11	0. 89	0. 17	0. 83

表 3 -1（c）　　管理人员社会偏好甄别实验结果

两人间的反应博弈实验—F 决策								
方案	被试选择		中低层管理人员（Obs =221）		高层管理人员（Obs =56）		总样本（Obs =277）	
	E 已选 E2	F 选择	Left	Right	Left	Right	Left	Right
F 得到的奖金一样，不管是否帮助 E								
Fresp 1	（0，8000）	（0，4000） vs. （4000，4000）	0. 08	0. 92	0. 12	0. 88	0. 09	0. 91
Fresp 2	（8000，0）	（0，4000） vs. （4000，4000）	0. 10	0. 90	0. 11	0. 89	0. 10	0. 90
Fresp 4	（5500，5500）	（4000，4000） vs. （7500，4000）	0. 66	0. 34	0. 63	0. 37	0. 65	0. 35
Fresp 7	（7500，0）	（4000，4000） vs. （7500，4000）	0. 62	0. 38	0. 66	0. 34	0. 63	0. 37
Fresp 10	（4500，9000）	（2000，4000） vs. （4000，4000）	0. 14	0. 86	0. 11	0. 89	0. 13	0. 87
F 牺牲自己奖金以帮助 E								
Fresp 3	（8000，0）	（4000，4000） vs. （7500，3750）	0. 81	0. 19	0. 79	0. 21	0. 80	0. 20
Fresp 5	（5500，5500）	（4000，4000） vs. （7500，3750）	0. 79	0. 21	0. 80	0. 20	0. 79	0. 21
Fresp 6	（7500，1000）	（3000，6000） vs. （7000，5000）	0. 56	0. 44	0. 70	0. 30	0. 58	0. 42
Fresp 11	（4500，0）	（3500，4500） vs. （4500，3500）	0. 83	0. 17	0. 88	0. 12	0. 84	0. 16
F 牺牲自己奖金以惩罚 E								
Fresp 8	（7500，7500）	（8000，2000） vs. （0，0）	0. 66	0. 34	0. 77	0. 23	0. 68	0. 32
Fresp 9	（3750，10000）	（4000，4000） vs. （3750，3750）	0. 90	0. 10	0. 91	0. 09	0. 91	0. 09

表3－2 不同实验情景下受试者面对同一决策反应的非参数检验

方案	被试选择	Lower		High		All	
		Left	Right	Left	Right	Left	Right
Dict 5	A 选（0，8000）vs.（4000，4000）	0.28	0.72	0.38	0.62	0.31	0.69
Eresp1	E 选（0，8000）或者： 让 F 选（0，4000）vs.（4000，4000）	0.43	0.57	0.45	0.55	0.44	0.56
Dict 5—Eresp1		0.1561 *** 3.967 ***		0.0882 * 1.4140		0.1738① *** 4.207② ***	
Fresp 1	E 选（0，8000）或者： 让 F 选（0，4000）vs.（4000，4000）	0.08	0.92	0.12	0.88	0.09	0.91
Fresp 2	E 选（8000，0）或者： 让 F 选（0，4000）vs.（4000，4000）	0.10	0.90	0.11	0.89	0.10	0.90
Fresp 1—Fresp 2		0.0210 0.8700		－0.0149 －0.3780		0.0131 0.632	
Dict 6	A 选（4000，4000）vs.（7500，4000）	0.76	0.24	0.70	0.30	0.75	0.25
Fresp 4	E 选（5500，5500）或者： 让 F 选（4000，4000）vs.（7500，4000）	0.66	0.34	0.63	0.37	0.65	0.35
Fresp 7	E 选（7500，0）或者： 让 F 选（4000，4000）vs.（7500，4000）	0.62	0.38	0.66	0.34	0.63	0.37
Dict 6—Fresp 4		－0.0921 *** －2.734 ***		－0.0833 * －1.5080		－0.0903 *** －3.108 ***	
Dict 6—Fresp 7		－0.1111 *** －3.153 ***		－0.0285 －0.5000		－0.0921 *** －3.055 ***	
Fresp 4—Fresp 7		－0.0307 －1.0930		0.00 0.00		－0.0241 －0.962	
Dict 1	A 选（4000，4000）vs.（7500，3750）	0.81	0.19	0.83	0.17	0.82	0.18
Fresp 3	E 选（8000，0）或者： 让 F 选（4000，4000）vs.（7500，3750）	0.81	0.19	0.79	0.21	0.80	0.20
Fresp 5	E 选（5500，5500）或者： 让 F 选（4000，4000）vs.（7500，3750）	0.79	0.21	0.80	0.20	0.79	0.21

续表

方案	被试选择	Lower		High		All	
		Left	Right	Left	Right	Left	Right
Dict 1—Fresp 3		0. 0043 0. 1350		-0. 0145 -0. 2430		0. 00 0. 00	
Dict 1—Fresp 5		-0. 0130 -0. 3840		-0. 0339 -0. 5770		-0. 0172 -0. 5850	
Fresp 3—Fresp 5		-0. 0131 -0. 5070		0. 0167 0. 3330		-0. 0069 -0. 3020	
Dict 2	A 选（3000，6000）vs.（7000，5000）	0. 59	0. 41	0. 67	0. 33	0. 60	0. 40
Fresp 6	E 选（7500，1000）或者：让 F 选（3000，6000）vs.（7000，5000）	0. 56	0. 44	0. 70	0. 30	0. 58	0. 42
Dict 2—Fresp 6		-0. 0254 -0. 6790		0. 00 0. 00		-0. 0195 -0. 6260	
Dict 4	A 选（8000，2000）vs.（0，0）	0. 56	0. 44	0. 68	0. 32	0. 59	0. 41
Fresp 8	E 选（7500，7500）或者：让 F 选（8000，2000）vs.（0，0）	0. 66	0. 34	0. 77	0. 23	0. 68	0. 32
Dict 4—Fresp 8		0. 0893 *** 2. 722 ***		0. 0690 1. 2650		0. 0851 *** 3. 000 ***	

注：①表示在配对 t 检验中决策比例的均值差；②表示在 Wilcoxon 符号秩检验中 z 检验值。***、**、* 分别表示 t 检验值/z 检验值在 1%、5% 和 10% 水平上显著，下同。

3.3.3 策略博弈实验中响应者社会偏好检验

表 3-1（c）可以更好地理解"互惠主义"对于管理人员社会偏好的影响。将策略博弈中响应者的决策行为按照不同的分配情景分为三类。

第一类是当被试的决策不影响自己的奖金时，他是选择帮助对方还是损害对方。Fresp 2 中，提议者已经作出帮助被试的决策。从结果看，90% 的响应者选择帮助对方，说明绝大多数被试会因为对方的善意而给予积极互惠主义回报。Fresp 1 假设提议者已经作出了损害被试的决策，负面的互惠主义预期，当遇到不公平对待时，被试会惩罚恶意的提议者，因此，他的行为将与 Fresp 2 不一样。

但是，令人惊讶的是，依然有90%的被试选择（4000，4000）的方案，负向的互惠主义几乎不影响被试的决策。从表3－2可以清楚地看到这一点，两组决策的结果的t检验值并不显著。查尼斯和拉宾（2002）也得到类似的结论，参与者不愿意牺牲成本去惩罚一个不公平的博弈者。尽管如此，与其他学者们的结果相对比，负向互惠的程度远低于预期。Fresp 4 跟 Fresp 1 一样，也是假设提议者的不公平性决策损害了被试的利益。可以预期，相对于独裁者博弈实验中的选择，被试将会更少地选择帮助对方达到总福利较大的决策（7500，4000），以惩罚对方损害自己的决策。表3－2中的检验证实了我们的预期，被试在 Dict 6 和 Fresp 4 中的决策存在显著的差异，并通过了1%的显著水平。Fresp 7 假设提议者作出了帮助被试的决策，可以预期，基于积极互惠主义偏好，被试会更多地选择（7500，4000）以帮助善意的提议者得到更多的奖金，表3－2的检验证实了预期，相对于独裁者博弈实验，更大比例的被试选择帮助提议者，并且在1%水平上显著。总而言之，在独裁者博弈实验中，选择（7500，4000）的被试是准最大最小偏好者，其不公平厌恶感并不强烈，但这里可以看到，选择（7500，4000）可能是对于善意的提议者的一个互惠主义的"公平性"回报。实验 Fresp 10 表明，大部分（87%）的被试不会惩罚对自己不利但追求公平分配的提议者。事实上，人群中不公平厌恶偏好不仅表现在分配结果上，也表现在分配过程中。

第二类策略博弈中响应者的决策行为检验什么情形下，被试愿意牺牲自己的奖金去帮助对方。实验 Fresp 3 和 Fresp 5 中，都是让被试在（4000，4000）和（7500，3750）之间选择，但 Fresp 3 中的提议者放弃了不利于被试的选择（8000，0），而 Fresp 5 中的提议者放弃了有利于被试的选择（5500，5500），从结果来看，两种情形中，被试的选择并没有显著的差异，将近80%的被试会选择更为公平的分配方案，不管提议者是善意还是恶意。这两组方案跟独裁者博弈实验也不存在显著的差异，具体见表3－2。实验 Fresp 6 中提议者放弃了较为不公平的分配方案（7500，1000），积极互惠主义下，被试将会对提议者的帮助行为给予回报，相对于独裁者博弈实验，将会更多倾向于选择有利于提议者的决策，表3－2结果证实了这种预期，但并不显著。实验 Fresp 11 中提议者对被试也有帮助行为，避免其得到0元奖金，结果显示，84%的被试并不会对提议者的帮助行为给予回报。结合前面的实验，大部分被试具有互惠主义偏好，但是这种偏好只在一定的条件下才会发挥作用，而往往表现为对于"过程"公平性的偏好。

第三类策略博弈中响应者的决策行为中将看到负面的互惠主义是怎样影响被试决策的，在这些情形下，被试会为了惩罚一个恶意的提议者而付出自己的成本。实验 Fresp 8 中提议者的恶意行为并没有增加被试选择帕累托破坏方案的比例，反而减少了，而且在1%水平上显著。实验 Fresp 9 中提议者的恶意行为也没有受到被试的惩罚，超过 90% 的被试选择（4000，4000）的分配方案，体现出准最大最小偏好，法尔克和菲施巴赫尔（2006）的研究也发现这种情况，他们指出，“人们倾向于宽恕一些对自己不利的行为”。这两组实验再次表明，负向的互惠主义在我国经理人员中几乎是没有解释力的。

总之，正如安德鲁尼等（1999）指出的，“公平性偏好不仅体现在博弈者进行的最终分配上，也体现在那些已经进行及还未进行选择的行为中。”相对于竞争性偏好、准最大最小偏好等其他类型的社会偏好，不公平厌恶偏好在我国具有更加普遍的解释力。而互惠主义的存在，使对于公平性的考虑从最终的分配结果扩展到过程的公平。

3.3.4 互惠主义偏好再检验：角色互换

表3-3列示了11个策略博弈实验中角色互换的检验结果，以进一步检验平均意义上看，E 的决策对 F 是否帮助 E 决策是否产生显著影响。

Ⅰ栏列示了帮助 E，不影响 F 奖金的情形下，F 是否帮助 E 的决策。在 Fresp 1 中，E 选择进入（即让 F 选择）时，F 的奖金从可能的 8000 元（如果 E 退出）下降到 4000 元，F 此时可以选择“报复”行为，即选择（0，4000）的分配方案，但从结果来看，不管 E 选择进入还是退出，F 的决策都不存在明显的差异，超过 90% 的人会选择（4000，4000）的方案。与此相反，在 Fresp 2 中，E 选择进入时，避免了 F 得到 0 元奖金的状况，此时，E 的选择对 F 的决策有着显著的影响，E 选择退出，将引致很大比例的被试选择（0，4000）的“报复”行为。Fresp 4 和 Fresp 7 中，F 的可选方案一样，但是由于 E 的选择不同，互惠主义偏好导致 F 的决策也迥异。Fresp 4 中，当 E 选择进入时，选择帕累托破坏行为（4000，4000）的被试 F 的比例显著高。而在 Fresp 7 中，E 选择进入时，避免了 F 得到 0 元奖金的状况，跟 Fresp 2 的情形相似，结果表明选择（7500，4000）方案的被试显著提高，说明此时互惠主义偏好在被试中起作用，选择增加对方奖金的方案以“报答”对方的善意。Fresp 10 中，如果 E 选择进入，则显然具有强烈的不利不公平厌恶偏好，宁愿牺牲自己的利益以追求更公平的分配方案，但是此时显然也损害了 F 的利益，从结果来看，E 的决策对 F 没有显著的影响，超过 85% 的被试会选择（4000，4000）方案。可见，互惠主义偏好和不公平厌恶偏好是共同起作用的，体现为偏好融合的形式。

Ⅱ栏列示了帮助E，会减少F的奖金的情形下，F是否帮助E的决策。Fresp 3和Fresp 5中，F的可选方案一样，但被试的决策也迥然不同。在Fresp 3中，不管E选择进入还是退出，对F的决策没有显著的影响，大部分被试F（80%）宁愿牺牲自己的奖金，选择使双方福利最大化的决策（7500，3750），而不选择帕累托破坏方案（4000，4000），虽然此时更加公平。在Fresp 5的情景中，如果E选择进入，则可能得到7500元奖金，但却损害了F的利益，从结果来看，选择（7500，3750）的被试的比例明显减少，将近有50%的被试选择（4000，4000）的方案，此时，F帮助E的比例显著下降，负向互惠主义偏好发挥作用。在Fresp 6中，E选择进入时，F的自利性选择（3000，6000）的比例要小一些，但并不存在显著的差异。Fresp 11中，如果E选择进入，则避免了F得到0元奖金的状况，从结果来看，此时F选择有利于对方的方案（4500，3500）的比例明显比E选择退出时要高，说明正向互惠主义偏好起作用，"以恩报恩"的价值取向在这里得到较好的体现。以上几组检验表明，在我国企业管理人员群体中，在多期博弈实验中，由于互惠主义偏好的作用，使准最大最小偏好和不公平厌恶偏好在一定程度上相互依存，总体上体现出科勒（2011）建立的差异厌恶社会福利最大化模型的预期。

Ⅲ栏列示了帮助E的同时会增加F的奖金时，F是否帮助E的决策。Fresp 8中，如果E选择进入，则他可能得到8000元奖金，但却极大损害了F的利益，从结果来看，当E选择进入时，F选择（8000，2000）方案的比例明显要小于当E选择退出时的情况，说明对于E的很明显不友善行为，F施以惩罚的可能性会显著提高，即使这种惩罚需要自己付出代价。可见，负向互惠主义偏好往往引致帕累托破坏行为。同样，在Fresp 9情境中，如果E选择进入，则F的利益遭到很大的损害，从结果来看，此时F选择（4000，4000）方案的比例要明显低于E做出友善决策时的比例，说明负向互惠主义偏好此时也是起作用的，虽然比Fresp 8的情景要缓和很多。大多数人在损害既定的情况下，还是有较为理性的选择。查尼斯和拉宾（2002）也指出，只有当追求更高效率的成本较低时，或并不是每个人都能够改变分配结果时，效率偏好才会显著影响行为。总体上，以上两组检验也表明互惠主义偏好在经理人群体中是存在的。

表 3－3　E 的决策对 F 是否帮助 E 决策的影响

方案			中低层管理人员（Obs＝221）			高层管理人员（Obs＝56）			总样本（Obs＝277）		
			E 决策		t 检验/M－W 秩和检验	E 决策		t 检验/M－W 秩和检验	E 决策		t 检验/M－W 秩和检验
			If Out	If Enter		If Out	If Enter		If Out	If Enter	
Ⅰ栏：帮助 E，不影响 F 的奖金											
Fresp 1	（0，8000）	（0，4000） vs（4000，4000）	0.90	0.93	－0.03 －0.817	0.81	0.95	－0.13** －1.647*	0.89	0.93	－0.05①* －1.538②
Fresp 2	（8000，0）	（0，4000） vs. （4000，4000）	0.66	0.95	－0.29*** －5.612***	0.5	0.94	－0.43*** －2.971***	0.64	0.95	－0.30*** －6.28***
Fresp 4	（5500，5500）	（4000，4000） vs. （7500，4000）	0.26	0.6	－0.34*** －4.455***	0.38	0.17	0.21 1.005	0.23	0.55	－0.26*** －3.744***
Fresp 7	（7500，0）	（4000，4000） vs. （7500，4000）	0.47	0.34	0.13* 1.426	0	0.35	－0.35 －1.257	0.43	0.35	0.09 1.028
Fresp 10	（4500，9000）	（2000，4000） vs. （4000，4000）	0.85	0.89	－0.04 －0.761	0.91	0.84	0.07 0.802	0.86	0.88	－0.01 －0.334
Ⅱ栏：帮助 E，减少 F 的奖金（意味着成本）											
Fresp 3	（8000，0）	（4000，4000） vs. （7500，3750）	0.19	0.19	－0.01 －0.10	0.29	0.18	0.10 0.643	0.2	0.19	0.01 0.156

续表

方案			中低层管理人员 (Obs = 221)			高层管理人员 (Obs = 56)			总样本 (Obs = 277)		
			E 决策		t 检验/M – W 秩和检验	E 决策		t 检验/M – W 秩和检验	E 决策		t 检验/M – W 秩和检验
			If Out	If Enter		If Out	If Enter		If Out	If Enter	
Ⅱ栏：帮助 E，减少 F 的奖金（意味着成本）											
Fresp 5	(5500，5500)	(4000，4000) vs. (7500，3750)	0.14	0.48	–0.33 *** –4.886 ***	0.18	0.33	–0.15 –0.879	0.15	0.46	–0.31 *** –4.884 ***
Fresp 6	(7500，1000)	(3000，6000) vs. (7000，5000)	0.5	0.44	0.06 0.756	0	0.35	–0.35 * –1.431	0.45	0.41	0.04 0.528
Fresp 11	(4500，0)	(3500，4500) vs. (4500，3500)	0.31	0.15	0.17 *** 2.603 ***	0.5	0.08	0.42 *** 3.243 ***	0.34	0.13	0.21 *** 3.692 ***
Ⅲ栏：帮助 E，增加 F 的奖金（意味着收益）											
Fresp 8	(7500，7500)	(8000，2000) vs. (0，0)	0.67	0.54	–0.13 * –1.342	0.79	0.33	–0.45 ** –1.779 *	0.69	0.52	–0.18 ** –1.958 **
Fresp 9	(3750，10000)	(4000，4000) vs. (3750，3750)	0.95	0.81	–0.14 *** –3.390 ***	0.93	0.90	–0.03 –0.354	0.95	0.83	–0.12 *** –3.2 ***

注：每组第三栏为检验值，①表示提议者 E “退出” 和 “进入” 两种决策下，响应者 F 决策比例的均值差；②表示在 M – W 秩和检验中 z 检验值。***、**、* 分别表示配对 t 检验值/z 检验值在 1%、5% 和 10% 水平上显著，下同。

3.4 进一步分析：个体特征及其所处企业产权性质的影响

以上实验结果表明，相对于美国等西方国家，我国经理人员群体中，不公平厌恶偏好表现比其他社会偏好更加强烈，也更为普遍。事实上，还有些学者研究表明，实验对象的个体特征，比如他们的性别、学历、年龄、智力、性格、外貌等等会影响其社会偏好倾向；此外，风险偏好也可能对个体社会偏好产生影响。本章这部分进一步做相关的分组检验。

3.4.1 管理人员性别对其社会偏好倾向的影响

课题组对被试按照性别进行分组检验，分组比较的结果以及对互惠主义偏好的检验分别见表3－4和表3－5[①]。由表3－4可知，不管是男性还是女性管理人员，独裁者决策方案Dict 1和两组响应者决策方案Fresp 3和Fresp 5之间并不存在显著的差异，跟总样本的检验结果大致相同，大多数被试（81%）倾向于选择更为公平的分配。但是，从Fresp 3和Fresp 5的结果也可以看到，当面对提议者友善的选择时，相对于女性管理人员，男性管理人员有更大比例会选择（7500，3750），牺牲自己的奖金，以使对方得到更多，说明男性管理者的积极互惠主义偏好更为普遍些。独裁者决策方案Dict 6和两组响应者决策方案Fresp 4和Fresp 7之间存在显著的差异，跟总样本中结果一致，互惠主义偏好起作用。而且相对于Fresp 3和Fresp 5的情形，被试选择有利于对方的决策（7500，4000）的比例要大一些，主要是因为此时帮助E不需要牺牲自己的奖金。可见，互惠主义偏好的强度跟决策背后收益成本的权衡也有关系。实验Fresp 6中提议者放弃了较为不公平的分配方案（7500，1000），从结果来看，相对于独裁者决策实验Dict 2，在实验Fresp 6中，选择（7000，5000）分配方案的被试的比例要大一些，但差异并不显著。同时，男性经理人员选择（7000，5000）分配方案的比例比女性也要大一些，再次说明男性管理者的积极互惠主义偏好更为普遍些。对于消极的互惠主义偏好，从Dict 4和Fresp 8的检验结果可以看出，提议者的恶意行为并没有增加响应者F选择帕累托破坏方案（0，0）的比例，反而显著减少了（男性在10%水平上显著，女性在5%水平上显著），说明消极的互惠主义在我国经理人员群体中并不明显。但是，男性选择帕累托破坏性方案的比例比女性要小一

① 为了节省版面，第3章这部分只列示相关非参数检验（t检验）的结果，不列示基本的实验结果的分组比例数据，如读者有需要，可提供。

表 3－4　实验对象按照性别和风险偏好分组比较

方案	被试选择	男性		女性		低风险偏好		高风险偏好	
		Left	Right	Left	Right	Left	Right	Left	Right
Dict1	A 选（4000，4000）vs.（7500，3750）	0. 81	0. 19	0. 81	0. 19	0. 82	0. 18	0. 78	0. 22
Fresp3	E 选（8000，0）或： 让 F 选（4000，4000）vs.（7500，3750）	0. 79	0. 21	0. 82	0. 18	0. 81	0. 19	0. 76	0. 24
Fresp5	E 选（5500，5500）或： 让 F 选（4000，4000）vs.（7500，3750）	0. 79	0. 21	0. 80	0. 20	0. 80	0. 20	0. 78	0. 22
Dict1—Fresp3		−0. 006① −0. 156②		0. 0072 0. 180		−0. 0046 −0. 140		0. 0109 0. 218	
Dict1—Fresp5		−0. 0254 −0. 6670		−0. 0075 −0. 164		−0. 0245 −0. 714		—	
Fresp3—Fresp5		—		−0. 0150 −0. 408		−0. 0148 −0. 557		0. 0115 0. 258	
Dict2	A 选（3000，6000）vs.（7000，5000）	0. 61	0. 39	0. 59	0. 41	0. 59	0. 41	0. 61	0. 39
Fresp6	E 选（7500，1000）或： 让 F 选（3000，6000）vs.（7000，5000）	0. 57	0. 43	0. 59	0. 41	0. 57	0. 43	0. 61	0. 39
Dict2—Fresp6		−0. 0357 −0. 905		—		−0. 0280 −0. 775		—	
Dict4	A 选（8000，2000）vs.（0，0）	0. 65	0. 35	0. 53	0. 47	0. 59	0. 41	0. 61	0. 39
Fresp8	E 选（7500，7500）或： 让 F 选（8000，2000）vs.（0，0）	0. 73	0. 27	0. 62	0. 38	0. 66	0. 34	0. 71	0. 29
Dict4—Fresp8		0. 0794 * 1. 897 **		0. 0909 ** 2. 449 **		0. 0754 ** 2. 143 **		0. 1071 ** 2. 324 **	
Dict5	A 选（0，8000）vs.（4000，4000）	0. 35	0. 65	0. 24	0. 76	0. 30	0. 70	0. 28	0. 72

续表

方案	被试选择	男性		女性		低风险偏好		高风险偏好	
		Left	Right	Left	Right	Left	Right	Left	Right
Eresp1	E 选（0，8000）或： 让 F 选（0，4000）vs.（4000，4000）	0.47	0.53	0.41	0.59	0.45	0.55	0.42	0.58
Dict5—Eresp1		0.1205 *** 2.673 ***		0.2428 *** 3.408 ***		0.1422 *** 3.586 ***		0.2421 * 2.220 **	
Dict6	A 选（4000，4000）vs.（7500，4000）	0.73	0.27	0.77	0.23	0.77	0.23	0.70	0.30
Fresp4	E 选（5500，5500）或： 让 F 选（4000，4000）vs.（7500，4000）	0.63	0.37	0.68	0.32	0.65	0.35	0.68	0.32
Fresp7	E 选（7500，0）或： 让 F 选（4000，4000）vs.（7500，4000）	0.62	0.38	0.66	0.34	0.64	0.36	0.63	0.37
Dict6—Fresp4		−0.0968 ** −2.402 **		−0.0821 ** −1.976 **		−0.1194 *** （−3.4871）		−0.0227 −0.447	
Dict6—Fresp7		−0.0909 ** −2.287 **		−0.0928 ** −2.030 **		−0.1085 *** −2.945 ***		−0.0538 −1.043	
Fresp4—Fresp7		−0.0191 −0.539		−0.0298 −0.853		−0.0099 −0.333		−0.0568 −1.213	
Fresp1	E 选（0，8000）或： 让 F 选（0，4000）vs.（4000，4000）	0.10	0.90	0.07	0.93	0.10	0.90	0.05	0.95
Fresp2	E 选（8000，0）或： 让 F 选（0，4000）vs.（4000，4000）	0.08	0.92	0.11	0.89	0.08	0.92	0.15	0.85
Fresp1—Fresp2		−0.0122 −0.471		0.0422 1.279		−0.0189 −0.784		0.0957 ** 2.324 **	

注：①表示在配对 t 检验中决策比例的均值差；②表示在 Wilcoxon 符号秩检验中 z 检验值。***、**、* 分别表示 t 检验值/z 检验值在 1%、5% 和 10% 水平上显著，下同。

些，说明消极的互惠主义偏好在女性管理人员中更普遍。不管男性还是女性，独裁者决策实验 Dict 5 和提议者决策实验 Eresp1 都在 1% 水平上显著不同，当预期到更为公平的分配方案可能得不到对方的回应时，更多的被试会选择（0，8000）的方案，而且相对于男性管理人员，女性管理人员的有利不公平厌恶偏好更普遍些。在 Fresp 1 和 Fresp 2 的决策方案中可以看到，不管男性管理人员还是女性管理人员，都体现出较强的有利不公平厌恶偏好，当面对较大的不公平时，如果选择更公平的分配方案不需要自己付出成本，高达 90% 的被试会选择更公平的方案，而不会选择帕累托破坏性方案。此时，互惠主义偏好的作用并不明显，被试体现出科勒（2011）构建的差异厌恶社会福利最大化模型的理论预期。

表 3 -5 列示了策略博弈实验中角色互换的检验结果，以检验 E 的决策对 F 是否帮助 E 决策是否产生显著影响。总体而言，跟总样本中的检验结果相似，互惠主义偏好在一定程度上影响了 F 是否帮助 E 决策，其中，Fresp 2、Fresp 4、Fresp 5、Fresp 9、Fresp 11 的决策方案中，提议者 E“退出”和“进入”两种决策下，响应者 F 的决策都具有显著的差异，但是男性管理人员和女性管理人员的比例关系略有区别。具体而言：（1）在帮助 E，不影响 F 的奖金的情形下，当被试面对 E 的是否选择友善行为时（实验 Fresp 2），男性管理人员“报答”决策的比例差比女性管理人员低，而当被试面对 E 是否选择损害行为时（实验 Fresp 4），男性管理人员“惩罚”决策的比例差比女性管理人员高，再次表明，男性管理人员的积极互惠主义偏好要比女性管理人员更为普遍，而消极互惠主义偏好则在女性管理人员群体中更为普遍。（2）在帮助 E，减少 F 的奖金的情形下，当被试面对 E 是否选择损害行为时（实验 Fresp 5），男性管理人员“惩罚”决策的比例差比女性管理人员高，相对于实验 Fresp 4 的情形，女性管理人员“惩罚”决策的比例差有较大的提高，当“惩罚”需要付出成本时，部分女性管理人员选择不惩罚[①]。而当被试面对 E 的是否选择友善行为时（实验 Fresp 11），男性管理人员“报答”决策的比例差跟女性管理人员差不多，但是男性管理人员“报答”决策差异更为显著，说明男性管理人员积极互惠主义偏好更为普遍。（3）第三种情况是帮助 E，能够增加 F 的奖金，从实验 Fresp 9 可以看到，当被试面对 E 的是否选择损害行为时（Fresp 9），男性管理人员“惩罚”决策的比例差为 0.23，并且在 1% 水平上显著，说明其负向互惠主义偏好并不普遍，相反，大多数男性管理人员在面对对方明显的损害行为时，仍然会有较为理性的选择，而不是帕累托破坏性的决策。

---

① 这里很难区分出来，这部分女性管理人员是具有消极互惠主义偏好，还是仅仅是不在意对方的奖金所得，只要自己奖金一致，对方得到多少并不影响其效用。

表 3-5　E 的决策对 F 是否帮助 E 决策的影响

方案			男性		女性		低风险偏好		高风险偏好	
			E 决策比例差	M-W 秩和检验	E 决策比例差	M-W 秩和检验	E 决策比例差	M-W 秩和检验	E 决策比例差	M-W 秩和检验
Ⅰ栏：帮助 E，不影响 F 的奖金										
Fresp 1	（0，8000）	（0，4000）vs（4000，4000）	-0.07	-1.418	-0.03	-0.589	-0.05	-1.274	-0.04	-0.859
Fresp 2	（8000，0）	（0，4000）vs.（4000，4000）	-0.28	-4.915***	-0.34	-4.142***	-0.29	-5.670***	-0.35	-3.067***
Fresp 4	（5500，5500）	（4000，4000）vs.（7500，4000）	-0.33	-3.442***	-0.18	-1.712*	-0.32	-3.898***	-0.07	-0.571
Fresp 7	（7500，0）	（4000，4000）vs.（7500，4000）	0.09	0.859	0.07	0.556	0.06	0.684	0.10	0.614
Fresp 10	（4500，9000）	（2000，4000）vs.（4000，4000）	0.03	0.516	-0.06	-1.098	0.01	0.235	-0.04	-0.545
Ⅱ栏：帮助 E，减少 F 的奖金（意味着成本）										
Fresp 3	（8000，0）	（4000，4000）vs.（7500，3750）	-0.06	-0.655	0.08	0.980	0.003	0.042	0.03	0.236
Fresp 5	（5500，5500）	（4000，4000）vs.（7500，3750）	-0.33	-3.815***	-0.28	-3.079***	-0.41	-5.229***	-0.16	-1.516
Fresp 6	（7500，1000）	（3000，6000）vs.（7000，5000）	-0.02	-0.262	0.14	1.133	0.06	0.717	-0.1	-0.610
Fresp 11	（4500，0）	（3500，4500）vs.（4500，3500）	0.22	2.733***	0.21	2.487**	0.18	2.561**	0.27	2.598***
Ⅲ栏：帮助 E，增加 F 的奖金（意味着收益）										
Fresp 8	（7500，7500）	（8000，2000）vs.（0，0）	-0.12	-0.956	-0.20	-1.564	-0.08	-0.683	-0.34	-2.359**
Fresp 9	（3750，10000）	（4000，4000）vs.（3750，3750）	-0.23	-4.050***	-0.01	-0.152	-0.08	-1.846*	-0.19	-3.165***

注：每组第一栏为提议者 E“退出”和“进入”两种决策下，响应者 F 决策比例的均值差；第二栏为 M-W 秩和检验中 z 检验值。***、**、* 分别表示 z 检验值在 1%、5% 和 10% 水平上显著，下同。

总之，被试按照性别分组后，不公平厌恶偏好在男女管理人员群体中都有较高的普适性，互惠主义偏好也在一定程度上影响其行为决策。特别地，在我国企业文化情景中，男性管理人员的积极互惠主义偏好要比女性管理人员更为普遍，而消极互惠主义偏好则在女性管理人员群体中更为普遍。很多有关信任博弈实验的研究运用互惠主义偏好[①]解释被试的信任行为，结果也表明男性的信任水平显著高于女性，本实验结果表明，这主要是因为男性的积极互惠主义偏好更为普遍。

3.4.2 管理人员风险偏好对其社会偏好的影响

表3－4和表3－5右边两栏列示了被试按照其风险偏好进行分组的检验结果。由表3－4可知，独裁者决策方案Dict 1和两组响应者决策方案Fresp 3和Fresp 5之间并不存在显著的差异，但相对于高风险偏好者，低风险偏好管理人员选择公平性分配方案的比例更高。低风险偏好组里独裁者决策方案Dict 6和两组响应者决策方案Fresp 4和Fresp 7之间存在显著的差异，而高风险偏好组并不存在显著关系。表明，低风险偏好的管理人员群体中，互惠主义偏好更为普遍。独裁者决策实验Dict 2和策略博弈决策Fresp 6之间并不存在显著的差异，积极互惠主义并不明显，但在两种情形下，低风险偏好管理人员选择（7000，5000）方案的比例要高于高风险偏好组，说明在低风险偏好管理人员中，准最大最小偏好更加普遍，更大比例的被试愿意牺牲自己的奖金而使得总体奖金最大化。从Dict 4和Fresp 8的检验结果可以看出，不管是低风险偏好还是高风险偏好，提议者的恶意行为并没有增加响应者F选择帕累托破坏方案（0，0）的比例，反而显著减少了，说明消极的互惠主义在我国经理人员群体中并不明显。被试在独裁者决策实验Dict 5和提议者决策实验Eresp1中的决策显著不同，当预期到更为公平的分配方案可能得不到对方的回应时，更多的被试转向选择对自己有利的（0，8000）分配方案，并且这种差异在低风险偏好组的显著性水平更高，说明在低风险偏好管理人员中互惠主义偏好更为普遍。在Fresp 1和Fresp 2的决策方案中，如前文分析一样，当面对较大的不公平时，被试体现出较强的有利不公平厌恶偏好。

表3－5列示了策略博弈实验中角色互换的检验结果，以检验E的决策对F是否帮助E决策是否产生显著影响。总体而言，互惠主义偏好在一定程度上影响了F是否帮助E决策，但不同风险偏好的管理人员的社会偏好表现略有差异。具

① 在这些的研究中，并没有区分积极互惠主义偏好和消极互惠主义偏好，因而，研究者得出男性互惠主义偏好更为普遍可能是有偏的，本实验的研究表明，在消极互惠主义偏好中，女性表现更为普遍。

体而言：(1) 在帮助E，不影响F的奖金的情形下，当被试面对E的是否选择友善行为时（实验Fresp 2），低风险偏好组“报答”决策的比例差比高风险偏好组低，而当被试面对E是否选择损害行为时（实验Fresp 4），低风险偏好组“惩罚”决策的比例差比高风险偏好组高，而且显著性更高。表明，低风险偏好组的互惠主义偏好要比高风险偏好组更为普遍，高风险偏好组几乎不存在消极的互惠主义偏好，博弈对方是否选择损害行为对于高风险偏好的管埋人员的决策没有显著的影响。(2) 在帮助E，减少F的奖金的情形下，当被试面对E是否选择损害行为时（实验Fresp 5），低风险偏好组“惩罚”决策的比例差比高风险偏好组要高很多，而且更加显著。跟实验Fresp 4一样，高风险偏好组的消极互惠主义偏好并不显著。而当被试面对E的是否选择友善行为时（实验Fresp 11），不同风险偏好的经理人员“报答”决策的比例差都显著不同，高风险偏好组比例差相对较大，说明积极互惠主义偏好在不同风险偏好群体中是普遍存在的，特别是高风险偏好经理人员群体。(3) 帮助E，能够增加F的奖金的情境下，从Fresp 8和Fresp 9的实验结果可以看出，博弈一方的损害行为往往不会受到互惠主义“惩罚”，消极互惠主义偏好在我国企业管理人员群体中并不普遍，尤其在高风险偏好的群体中，他们倾向于更为理性的决策。

总体而言，在我国企业文化情境下，不管是低风险偏好还是高风险偏好经理人员，都具有积极的互惠主义偏好的取向，而消极互惠主义偏好并不普遍，特别是在高风险偏好经理人员群体中，表现出消极互惠主义偏好的比例很小，管理人员倾向于原谅那些给他们带来利益损害的行为，很少选择帕累托破坏性的分配方案。这与考克斯和萨迪拉吉（Cox & Sadiraj, 2011）等研究结论相反，说明我国经理人员信任结构具备建立在准最大最小偏好、积极互惠主义偏好、利他偏好等亲社会性偏好基础上的特殊信任特征。

3.4.3 管理人员所在企业所有权性质对其社会偏好的影响

在我国的制度背景下，国有企业所面临的外部政策监管、经济支持环境，以及内部的治理、控制、文化环境都与民营企业大相径庭，这种差异是否会吸引或者塑造社会偏好倾向不同的经理人员？表3-6和表3-7列示了被试按照其所在企业所有权性质进行分组的检验结果。

由表3-6可知，独裁者决策方案Dict 1和两组响应者决策方案Fresp 3和Fresp 5之间并不存在显著的差异，但相对于国有企业管理人员，民营企业管理人员选择公平性分配方案的比例更高。特别地，在Fresp 3和Fresp 5中，参与人利益受到损害的情形下，国有企业管理人员选择公平性分配方案的比例降低，体现为准最大最小偏好和利他主义偏好；而民营企业管理人员选择公平性分配方案的比例反而提高，但幅度较小。在 Dict 6、Fresp 4 和 Fresp 7 三种情景下，由于参与者的选择并不影响自身所得，选择使双方福利最大化的决策（7500，4000）的比例比（7500，3750）都更高。在参与人利益受到损害的情形下，参与人选择公平性分配方案的比例显著降低，特别是在国有企业样本中，独裁者决策方案 Dict 6 和两组响应者决策方案 Fresp 4 和 Fresp 7 之间在 5% 水平上存在显著差异。独裁者决策实验 Dict 2 和策略博弈决策 Fresp 6 之间并不存在显著的差异，消极互惠主义并不明显，但相对而言，国有企业管理人员选择（7000，5000）方案的比例要高于民营企业管理人员，说明在国有企业管理人员中，准最大最小偏好更加普遍，更大比例的被试愿意牺牲自己的奖金而使得总体奖金最大化。从 Dict 4 和 Fresp 8 的检验结果可以看出，不管是国有企业还是民营企业样本，提议者的恶意行为并没有增加响应者 F 选择帕累托破坏方案（0，0）的比例，反而减少了，说明消极的互惠主义在我国经理人员群体中并不明显，特别是在民营企业经理人群，即使在不利不公平的情形下，也较少选择帕累托破坏性的决策。独裁者决策实验 Dict 5 和提议者决策实验 Eresp1 中的决策显著不同，不管是国有企业样本还是民营企业样本，都体现了较普遍的互惠主义偏好，当预期到更为公平的分配方案可能得不到对方的回应时，更多的被试转而选择对自己有利的分配方案。在 Fresp 1 和 Fresp 2 的实验结果表明，当面对较大的不公平时，被试体现出较强的有利不公平厌恶偏好，特别是在民营企业管理人员群体中。

表 3－6　　实验对象按照所在企业所有权性质分组比较

方案	被试选择	国有企业样本（Obs：132）		民营企业样本（Obs：176）	
		Left	Right	Left	Right
Dict 1	A 选（4000，4000）vs.（7500，3750）	0.81	0.19	0.81	0.19
Fresp 3	E 选（8000，0）或： 让 F 选（4000，4000）vs.（7500，3750）	0.76	0.24	0.83	0.17
Fresp 5	E 选（5500，5500）或： 让 F 选（4000，4000）vs.（7500，3750）	0.76	0.24	0.82	0.18
Dict 1—Fresp 3		－0.045① －1.095②		0.034 0.926	
Dict 1—Fresp 5		－0.048 －0.973		0.006 0.169	
Fresp 3—Fresp 5		—		－0.012 －0.392	

续表

方案	被试选择	国有企业样本（Obs：132）		民营企业样本（Obs：176）	
		Left	Right	Left	Right
Dict 2	A 选（3000，6000）vs.（7000，5000）	0.52	0.48	0.65	0.35
Fresp 6	E 选（7500，1000）或： 让 F 选（3000，6000）vs.（7000，5000）	0.52	0.48	0.61	0.39
Dict 2—Fresp 6		-0.007 0.156		-0.039 -0.962	
Dict 4	A 选（8000，2000）vs.（0，0）	0.59	0.41	0.60	0.40
Fresp 8	E 选（7500，7500）或： 让 F 选（8000，2000）vs.（0，0）	0.66	0.34	0.70	0.30
Dict 4—Fresp 8		0.067 * 1.461		0.098 *** 2.744 ***	
Dict 5	A 选（0，8000）vs.（4000，4000）	0.25	0.75	0.34	0.66
Eresp1	E 选（0，8000）或： 让 F 选（0，4000）vs.（4000，4000）	0.40	0.60	0.47	0.53
Dict 5—Eresp1		0.227 *** 3.100 ***		0.136 *** 3.000 ***	
Dict 6	A 选（4000，4000）vs.（7500，4000）	0.76	0.24	0.73	0.27
Fresp 4	E 选（5500，5500）或： 让 F 选（4000，4000）vs.（7500，4000）	0.66	0.34	0.65	0.35
Fresp 7	E 选（7500，0）或： 让 F 选（4000，4000）vs.（7500，4000）	0.61	0.39	0.65	0.35
Dict 6—Fresp 4		-0.106 ** -2.263 **		-0.083 ** -2.271 **	
Dict 6—Fresp 7		-0.136 ** -2.846 ***		-0.063 -1.640	
Fresp 4—Fresp 7		-0.056 -1.460		—	

续表

方案	被试选择	国有企业样本（Obs：132）		民营企业样本（Obs：176）	
		Left	Right	Left	Right
Fresp 1	E 选（0，8000）或： 让 F 选（0，4000）vs.（4000，4000）	0.10	0.90	0.07	0.93
Fresp 2	E 选（8000，0）或： 让 F 选（0，4000）vs.（4000，4000）	0.11	0.89	0.09	0.91
Fresp 1—Fresp 2		0.015 0.426		0.011 0.471	

注：①表示在配对 t 检验中决策比例的均值差；②表示在 Wilcoxon 符号秩检验中 z 检验值。*** 、** 、* 分别表示 t 检验值/z 检验值在 1% 、5% 和 10% 水平上显著，下同。

表 3 -7 列示了策略博弈实验中角色互换的检验结果，可以看到：（1）在帮助 E，不影响 F 的奖金的情形下，当被试面对 E 的是否选择损害行为时，民营企业管理人员（实验 Fresp 1、Fresp 4）和国有企业管理人员（实验 Fresp 10）"惩罚"决策的比例差显著为负，表明消极互惠主义偏好在民营企业管理人群中比例较小，有利不公平厌恶偏好、准最大最小偏好较为普遍。当被试面对 E 的是否选择友善行为时（实验 Fresp 2），国有企业管理人员"报答"决策的比例差比民营企业管理人员低，但都在 1% 水平上显著，说明积极互惠主义偏好、有利不公平厌恶偏好、准最大最小偏好在管理人员群体中较为普遍。（2）帮助 E，减少 F 的奖金的情形下，当被试面对 E 是否选择损害行为时（实验 Fresp 5），民营企业管理人员"惩罚"决策的比例差比国有企业高；相对于实验 Fresp 4 的情形，不管国有企业还是民营企业的管理人员"惩罚"决策的比例差都有较大的提高，当"惩罚"需要付出成本时，管理人员选择不惩罚。而当被试面对 E 的是否选择友善行为时（实验 Fresp 11），民营企业管理人员"报答"决策的比例差比国有企业高，而且更为显著，说明民营企业管理人员积极互惠主义偏好更为普遍。（3）第三种情况是帮助 E，能够增加 F 的奖金，当被试面对 E 的是否选择损害行为时（Fresp 9），民营企业管理人员"惩罚"决策的比例差比国有企业管理人员更高，而且在 1% 水平上显著，消极互惠主义偏好倾向较弱，当面对对方明显的损害行为时，较少的管理人员选择帕累托破坏性的决策。

总体而言，以上的分析表明，在我国企业文化情境下，不管是国有企业还是民营企业的管理人员，积极的互惠主义偏好的倾向都较为普遍，而消极互惠主义偏好倾向并不普遍。相对而言，在民营企业管理人群中，有利不公平厌恶偏好、利他主义偏好较为普遍，而国有企业管理人群中，准最大最小偏好更为普遍。

表3-7　　E的决策对F是否帮助E决策的影响

方案			国有企业样本		民营企业样本	
			E决策比例差	M-W秩和检验	E决策比例差	M-W秩和检验
Ⅰ栏：帮助E，不影响F的奖金						
Fresp 1	(0, 8000)	(0, 4000) vs (4000, 4000)	0.005	0.095	-0.09	-2.276 **
Fresp 2	(8000, 0)	(0, 4000) vs. (4000, 4000)	-0.409	-5.498 ***	-2.02	-3.242 ***
Fresp 4	(5500, 5500)	(4000, 4000) vs. (7500, 4000)	-0.0387	-3.540 ***	-0.208	-2.295 **
Fresp 7	(7500, 0)	(4000, 4000) vs. (7500, 4000)	0.102	0.806	0.065	0.570
Fresp 10	(4500, 9000)	(2000, 4000) vs. (4000, 4000)	-0.117	-1.912 **	0.051	0.882
Ⅱ栏：帮助E，减少F的奖金（意味着成本）						
Fresp 3	(8000, 0)	(4000, 4000) vs. (7500, 3750)	-0.001	-0.004	0.015	0.199
Fresp 5	(5500, 5500)	(4000, 4000) vs. (7500, 3750)	-0.264	-2.702 ***	-0.361	-4.473 ***
Fresp 6	(7500, 1000)	(3000, 6000) vs. (7000, 5000)	-0.086	-0.736	0.140	1.353
Fresp 11	(4500, 0)	(3500, 4500) vs. (4500, 3500)	0.148	1.670 *	0.250	3.403 ***
Ⅲ栏：帮助E，增加F的奖金（意味着收益）						
Fresp 8	(7500, 7500)	(8000, 2000) vs. (0, 0)	-0.388	-2.461 **	-0.108	-0.983
Fresp 9	(3750, 10000)	(4000, 4000) vs. (3750, 3750)	-0.061	-1.054	-0.174	-3.701 ***

注：每组第一栏为提议者E“退出”和“进入”两种决策下，响应者F决策比例的均值差；第二栏为M-W秩和检验中z检验值。***、**、*分别表示z检验值在1%、5%和10%水平上显著。

3.5 稳健性检验：设置货币激励

本实验旨在对我国企业文化情景下，管理人员的个体社会偏好倾向进行检验，在课题组现有实验条件下，以暨南大学在职的EMBA和MBA学院作为实验对象，考虑到一方面，少额的货币激励难以对这类被试起到预期的激励效果；另外，个体社会偏好具有相对稳定性，体现为个体的一种心理活动，而不同于纯粹研究激励的实验，对被试激励的大小并不会显著影响激励效果（Tversky & Kahneman，1992），本实验以课程学分、赠品等作为替代激励方式。国外许多学者在进行社会偏好甄别实验时，一般招募大学本科生作为实验对象，并且在实验中设置少量货币激励（平均20~50美元）（见表3-8）。由于本章论述中多次将相关结论与不同文化情景下的结论进行比较，课题组于2013年11月至2014年6月在广东财经大学商科背景较为明显专业（如企业管理、ACCA 实验班、财务管理等）的本科生中招募实验对象。实验总共进行 3 次，每次 5 组，总共 15 组。实验参与者共 30 人次，均为自愿参与实验（见表 3 - 9）。

每次实验中，课题组事先将参与实验的 10 位被试随机分为 5 组，并做好标示，如（一）组甲、（一）组乙；（二）组甲、（二）组乙等，并告知被试，他们的决策将影响他们最终能得到的奖金，实验过程中隔离进行。然后按照前述实验流程，依次让被试进行三个实验局。首先，让所有被试进行独裁者博弈实验，每位被试均进行 9 次决策；然后进行策略博弈实验，要求每位被试均作出 11 个“提议者”的决策；完成后要求同一组内部甲、乙两位被试互换其“提议者”决策结果，并告知每位被试，如果对方让他做决策，他要据以作出“响应者”决策，如果对方已经作出最终分配决策，则无须再做决策。其他实验细节如前所述。这样，实验结束后，每一组都形成了两份奖金分配结果，分别以甲和乙为主导（作为独裁者和提议者）。课题组随机抽取一份作为同一组内两位被试的奖金分配依据。奖金数额以实验中设置的金额除以 1000 计算所得。

以第一组为例，随机抽取组内被试甲为主导的分配结果进行分配，则甲为主导方，乙为对应方，加总 9 组独裁者博弈实验和 11 组策略博弈实验的结果，甲应得奖金数额为 110530/1000 = 110.53 元、乙应得奖金为 121500/1000 = 121.500 元。

表 3 - 8　　实验对象所得奖金数额分布　　单位：美元

组别	1	2	3	4	5	6	7	8	9	10	11	12	13	14	15
主导方	111	98	106	117	89	88	107	101	99	93	102	76	108	102	101
对应方	122	90	84	89	100	108	107	106	87	82	129	97	118	95	107
总计	233	188	190	206	189	196	214	207	186	175	231	173	226	197	208
差额	- 11	8	22	28	- 11	- 20	0	- 5	12	11	- 27	- 21	- 10	7	- 6

直观上看，作为主导方的被试最终所获得的奖金数额一定比对应方多。这是因为，在独裁者博弈实验中，作为分配依据的分配结果是由主导方作出的，而在策略博弈实验中，主导方也具有优先决策权。但是，从结果看，主导方奖金多于对应方的只有 6 组，对应方获得更高奖金的达到 8 组，剩下的 1 组双方得到奖金相等，与预期并不相符合，说明个体的社会偏好是显著影响其行为决策的。大多数被试可以得到 100 元左右的奖金，差异并不大，公平性偏好较为明显；在总体福利较大的第 1 组和第 11 组中，主导方的奖金都比对应方少，说明准最大最小偏好、利他主义偏好、有利不公平厌恶偏好等也都影响被试决策。实验的基本结

果见表3-9。课题组据此也进行了相应的配对样本t检验、Wilcoxon符号秩检验和M-W秩和检验等非参数检验。

整体上，与本章主体结果相比，尽管决策比例差有所差异，但决策大小的方向并没有改变；非参数检验中，尽管显著性水平略有差异，但总体结论一致，在我国文化情景下，个体具有较明显的有利不公平厌恶偏好、准最大最小偏好、积极互惠主义偏好、利他主义偏好等社会偏好中积极的一面，而帕累托破坏性偏好在比例和强度上都相对较低。

表3-9（a）　设置货币激励的实验结果

方案	被试选择	总样本（Obs=30）		
		Left		Right
Dict 1	（40000，4000）vs.（7500，3750）	0.70		0.30
Dict 2	（3000，6000）vs.（7000，5000）	0.70		0.30
Dict 3	（2000，7000）vs.（6000，6000）	0.27		0.73
Dict 4	（8000，2000）vs.（0，0）	0.57		0.43
Dict 5	（0，8000）vs.（4000，4000）	0.20		0.80
Dict 6	（4000，4000）vs.（7500，4000）	0.80		0.20
Dict 7	（12000，6000）vs.（6250，6250）	0.07		0.93
Dict 8	（12000，6000）vs.（6000，6000）vs.（3000，6000）	0.17	0.67	0.16
Dict 9	（5000，5000）vs.（8000，6000）	0.37		0.63

表3-9（b）　设置货币激励的实验结果

方案	被试选择		总样本（Obs=30）	
	E选E1	E选E2，让F选择	Out	Enter
有利、不公平情形下				
Eresp 1	（0，8000）	（0，4000）vs.（4000，4000）	0.27	0.73
Eresp 9	（3750，10000）	（4000，4000）vs.（3750，3750）	0.80	0.20
Eresp 10	（4500，9000）	（2000，4000）vs.（4000，4000）	0.77	0.23
有利、公平情形下				
Eresp 4	（5500，5500）	（4000，4000）vs.（7500，4000）	0.80	0.20
Eresp 5	（5500，5500）	（4000，4000）vs.（7500，3750）	0.80	0.20
Eresp 8	（7500，7500）	（8000，2000）vs.（0，0）	0.87	0.13

续表

方案	被试选择		总样本（Obs = 30）	
	E 选 E1	E 选 E2，让 F 选择	Out	Enter
不利、不公平情形下				
Eresp 2	（8000，0）	（0，4000） vs. （4000，4000）	0.1	0.9
Eresp 3	（8000，0）	（4000，4000） vs. （7500，3750）	0.13	0.87
Eresp 6	（7500，1000）	（3000，6000） vs. （7000，5000）	0.13	0.87
Eresp 7	（7500，0）	（4000，4000） vs. （7500，4000）	0.07	0.93
Eresp 11	（4500，0）	（3500，4500） vs. （4500，3500）	0.20	0.80

表 3-9（c）　设置货币激励的实验结果

方案	被试选择		总样本（Obs = 30）	
	E 已选 E2	F 选择	Left	Right
F 得到的奖金一样，不管是否帮助 E				
Fresp 1	（0，8000）	（0，4000） vs. （4000，4000）	0	1
Fresp 2	（8000，0）	（0，4000） vs. （4000，4000）	0	1
Fresp 4	（5500，5500）	（4000，4000） vs. （7500，4000）	0.83	0.17
Fresp 7	（7500，0）	（4000，4000） vs. （7500，4000）	0.61	0.39
Fresp 10	（4500，9000）	（2000，4000） vs. （4000，4000）	0.14	0.86
F 牺牲自己奖金以帮助 E				
Fresp 3	（8000，0）	（4000，4000） vs. （7500，3750）	0.69	0.31
Fresp 5	（5500，5500）	（4000，4000） vs. （7500，3750）	1	0
Fresp 6	（7500，1000）	（3000，6000） vs. （7000，5000）	0.50	0.50
Fresp 11	（4500，0）	（3500，4500） vs. （4500，3500）	0.87	0.13
F 牺牲自己奖金以惩罚 E				
Fresp 8	（7500，7500）	（8000，2000） vs. （0，0）	0.50	0.50
Fresp 9	（3750，10000）	（4000，4000） vs. （3750，3750）	0.67	0.33

设置货币奖励的稳健性检验结果表明：第一，设置货币奖励并没有显著改变本章的主体结论，在揭示我国企业文化情景下管理人员社会偏好上，本章提供了一致而稳健的结论；第二，参加工作的 EMBA 和 MBA 跟未参加工作的商科本科生在社会偏好上存在类似的社会偏好倾向，说明相同文化情景下的个体呈现出特定的社会偏好倾向，这种倾向具有普遍性，不会随着个体特征、所在单位特征、

所处职位高低等而变化，是既定文化对个体社会偏好的塑造，是一种共性体现，也表明在既定文化背景下进行社会偏好的检验，对于经济机制的设计的重要性；第三，考虑到本章主要是要甄别我国企业文化情景下管理人员的社会偏好，EMBA 和 MBA 学院能够体现出个体社会偏好的共性之外，作为企业管理人员特有的倾向，并且能够结合其所处层级、所在单位所有权性质等进行更为深入的分析，本章主体部分实验具有更强的针对性。

3.6 小 结

以博弈实验为基础，纳入公平、互惠互利、利他等与经济学中“经济人”假设明显相悖的人类情感因素，构建新的关心自身利益的同时也关心他人利益的社会偏好效用函数，更加符合人类进化过程当中形成的可调节偏好与适应性保持一致的行为机制，能够解释大量传统理论所不能解释的经济现象，具有重要的理论价值。本章对社会偏好理论模型的演化进行了简单的梳理，认为在进行多期策略博弈时，由于互惠主义偏好的作用，各种社会偏好有走向融合的倾向。由于个体社会偏好的形成过程与其所处的特定文化环境息息相关，课题组立足我国企业文化情景下的实验数据，借鉴国外较为前沿的实验设计和数据分析方法，以 310 位企业管理人员作为实验对象，通过一组独裁者博弈实验和两组策略博弈实验共 9610 次分配决策检验了各种社会偏好相对普遍性及其强度。具体而言，从各种决策方案之间比例关系的变化分析各种社会偏好及其融合形式的相对普遍性，进而深入分析各种方案之间的收益成本大小变化以及实验对象对其进行的权衡又揭示了各种社会偏好的相对强度。实验发现，超越“经济人”假设的个体社会偏好以及它们的相互融合形式确实对其行为决策产生不同的影响，文中最后进一步按照实验对象的个体特征、风险偏好和所在企业所有权性质进行分组检验。总体而言，我国经理人员具有较明显的公平性偏好、准最大最小偏好、积极互惠主义偏好、利他主义偏好等社会偏好中积极的一面，而帕累托破坏性偏好在比例和强度上都较低，这与我国文化中强调“中庸”“仁和”“谦让”与“容忍”“知恩图报”；回避不平等、反对以牙还牙的报复等不谋而合，表明我国经理人员信任结构具备建立在亲社会性偏好基础上的特殊信任特征①。

---

① 由于实验条件的限制，我们没能取样企业中 CEO 级别的高管，由于他们更具有决策权，其社会偏好倾向的检验也是未来的研究方向，尽管如此，需要指出的是，我们对管理层级分组检验后，虽然不同层级管理人员的社会偏好倾向和强度上略有差异，但总体结论较为一致，加之不管是更具有决策权的企业高管，还是企业一般的管理人员，都根植于我国的制度背景和特有的企业文化氛围，从基本的社会偏好倾向上也应该有着共同的内核，本章所得到的有关我国企业管理人员社会偏好的结论也不失一般性和适用性。

社会偏好的甄别研究只是纳入社会偏好的经济学分析的第一步，更为重要的是，如何在各种不同的经济机制，如薪酬激励机制、组织行为改造等中针对个体的社会偏好进行不同的设计，怎样营造能够塑造亲社会性偏好的文化环境、在实际经营环境中对管理人员社会偏好进行甄别等，是本书后续章节试图予以回答的经验问题。

第 4 章

嵌入个体社会偏好的激励契约：一个分析框架

4.1 引　　言

人力资本是生产过程的重要投入，人力资源管理成为很多经济组织成功的关键，长期以来也是社会和商业世界丰富的研究文献中的核心问题。激励理论的一个核心结论是，人力资源实践不仅通过影响代理人的行为也通过决定代理人的选择而影响业绩。例如高薪职位吸引到高能力的代理人，基于工作绩效的薪酬吸引风险偏好者（Lazear & Oyer，2007）。在一定程度上，一些公司比另外一些公司更有优势提供更大激励效应的薪酬合约，因而管理实践可能成为公司和代理人配置的一个经济机制。薪酬契约是委托代理理论的核心内容，现有的大多数文献都是围绕霍姆斯特龙和米尔格罗姆（Holmstrom & Milgrom，1987）的线性产出分享模型、拉齐尔和罗森（Lazear & Rosen，1981）的锦标机制模型、阿尔钦和德姆塞茨（Alchian & Demsetz，1972）的标准团队理论模型以及它们的拓展形式进行分析。但是，这三类经典的激励机制忽略了人类情感的多样化特征，无法对一系列人类行为悖论给出合理的解释，如在创业初期的家族企业薪酬支付中，普遍存在的利他主义行为等。

近些年，随着实验经济学的不断成熟，在线性报酬机制、按能力分配产出的机制、锦标激励机制、团队产出均享机制、团队内部协商分享制等薪酬机制中，都发现代理人的社会偏好影响了激励效果。例如，加布里埃拉（Gabriella，2006）的模型表明，如果锦标赛模型中考虑公平偏好，“相对被剥夺”导致较高的努力水平。泰瑟（Teyssier，2008）的模型表明，自利的代理人喜欢那些最具有竞争性的激励和约，而不公平厌恶的代理人会感到分成计划更好。阿尔文等（Alwine et al.，2008）的研究表明，只要信息透明，则在初始时点，代理人会选择比较高的努力程度，但从第二期开始，代理人会根据后续其他代理人努力程度信息调整他们自己的努力程度。英格迈尔和万巴赫（Englmaier & Wambach，

2010）的模型揭示了最优合同在保险—激励—公平三个因素中进行平衡。巴特林和西门子（Bartling & von Siemens，2011）发现，如果代理人的互惠偏好足够高，在预算平衡的平均分享机制下，可达到效率的均衡努力。科斯菲尔德和西门子（Kosfeld & von Siemens，2011）的模型则表明，具有较强互惠偏好的代理人倾向于那些按照团队的合作业绩来支付报酬的公司。从国内的研究来看，夏纪军等（2003）针对中国传统“自己人”和“外人”两极分化现象，引入利他和互惠偏好，建立了一个信任模型，研究发现，随着合作双方禀赋差距的加大，双方的信任水平下降。魏光兴和蒲勇健（2008）研究发现，公平心理较弱时，最优报酬契约是团队相对主义契约，其中公平心理会导致公平租金和公平风险补偿两种激励效率损失；公平心理较强时，最优报酬契约是团队平均主义契约，其中公平心理只会导致公平风险补偿一种激励效率损失。汪林和储小平（2009）在研究雇佣关系时考虑了雇员的公平性偏好，证实了公正的分配环境可以提高部属的工作满意度和组织承诺；隋杨等（2012）实验则表明，下属的程序公平感越高，变革型领导与下属心理资本的正向关系越强，反之越弱；进一步地，程序公平调节了下属心理资本对变革型领导－工作绩效和满意度的中介作用。朱沆等（2012）基于社会情感财富理论探讨了家族企业中具有利他主义偏好代理人的激励及其对企业绩效的影响。尽管国内外研究均表明，雇员社会偏好上的异质性对公司绩效有着系统性影响，雇员遴选和企业管理实践之间的关系仍然有待研究。本章旨在探讨不同的管理实践下，公司、契约、雇员社会偏好和绩效之间的均衡配置问题。

4.2　配置模型的构建：以公平偏好为例[①]

约万诺维奇（Jovanovic，1979）指出，一个经理人/员工在任一时点的效率取决于他/她在哪个公司工作，在这种情形下，最优化公司－经理人/员工之间的配置效率就变得非常重要，通过将人力资本与公司进行正确地匹配所能创造的经

---

① 社会公平正义，是社会主义核心价值观之一。实现社会公平正义，并不全是社会分配和再分配的任务，考虑个体偏好的经济机制设计也能促进社会公平，而同时又不以损害经济效率为代价。哈特和摩尔（Hart & Moore，2006）甚至指出，激励合约最重要的作用可能是为“什么是公平”设定了一个参照物，如果这种合约是不明确的（隐性合约），则有必要在对公平性偏好模型中引入参照系。本书第3章基于我国企业文化情景的实验中，也发现雇员具有较为明显的公平性偏好。因此，本章以公平性偏好为例，讲述均衡模型的设计与运用。

济价值是其他经济过程无法达到的（Oyer & Schaefer，2005）[①]。在“人”的异质性方面，除了能力、风险厌恶的差异外，人们对于“公平性”的感知与诉求也存在很大的差异，具有不同不公平厌恶感的经理人员或者员工，对于等额的薪酬不公平的反应也会有所不同，从而对业绩的影响也就不同。因此，从理论上分析薪酬不公平与企业业绩之间关系的内在机理、把不公平厌恶偏好的异质性纳入配置模型仍是一个有待于研究的重要问题。

礼物交换博弈是对不完全契约条件下的委托—代理问题进行标准化的一个实验。在由费尔等（Fehr et al.，1993）所做的著名的“礼物交换博弈”实验中，提议者（雇主）提供一份要约，也可以被理解成工资。每个接受者（雇员）可以不接受这份要约，这样双方的收益都为0。如果接受者接受要约，他可以选择提供有成本的努力。选择的努力水平越高，则企业的利润就越大，而工人的效用就越低。该博弈基本上是一个序贯“囚徒困境”博弈，其中工人们有一个占优策略是选择可能的最低努力程度。唯一的子博弈精练均衡工资就是保留工资。但是，实际的实验结果并非如子博弈精练均衡所预言的，而是显著高于保留工资，而工人的努力程度也显著高于其可能的最低努力程度。实验结果是工人的努力水平与工资水平呈正相关。所以，现有的委托—代理模型就不能解释这些现象。

实验结果发现，提约者提供高要约（效率工资）和接受者提供高努力程度的互惠行为广泛存在。如最后通牒博弈一样，在礼物交换博弈中同样存在着两种表现完全不同的参与人。大约有40%（在有的情况下超过50%）的接受者，在收到较高的要约时回报以较高的努力。但也存在一部分雇员，无论收到何种要约，都只付出最低的努力。提约者通常会提供远高于最低水平的工资，这也说明他们预期通过付出高工资，预期收益也会提高。可见，互惠行为的存在与参与人的特质紧密关联，许多的文献表明，这源之于参与人的不公平厌恶程度（Rabin，1993；Fehr & Schmidt，1999；Dufwenberg & Kirchsteiger，2004）。本杰明（Benjamin，2007）也在礼物交换博弈实验环境下探讨了在什么程度上，“不公平厌恶感”能够替代合约产生有效率的交易，作者指出，如果接受合约的一方是根据“公平尺度”来选择努力程度的，那么提供合约的一方就有兴趣提供能够激励最有效努力的薪酬合约。

---

① 假设公司 i 雇用经理人/员工 j，在 t 期 j 的产出为 y，即：$y_{ijt}=\alpha_j+\mu_{ij}+\varepsilon_{ijt}$，其中 α 是经理人/员工 j 的内在能力，μ 是公司 i 和经理人/员工 j 的匹配效率，ε 效率冲击。假设 α、μ 和 ε 的均值都为零，方差分别为 σ_α、σ_μ 和 σ_ε。则当 $\sigma_\alpha=\sigma_\mu=0$ 时，每个个体都不存在异质性，劳动力成为一种商品，公司绩效独立于人力资本匹配效率，如果这种情况与现实相符合则不会有员工选择的必要。当 $\sigma_\mu=0$，$\sigma_\alpha>0$ 时，不同的经理人/员工生产效率不同，但是他们的效率独立于他们所在的公司，在这种情况下，如果公司和经理人/员工之间有关于 σ_α 的对称信息，则公司－经理人/员工配置问题也不会很有趣；使得－经理人/员工配置问题变得重要而有趣的是 $\sigma_\mu>0$，$\sigma_\alpha>0$ 的情形。

基于组织理论的最新研究进展和实证证据，本书以不同的产权基础作为不同公司采取不同管理实践的导因，特别关注最常见的两种股权结构形式：分散持股或存在股权制衡的公司和集中股权结构的公司。本书构建了一个简单的理论模型以研究激励合约在公司和经理人配置过程中的作用。模型基于如下的前提：存在一组连续的潜在的经理人员，在能力和不公平厌恶感上有足够的异质性；存在一组连续的潜在的企业，分散持股或存在股权制衡的公司和集中股权结构的公司，在其各自的生产成本和收入构成方面具有不同的特点；并且存在一系列可能的薪酬合约可供公司和经理人员签订，这些合约由固定工资和业绩挂钩的变动工资组成。这里，合约的变动部分是广义上的，既包括显性激励（奖金）、持股和股票期权，也包括隐性激励（升职和解雇）。均衡的结果是：（1）公司、经理人员和薪酬合约之间的配置是稳定的；（2）只有当公司的期望收益非负时，它才会雇佣经理；（3）当且仅当经理人员至少能获得其保留效用时，他才被雇用。

模型关于产权的基本假定在于：与传统观念（Bertrand & Schoar，2003）一样，本研究假设集中股权结公司所有者的目标函数里包含非金钱部分——即控制权收益。例如，对于家族控股企业所有者而言，保留直接控制权，除了能获得金钱上的收益（利润）外，还能产生私人收益。私人收益可能来自在企业中的领导地位相关的收益、影响公司决策的潜在效用、来自占用企业资源从事私人活动的利益、或者来自通过公司达成家庭成员其他目标的机会，例如，能力低的家族成员得到更好的工作或者仅仅只是因为公司以家族命名所获得的心理感受。而对于国有控股企业，也有动机保留直接控制权，比如我国国有控股大多数具有非经济性的社会目标，虽然随着国有企业改革的推进，国有企业经营者享有了更多的剩余控制权（谢德仁，2001），但国有大股东仍然保留着较大的直接控制权。直接控制权并不一定完全对公司业绩无益处，正如伯卡特等（Burkart et al.，2003）所指出的，在公司治理机制很差时，家族成员之间的信任可以替代它。本章的模型允许集中股权结构的公司在其他的方面具有优势。基于分散持股或存在股权制衡的公司和集中股权结构的公司的这些不同，分析了公司和经理人员的雇佣和被雇佣的决策、他们怎么配置的以及选择什么样的合约。进一步，分析合约签订以后经理人员选择怎样的努力水平和公司业绩，包括利润和控制权收益。本书基于代理理论——线性的薪酬合约、二次的回报、正态分布的噪音——构建模型。本模型的创新在于允许经理人市场双方存在异质性，并且合约的签订由双方谈判达成。

4.2.1 模型假设

在 t_0 时期，委托人（雇主）提供一份工资要约 $w \in [\underline{w}, \bar{w}]$，（当 $\underline{w} \geq 0$）

给经理人员（雇员）。经理人员决定是否接受这份要约。如果经理人员（雇员）不接受这份要约，双方的收益都为0。如果经理人员（雇员）接受要约，在 t_1 时期他可以选择提供有成本的努力 $x \in [\underline{x}, \bar{x}]$，（当 $\underline{x} > 0$）。为了生产，一个公司需要一个经理人员，假设公司 i 雇用经理人 j，经理人生产产品：

$$y_i = \sqrt{\theta_j}\ (x_j + \varepsilon_j)$$

其中，$x_j \geqslant 0$ 是经理人 j 所选择的努力，θ_j 表示经理人 j 的能力，ε_j 是影响生产函数的噪声，它服从均值为0，方差为 σ^2 的正态分布，与公司和经理人员都无关。

公司 i 支付给经理人 j 的工资是生产产品的线性函数：

$$w_j^i = \alpha^i + b^i y_j$$

这里薪酬激励合约是广义上的，不仅包括显性的支付，例如奖金和期权等，也包括隐性激励，如升迁激励等。利润分享计划，不局限于高管，如期权等（Kruse，1992），这些薪酬计划使得工人的工资成为公司利润的函数。提供这些计划的公司和专业人士相信这些薪酬计划改进了生产率，现有的实证证据也支持了它（Kruse et al.，2010）。

假设经理人员有着“不公平厌恶”（Inequity-aversion）效用函数，并且合约双方是风险中性的，在费尔和施密特（1999）构建函数的基础上，构建如下经理人员的效用函数：

$$U_j = \pi^j - \alpha\max\{\pi^i - \pi^j,\ 0\} - \beta\max\{\pi^j - \pi^i,\ 0\}\ (\alpha \geqslant \beta,\ 0 \leqslant \beta < 1)$$

这里 π^i 和 π^j 分别表示公司 i 和经理人 j 各自在合约中所得到的回报的份额。其中：

$$\pi^i(w,\ x) = y_i - w_j$$

$$\pi^j(w,\ x) = w_j - c(x)$$

$c(x) = \frac{1}{2}x_j^2(c > 0)$（Alwine et al.，2008）表示经理人员努力的成本函数。经理人员的效用函数可视为如下两部分之和：

$$U_j(\pi^i,\ \pi^j) = \pi^j + f(\pi^i,\ \pi^j)$$

效用函数中的第一部分代表经理人员自身的偏好；第二部分代表“公平性函数”。

$$f(\pi^i,\ \pi^j) = -\alpha\max\{\pi^i - \pi^j,\ 0\} - \beta\max\{\pi^j - \pi^i,\ 0\}$$

代表纯粹公平性考虑部分。可见，当 $\pi^i = \pi^j$ 时，公平性函数达到最大值0，此时称这个雇佣合约为公平性合约。“公平性函数”的第一个部分，参数 $\alpha \geqslant 0$，捕捉了经理人员的“不利不公平厌恶”，此时公司 i 的回报大于经理人 j 的回报；第二个部分中参数 $\beta \geqslant 0$，捕捉了经理人员的“有利不公平厌恶”，此时公司 i 的回报小于于经理人 j 的回报。当 $\alpha = \beta = 0$ 时，则与传统假设一致。

公司 i（可能是集中股权结构的公司 C 或者是分散持股的非家族企业 D）的目标函数：

$$V^i = \Omega^i + (1 - \varphi_g)\Gamma^i$$

其中，Ω^i 表示标准的公司利润，而 Γ^i 表示公司所有者能够从公司摄取的其他利益（前述所提到的控制权收益等）。φ_g 表示所有者赋予直接控制权相关的收益的权重，假设它取决于公司股权结构 g，具体地，分为两种类型：φ_c 表示集中股权结构的公司；φ_D① 表示分散持股或者存在股权制衡的公司，我们假设相对于分散持股或者存在股权制衡的公司，集中股权结构的公司赋予直接控制权更大的权重。公司利润函数为：

$$\Omega^i = y_j - w_j^i + h_g - k^i$$

其中，生产产值 y_j 和薪酬 w_j^i 如前所述。h_g 代表集中股权结构的公司和分散持股或者存在股权制衡的公司利润上的固有差异；k^i 则表示不同公司所面临的特有的固定成本（或者利润空间）。

潜在的控制权收益定义如下：

$$\Gamma^i = \Gamma_g - b^i\theta_j$$

其中，Γ_g 是常量，取决于股权结构 g；$b^i\theta_j$ 表示经理人员的动机和能力都会使所有者从公司摄取私人利益的难度变大，它捕捉了核心思想：给予外部经理人控制权会稀释所有者从公司摄取私人控制权利益的能力（Burkart et al.，2003）。为了便于分析，令 $\Gamma_D = 0$ 和 $h_N = 0$，而 Γ_F 和 h_F 可能取正值也可能取负值。

此外，为了得到均衡结论，还需要作如下技术性假设：（1）公司接受某份雇用合约，当且仅当得到非负的期望回报；（2）所有的公司—经理人员配置是稳定的；（3）所有的配对都最大化其联合回报；（4）所有的经理人员基于所签订的合约，选择最优的努力程度。

均衡状态下，（1）公司 i 总是最大化 V；（2）公司 i 接受某份雇用合约，当且仅当最大化 V_i 大于外部其他外部选择（假定为 0）。图 4－1 表示模型的时间轴。

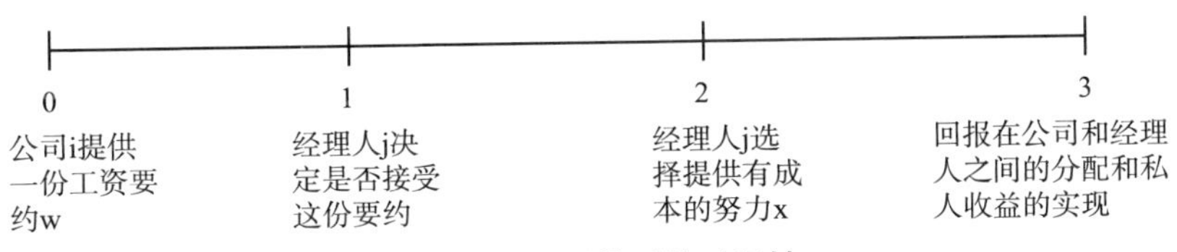

图 4－1　配置模型的时间轴

① 特别地，当股权完全分散时，$\varphi_D = 1$，而 $\varphi_C < \varphi_D$。

4.2.2 方案设计

给定经理人员不公平厌恶假设，考虑当 $\pi^i > \pi^j$ 时的任何可行的努力水平，一个具有公平意识的经理人员将总是选择努力水平 $x = \underline{x}$，只要能获得正的效用。在任何努力程度 x，只要 $U_j \leqslant 0$，经理人员就不会接受合约。

如果 $x = \underline{x}$ 时 $\pi^j > \pi^i$，具有公平意识的经理人 j 就会有动机去增加他的努力以缩小他与公司的回报之间的差异。在这种情况下，经理人 j 的期望效用如下所示：

$$
\begin{aligned}
E(U_j) &= E[\pi^j - \beta(\pi^j - \pi^i)] \\
&= E\{w_j^i - C_j(x) - \beta[w_j^i - C_j(x) - (y_j - w_j^i)]\} \\
&= \left(\frac{1}{2}\beta - \frac{1}{2}\right)x_j^2 + (b^i\sqrt{\theta_j} - 2\beta b^i\sqrt{\theta_j} + \beta\sqrt{\theta_j})x_j + \alpha^i - 2\beta\alpha^i
\end{aligned}
$$

给定 α^i 和 b^i，经理人 j 选择努力程度 x_j，最大化 $E(U_j)$。对 x_j 求导，由一阶条件得到：

$$
\hat{x}_j = b^i\sqrt{\theta_j} + \frac{\beta(b^i - 1)}{\beta - 1}\sqrt{\theta_j}
$$

可见，随着 b^i 和 θ_j 的增大，x_j 也增大。这个结论与很多实证证据一致（Akerlof & Yellen，1990；Fehr et al.，1993；Gneezy & Rustichini，2000）。而由：

$$
\frac{\partial \hat{x}_j}{\partial \beta} = \frac{(1 - b^i)}{(\beta - 1)^2}\sqrt{\theta} > 0 \quad 0 < b^i < 1
$$

可知在所讨论的范围内，随着经理人 j 有利不公平厌恶感（β）的增大，其努力程度 x_j 也会增大，也就是说，公司在制订薪酬激励合约时，也必须考虑经理人的不公平厌恶，这与许多实验研究（Teyssier，2008）和实证研究结论（Core，1999；Bellemare et al.，2008）一致。因为由合约关系所产生的总收益在公司 i 和经理人 j 之间分配，合约中固定薪酬部分（α）的分配是合约制定时就写明的，无须分配成本。因而更加重要的是变动薪酬部分的分配问题，为了使得合约双方利益最大化，合约双方必须最大化双方期望回报之和。公司 i 雇用经理人 j 的期望回报为：

$$
\begin{aligned}
E[V^i] &= E[y_j - w_j^i + h_g - k^i] + (1 - \varphi_g)(\Gamma_g - b^i\theta_j) \\
&= (1 - b^i)\sqrt{\theta_j}x_j - \alpha^i + h_g - k^i + (1 - \varphi_g)(\Gamma - b^i\theta_j)
\end{aligned}
$$

令 $\prod_j^i = E[U_j] + E[V^i]$ 表示公司 i 和经理人 j 匹配时所产生的总回报，将 $\hat{x}_j$ 代入，可得：

$$\prod_j^i = E[U_j] + E[V^i]$$
$$= \frac{(1-2\beta^2)\cdot\theta_j}{2(\beta-1)}(b^i)^2 + (1-\varphi_g)\cdot\theta_j\cdot b^i + \frac{\theta_j}{2(\beta-1)}$$
$$+\beta\theta_j - 2\beta\alpha^i + h_g - k^i + (1-\varphi_g)\Gamma_g$$

由一阶条件，可得薪酬合约中最优的斜率为：

$$\hat{b}^i = \frac{(1+\varphi_g)(\beta_j-1)}{2\beta_j^2-1}$$

则合约双方期望回报之和的最大值为：

$$\hat{\prod}_j^i = \frac{(1-2\beta^2)\theta_j}{2(\beta-1)}\times\left[\frac{(1+\varphi_g)(\beta_j-1)}{2\beta_j^2-1}\right]^2 + (1+\varphi_g)\theta_j$$
$$\times\frac{(1+\varphi_g)(\beta_j-1)}{2\beta_j^2-1} + \frac{\theta_j}{2(\beta-1)} + \beta\theta_j - 2\beta\alpha^i$$
$$+[h_g - k^i + (1-\varphi_g)\Gamma_g]$$
$$= \frac{\theta_j}{2(\beta_j-1)} + \beta_j\theta_j - 2\beta_j\alpha^i + [h_g - k^i + (1-\varphi_g)\Gamma_g]$$

上式前三项可以视为公司－高管匹配中与高管相关的盈余，它取决于高管的能力 θ_j 和不公平厌恶偏好 β_j。

4.2.3　均衡结论的分析：命题与推论

基于上述分析，如果集中股权结构的公司和分散持股或者存在股权制衡的公司雇佣的外部经理人员具有相同的不公平厌恶感，可以得到本研究的第一个主要结论：

命题1：相对于分散持股或者存在股权制衡的公司，集中股权结构的公司提供的薪酬激励合约的斜率更为平坦，业绩敏感性更低。

具体而言，$\varphi_C < \varphi_D$ 意味着：

$$\hat{b}_C(\beta_j) = \frac{(1+\varphi_C)(\beta_j-1)}{2\beta_j^2-1} < \frac{(1+\varphi_D)(\beta_j-1)}{2\beta_j^2-1} = \hat{b}_D(\beta_j)$$

同样，当集中股权结构的公司为国有控股公司（φ_S）或者家族控股公司（φ_F）时，由 $\varphi_S < \varphi_D$，$\varphi_F < \varphi_D$ 可得到如下推论：

推论1：相对于分散持股或者存在股权制衡的公司，国有控股公司提供的薪酬激励合约的斜率更为平坦，业绩敏感性更低。

推论2：相对于分散持股或者存在股权制衡的公司，家族控股公司提供的薪酬激励合约的斜率更为平坦，业绩敏感性更低。

这与许多实证研究证据相符合（Kole，1997；Gomez－Mejia et al.，2014）。

直观上，假设家族企业更加重视直接控股权意味着家族企业在提供薪酬合约中的激励份额将处于劣势，主要有三方面原因：第一，如果摄取私人控制权收益需要家族成员保留高管角色（通常是 CEO，也包括其他高管），则职位升迁激励对于业绩的敏感性将变得有限，为了把相关职位保留给家族成员，外部经理人没有机会提升到一定职位；第二，鉴于 CEO 的努力和其他高管的努力是相互补充的，家族企业的经理层努力的边际收益将相对较低，如果家族 CEO 并不以公司业绩最大化为目标；第三，即使不考虑 CEO 的技能和动机，能力更强更有动力的经理人员的存在也会使得家族企业所有者更难摄取控制权收益。为了更好地说明这一点，考虑一个经理人，被承诺将获得他所创造业绩的固定份额（“激励部分”）并且他有潜在的能力创造价值（“能力”部分），这个经理人将不遗余力地阻止任何损害公司业绩和他的收入的行为。当家族所有者面临这样的经理人时，将很难从事那些能够增加其控制权收益（非金钱收入）、但却损害公司业绩的活动。也就是说，家族企业所有者必须在好的管理所带来的高利润和失去控制权的风险之间进行权衡。如果集中股权结构的公司是国有控股企业，假设其更加重视直接控股权导致其在提供薪酬合约中的激励份额处于劣势，主要有三方面原因：第一，限薪令；第二，国有企业经理有政治上的激励；第三，薪酬激励不一定产生很大作用。

如果考虑经理人员的特点（不公平厌恶感），这个结论将更强，这是本研究的第二个主要结论将要讨论的：

命题 2：在均衡时，经理人 j 面临的薪酬合约的斜率（b^i）与其能力（θ_j）和有利不公平厌恶感（β_j）呈正相关关系。

具体而言，由：

$$\frac{\partial \hat{b}^i}{\partial \beta_j}=\frac{2(1+\varphi_g)\left[\frac{1}{2}-(\beta_j-1)^2\right]}{(2\beta_j^2-1)^2}(0<\beta_j<1)$$

易得，当 $1-\frac{\sqrt{2}}{2}<\beta_j<1$ 时，$\frac{\partial \hat{b}^i}{\partial \beta_j}>0$，即随着经理人 j 有利不公平厌恶感 β_j 增强，$\frac{(1+\varphi_g)(\beta_j-1)}{2\beta_j^2-1}$增大；而当 β_j 足够大时，$\hat{b}^i(\beta_j)$ 从$\frac{(1+\varphi_F)(\beta_j-1)}{2\beta_j^2-1}$增加到$\frac{(1+\varphi_D)(\beta_j-1)}{2\beta_j^2-1}$。

对于经理人员的能力，因为薪酬合约的斜率 $\hat{b}^i(\beta_j)$ 与经理人 j 不是递减关系，而$\frac{(1+\varphi_g)(\beta_j-1)}{2\beta_j^2-1}$独立于能力（$\theta_j$），可知，当能力（$\theta_j$）足够大时，$\hat{b}^i(\beta_j)$将从$\frac{(1+\varphi_F)(\beta_j-1)}{2\beta_j^2-1}$增加到$\frac{(1+\varphi_D)(\beta_j-1)}{2\beta_j^2-1}$。

如果以上的结论与现实相符合，那么可以预期，相对于分散持股或者存在股权制衡的公司，集中股权结构的公司将吸引到能力（θ_j）更低、有利不公平厌恶感（β_j）也更弱的外部经理人。对于前者，已经得到很多实证研究的证实；而对于后者，需要知道在现实世界里，有利不公平厌恶感（β_j）是否存在？如果存在，其取值是如何分布的（在多大程度上满足 $1-\frac{\sqrt{2}}{2}<\beta_j<1$）？有许多学者通过设计严格而丰富的行为科学实验估计了 β 值，比较有代表性的实验结果见表 4－1。

表 4－1　　β 值的估计

文献	取值 β 值（实验者比例、人口比例）
费尔和施密特（1999）①	0（30%）　0.25（30%）　0.6（40%）
查尼斯和拉宾（2002）	$\beta\approx0.4$
泰瑟（2008）	$\beta<0.15$（33%）　$\beta\geqslant0.15$（67%）

所有这些实验的估计值都表明，现实人群当中确实有相当大的比例存在有利不公平厌恶感，而且落在区间 $1-\frac{\sqrt{2}}{2}<\beta<1$ 的人群（实验者）比例粗略地估计也超过 50%，因而得到的相关结论具有一定的代表性。

至此，本研究已分析了公司—激励合约、经理人员—激励合约的配置关系，接下来分析均衡配置时的经理人业绩、回报和效用以及公司的业绩。下面证明第三个主要结论：

命题 3：控制经理人 j 的不公平厌恶感，在均衡时，其所面临的薪酬合约的斜率 b^i 与（1）努力水平；（2）变动薪酬部分；（3）总薪酬（条件区间内）；（4）效用水平呈正相关关系。

前面我们已经证明，在均衡时，经理人 j 选择的努力水平为 $\hat{x}_j=b^i\sqrt{\theta_j}+\frac{\beta(b^i-1)}{\beta-1}\sqrt{\theta_j}$，如果控制不公平厌恶感，易知努力水平 $\hat{x}_j$ 与其所面临的薪酬合约的斜率 b^i 呈正相关关系不仅是直接的也是间接的（由于薪酬合约的斜率 b^i 跟能力 θ_j 呈正相关关系，而 θ_j 与 $\hat{x}_j$ 也呈正相关关系）。

第二步结论很直观，因为变动薪酬部分为 $b^i\hat{x}_j$，因此它与薪酬合约的斜率 b^i 呈正相关关系不仅是直接的，也是间接的（通过 $\hat{x}_j$，见第一步关于“努力水平”

---

① 沙克德（Shaked，2006）根据 α 和 β 的配对进一步细分为（0，0）、（0.5，0.25）、（1，0.6）和（4，0.6）四类。

的证明)。

在证明第三步之前，先来看看第四步。考虑两个具有相同不公平厌恶感地经理人员，他们的能力不同：$\theta''>\theta'$，在均衡时，他们所面临的薪酬合约分别为：(α'', b') 和 (α', b')，根据前面的论述可知 $b''>b'$，但是并不知道固定薪酬部分 α''和 α'的相对大小。将均衡时的 $\hat{x}$ 代入各自的期望效用函数得：

$$E(U'')=(1-2\beta)\alpha''+\frac{2\beta^2-2\beta+\frac{1}{2}}{1-\beta}(b'')^2\theta''+\frac{\beta-2\beta^2}{1-\beta}b''\theta''+\frac{\frac{1}{2}\beta^2}{1-\beta}\theta''$$

$$E(U')=(1-2\beta)\alpha'+\frac{2\beta^2-2\beta+\frac{1}{2}}{1-\beta}(b')^2\theta'+\frac{\beta-2\beta^2}{1-\beta}b'\theta'+\frac{\frac{1}{2}\beta^2}{1-\beta}\theta'$$

如果能力强 (θ'') 的经理人员被给予薪酬合约 (α', b')，并且和别的经理人员那么努力，他依然有一个更高的效用，因为他有更高的生产率。如果该经理面临的是 (α'', b'')，并且选择更大的努力，那么他至少也能获得一样高的效用。因此，此时他的效用大于等于被给予薪酬合约 (α', b') 时的效用。

对于第三步，沿着第四步的分析，将两个经理人员期望效用函数两端同时除以 $(1-2\beta)$，得到：

$$\begin{aligned}\frac{1}{1-2\beta}E(U'')=&\alpha''+\frac{1-2\beta}{1-\beta}(b'')^2\theta''+\frac{\beta}{1-\beta}b''\theta''\\&-\frac{\frac{1}{2}-\beta}{(1-\beta)}(b'')^2\theta''-\frac{\frac{1}{2}\beta^2}{(2\beta-1)(1-\beta)}\theta''\end{aligned}$$

$$\begin{aligned}\frac{1}{1-2\beta}E(U')=&\alpha'+\frac{1-2\beta}{1-\beta}(b')^2\theta'+\frac{\beta}{1-\beta}b'\theta'\\&-\frac{\frac{1}{2}-\beta}{(1-\beta)}(b')^2\theta'-\frac{\frac{1}{2}\beta^2}{(2\beta-1)(1-\beta)}\theta'\end{aligned}$$

当 $1-\frac{\sqrt{2}}{2}<\beta<0.5$ 时，由 $\frac{1}{1-2\beta}E(U'')>\frac{1}{1-2\beta}E(U')$，结合上两式，两位经理人员的期望总薪酬之差可表示如下：

$$\begin{aligned}&(\alpha''+b''\sqrt{\theta''}\hat{x}'')-(\alpha'+b'\sqrt{\theta'}\hat{x}')\\&=\left[\alpha''+\frac{1-2\beta}{1-\beta}(b'')^2\theta''+\frac{\beta}{1-\beta}b''\theta''\right]-\left[\alpha'+\frac{1-2\beta}{1-\beta}(b')^2\theta'+\frac{\beta}{1-\beta}b'\theta'\right]\\&\geqslant\left[\frac{\frac{1}{2}-\beta}{1-\beta}(b'')^2\theta''+\frac{\frac{1}{2}\beta^2}{(2\beta-1)(1-\beta)}\theta''\right]-\left[\frac{\frac{1}{2}-\beta}{1-\beta}(b')^2\theta'+\frac{\frac{1}{2}\beta^2}{(2\beta-1)(1-\beta)}\theta'\right]\\&\geqslant0\left(\text{当 }1-\frac{\sqrt{2}}{2}<\beta<\frac{1}{3}\text{ 且 }b>\frac{\beta}{1-2\beta}\text{ 时}\right)\end{aligned}$$

当$0.5<\beta<1$时，由$\frac{1}{1-2\beta}E(U'')<\frac{1}{1-2\beta}E(U')$，结合上两式，两位经理人员的期望总薪酬之差可表示如下：

$$(\alpha''+b''\sqrt{\theta''}\hat{x}'')-(\alpha'+b'\sqrt{\theta'}\hat{x}')$$
$$=\left[\alpha''+\frac{1-2\beta}{1-\beta}(b'')^2\theta''+\frac{\beta}{1-\beta}b''\theta''\right]-\left[\alpha'+\frac{1-2\beta}{1-\beta}(b')^2\theta'+\frac{\beta}{1-\beta}b'\theta'\right]$$
$$\leqslant\left[\frac{\frac{1}{2}-\beta}{1-\beta}(b'')^2\theta''+\frac{\frac{1}{2}\beta^2}{(2\beta-1)(1-\beta)}\theta''\right]-\left[\frac{\frac{1}{2}-\beta}{1-\beta}(b')^2\theta'+\frac{\frac{1}{2}\beta^2}{(2\beta-1)(1-\beta)}\theta'\right]$$
$$\geqslant 0$$

在这种情况下，$(\alpha''+b''\sqrt{\theta''}\hat{x}'')-(\alpha'+b'\sqrt{\theta'}\hat{x}')\geqslant 0$的情况也是存在的。总而言之，控制经理人j的不公平厌恶感，在均衡时，他所面临的薪酬合约的斜率b^i与他的总薪酬在一定的条件区间内也是呈正相关关系的，这与现有的很多实证结论一致。

需要指出的是，集中股权结构的公司和分散持股或存在股权制衡的公司的经理人本身的生产效率并无优劣之分，以上的结论只是表明，经理人特质和其各种表现的关系都来自薪酬激励合约的不同，一旦控制薪酬激励合约，这种效应可能就不复存在了。

此外，模型还揭示了薪酬激励合约与公司业绩之间的关系。同样，这里需要明确的是，这里并不是说分散持股或存在股权制衡的公司比集中股权结构的公司有更高的业绩，或者反之。因为，相对于分散持股或存在股权制衡的公司，集中股权结构的公司在影响业绩上，既有不利因素，也有有利因素，即h_F既可能取负值也可能取正值，许多实证研究结论也提供了证据（Schulze et al.，2003）。但是容易证得本研究的第四个主要结论：

命题4：控制股权结构g，薪酬合约的斜率和公司的利润Ω^i呈正相关关系。

公司i的期望回报可拆分为如下两部分：

$$E(V^i)=E[\Omega^i+(1-\varphi_g)\Gamma^i]$$
$$=E[y_j-w_j^i-(1-\varphi_g)b^i\theta_j]+[h_g-k^i+(1-\varphi_g)\Gamma_g]$$

令$\Delta_g^i=E[y_j-w_j^i-(1-\varphi_g)b^i\theta_j]$，易知它是与管理人j相关的回报。在充分竞争的市场条件下，所有的集中股权结构的公司将获得一样的Δ_C^i，所有的分散持股或存在股权制衡的公司也将获得一样的Δ_D^i。而将$\hat{x}$代入Δ_g^i得：

$$\Delta_g^i=E[y_j-w_j^i-(1-\varphi_g)b^i\theta_j]$$
$$=\varphi_g b^i\theta_j-\alpha^i+\frac{\beta(b^i-1)^2\theta_j}{1-\beta}-(b^i)^2\theta_j$$

上式后两部分$\frac{\beta(b^i-1)^2\theta_j}{1-\beta}-(b^i)^2\theta_j$表示直接控制部分的回报，容易求得在

所有参数的定义域内，它是 b^i 的单调减函数。

因此，当 Δ_g^i 固定时，如果 b^i 变大，直接控制部分的回报，即$\frac{\beta(b^i-1)^2\theta_j}{1-\beta}-(b^i)^2\theta_j$ 变得更小时，利润部分 $\varphi_g b^i\theta_j-\alpha^i$ 就必须增大。直观上，薪酬合约斜率 b^i 变大时，公司的控制权收益就会变小，因而在均衡时，公司选择更高的薪酬合约斜率 b^i 就应该相应地得到更高的预期利润。

4.2.4 $\pi^i>\pi^j$ 下，放松具有完全不公平厌恶偏好假设

至此，本研究分析了管理人员不公平厌恶感在薪酬契约中的作用机理，这里需要进一步作分析的是，如果放松具有完全公平意识的经理人员这个前提假设，对于 $\pi^i>\pi^j$ 时的任何可行的努力水平，为了获得正的效用，经理人员并不一定总是选择努力水平 $x=\underline{x}$，此时其激励方向与 $\pi^j>\pi^i$ 相反，具体如下：

当 $\pi^i>\pi^j$，具有公平意识的经理人 j 就会有动机去缩小他与公司的回报之间的差异，只要其努力水平高于 $x=\underline{x}$，在这种情况下，经理人 j 的期望效用如下所示：

$$\begin{aligned}E(U_j)&=E[\pi^j-\alpha(\pi^i-\pi^j)]\\&=E\{w_j^i-C_j(x)-\alpha[(y_j-w_j^i)-(w_j^i-C_j(x))]\}\\&=-\frac{1}{2}(1+\alpha)x_j^2+(b^i\sqrt{\theta_j}+\alpha b^i\sqrt{\theta_j}-\alpha\sqrt{\theta_j}+\alpha b\sqrt{\theta_j})x_j+\alpha^i(1+2\alpha)\end{aligned}$$

给定 α^i 和 b^i，经理人 j 选择努力程度 x_j，最大化 $E(U_j)$。对 x_j 求导，由一阶条件得到：

$$\hat{x}_j=b^i\sqrt{\theta_j}+\frac{\alpha\sqrt{\theta_j}(b^i-1)}{1+\alpha}$$

可见，随着 b^i 和 θ_j 的增大，x_j 也增大，这与有经理人利不公平厌恶下的激励效应一致。而由：

$$\frac{\partial\hat{x}_j}{\partial\alpha}=\frac{\sqrt{\theta_j}(b^i-1)}{(1+\alpha)^2}<0\quad 0<b^i<1$$

可知在所讨论的范围内，随着经理人 j 不利不公平厌恶感 α 的增大，其努力程度 x_j 会降低，与有利不公平厌恶的激励效应相反，这与实证研究证据一致（García - Valiñas et al.，2008）。因为由合约关系所产生的总收益在公司 i 和经理人 j 之间分配，合约中固定薪酬部分（a）的分配是合约制定时就写明的，无须分配成本。因而更加重要的是变动薪酬部分的分配问题，为使合约双方利益最大化，合约双方必须最大化双方期望回报之和。公司 i 雇用经理人 j 的期望回报为：

$$E[V^i]=E[y_j-w_j^i+h_g-k^i]+(1-\varphi_g)(\Gamma_g-b^i\theta_j)$$

$$= (1 - b^i)\sqrt{\theta_j}x_j - \alpha^i + h_g - k^i + (1 - \varphi_g)(\Gamma_g - b^i\theta_j)$$

令 $\prod_j^i = E[U_j] + E[V^i]$ 表示公司 i 和经理人 j 匹配时所产生的总回报，将 $\hat{x}_j$ 代入，可得：

$$\prod_j^i = E[U_j] + E[V^i]$$

$$= \frac{\frac{3}{2}\alpha^2(b^i)^2\theta_j - \alpha^2 b^i\theta_j + \frac{1}{2}\alpha^2\theta_j - \alpha\theta_j}{1 + \alpha}$$

$$+ \frac{1}{2}(\alpha - 1)(b^i)^2\theta_j + \varphi_g b^i\theta_j + 2\alpha a^i + h_g - k^i + (1 - \varphi_g)\Gamma_g$$

由一阶条件，可得薪酬合约中最优的斜率为：

$$\hat{b}^i = \frac{2\alpha^2 - \alpha - \varphi_g(1 + \alpha)}{4\alpha^2 - 1}$$

由于，$\varphi_C < \varphi_D$，易得：

$$\hat{b}_C(\alpha_j) = \frac{2\alpha_j^2 - \alpha_j - \varphi_C(1 + \alpha_j)}{4\alpha_j^2 - 1} > \frac{2\alpha_j^2 - \alpha_j - \varphi_D(1 + \alpha_j)}{4\alpha_j^2 - 1} = \hat{b}_D(\alpha_j)$$

换句话说，相对于分散持股或者存在股权制衡的公司，集中股权结构的公司（国有控股公司或者家族控股公司）提供的薪酬激励合约的斜率更为陡峭，业绩敏感性更高，与有经理人员利不公平厌恶偏好下激励效应相反。将 b 代入 $\prod_j^i = E[U_j] + E[V^i]$，可得到合约双方期望回报之和，其他结论除了激励效应方向和满足的条件区间有所差异外，与有利不公平厌恶偏好下的分析一致。

对于经理人员不利不公平厌恶偏好 α_j 的取值，有许多学者通过设计严格而丰富的行为科学实验进行了估计，比较有代表性的实验结果见表 4-2：

表 4-2　　α_j 值的估计

文献	取值 α 值（实验者比例、人口比例）
费尔和施密特（1999）	α>0（100%）
沙克德（2006）	0　0.5　1　4
泰瑟（2008）	α<0.35（65%）　α≥0.35（35%）

所有的这些实验的估计值都表明，现实人群当中，具有不利不公平厌恶感的比例比有利不公平厌恶感更高，而且强度更大。因而本研究所得到的相关结论具有一定的代表性。

4.2.5 控制权收益对合约斜率 b^i 的替代效应

上面在推导命题4时提到，直观上，薪酬合约斜率 b^i 变大时，公司的控制权收益就会变小，因而在均衡时，公司选择更高的薪酬合约斜率 b^i 就应该相应地得到更高的预期利润。事实上，公司也有可能让渡一部分控制权收益给经理人员，作为薪酬合约斜率 b^i 的替代激励机制，实务中也有广泛的运用，最常见的情形是大多数的公司的经理人员除了基本薪酬、股权、期权以及相关显性的福利待遇外，一般还有“在职消费”等控制权收益的激励，特别是在我国国有控股企业中，由于“限薪令”等政策的约束，使得控制权收益很大程度上成为管理人员薪酬的替代激励。下面分析纳入控制权收益后，对本研究结论的影响。

与前面相同，假设经理人员有着“不公平厌恶”（Inequity-aversion）效用函数：

$$U_j(\pi^i, \pi^j) = \pi^j + f(\pi^i, \pi^j)$$

这里 π^i 和 π^j 分别表示公司 i 和经理人 j 各自在合约中所得到的回报的份额。其中：

$$\pi^i(w, x) = y_j - w_j$$

$$\pi^i(w, x) = w_j - c(x) + \Gamma_g^j - c(\Gamma_g^j)$$

其中，$c(x) = \frac{1}{2}x_j^2 (c > 0)$ 表示经理人员为获取薪酬而付出的生产性努力成本函数。Γ_g^j 表示管理人员控制权收益，而 $c(\Gamma_g^j)$ 表示管理人员为获取控制权收益而付出的非生产性努力成本。为了简化分析，公司的总收益设定为：

$$Z = y_j + \Gamma_g^j$$

它包括可观测收益公司业绩 y 和不易观测的管理人员 Γ_g^j 控制权收益两部分。这样，管理人员效用与企业支付之间的均衡问题转化为一个线性规划问题：

$$\begin{aligned} \max U_j &= w_j - c(x) + \Gamma_g^j - c(\Gamma_g^j) + f(\pi^i, \pi^j) \\ &= a^i + b^i\sqrt{\theta_j}x + \Gamma_g^j - c(x) - c(\Gamma_g^j) + f(\pi^i, \pi^j) \end{aligned}$$

$$\text{s.t. } y_j + \Gamma_g^j \leqslant Z - \Delta Z \quad x \geqslant 0;\ \Gamma_g^j \geqslant 0$$

易知，这个线性规划问题的解为曲线 $U_j = a^i + b^i\sqrt{\theta_j}x + \Gamma_g^j - c(x) - c(\Gamma_g^j) + f(\pi^i, \pi^j)$ 和直线 $y_j + \Gamma_g^j = Z$ 的切点，假设其坐标为 $(\hat{x}_j, \hat{\Gamma}_g^j)$，则有：

$$\left.\frac{\partial x_j}{\partial \Gamma_g^j}\right|_{\Gamma_g^j = \hat{\Gamma}_g^j} = -\sqrt{\theta_j}$$

又由，$$a^i + b^i\sqrt{\theta_j}x + \Gamma_g^j - c(x) - c(\Gamma_g^j) + f(\pi^i, \pi^j) = 0$$

得到，$$\frac{\partial x_j}{\partial \Gamma_g^j} = \frac{\sqrt{\theta_j}}{b^i}\left[\frac{\partial c(\Gamma_g^j)}{\partial \Gamma_g^j} - 1\right]$$

因而，
$$\frac{\partial c(\Gamma_g^j)}{\partial \Gamma_g^j}\bigg|_{\Gamma_g^j=\hat{\Gamma}_g^j}=1-b^i$$

因此，如果管理人员薪酬的斜率 b^i 变小，则管理人员控制权收益对控制权收益成本的影响的边际作用递增。同时，当公司对管理人员的监督力以一定的幅度增加时，管理人员为获得控制权收益所付出的成本将以更大的幅度增加，即有：

$$\frac{\partial^2 c(\Gamma_g^j)}{\partial \Gamma_g^{j2}}>0$$

所以，当薪酬的斜率 b^i 变小时管理人员的控制权收益 Γ_g^j 必然增加，也就是管理人员的控制权收益对于薪酬激励在一定模型假设上体现为替代效应。据此，得到本研究的第五个主要结论：

命题5：管理人员控制权收益对薪酬的斜率 b（包括股权、期权激励等）具有替代效应，并因而产生反向的激励后果，替代程度越大，反向激励效果越大。

考虑到家族控股企业中，家族大股东具有很强的激励监督经理人员，而国有控股公司中，存在着“内部人控制”等问题，监督不到位，管理人员控制权收益对控制权收益成本的影响的边际作用 $\frac{\partial c(\Gamma_g^j)}{\partial \Gamma_g^j}$ 表现程度不同，得到如下推论：

推论3：相对于分散持股或者存在股权制衡的公司，国有控股公司和家族控股公司管理人员控制权收益对薪酬的斜率 b 具有替代效应，并因而产生反向的激励后果，国有控股公司中的反向激励效果比家族控股公司更明显。

4.2.6 模型的拓展

本研究的模型揭示了一些有待实证检验的命题，对将不公平厌恶纳入人力资本配置模型作了初步的探索，但仍有许多问题有待后续的研究，具体而言：

1. α 和 β 取值的分布

由于不同的人群的 α 和 β 取值的分布不尽相同（Kim & Leung，2007），准确地掌握工作团队内、组织内或者特定制度背景内成员的 α 和 β 取值的分布对于能否最好地针对“不公平厌恶”偏好制定相应的薪酬契约条款是至关重要的，现有的有关 α 和 β 取值的分布的测定的文献都是在西方文化背景下作出的，由于东西方文化的差异，使得我国企业员工对于“公平性”的感知可能有着较大的差异，因此，在把“不公平厌恶”偏好引入我国企业薪酬契约的研究当中时，一个关键的步骤就是如何准确地测定特定环境下 α 和 β 取值的分布。

2. 报酬绝对值的影响

费尔和施密特（1999）构建的“不公平厌恶”效用函数是有关不公平厌恶的文献中最为重要的模型之一。其重要性在于模型的简单以及其结论与不同情形下的实验研究和实证研究证据相一致。尽管如此，许多学者也对模型进行的拓展，使得它的结论更加丰富，例如，有学者的模型不仅考虑了回报相对大小也考虑了其绝对值对参与人决策的影响（Stefania & Ferruccio，2005）①。在本研究的模型中，经理人员的效用函数可重新构建为：

$$U_j = \pi^j - \alpha_j \max\left\{\frac{\pi^i - \pi^j}{\tau_j \pi^j + 1},\ 0\right\} - \beta_j \max\left\{\frac{\pi^j - \pi^i}{\sigma_j \pi^i + 1},\ 0\right\}$$

$$(\alpha \geqslant \beta,\ 0 \leqslant \beta < 1,\ 0 \leqslant \tau_j \leqslant 1,\ 0 \leqslant \sigma_j \leqslant 1)$$

易知，当 τ_j 或者 σ_j 为 0 时，结论将于 FS 模型相一致；当 τ_j 或者 σ_j 为 1 时，回报绝对值的重要性和其相对大小一样。容易证得，本研究的基本结论并没有发生变化，但是 τ_j 和 σ_j 会影响经理人员 j 努力程度的大小以及相关结论的适用区间的大小。

3. 利他主义（Altruism）偏好的影响

本研究的另一个可能的重要拓展是，家族控股企业中被证明广泛存在的利他主义（Altruism）行为。也就是说，经理人员效用函数中除了有 FS 模型所揭示的公平性偏好外，还可能存在 Rawlsian 平等偏好，许多学者对此提供了相关的实证证据（Charness & Rabin，2002；Engelmann & Strobel，2004）。贝克尔（1974、1976）在分析利己主义和利他主义的基础上提出“自私儿定理”，揭示了“利他主义”倾向在家庭生活中所起的巨大作用。舒尔茨等（Schulze et al.，2003）将“利他主义”纳入到家族企业的研究当中，得出了利他主义在降低家族企业代理成本的同时，也可能增加了代理成本的负面结论，这与詹森和麦克林（Jensen & Meckling，1976）、法玛和詹森（Fama & Jensen，1983）等研究结论存在很大的不同。之后，降低代理成本（Zahra，2003）和增加代理成本（Schulze et al.，2003）两方面的实证研究证据都存在，使家族企业研究领域中利他主义与代理成本的关系问题一直存在着争议。那么，经理人员利他主义倾向是否会影响本研究结论呢？借鉴本杰明（2007）的做法，在本研究的模型中，经理人员的效用函数可重新构建为：

① 直观上，随着状态较差的一方的绝对回报增大，博弈另一方基于不公平厌恶感地效用降低程度会减少。斯特凡尼亚和法罗西斯（Stefania & Ferruccio，2005）举了一个简单的例子：假设博弈中有两种情形，一种是 A 得到 10 欧元，B 得到 0 欧元；另一种情形是 A 得到 1000 欧元，B 得到 990 欧元。他们指出，相对于第一种情形，第二种情形中，A 的效用将更大。

$$U_j = \pi^j - \alpha\max\{\pi^i - \pi^j, 0\} - \beta\max\{\pi^j - \pi^i, 0\} + \gamma_j\pi^i$$
$$(\alpha \geqslant \beta, 0 \leqslant \beta \leqslant 1, 0 \leqslant \gamma_j \leqslant 1)$$

将该效用函数代入我们的模型重新计算，发现随着利他主义倾向 γ_j 会影响经理人员 j 努力程度的大小。具体而言，如果 $x = \underline{x}$ 时 $\pi^j \geqslant \pi^i$，由 $E(U_j)$ 的一阶条件求得：

$$\hat{x}_j = b^i\sqrt{\theta_j} + \frac{(\beta_j + \gamma_j)(b^i - 1)}{(\beta - 1)}\sqrt{\theta_j}$$

可见，γ_j 与经理人员 j 努力程度 $\hat{x}_j$ 呈正相关关系。此外，不难证明，虽然 γ_j 影响了本研究其他结论适用区间的大小（特别是家族控股企业和分散持股的非家族企业在竞争性市场上的数量的决定），但本研究的主要结论并不受到影响。需要指出的是，γ_j 会改变 $\underline{x_j}$ 的取值，因此对初始状态时，经理人员 j 是否选择接受合约也会产生影响。

此外，本研究还有其他有待进一步研究的方向，比如考虑雇主（公司）和经理人员都具有“不公平厌恶”偏好的情形，如果公司和经理人员对于什么是“公平”具有相同的标准，则联合推动力下，本研究的结论将会更强；相反，如果合约双方对于“公平”具有不同的参照系，则双方就存在着博弈的空间。另外，本研究在论述过程中假设公司和经理人员都是风险中性的，在以往文献中，风险厌恶往往作为人力资本配置的一个重要的因素（Ackerberg & Botticini, 2002；Oriana Bandiera et al., 2005），放松这个假设，考虑经理人员的风险厌恶程度及其不公平厌恶程度的交互影响，也是一个重要的研究方向。

4.3　实证检验：基于问卷调查的分析

为了对以上模型所得到的结论进行检验，课题组设计了一份有关企业薪酬管理公平性与员工薪酬满意度的调查问卷（见附录 1），在第 3 章的实验完成之后发给参与实验的 EMBA、MBA 和 MPAcc 学生填写，主要是了解其所在企业薪酬制度的基本情况和经营状况以及实验者自身的基本情况。

4.3.1　研究设计

为了考察产权结构、不公平厌恶偏好与高管薪酬合约之间的配置关系，针对理论模型所揭示的命题，分别设计如下的计量模型：

$$Comp = \alpha + \beta_i\sum_{i=1}^{3}UCSP + \beta_4 Sensitive + \beta_5 Quit + \beta_6 Size + \beta_7 Industry + \beta_8 Sex$$

$$+\beta_9 Age+\beta_{10} Tenure+\beta_{11} Category+\beta_{12} Level+\beta_{13} Validity+\varepsilon \quad (4-1)$$

模型（4-1）中：Comp 表示公司提供给经理人的激励合同，从四个方面衡量：Incentive 表示公司总体的薪酬激励强度；PRP 是与业绩挂钩的薪酬支付（包括股权激励等）；B_Salary 是基本薪酬；Welfare 是福利水平。UCSP 为不同产权基础公司虚拟变量，其中，UCSP_d 表示分散持股公司，集中股权公司分为如下三类：UCSP_f 表示家族控股公司，UCSP_s 表示国有控股公司，UCSP_o 表示外商投资公司；Sensitive 为公司薪酬业绩敏感度；Quit 表示公司内部员工离职率；Size 表示公司规模，用公司员工人数衡量，分为 5 个等级；Industry 表示公司所处行业（按照证监会的行业分类标准分为十二大类）；Sex 为经理人的性别；Age 为经理人年龄；Tenure 表示经理人的工作年限；Category 表示经理人所分管业务类型（分为五大类）；Level 表示经理人所处管理层级高低；Validity 表示经理人员问卷回答的效度，用问卷和实验中类似情形的决策是否一致衡量，主要用于控制问卷填写过程对相关数据造成的噪音。

$$\begin{aligned} M\_Heterogeneity = \alpha &+ \beta_1 Comp + \beta_2 Sensitive + \beta_3 Quit + \beta_4 Size + \beta_5 Industry \\ &+ \beta_6 Sex + \beta_7 Age + \beta_8 Tenure + \beta_9 Category + \beta_{10} Level \\ &+ \beta_{11} RI + \beta_{12} Validity + \varepsilon \end{aligned} \quad (4-2)$$

模型（4-2）中：M_Heterogeneity 表示经理人员的异质性，根据理论模型，主要从经理人不公平厌恶偏好（包括有利不公平厌恶感 AIAP 和不利不公平厌恶感 DIAP，分别由实验甄别，具体计算见表 4-3 和表 4-4）和能力（Talent Ⅰ：学历和 Talent Ⅱ：外来聘用意向）两方面度量。由于风险厌恶偏好也是经理人异质性的一个方面（Lazear，2007），本研究对其进行了控制，RI 采用经理人参与风险性投资的频率衡量。其他自变量和控制变量的定义同上。需要指出的是，本章在分析薪酬激励和约与经理人能力关系时，控制了经理人员的不公平厌恶偏好。

首先，借鉴于实验经济学中学者们对于不利不公平偏好系数 α 和有利不公平偏好系数 β 的估计思想（Teyssier，2008），本研究对于主要解释变量不公平厌恶的度量是采用实验中所甄别的经理人员愿意为了既定的不公平性支付多大的成本进行加权度量，权重见表 4-3、表 4-4。运用如下公式计算：

$$AIAP_j = \sum_i Dummy\_choice_{ij} \times W_i$$

$$DIAP_j = \sum_i Dummy\_choice_{ij} \times W_i$$

其中，$AIAP_j$ 和 $DIAP_j$ 分别表示经理人 j 的有利不公平厌恶偏好和不利不公平厌恶偏好的强度；$Dummy\_choice_{ij}$ 表示经理人 j 在第 i 个决策方案中是否选择公平性的方案，如果选择公平性方案，则赋值 1，否则，赋值为 0。例如在方案 Dict 3

中，如果经理人 j 选择（6000，6000）的分配方案，则 $Dummy\_choice_{ij}=1$，否则 $Dummy\_choice_{ij}=0$。W_i 表示第 i 个决策方案的权重赋值，例如，在度量经理人有利不公平厌恶偏好中，方案 Dict 3 的权重赋值 W = 0.2。

表 4-3　有利不公平厌恶的衡量

方案	实验者选择	不公平程度绝对额	为得到公平所付出的成本	权重
两人间的独裁者博弈实验——A 决策				
Dict 3	（2000，7000）vs.（6000，6000）	5000	1000	0.2
Dict 5	（0，8000）vs.（4000，4000）	8000	4000	0.5
两人间的反应博弈实验——E 决策				
Eresp 1	（0，8000） （0，4000）vs.（4000，4000）	8000	4000	0.5
Eresp 9	（3750，10000） （4000，4000）vs.（3750，3750）	6250	6000	0.96
Eresp 10	（4500，9000） （2000，4000）vs.（4000，4000）	4500	5000	1.11
两人间的反应博弈实验——F 决策				
Fresp 1	（0，8000） （0，4000）vs.（4000，4000）	4000	受损 4000	0.05
Fresp 2	（8000，0） （0，4000）vs.（4000，4000）	4000	获益 4000	0.01
Fresp 10	（4500，9000） （2000，4000）vs.（4000，4000）	2000	受损 5000	0.1

注：A 决策、E 决策权重计算准则：为了减少越小的不公平，花费越多的成本，其不公平厌恶感越强。F 决策权重判别准则：利益受损前提，会加强其有利不公平厌恶感，获利前提会减弱其有利不公平厌恶感。

表 4-4　不利不公平厌恶的衡量

方案	实验者选择	不公平程度绝对额	为得到公平所付出的成本	权重	排名/赋值
两人间的独裁者博弈实验——A 决策					
Dict 1	（4000，4000）vs.（7500，3750）	3750	-250	-0.07	4/0.09

续表

方案	实验者选择	不公平程度绝对额	为得到公平所付出的成本	权重	排名/赋值
两人间的独裁者博弈实验——A 决策					
Dict 4	（8000，2000）vs.（0，0）	6000	2000	0.33	2/0.66
Dict 6	（4000，4000）vs.（7500，4000）	3500	0	0	3/0.1
Dict 7	（12000，6000）vs.（6250，6250）	6000	-250	-0.04	5/0.08
Dict 9	（5000，5000）vs.（8000，6000）	2000	1000	0.5	1/1
两人间的反应博弈实验——E 决策					
Eresp 2	（8000，0） （0，4000）vs.（4000，4000）	8000	-4000	-0.5	7/0.04
Eresp 3	（8000，0） （4000，4000）vs.（7500，3750）	8000	-3750	-0.46	6/0.05
Eresp 6	（7500，1000） （3000，6000）vs.（7000，5000）	6500	-4000	-0.62	9/0.02
Eresp 7	（7500，0） （4000，4000）vs.（7500，4000）	7500	-4000	-0.53	8/0.03
Eresp 11	（4500，0） （3500，4500）vs.（4500，3500）	4500	-3500	-0.78	10/0.01
两人间的反应博弈实验——F 决策					
Fresp 3	（8000，0） （4000，4000）vs.（7500，3750）	3750	获益 4000	-1.07	3/0.03
Fresp 4	（5500，5500） （4000，4000）vs.（7500，4000）	3500	受损 1500	0.43	4/0.02
Fresp 5	（5500，5500） （4000，4000）vs.（7500，3750）	3750	受损 1750	0.47	5/0.01
Fresp 7	（7500，0） （4000，4000）vs.（7500，4000）	3500	获益 4000	-1.14	2/0.04
Fresp 8	（7500，7500） （8000，2000）vs.（0，0）	6000	2000 受损 5500	0.33 * 0.92 =0.3	1/0.3

注：A 决策、E 决策权重计算准则：为了减少越小的不公平，花费越多的成本，其不公平厌恶感越强。F 决策权重判别准则：利益受损前提减弱其不利不公平厌恶感；获利前提会加强其不利不公平厌恶感。

$$
\begin{aligned}
M\_Behavior = {} & \alpha + \beta_1 Comp + \beta_2 AIAP + \beta_3 DIAP + \beta_4 Talent + \beta_5 Sensitive + \beta_3 Quit \\
& + \beta_4 Size + \beta_5 Industry + \beta_6 Sex + \beta_7 Age + \beta_8 Tenure + \beta_9 Category \\
& + \beta_{10} Level + \beta_{11} RI + \beta_{12} Validity + \varepsilon \qquad (4-3)
\end{aligned}
$$

其中，M_Behavior 表示经理人员的行为表现，主要考察经理人员的努力程度（Effort）、收入情况（Pay）和工作满意度（Job Satisfaction）三个方面；AIAP 为经理人有利不公平厌恶感，DIAP 为经理人不利不公平厌恶感；Talent 是 Talent Ⅰ和 Talent Ⅱ加权平均数。其他变量的定义同上。

$$
\begin{aligned}
Performance = {} & \alpha + \beta_1 Comp + \beta_i \sum_{i=2}^{4} UCSP + \beta_5 Sensitive + \beta_6 Quit + \beta_7 Size \\
& + \beta_8 Industry + \beta_9 Sex + \beta_{10} Age + \beta_{11} Tenure + \beta_{12} Category \\
& + \beta_{13} Level + \beta_{14} Validity + \varepsilon \qquad (4-4)
\end{aligned}
$$

其中，Performance 表示公司业绩，其他变量的定义同上。

4.3.2 实证结果及分析

本研究对股权结构、不公平厌恶偏好与高管薪酬合约之间的配置关系进行了多元回归分析，具体结果见表 4－7～表 4－11。

表 4－5 主要变量的描述性统计

变量	观测值	平均值	标准差	中位数	最小值	最大值
A 组：全样本						
AIAP	289	1.57	1.12	1.36	0	5.55
DIAP	276	1.25	0.84	1.20	0.07	2.48
B 组：高级管理人员						
AIAP	60	1.51	1.13	1.36	0.05	3.43
DIAP	55	1.08	0.80	0.73	0.07	2.48
C 组：中低层管理人员						
AIAP	229	1.59	1.12	1.36	0	5.55
DIAP	221	1.29	0.85	1.32	0.10	2.48

表 4-6　　不同产权基础下的薪酬激励合约的双样本 t 检验

薪酬激励	双样本 t 检验				
	家族控股企业		分散持股企业		均值差（t 值）
	平均值	标准差	平均值	标准差	
Incentive	2.61	0.11	2.82	0.12	-0.21* (-1.28)
PRP	2.71	0.13	3.02	0.14	-0.31** (-1.64)
B_Salary	3.02	0.10	2.98	0.12	0.04 (0.26)
Welfare	2.53	0.09	2.91	0.10	-0.37*** (2.73)
薪酬激励	国有控股企业		分散持股企业		均值差（t 值）
	平均值	标准差	平均值	标准差	
Incentive	2.49	0.07	2.82	0.12	-0.33*** (-2.44)
PRP	2.53	0.07	3.02	0.14	-0.49*** (-3.17)
B_Salary	3.22	0.24	2.98	0.12	0.24 (0.57)
Welfare	3.06	0.06	2.91	0.10	0.15* (1.33)

注：***、** 和 * 分别表示双尾 t-检验值在 1%、5% 和 10% 水平上统计显著。

表 4-7　　不同股权结构下的薪酬激励合约实证结果

变量	Incentive	PRP	B_Salary	Welfare
常数项	1.798*** (0.279)	2.534*** (0.336)	2.701*** (0.815)	2.766*** (0.276)
UCSP_s	-0.160 (0.124)	-0.316** (0.149)	0.467 (0.357)	0.180 (0.122)
UCSP_f	-0.177 (0.145)	-0.295* (0.174)	0.116 (0.417)	-0.273* (0.143)

续表

变量	Incentive	PRP	B_Salary	Welfare
UCSP_o	-0.159 (0.132)	-0.190 (0.159)	0.298 (0.381)	0.062 (0.130)
Sensitive	0.398 *** (0.040)	0.404 *** (0.048)	0.347 *** (0.117)	0.149 *** (0.040)
Quit	-0.117 *** (0.045)	-0.202 *** (0.054)	-0.051 (0.130)	-0.212 *** (0.044)
Size	-0.038 (0.033)	-0.077 * (0.040)	-0.065 (0.096)	0.056 * (0.033)
Sex	0.149 * (0.080)	0.258 *** (0.096)	-0.091 (0.231)	-0.089 (0.079)
Age	0.126 (0.087)	0.081 (0.105)	-0.092 (0.251)	-0.014 (0.086)
Tenure	0.002 (0.051)	-0.083 (0.061)	-0.029 (0.146)	0.008 (0.050)
Level	0.050 (0.045)	0.095 * (0.054)	0.039 (0.130)	0.046 (0.044)
Validity	-0.149 * (0.084)	-0.189 * (0.101)	-0.389 (0.244)	0.018 (0.083)
Category	控制			
Industry	控制			
N	302	302	301	302
调整 R^2	0.287	0.285	0.010	0.169
F	12.00 ***	11.89 ***	1.28	6.58 ***

注：***、** 和 * 分别表示双尾 t - 检验值在 1%、5% 和 10% 水平上统计显著。

表 4-8 薪酬激励合约和管理人员不公平厌恶偏好

变量	AIAP				DIAP			
常数项	0.947 * (0.524)	1.066 ** (0.531)	1.013 ** (0.502)	1.124 * (0.578)	0.707 * (0.372)	1.050 *** (0.372)	0.717 ** (0.353)	0.250 (0.404)
Incentive	0.095 * (0.071)				-0.017 (0.073)			

续表

变量	AIAP				DIAP			
PRP		0. 020 (0. 086)				-0. 153 ** (0. 061)		
B_Salary			0. 040 * (0. 031)				-0. 013 (0. 024)	
Welfare				-0. 004 (0. 101)				0. 141 ** (0. 071)
Sensitive	-0. 068 (0. 080)	-0. 039 (0. 078)	-0. 041 (0. 070)	-0. 030 (0. 070)	-0. 017 (0. 056)	0. 040 (0. 054)	-0. 019 (0. 049)	-0. 040 (0. 049)
Quit	-0. 034 (0. 076)	-0. 040 (0. 077)	-0. 042 (0. 075)	-0. 045 (0. 079)	0. 001 (0. 054)	-0. 031 (0. 054)	0. 002 (0. 053)	0. 038 (0. 056)
Size	0. 014 (0. 056)	0. 012 (0. 056)	0. 012 (0. 056)	0. 010 (0. 056)	0. 057 (0. 040)	0. 045 (0. 040)	0. 057 (0. 040)	0. 048 (0. 040)
Sex	-0. 280 ** (0. 140)	-0. 269 * (0. 140)	-0. 263 * (0. 139)	-0. 266 * (0. 140)	-0. 41 *** (0. 100)	-0. 38 *** (0. 099)	-0. 411 *** (0. 099)	-0. 396 *** (0. 099)
Age	0. 177 (0. 152)	0. 181 (0. 153)	0. 187 (0. 152)	0. 182 (0. 153)	0. 137 (0. 107)	0. 149 (0. 106)	0. 134 (0. 107)	0. 145 (0. 106)
Tenure	0. 116 (0. 086)	0. 118 (0. 087)	0. 117 (0. 086)	0. 116 (0. 087)	0. 100 (0. 061)	0. 084 (0. 061)	0. 099 (0. 061)	0. 094 (0. 061)
Level	-0. 015 (0. 076)	-0. 011 (0. 076)	-0. 009 (0. 075)	-0. 008 (0. 076)	-0. 010 (0. 053)	0. 007 (0. 052)	-0. 011 (0. 052)	-0. 014 (0. 052)
RI	0. 011 (0. 062)	0. 011 (0. 062)	0. 008 (0. 062)	0. 010 (0. 062)	-0. 091 ** (0. 044)	-0. 094 ** (0. 044)	-0. 089 ** (0. 044)	-0. 088 ** (0. 044)
Validity	0. 264 * (0. 149)	0. 250 * (0. 149)	0. 261 * (0. 149)	0. 246 * (0. 148)	0. 600 *** (0. 105)	0. 570 *** (0. 104)	0. 598 *** (0. 105)	0. 599 *** (0. 104)
Category	控制							
Industry	控制							
N	283	283	283	283	271	271	271	271
调整 R^2	0. 012	0. 010	0. 013	0. 009	0. 152	0. 172	0. 153	0. 165
F	1. 47 *	1. 27	1. 56 *	1. 27	5. 85 ***	6. 62 ***	5. 88 ***	6. 33 ***

注：*** 、** 和 * 分别表示双尾 t - 检验值在 1% 、5% 和 10% 水平上统计显著。

表 4－9　　薪酬激励合约和管理人员能力

变量	TALENT Ⅰ College Degree				TALENT Ⅱ Desirability			
常数项	3. 185 *** (0. 242)	3. 114 *** (0. 246)	3. 251 *** (0. 231)	3. 335 *** (0. 265)	−0. 095 (0. 241)	−0. 000 (0. 246)	0. 041 (0. 230)	−0. 107 (0. 264)
Incentive	0. 011 (0. 047)				0. 052 * (0. 047)			
PRP		0. 037 (0. 040)				−0. 004 (0. 040)		
B_Salary			−0. 020 * (0. 015)				−0. 020 * (0. 015)	
Welfare				−0. 045 (0. 046)				0. 032 (0. 046)
AIAP	−0. 040 * (0. 030)	−0. 040 * (0. 030)	−0. 033 (0. 030)	−0. 039 * (0. 030)	−0. 040 * (0. 030)	−0. 033 (0. 030)	−0. 031 (0. 030)	−0. 033 (0. 030)
DIAP	0. 039 (0. 042)	0. 045 (0. 042)	0. 036 (0. 042)	0. 044 (0. 042)	−0. 058 * (0. 040)	−0. 060 * (0. 042)	−0. 062 * (0. 042)	−0. 063 * (0. 042)
Sensitive	0. 068 * (0. 037)	0. 056 (0. 035)	0. 077 ** (0. 032)	0. 077 ** (0. 032)	0. 018 (0. 036)	0. 038 (0. 035)	0. 042 (0. 031)	0. 033 (0. 032)
Quit	−0. 007 (0. 035)	−0. 000 (0. 035)	−0. 010 (0. 034)	−0. 019 (0. 036)	0. 089 *** (0. 034)	0. 083 ** (0. 035)	0. 082 ** (0. 034)	0. 092 ** (0. 036)
Size	0. 005 (0. 026)	0. 007 (0. 026)	0. 004 (0. 026)	0. 008 (0. 026)	0. 024 (0. 026)	0. 022 (0. 026)	0. 022 (0. 025)	0. 020 (0. 026)
Sex	−0. 073 (0. 066)	−0. 077 (0. 066)	−0. 074 (0. 065)	−0. 075 (0. 066)	−0. 032 (0. 066)	−0. 025 (0. 066)	−0. 028 (0. 065)	−0. 023 (0. 065)
Age	−0. 034 (0. 071)	−0. 037 (0. 071)	−0. 036 (0. 070)	−0. 039 (0. 071)	0. 024 (0. 069)	0. 028 (0. 069)	0. 025 (0. 069)	0. 030 (0. 069)
Tenure	0. 010 (0. 039)	0. 013 (0. 039)	0. 009 (0. 039)	0. 012 (0. 039)	−0. 038 (0. 039)	−0. 038 (0. 039)	−0. 039 (0. 039)	−0. 039 (0. 039)
Level	0. 076 ** (0. 035)	0. 072 ** (0. 035)	0. 077 ** (0. 034)	0. 078 ** (0. 034)	0. 078 ** (0. 034)	0. 081 ** (0. 034)	0. 081 ** (0. 034)	0. 080 ** (0. 034)
RI	−0. 026 (0. 029)	−0. 025 (0. 029)	−0. 025 (0. 029)	−0. 027 (0. 029)	0. 006 (0. 028)	0. 005 (0. 029)	0. 006 (0. 028)	0. 005 (0. 029)
Validity	−0. 021 (0. 072)	−0. 019 (0. 071)	−0. 029 (0. 071)	−0. 026 (0. 071)	0. 120 * (0. 071)	0. 111 (0. 071)	0. 105 (0. 071)	0. 113 (0. 071)
Category	控制							
Industry	控制							
N	267	267	267	267	268	268	268	268
调整 R^2	0. 012	0. 015	0. 016	0. 015	0. 049	0. 046	0. 050	0. 048
F	1. 26	1. 54 *	1. 65 **	1. 34	2. 16 **	2. 07 **	2. 17 **	2. 11 **

注：*** 、** 和 * 分别表示双尾 t－检验值在 1% 、5% 和 10% 水平上统计显著。

表 4－10　薪酬激励合约和管理人员行为表现

变量	Effort				Pay				Job satisfaction			
常数项	2.160*** (0.364)	2.172*** (0.371)	2.220*** (0.358)	1.950*** (0.394)	2.255*** (0.267)	2.503*** (0.295)	2.732*** (0.290)	2.195*** (0.313)	2.156*** (0.306)	2.413*** (0.341)	2.773*** (0.340)	2.19*** (0.364)
Incentive	0.093* (0.060)				0.359*** (0.047)				0.454*** (0.053)			
PRP		0.059 (0.053)				0.148*** (0.042)				0.205*** (0.049)		
B_ Salary			0.024 (0.020)				0.032* (0.017)				0.029 (0.019)	
Welfare				0.120** (0.061)				0.215*** (0.049)				0.23*** (0.057)
AIAP	−0.005 (0.040)	−0.005 (0.040)	−0.006 (0.040)	0.001 (0.040)	0.056* (0.029)	0.061* (0.032)	0.063* (0.032)	0.073** (0.031)	−0.001 (0.034)	0.004 (0.037)	0.007 (0.038)	0.019 (0.037)
DIAP	−0.025 (0.056)	−0.017 (0.057)	−0.023 (0.057)	−0.041 (0.057)	−0.033 (0.041)	−0.016 (0.045)	−0.036 (0.045)	−0.066 (0.044)	−0.080* (0.047)	−0.054 (0.052)	−0.082 (0.053)	−0.115** (0.052)
TALENT	0.153 (0.108)	0.160* (0.100)	0.173 (0.108)	0.170* (0.100)	−0.125 (0.079)	−0.106 (0.086)	−0.083 (0.088)	−0.090 (0.085)	−0.041 (0.091)	−0.013 (0.100)	0.015 (0.103)	0.005 (0.100)
Sensitive	0.040 (0.049)	0.052 (0.047)	0.067 (0.043)	0.062 (0.043)	0.050 (0.036)	0.133*** (0.038)	0.185*** (0.035)	0.167*** (0.034)	0.076* (0.041)	0.172*** (0.044)	0.246*** (0.041)	0.23*** (0.039)
Quit	−0.014 (0.046)	−0.012 (0.047)	−0.023 (0.046)	0.005 (0.048)	−0.092*** (0.034)	−0.101*** (0.037)	−0.129*** (0.037)	−0.080** (0.038)	−0.101*** (0.039)	−0.111** (0.043)	−0.153*** (0.043)	−0.097** (0.045)

续表

变量	Effort				Pay				Job satisfaction			
Size	0.063 * (0.035)	0.065 * (0.035)	0.061 * (0.035)	0.051 (0.035)	0.010 (0.025)	0.010 (0.028)	−0.001 (0.028)	−0.017 (0.027)	−0.009 (0.029)	−0.007 (0.032)	−0.021 (0.033)	−0.040 (0.032)
Sex	−0.120 (0.088)	−0.116 (0.088)	−0.103 (0.088)	−0.097 (0.087)	−0.154 ** (0.064)	−0.131 * (0.070)	−0.106 (0.071)	−0.091 (0.069)	−0.089 (0.074)	−0.059 (0.081)	−0.025 (0.083)	−0.011 (0.081)
Age	0.049 (0.094)	0.046 (0.094)	0.053 (0.094)	0.064 (0.094)	−0.108 (0.069)	−0.115 (0.075)	−0.101 (0.076)	−0.080 (0.074)	−0.015 (0.079)	−0.025 (0.087)	−0.006 (0.089)	0.016 (0.087)
Tenure	0.001 (0.052)	0.006 (0.053)	0.003 (0.053)	−0.002 (0.052)	−0.010 (0.038)	0.004 (0.042)	−0.006 (0.042)	−0.015 (0.041)	−0.072 (0.044)	−0.054 (0.049)	−0.068 (0.050)	−0.077 (0.049)
Level	0.065 (0.047)	0.064 (0.047)	0.070 * (0.040)	0.067 (0.046)	0.125 *** (0.034)	0.132 *** (0.037)	0.148 *** (0.038)	0.143 *** (0.037)	0.051 (0.039)	0.060 (0.043)	0.084 * (0.044)	0.077 * (0.043)
RI	−0.041 (0.038)	−0.041 (0.038)	−0.044 (0.038)	−0.042 (0.038)	0.018 (0.028)	0.015 (0.030)	0.007 (0.031)	0.013 (0.030)	−0.017 (0.032)	−0.017 (0.035)	−0.025 (0.036)	−0.022 (0.035)
Validity	−0.017 (0.096)	−0.030 (0.096)	−0.027 (0.096)	−0.031 (0.095)	0.055 (0.070)	−0.003 (0.075)	−0.011 (0.076)	−0.009 (0.074)	0.141 * (0.080)	0.071 (0.088)	0.056 (0.090)	0.058 (0.088)
Category	控制											
Industry	控制											
N	265	265	265	265	266	266	266	266	267	267	267	267
调整 R^2	0.020	0.017	0.017	0.027	0.338	0.219	0.193	0.240	0.368	0.239	0.193	0.236
F	1.62 *	1.35	1.36	2.56 *	11.39 ***	6.73 ***	5.88 ***	7.43 ***	12.94 ***	7.42 ***	5.89 ***	7.33 ***

注：*、**、*** 分别表示在10%、5%和1%水平上显著。Effort 表示经理人的努力程度；Pay 表示经理人收入情况；Job satisfaction 表示经理人工作满意度。

表 4 - 11 薪酬激励合约和公司业绩

变量	Performance（与行业相比）				Performance Or（业绩涨幅）			
常数项	2.57 *** (0.400)	2.63 *** (0.413)	2.95 *** (0.387)	2.47 *** (0.440)	2.62 *** (0.366)	2.66 *** (0.375)	2.79 *** (0.351)	2.91 *** (0.400)
Incentive	0.31 *** (0.078)				0.124 * (0.071)			
PRP		0.19 *** (0.066)				0.075 (0.060)		
B_Salary			0.068 ** (0.027)				0.017 (0.025)	
Welfare				0.24 *** (0.080)				-0.023 (0.073)
UCSP_s	-0.48 *** (0.164)	-0.47 *** (0.167)	-0.56 *** (0.167)	-0.58 *** (0.166)	-0.265 * (0.151)	-0.26 * (0.152)	-0.29 * (0.152)	-0.28 * (0.152)
UCSP_f	-0.267 (0.192)	-0.264 (0.194)	-0.331 * (0.194)	-0.258 (0.195)	-0.156 (0.176)	-0.156 (0.177)	-0.180 (0.177)	-0.184 (0.178)
UCSP_o	0.139 (0.175)	0.127 (0.177)	0.068 (0.178)	0.075 (0.177)	-0.188 (0.161)	-0.194 (0.161)	-0.213 (0.161)	-0.207 (0.161)
Sensitive	-0.050 (0.062)	-0.007 (0.060)	0.048 (0.055)	0.038 (0.056)	-0.002 (0.057)	0.017 (0.055)	0.042 (0.050)	0.051 (0.051)
Quit	0.019 (0.060)	0.022 (0.062)	-0.014 (0.061)	0.033 (0.063)	0.010 (0.055)	0.011 (0.056)	-0.003 (0.055)	-0.009 (0.057)
Size	0.105 ** (0.045)	0.108 ** (0.045)	0.096 ** (0.045)	0.080 * (0.045)	0.026 (0.041)	0.027 (0.041)	0.023 (0.041)	0.023 (0.041)
Sex	0.209 ** (0.107)	0.206 * (0.109)	0.264 ** (0.108)	0.28 *** (0.107)	0.206 ** (0.098)	0.205 ** (0.099)	0.226 ** (0.098)	0.223 ** (0.098)
Age	-0.020 (0.116)	0.003 (0.117)	0.026 (0.117)	0.023 (0.116)	-0.084 (0.106)	-0.074 (0.106)	-0.066 (0.106)	-0.068 (0.106)
Tenure	0.007 (0.067)	0.024 (0.068)	0.012 (0.068)	0.007 (0.068)	0.17 *** (0.062)	0.178 *** (0.062)	0.172 *** (0.062)	0.172 *** (0.062)

续表

变量	Performance（与行业相比）				Performance Or（业绩涨幅）			
Level	-0.095 (0.060)	-0.099 (0.060)	-0.083 (0.060)	-0.092 (0.060)	-0.003 (0.055)	-0.004 (0.055)	0.002 (0.055)	0.004 (0.055)
Validity	-0.008 (0.112)	-0.017 (0.114)	-0.025 (0.114)	-0.056 (0.113)	-0.014 (0.103)	-0.018 (0.104)	-0.025 (0.104)	-0.031 (0.103)
Category	控制							
Industry	控制							
N	300	300	300	300	301	301	301	301
调整 R^2	0.141	0.122	0.113	0.121	0.035	0.030	0.026	0.025
F	5.09***	4.45***	4.18***	4.43***	1.91**	1.78*	1.68*	1.64*

注：***、** 和 * 分别表示双尾 t - 检验值在 1%、5% 和 10% 水平上统计显著。

表 4 -5 列示了主要解释变量经理人员有利不公平厌恶偏好 AIAP 和不利不公平厌恶偏好 DIAP 的描述性统计，可以看出，有利不公平厌恶偏好比不利不公平厌恶具有更大的标准差，说明人群中有利不公平厌恶偏好的表现有着较大的差异性。另外，相对于中低层管理人员，高级管理人员表现出更弱不公平厌恶偏好。

按照模型的命题和推论，相对于分散持股或者存在股权制衡的公司，集中股权结构的公司（国有控股企业和家族控股企业）提供的薪酬激励合约的斜率更为平坦，业绩敏感性更低。在进行多元统计分析前，本研究针对不同产权基础下的薪酬激励合约进行了双样本 t 检验，从表 4 -6 可以看出，与分散持股的公司相比，家族控股企业为经理人员提供的总体的薪酬激励强度、与业绩挂钩的薪酬支付和福利水平都更弱，分别在 10%，5% 和 1% 的水平上显著；同样，相对于分散持股企业，国有控股企业为其经理人员提供的总体的薪酬激励强度、与业绩挂钩的薪酬支付都更弱，且都在 1% 的水平上显著，但提供的福利水平则更高，在 10% 水平上显著。可以看到，基本工资在各种情形下都不显著，说明仅从基本工资看，很难区分出不同产权基础公司的薪酬激励强度。从表 4 -7 的多元回归分析来看，命题 1 和两个推论也都得到支持，相对于分散持股的公司，国有控股企业和家族控股企业在总体薪酬激励上都较弱；与业绩挂钩的薪酬支付也都更弱，其中国有控股企业在 5% 水平上显著，家族控股企业在 10% 水平上显著。对于福利水平，相对于分散持股公司，国有控股企业提供更多的福利，而家族控股企业提供更弱的福利，且在 10% 水平上显著。需要指出的是，在这里，基本工资在各类企业中依然没有体现显著的差异性。

表4－8检验了企业所提供的薪酬激励合约和管理人员不公平厌恶偏好之间的关系，由表可知，公司所提供的合约的激励强度和经理人员的有利不公平厌恶成正相关关系，其中，AIAP与总体薪酬激励通过了10%以上的显著性水平，与基本工资通过了1%以上的显著性水平的检验，与业绩挂钩的薪酬支付也呈正相关关系，但不显著；而与福利水平呈负相关关系，但也不显著。而不利不公平厌恶与总体薪酬激励、与业绩挂钩的薪酬支付（5%水平上显著）和基本工资都成负相关关系，但与福利水平呈正相关关系，且在5%的水平上显著。也就是说福利水平高的公司，更容易吸引到有利不公平厌恶感弱的经理人员和不利不公平厌恶感强的经理人员，本研究认为，问卷中设计中有关“福利水平”的选项很大程度上反映了公司控制权收益的考虑，也就是说，经理人员提可以从公司获取的控制权收益的大小与其他薪酬形式的激励效果是相反的，这支持了命题5，即管理人员控制权收益对薪酬的斜率b（包括股权、期权激励等）具有替代效应，并因而产生反向的激励后果，替代程度越大，反向激励效果越大，结合上面结论，国有控股企业提供更多的福利，可知命题5的推论也成立，控制权收益的方向激励效应在国有控股企业中会更加明显。另外，不利不公平厌恶偏好与经理人员的风险厌恶偏好存在显著的负相关关系（5%水平上显著），而与有利不公平厌恶偏好存在正相关关系，但不显著。说明，风险规避型的经理人员一般也是厌恶不利不公平的，集中股权的公司在薪酬激励上更弱，相对于分散持股的公司，它们更容易吸引到不利不公平厌恶很强的经理人，这些经理人风险厌恶感较强，在不确定的市场条件下，这对于公司的创新与发展是不利的，也会影响到公司的业绩表现。在控制了管理人员不公平厌恶偏好和风险厌恶偏好后，本研究进一步检验了企业所提供的薪酬激励合约和管理人员能力之间的关系，由表4－9可以看出，激励性的薪酬支付可以吸引到能力更强的经理人员，且在10%水平上显著，但是相对而言，基本工资越多的公司，吸引到的经理人员能力越差，且在10%水平上显著。这不难理解，基本薪酬支付较高的公司，则与业绩挂钩的薪酬支付相对较少，大量的研究都表明，经理人员能力更强，更喜欢与业绩挂钩的薪酬支付。

上面分析了公司产权基础与薪酬激励合约、薪酬激励合约与经理人员异质性的匹配，根据理论模型的结果，本研究进一步分析这种匹配对于管理人员的行为表现以及公司的业绩是否产生系统性的影响。表4－10检验了企业所提供的薪酬激励合约和管理人员的行为表现，主要关注管理人员的努力付出程度、收入情况以及工作满意度，实证结果表明面临更加陡峭的合约斜率（激励强度更高）的经理人员将付出更多的努力、获得更多的薪酬（固定部分和变动部分）、获得更高的期望效用（工作满意度更高）。具体而言，在努力付出程度方面，各类薪酬形式的系数均为正，总体激励强度通过了10%以上的显著性水平，而福利支付通过了5%以上的显著水平。收入情况方面，各类薪酬形式的系数也都为正，总体激励强度、与业绩挂钩的薪酬支付和福利支付都通过了1%以上的显著性水平，基本工资也通过了10%的显著检验。同样的，在工作满意度方面，总体激励强度与业绩挂钩的薪酬支付和福利支付的系数均为正，且通过了1%以上的显著性水平，基本工资系数为正，但不显著。总体上，支持了命题3的结论，即控制经理人的不公平厌恶感，在均衡时，其所面临的薪酬合约的斜率与努力水平、变动薪酬部分、总薪酬、效用水平呈正相关关系。那么，经理人获得更高的效用是否会显著地提高公司的业绩呢？本研究进一步检验了这种激励效应的存在，从表4－11可以看出，不管是从业绩水平（与同行业相比）还是从业绩涨幅上看，薪酬激励都能对其具有正向的影响。从业绩水平看，总体激励强度、与业绩挂钩的薪酬支付、基本工资和福利支付的系数均为正，其中基本工资通过了5%显著水平，而其他三个均通过1%显著水平。而从业绩涨幅来看，各类薪酬形式系数均为正，但只有总体激励强度上通过了10%的显著水平。因而，总体上激励性薪酬和公司业绩之间存在较强的正相关关系，在控制了股权性质后，这种关系依然明显，这在一定程度上也支持了命题4。

因此，总体而言，来自实验和问卷调查的数据，支持了以上模型得到的结论在我国制度背景下的适用性。

4.3.3　稳健性检验

本章借鉴于实验经济学中学者们对于不利不公平偏好系数 α 和有利不公平偏好系数 β 的估计思想（Teyssier，2008），对于主要解释变量不公平厌恶的度量是采用实验中所甄别的经理人员愿意为了既定的不公平性支付多大的成本进行加权度量，虽然在计算上已经尽可能地使得该变量能够接近现实中各位参与实验的经理人员真实的公平性偏好，也是在既定的研究条件下所能进行的最深入地度量，但由于存在一定主观判断，对这部分的结论可能有些影响。为了得到更为稳健的结果，本章对于不公平性厌恶的度量也采用了现有文献中常见的度量方式（Frignani & Ponti，2012）[①] 进行度量，并重新进行这部分的OLS回归分析，主体结论依然成立。

---

① 在那里，作者们设计了（0，1）变量衡量不公平厌恶偏好，并采用文献中经典的问卷题目进行度量："假设如下情景，两个秘书，年龄一样，所做的工作也一样，但是，其中一位每小时比另一位多赚20欧元，但是他的工作效率也比对方要高一些。您认为一位比另外一位赚得更多合理吗？如果受试者答案是否定，则IA＝1，否则IA＝0"。在我们的问卷里面，也设计了类似的价值判断的题目，只是为了分开有利不公平厌恶和不利不公平厌恶，我们的问题有所差异。

4.4 小　　结

为了分析我国企业薪酬契约的激励效应，本书第3章实验甄别了我国企业雇员各种社会偏好相对强度，实验结果表明，相对于美国等西方国家，我国经理人员不公平厌恶偏好表现比其他社会偏好（完全自利偏好、竞争性偏好、准最大最小偏好、互惠主义等）更加强烈，而且在策略反应实验中，发现，在进行多期博弈时，经理人员的其他社会偏好事实上很大一部分也可以由不公平厌恶偏好来解释。总体上，我国经理人员群体中，超过70%的比例可以具有明显的不公平厌恶偏好。费尔和施密特（1999）构建的不公平厌恶偏好效用函数与我国文化中强调“中庸”“仁和”、谦让与容忍、知恩图报；回避不平等、反对以牙还牙的报复等不谋而合，分析不公平厌恶偏好在我国人文社会环境中对微观经济行为和宏观经济运行的具体影响，对促进我国经济理论研究和解决经济改革深层次问题都具有重要意义。本章构建一个纳入管理人员不公平厌恶偏好的理论模型，对于模型中得到的相关命题和推论，采用问卷调查的数据，直接进行检验，实证结论支持了几个命题和推论的主要结论。

基于集中股权公司（具体分析国有控股和家族控股两类公司）和分散持股或存在股权制衡公司的不同，分析了公司和经理人员的雇佣和被雇佣的决策、他们怎么配置的以及选择什么样的合约。同时，分析合约签订以后经理人员选择怎样的努力水平和公司业绩，包括利润和控制权收益。具体而言，以薪酬激励合约为中介，构建了不同产权基础的公司和不同高管特质（不同的不公平厌恶感和不同的能力）内生配置的模型，主要基于礼物交换博弈实验分析了不公平厌恶在高管激励合约中的作用。模型的均衡结果揭示不同的配置类型，并得到四方面可供实证检验的命题：（1）分散持股或存在股权制衡的公司在提供更具有激励效应和业绩敏感性更强的薪酬合约方面更有优势；（2）公司所提供的合约的斜率部分（随业绩浮动的工资）和经理人员的能力与有利不公平厌恶成正相关；而不利不公平厌恶具有反向激励效应；（3）经营业绩和激励合约也有关：在均衡时，面临更加陡峭的合约斜率的经理人员将付出更多的努力、获得更多的薪酬（固定部分和变动部分）、获得更高的期望效用；（4）控制了产权基础，提供更高激励效应的公司，利润更高；（5）管理人员控制权收益对薪酬的斜率b（包括股权、期权激励等）具有替代效应，并因而产生反向的激励后果，替代程度越大，反向激励效果越大。

本章研究表明，监管部门应关注劳动力市场上，异质性的人力资本与不同股权结构公司之间的配置效率，制定相应的引导和监管措施；公司一方面应结合被激励对象的不公平厌恶偏好进行薪酬机制设计，以更好地发挥其治理效应，减少反激励效应，另一方面应加强企业文化建设，塑造管理人员公平性偏好，此外，公司在薪酬激励合约设计中，赋予管理人员的控制权收益应控制在合理的范围内，以避免弱化货币性薪酬浮动部分和股权激励的激励效果。

第 5 章

社会偏好、报酬心理契合度与组织承诺

5.1 引　　言

随着中国经济的增长、国际化和可持续发展，各行业企业正面临现代化转型的节点，代理人价值观变得愈加多元化，基于个性化的行为模式不断增多，代理人和组织之间的信任基础建构变得越来越重要。提高代理人组织信任的制度设计是通过激励契约来强化代理人的组织承诺，进而提高其努力程度。经验证据表明，当组织价值观、资源配置、企业文化跟员工个体偏好和特征契合时，往往能提高其组织承诺，进而促进企业绩效（曲庆和高昂，2013；张勇和龙立荣，2013）。然而，传统的激励契约安排却往往忽视个体社会偏好的异质性，极大地制约了其激励效果，一旦发生劳动争议，即便是通过协商、调解、仲裁等程序解决了问题，增长了报酬或改善了劳动条件，也不能保证之后在工作态度或行为上的改进，体现了较低的契约效率。即使不考虑社会偏好在改进激励契约有效性方面的前景，亲社会性偏好作为组织运行的“润滑剂”（赵宜萱和洛桑扎西，2015），容易在成员之间产生正面、积极的感觉，提高团队士气和凝聚力，形成稳定持久的组织承诺，本身也是企业文化建设的题中之义。近年来，积极组织行为学方兴未艾（田喜洲和谢晋宇，2011；Jacobs et al.，2014），强调个体与群体的积极心理力量，试图解释什么是人性中最美好的东西以及如何发掘与利用它来实现组织和个人的共同目标。中国传统文化中宣扬的是“善”，如儒家主张“仁，爱”、道家强调“损有余，补不足”、佛家提倡“慈悲为怀”等；同时，中国也是一个高权力距离、集体主义导向和注重人情、关系和面子的国家，谦让和谐、礼尚往来、公平公正、舍己为人等都是中国人传统性思想精髓的内核，企业激励契约的设计和组织文化的构建必须给予足够的重视。

第 4 章以雇员“不公平厌恶偏好”为例，构建一个纳入社会偏好的理论模型，对于模型中得到的相关命题和推论，进行了实证检验，提供了经验证据。本章拟提供其他类型的社会偏好对激励契约效果影响的经验证据。本章重点提供雇员社会偏好与公司绩效之间关系的传导路径——雇员组织承诺——方面的证据。不难预期，当雇员社会偏好与组织文化匹配度较高时，雇员对组织的认同感会更高，体现出更高的工作热忱，更高的工作绩效。

5.2 理论分析与研究假设

20 世纪七八十年代是对组织承诺结构众说纷纭的时代，经历了单边投入的早期阶段（Becker，1960），情感依赖的中期阶段（Mowday et al.，1982）后，直到 90 年代才有比较统一的看法，进入了多维结构阶段，例如，著名的“三因素结构”，认为组织承诺包括情感承诺、连续承诺和规范承诺三个维度（Meyer 和 Allen，1991）。凌文辁等（2000）在该研究的基础上，基于中国职工组织承诺行为特性，构建了包括感情承诺、理想承诺、规范承诺、经济承诺和机会承诺的“五因素模型”等。实际上，在迈耶和艾伦（Meyer & Allen，1991）之前，奥雷利和查特曼（O'Reilly & Chatman，1986）的观点极具代表性，他们认为组织承诺反映了员工与组织的“心理契约”，提出了情感依赖的三种不同形式，即顺从、认同和内化[①]。作为组织行为领域发展最为成熟的两种态度，报酬心理契合度和组织承诺对员工的各种行为，如工作绩效、组织公民行为、离职倾向以及实际的离职等都具有较强的预测效果。鉴于报酬心理契合度是员工对报酬、工作内容等微观情境的即时的、情感的反应，是非常敏感、动态的概念；而组织承诺是个体对组织产生的一种依附、忠诚和认同感，是一个相对稳定的概念，了解的对象也不仅限于报酬水平等微观情境，还包括组织价值观、绩效期望以及留在组织中的意义等更宏观的情境，组织行为研究领域中有大量研究将报酬心理契合度视为组织承诺的前因变量（倪昌红等，2013）。尽管如此，报酬的契合度能够带来顺从的情感依赖，却未必能发展为认同和内化，如何在激励契约的设计中嵌入个体社会偏好，提高其组织承诺的层次是更为重要的方向。

社会偏好可能是与生俱来的，也可能是后天习得的，那么究竟个体、组织和社会的何种因素或状态影响了社会偏好的形成？甄别这些因素或者状态有利于友好型社会偏好类型的培育。许多研究表明，个体的社会偏好的形成过程与其所处的特定的文化、制度环境相关，例如，基利（2010）研究指出，相对于西方文化传统下的个体社会偏好，中国的员工体现出较强的不公平厌恶偏好、利他主义偏

---

① 其中，顺从指个体为了特定的外在报酬对组织工具性的投入，认同指个体基于渴望与组织保持隶属关系而产生的依附，内部化指个体对组织的投入以个体与组织价值观的一致性为前提。

好和互惠主义偏好，较弱的社会福利偏好和竞争性偏好。同一文化背景下的研究表明，不同个体的社会偏好倾向也存在显著的差异，如夏纪军（2005）进行了一组信任实验，发现实验被试在实验中表现出显著的互利与利他倾向，个人特征中的信仰、地域、城乡以及工作经历等个人特征对参与者的信任结构存在显著影响。男女两性在社会偏好上也存在显著差异，如部分学者发现女性要比男性具有更强的利他偏好（Dreber et al.，2012）、更强的不公平厌恶偏好（Garcla – Gallego et al.，2012）、更强的互惠偏好（Heinz et al.，2012）；也有些研究得到完全相反的结论，表明女性比男性具有更低的不公平厌恶偏好、更低的互惠偏好（Bellemare & Kroger，2007）；还有些学者声称观测不到社会偏好上的性别差异（Gong & Yang，2012）。从教育和学科背景看，周业安等（2013）研究表明，经济学专业的个体具有更低的有利不平等厌恶偏好和利他偏好，学生干部等社会角色存在显著差异的个体异质类型分布。另一些研究表明，社会偏好具有风险规避特征（欧阳葵和王国成，2014），个体的风险偏好显然影响其社会偏好倾向，这得到许多实验证据支持，如个体风险偏好与其不公平厌恶偏好、互惠偏好、利他偏好之间都发现存在显著的相关关系（Teyssier，2012）。此外，管理者所处单位特征也会影响其社会偏好倾向，如在公司规模（谭亚莉等，2014）、企业文化氛围（Kish – Gephart et al.，2010）、所有权结构（杨志强等，2013）等方面都发现个体的社会偏好存在系统性的差异。据此提出第 1 个假设：

假设 1：控制其他因素，管理者个体特征、风险偏好及其所处企业所有权性质显著影响其社会偏好倾向。

20 世纪 60 年代，“心理契约”概念被引入管理领域，用于强调在员工与组织相互关系中，除了正式雇佣契约规定的内容外，还存在隐含的相互期望和相互理解，它们也是决定员工行为的重要因素（Levinson et al.，1962）。报酬的心理契合度作为心理契约的重要组成部分，是指组织给予代理人报酬的强度、形式以及公平性等与代理人预期的相符合程度，它主要受到两个因素的影响：一是组织为其提供的报酬的强度；二是所获报酬与个体诉求之间的契合程度，报酬的心理契合度越高，其满意度就越高。20 世纪 80 年代以来，基于社会交换理论和组织支持理论，人们普遍认为，员工为了经济和社会报酬而工作，倾向于将其所在组织人格化，在与组织进行的经济与社会交换进程中逐渐形成组织对其贡献认可和福利关注程度的信念（Eisenberger et al.，1987）。当员工感知到自己在组织中受支持程度很高时，他们就会通过承诺、努力和业绩等方式作出互惠行为，回报组织支持。许多经验证据支持这种观点，如倪昌红等（2013）研究表明，员工感受到的组织支持越强，则对组织的情感归属和组织责任感也会越强，其工作满意度、工作绩效以及对组织的感情承诺也会越好；樊耘等（2014）也指出，员工感知到的组织支持较高时，会更多地作出促进性建言行为。反之，一旦心理契约破裂，则容易滋生消极的情感反应，导致工作满意度和组织承诺水平下降，例如基库等（Kickul et al.，2001）发现，心理契约破裂对员工组织承诺有很大影响，心理契约破裂会降低组织承诺，尤其是情感承诺；赵红梅（2007）指出，心理契约破裂出现后，员工对组织的情感投入减少，由于心理契约破裂，员工倾向于认为组织应给他们的回报更多，而他们应给组织的贡献更少，产生了低的组织承诺；李敏和周恋（2015）研究也表明，心理契约破裂感知同工会承诺负相关，心理契约破裂感知在劳动关系氛围与工会承诺的关系中起负向的调节效应。另外，苗仁涛等（2013）、杨春江等（2014）研究都表明，分配公平和程序公平对员工工作嵌入有显著的正向影响，对员工离职具有显著的负向影响。据此提出第2个假设：

假设2：控制其他因素，管理者所得报酬的心理契合度与其组织承诺显著正相关。

奥雷利和查特曼（1986）的研究开始揭示了“心理契约”与组织承诺之间由顺从、认同和内化三种不同形式的情感依赖所联结起来的内在机理，其中，报酬的心理契合度更多地表征了“顺从”层次的情感依赖。那么，如何才能更好地发挥报酬契约激励效果，促使代理人组织承诺向认同和内化层次转化呢？更多地考虑个体的异质性社会偏好，有针对性地进行激励机制设计无疑是重要的。本研究预期，不同的社会偏好倾向对于报酬心理契合度和组织承诺之间的关系有着不一样的调节效应。

阿克洛夫等（Akerlof et al.，1990）将公平关系刻画为礼物交换，公司提供慷慨工资，而作为回报，员工作出高努力的选择，进而提出效率工资理念，考虑公平偏好的激励契约开始引起学者们关注，但是公平理论最初强调个体在公正问题上的同质性，使得该理论的预测和解释效果差强人意。费尔和施密特（1999）构建的“不公平厌恶偏好”模型刻画了个体两种公平性偏好，大量经验证据证实了人群中普遍存在这两类偏好类型，并且个体在偏好倾向和强度上不尽相同。例如在研究薪酬差距时，行为理论学派着重研究了个人在遭到不公平待遇时的反应及行为，他们发现当个人获得超额报酬时会因“不劳而获”而产生“负罪感”，为了平衡这种感觉，使所获报酬看起来更加“合情合理”，他们会提高努力程度和承诺，如果个体有利不公平厌恶偏好越强，由超额报酬带来的“负罪感”就会更强，绩效工资的激励效果就会更好；反之，当个人没有得到应该得到的薪酬，就会感觉自己被剥削，进而通过怠工、罢工，低组织承诺等负面行为，来实现资源补偿并降低自己的消极情绪，如果个体不利不公平厌恶偏好越强，这种由于所得报酬低于预期而产生的“被剥削感”就会更强，反向激励就会更明显。近年来，许多经验证据支持了不公平厌恶偏好调节了报酬契约的激励效果。魏光兴和蒲勇健（2008）研究表明，较弱的公平心理会导致公平租金和公平风险补偿两种激励效率损失；而较强的公平心理只会导致公平风险补偿一种激励效率损失；张永军（2014）研究表明，公平交换意识对绩效考核互动公平感与反生产行为的负向关系具有正向调节效应；张涵等（2015）结果也表明，随着成员公平感知水平的提高，关系强度和规模对联盟绩效的促进作用变强。另外，考虑到心理学中的“非对称反应理论”，即坏消息给人们带来的痛苦远远要大于好消息带来的快乐，已有研究也表明员工对“超额报酬”与“低于预期报酬”的反应强度存在差异（吴联生等，2010），本研究预期不利不公平偏好对激励契约的调节效应比有利不公平厌恶偏好更强。

竞争性偏好是文献中较少被提及的一种偏好类型，直观上看，竞争性偏好不免让人感到迷惑：一般当人们获得低收益的时候会倾向于降低其他人的收益，但竞争性偏好较强的人，即使在领先的时候也会倾向于增加自身的相对收益，而不惜损害他人甚至自己的绝对收益。竞争性偏好是最接近利己主义的社会偏好类型，不难预期具有这种偏好的管理者对于报酬的获取相对大小将非常敏感。另外，闫威等（2014）研究表明，组织工作团队中，个体竞争性偏好越强，相互之间共谋可能性越低，从而能够提高代理人的努力水平，而如果团队成员之间竞争性偏好越弱，更倾向于达成一致协议，彼此都降低自己的努力水平，这也是锦标赛理论能够较好地解释员工报酬水平随职位晋升而阶梯式跳跃的原因之一。当然，竞争性偏好越强，团队间拆台行为的激烈程度也会越强。据此提出第 3 个假设：

假设 3：控制其他因素，管理者不公平厌恶偏好、竞争性偏好对其所得报酬的心理契合度与组织承诺之间的相关关系具有正向的调节效应；其中，不利不公平厌恶偏好比有利不公平厌恶偏好调节效应更明显，呈现不对称的调节效应。

受经济制度、地理环境、文化历史背景等因素的影响，东西方的伦理体系和道德规范呈现较明显的差异，中国是一个权力距离比较高的集体主义国家，与西方强调的个体本位不同，中国人提倡群体本位：西方重契约，中国重人伦；西方重理智，中国重人情；西方伦理重在竞争，中国则偏重于中庸、和谐。因此，自古以来中国都非常注重人际交往的规范，体现到个体的社会偏好倾向上，诸如纯粹利他偏好①（“以德报怨”）、社会福利偏好（“大公无私”）、积极互惠偏好（“投我以桃，报之以李”“滴水之恩涌泉相报”）、消极互惠偏好（“你做初一，我做十五”“以牙还牙，以眼还眼”）等偏好类型就普遍存在于人群，体现了中国人的传统性。张旭等（2013）研究指出，在西方文化背景下，组织承诺的敏感性形成路径是控制→自主需求满意度→组织承诺；而在中国文化背景下，组织承

① 利他偏好包括无条件利他（即纯粹利他偏好）和条件利他（基于对己有利的前提条件的利他行为，即所谓“光热效应”），本研究将纯粹利他偏好归为社会偏好的一类，因在实施利他行为的同时不考虑任何回报因素；而条件利他主要受到互惠动机的影响，在积极互惠偏好类别中考虑。

诺的敏感性形成路径则是情感→关系需求满意度→组织承诺。基于如下方面考虑，本研究认为，中国人高传统性的偏好倾向会弱化纯功利主义的激励机制设计（如报酬心理契合度）对组织承诺的正向激励效果：首先，与不公平厌恶偏好、竞争性偏好等以平等或者竞争交换关系为行为基准进而对报酬给付非常敏感不同，纯粹利他偏好、社会福利偏好与互惠偏好对组织报酬层次的给付相对不那么敏感，有其他情感因素（如个体的文化价值观、任期长短、个体性格等，再如组织文化、领导风格等组织层面的因素等）影响了其同化或者内化的组织承诺层次。其次，高传统性偏好倾向的管理者秉持组织利益高于个人利益的理念，对组织各种薪酬分配制度与分配结果都有更高的遵从性与适应性。例如，许多研究表明，这类偏好倾向对管理者在组织情境下的许多心理与行为都有显著的负向调节作用，如负向调节组织公正性、领导部署交换、组织支持感等与组织公民行为、组织承诺的正向关系，减弱个体感知的组织代表性与基于组织的自尊和内部人身份感的正向关系、减弱员工履行契约与员工离职的负向关系等。此外，高传统性偏好倾向的管理者进行报酬比较的动机也会较弱，从而降低了个人对报酬比较的敏感性感知，即使感知到自己处于报酬比较的不利地位时，也会比较容易容忍分配结果的劣势地位，抑制自己对报酬分配的不满情绪，从而保障组织的整体和谐与稳定。

近年来，许多经验证据都表明了以上的理论预期，如杨春江等（2014）研究指出，与利己倾向的员工关注个人利益，重视回报，偏好高收益的特征相比，利他偏好和社会福利偏好强烈的员工更重视集体利益，关注个体—组织交换过程中的投入，对低收益状态有较高的偏好或容忍，因而能够降低资源分配程序和结果与之心理预期差距的负面效应。韩姣杰等（2013）发现利他偏好有助于促进团队成员之间的合作和提高项目团队整体绩效，但利他条件下团队成员合作努力的大小与利润分享无关，但与团队成员本身的素质直接相关，团队成员的利他偏好会降低其生产努力。再如王明琳等（2014）研究表明，利他行为对代理成本的影响随企业内部组织环境的变化而改变，当企业成长至一定阶段后，对代理成本的积极效应逐步下降，同时消极效应逐步上升。本研究认为，管理者的亲缘利他偏好作为友好型社会偏好类型，有助于减少组织内部协调等交易成本，容易形成较高的组织承诺，但这种自主型的情感给付势必会对正式的激励机制形成替代作用而降低其效果。因此，在家族企业初级阶段，对正式制度的需求还不大的时候，利他主义行为在企业充当“润滑油”的角色显得尤为突出；但随着企业规模扩大，有效的激励机制对于整合管理资源就变得越来越重要，利他偏好对于绩效薪酬制度与组织承诺之间关系的负向调节效应就越来越明显，进而引发诸如“自我控制”“双向套牢”、差序格局内多重歧视问题等，甚至会完全掩盖这种友好型社会偏好类型积极的一面。韩姣杰等（2013）研究表明，互惠偏好对团队成员行为决策的影响与利润分享系数和协同产出系数直接相关，当利润分享或协同产出系数为零时，互惠偏好的变化不会影响团队成员的行为决策。当然，也有部分学者认为互惠偏好有助于提升报酬契约的激励效果，例如袁卓群等（2015）发现互惠机制能够显著提高契约效率，且互惠机制与可变价格契约的制度相容性更高。

考虑到我国企业背景下，积极互惠偏好更有文化契合性，预期其调节效应比消极互惠偏好更明显。综上，提出第 4 个假设：

假设 4：控制其他因素，管理者互惠偏好、利他偏好、社会福利偏好对其所得报酬的心理契合度与组织承诺之间的相关关系具有负向的调节效应；其中，积极互惠偏好比消极互惠偏好调节效应更明显，呈现不对称的调节效应。

尽管社会偏好倾向可能会通过调节报酬心理契合度和组织承诺之间的关系而发挥治理效应，但本研究预期其在情感认同上能够另辟蹊径，直接作用于组织承诺。在控制报酬心理契合度情况下，具有友好型社会偏好类型的管理者，如有利不公平厌恶偏好、积极互惠偏好、利他偏好、社会福利偏好等，比较容易与组织形成和谐关系而具有较高的组织承诺，正如倪昌红等（2013）研究指出的，心理状态更积极的群体看待周围的事物也更倾向于看到其积极方面，其行为也更亲社会，而帕累托破坏型社会偏好倾向较强的管理者，如不利不公平厌恶偏好、消极互惠偏好、竞争性偏好等，比较容易对与预期不一致的组织环境比较敏感，降低其组织承诺，作出反生产性行为。杨志强等（2013）研究指出，对于有利不公平厌恶偏好较强的管理者，感知到的不公平会增强其对组织的情感承诺，激励他们更努力工作；相反，对于不利不公平厌恶偏好较强的管理者，其自我利益被侵蚀的心理感知会比较强烈，组织给予更为公平的薪酬契约效果会更好。樊耘等（2014）研究指出，高积极互惠偏好的个体更倾向以更加利于他人和组织的方式行事，而高消极互惠偏好的个体以更多恶意的方式看待别人。陈瑾和梁欢（2013）结论证明，社会福利偏好较强的管理者更容易在与组织的互动过程中对组织产生较强的情感依附。樊耘等（2014）也指出，与低社会福利偏好的个体相比，高社会福利偏好的个体对组织文化更加敏感，更容易感知到文化友好性和一致性。许多研究都表明，利他偏好对于个体而言具有相对正面的精神反馈，无论它是作为一种动机还是一种人格，其形成都不是一种被动的行为，社会责任感和内控是利他人格的重要特征，即使某些家族成员在“法律上”不拥有企业的所有权，利他偏好也会促使每个家族成员认为自己是企业“事实上”的所有者，会怀着拥有家族资产剩余索取权的信念行事，表现出较高的组织承诺。据此提出第 5 个假设：

假设 5：控制所得报酬的心理契合度及其他因素，管理者友好型社会偏好倾向越强，其组织承诺程度越高；破坏型社会偏好倾向越强，组织承诺程度越低。

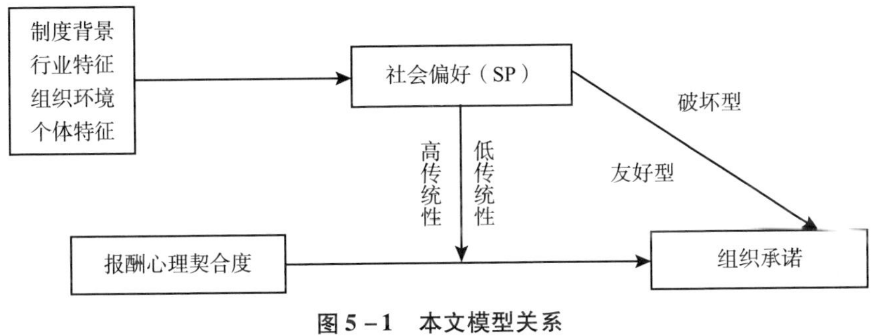

图5-1　本文模型关系

5.3 研究设计

5.3.1 主要变量的度量

1. 社会偏好倾向的度量

为了甄别出管理者各种社会偏好的相对强度，本研究借鉴实验经济学相关设计思想，采用实验中所甄别的经理人员愿意为了达到某类分配结果支付多大的成本进行加权度量（Teyssier，2012），运用如下公式计算实验者各种社会偏好的强度：

$$SP_j = \sum Dummy\_choice_n \times W_n$$

SP_j 表示管理者 j 的某种社会偏好倾向的强度，分别用有利不公平厌恶偏好（$AIAP_j$）、不利不公平厌恶偏好（$DIAP_j$）、积极互惠偏好（PRP_j）、消极互惠偏好（NRP_j）、利他偏好（AP_j）、社会福利偏好（SWP_j）、竞争性偏好（CP_j）替代。虚拟变量 $Dummy\_choice_{n,j}$ 表示管理者 j 在第 n 个方案中是否存在某种偏好倾向的选择，如果是，赋值1；否则赋值0。W_n 表示第 n 个方案权重指数，各类社会偏好类型权重指数计算方法见表5-1。

表5-1　社会偏好类型权重指数计算方法

偏好类型	独裁者决策（D）	提议者决策（E）	响应者决策（F）	W_n
$AIAP_j$	为了减少越小的有利不公平，花费越多的成本，其有利不公平厌恶感越强	预期可能进一步承担的损失越大，其有利不公平厌恶感越强	利益受损前提下会加强其有利不公平厌恶感，获利前提下会减弱其有利不公平厌恶感	W_n = 1 +（为得到公平所付出的成本 + 预期或已承担的损失 × 0.5）/不公平程度绝对额

续表

偏好类型	独裁者决策（D）	提议者决策（E）	响应者决策（F）	W_n
$DIAP_j$	为了减少越小的不利不公平，花费越多的成本，其不利不公平厌恶感越强	预期可能进一步承担的损失越大，其不利不公平厌恶感越强	利益受损前提下会减弱其不利不公平厌恶感，受惠前提下会加强其不利不公平厌恶感	W_n = 1 +（为得到公平所付出的成本 + 预期的损失或已受惠程度 × 0.5）/不公平程度绝对额
PRP_j	—	—	为了报答越小的“恩惠”，报恩强度越大，甚至愿意因此而花费越多的额外成本，其积极互惠主义感越强	W_n = 1 +（报恩强度 + 为报恩所付出的额外成本）/E 阶段获得的“恩惠”程度
NRP_j	—	—	为了惩罚越小的“恶意”，惩罚强度越大，甚至不惜因此而花费越多的额外成本，其消极互惠主义感越强	W_n = 1 +（惩罚强度 + 为惩罚所付出的额外成本）/E 阶段遭遇的“恶意”程度
AP_j	为了越小的利他主义给予，愿意自我牺牲越大的额度，其利他主义感越强	预期可能进一步承担的损失越大，其利他主义感越强	利益受损前提下会加强其利他主义感，获利前提下会减弱利他主义感	W_n = 1 +（自我牺牲的额度 + 预期或已承担的损失 × 0.5）/利他程度绝对额
SWP_j	为了越小的社会福利增量，愿意自我牺牲越大的额度，其社会福利最大化偏好越强	预期可能进一步承担的损失越大，其社会福利最大化偏好越强	—	W_n = 1 +（自我牺牲的额度 + 预期承担的损失 × 0.5）/社会福利增量
CP_j	为了越小的自身相对收益增量，愿意自我牺牲越大的额度，其社会福利最大化偏好越强	—	获利前提下会加强竞争性偏好，利益受损前提下会减弱竞争性偏好	W_n = 1 +（自我牺牲的额度 + 已受惠金额 × 0.5）/自身相对收益增量

各类社会偏好权重指数 W_n 的具体计算过程见表 5 – 2 – 1 ~ 表 5 – 2 – 7。

表 5-2-1　　经理人员有利不公平厌恶的衡量

方案	不公平程度 绝对额	为得到公平 所付出的成本	F 阶段预期承担的 损失/E 阶段已受损	公平指数（W）
Dict 3	5000	1000	—	1.20
Dict 5	8000	4000	—	1.50
Eresp 1	8000	4000	0	1.50
Eresp 9	6250	6000	250	1.98
Eresp 10	4500	5000	0	2.11
Fresp 1	4000	0	4000	1.50
Fresp 2	4000	0	-4000	0.5
Fresp 10	2000	0	5000	2.25

注：A 决策指数计算准则：为了减少越小的有利不公平，花费越多的成本，其有利不公平厌恶感越强。

E 决策指数计算准则：为了减少越小的有利不公平，愿意花费越多的成本，并且预期可能承担的损失越大，其有利不公平厌恶感越强。

F 决策指数准则：为了减少越小的有利不公平，愿意花费越多的成本，利益受损前提下会加强其有利不公平厌恶感，获利前提下会减弱其有利不公平厌恶感。

W = 1 +（为得到公平所付出的成本 + 预期或已承担的损失 ×0.5）/不公平程度绝对额

表 5-2-2　　经理人员不利不公平厌恶的衡量

方案	不公平程度 绝对额	为得到公平 所付出的成本	F 阶段预期承担的 损失/E 阶段已受惠	公平指数（W）
Dict 1	3750	-250	—	0.93
Dict 4	6000	2000	—	1.33
Dict 6	3500	0	—	1
Dict 7	6000	-250	—	0.96
Dict 8	2000	1000	—	1.50
Eresp 2	8000	-4000	0	0.50
Eresp 3	8000	-4000	250	0.52
Eresp 6	6500	-4000	-1000	0.31
Eresp 7	7500	-4000	0	0.47
Eresp 11	4500	-3500	-1000	0.11
Fresp 3	3750	-250	4000	1.47
Fresp 4	3500	0	-1500	0.79

续表

方案	不公平程度绝对额	为得到公平所付出的成本	F 阶段预期承担的损失/E 阶段已受惠	公平指数（W）
Fresp 5	3750	-250	-1500	0.73
Fresp 7	3500	0	4000	1.57
Fresp 8	6000	2000	-5500	0.88

注：A 决策指数计算准则：为了减少越小的不利不公平，花费越多的成本，其不利不公平厌恶感越强。

E 决策指数计算准则：为了减少越小的不利不公平，愿意花费越多的成本，并且预期可能承担的损失越大，其不利不公平厌恶感越强。

F 决策指数准则：为了减少越小的不利不公平，愿意花费越多的成本，利益受损前提下会减弱其不利不公平厌恶感，受惠前提下会加强其不利不公平厌恶感。

W =1 +（为得到公平所付出的成本 + 预期的损失或已受惠程度 ×0.5）/不公平程度绝对额

表 5-2-3　　经理人员积极互惠主义的衡量

方案	E 阶段获得“恩惠”	报恩强度	为报恩所付出的额外成本	互惠指数（W）
Fresp 2	4000	4000	0	2
Fresp 3	3750	3500	250	2
Fresp 6	4000	4000	1000	2.25
Fresp 7	4000	3500	0	1.88
Fresp 11	3500	1000	1000	1.57

注：F 决策积极互惠判断准则：为了报答越小的“恩惠”，报恩强度越大，甚至愿意因此而花费越多的额外成本，其积极互惠主义感越强。W =1 +（报恩强度 + 为报恩所付出的额外成本）/E 阶段获得的“恩惠”程度

表 5-2-4　　经理人员消极互惠主义的衡量

方案	E 阶段遭遇“恶意”	惩罚强度	为惩罚所付出的额外成本	互惠指数（W）
Fresp 1	4000	4000	0	2
Fresp 4	1500	3500	0	3.33
Fresp 5	1500	3500	-250	3.16
Fresp 8	7500	8000	2000	2.33
Fresp 9	6250	250	250	1.08
Fresp 10	5000	2000	0	1.4

注：F 决策消极互惠判断准则：为了惩罚越小的“恶意”，惩罚强度越大，甚至不惜因此而花费越多的额外成本，其消极互惠主义感越强。W =1 +（惩罚强度 + 为惩罚所付出的额外成本）/E 阶段遭遇的“恶意”程度

表 5-2-5 经理人员利他主义偏好的衡量

方案	利他程度绝对额	为了利他给予而自我牺牲的额度	F 阶段预期承担的损失/E 阶段已受损	利他指数（W）
Dict 1	3500	250	—	1.07
Dict 2	4000	1000	—	1.25
Dict 3	4000	1000	—	1.25
Dict 5	4000	4000	—	2
Dict 6	3500	0	—	1
Dict 7	5750	250	—	1.04
Dict 8	6000	0	—	1
Eresp 1	4000	4000	0	2
Eresp 4	2000	1500	0	1.75
Eresp 5	2000	1750	-250	1.81
Eresp 8	500	5500	2000	14
Eresp 9	250	6000	250	25.5
Fresp 1	4000	0	4000	1.50
Fresp 2	4000	0	-4000	0.50
Fresp 3	3500	250	-3750	0.54
Fresp 4	3500	0	1500	1.21
Fresp 5	3500	250	1750	1.32
Fresp 6	4000	1000	-4000	0.75
Fresp 7	3500	0	-4000	0.43
Fresp 9	250	-250	6000	12
Fresp 10	2000	0	5000	2.25
Fresp 11	1000	1000	-3500	0.25

注：A 决策指数计算准则：为了越小的利他主义给予，愿意自我牺牲越大的额度，其利他主义感越强。

E 决策指数计算准则：为了越小的利他主义给予，愿意自我牺牲越大的额度，并且预期可能进一步承担的损失越大，其利他主义感越强。

F 决策指数准则：为了越小的利他主义给予，愿意自我牺牲越大的额度，利益受损前提下会加强其利他主义感，获利前提下会减弱利他主义感。

W=1+(自我牺牲的额度+预期或已承担的损失×0.5)/利他程度绝对额

表 5-2-6　　经理人员社会福利偏好的衡量

方案	社会福利增量	为了增加社会福利而自我牺牲的额度	F 阶段预期承担的损失	社会福利偏好指数（W）
Dict 1	3250	250	—	1.08
Dict 2	3000	1000	—	1.33
Dict 3	3000	1000	—	1.33
Dict 6	3500	0	—	1
Dict 7	5500	250	—	1.05
Dict 8	6000	0	—	1
Dict 9	4000	-1000	—	0.75
Eresp 4	500	1500	0	4
Eresp 5	250	1750	-250	7.5

注：A 决策指数计算准则：为了越小的社会福利增量，愿意自我牺牲越大的额度，其社会福利最大化偏好越强。

E 决策指数计算准则：为了越小的社会福利增量，愿意自我牺牲越大的额度，并且预期可能进一步承担的损失越大，其社会福利最大化偏好越强。

W = 1 + (自我牺牲的额度 + 预期承担的损失 ×0.5)/社会福利增量

表 5-2-7　　经理人员竞争性偏好的衡量

方案	自身相对收益增量	为了增加相对收益而自我牺牲的绝对金额	E 阶段已受惠	竞争性偏好指数（W）
Dict 2	5000	-1000	—	0.8
Dict 3	5000	-1000	—	0.8
Dict 4	6000	2000	—	1.33
Dict 5	8000	-4000	—	0.5
Dict 6	3500	0	—	1
Dict 7	6000	-250	—	0.96
Dict 9	2000	1000	—	1.5
Fresp 1	4000	0	-4000	0.5
Fresp 2	4000	0	4000	1.5
Fresp 3	3750	-250	4000	1.47
Fresp 4	3500	0	-1500	0.79
Fresp 5	3750	-250	-1500	0.73

续表

方案	自身相对收益增量	为了增加相对收益而自我牺牲的绝对金额	E阶段已受惠	竞争性偏好指数（W）
Fresp 6	5000	-1000	5000	1.3
Fresp 7	3500	0	4000	1.57
Fresp 8	6000	2000	-7500	0.71
Fresp 11	2000	-1000	4500	1.63

注：A决策指数计算准则：为了越小的自身相对收益增量，愿意自我牺牲越大的额度，其社会福利最大化偏好越强。

F决策指数计算准则：为了越小的自身相对收益增量，愿意自我牺牲越大的额度，获利前提下会加强竞争性偏好，利益受损前提下会减弱竞争性偏好。

W=1+（自我牺牲的额度+已受惠金额×0.5）/自身相对收益增量

2. 报酬的心理契合度的度量

报酬的心理契合度问卷题目的设计主要借鉴明尼苏达满意度量表设计思想（MSQ），侧重从现实薪酬与心理预期和对薪酬的主观评价两个维度进行甄别，包括5个条目，见表5-3。因子分析的KMO检验结果为0.80，Bartlett的球形度检验值为605.57（$df=10$，$p<0.01$），通过主成分提取方法得到一个因子，解释了原始问卷60.388%的方差变异。另外，本研究对样本数据的信度进行分析，报酬的心理契合度量表的Cronbach α系数为0.83，超过了0.7的这一最低可接受水平，说明量表具有足够的信度。为了计算报酬的心理契合度变量（CPF），本研究采用主成分提取方法和具有Kaiser标准化的四分旋转法，得到成分得分系数矩阵，则：

$$CFP = \sum_{n=1}^{5} Q_n\_score \times coefficient_n \times VCR$$

其中，Q_n_Score 为管理者对条目n的选择得分，$coefficient_n$ 为条目n成分得分系数，VCR为因子的方差贡献率，即VCR=60.388%。

表5-3　报酬的心理契合度探索性因子分析结果

条目	因子	KMO	Bartlett的球形度检验
Q1. 相对于心理预期，所获薪酬的满意度	0.763	0.80	605.57***
Q2. 相对于心理预期，薪酬调整及涨幅的满意度	0.789		
Q3. 对公司薪酬激励强度的评价	0.826		
Q4. 对公司薪酬制度公正性和公平性的评价	0.780		
Q5. 对公司的激励模式有效性的总体评价	0.726		

注：主成分分析法，成分得分系数采用Kaiser标准化的四分旋转后的因子负荷。报酬心理契合度量表Cronbach α系数为0.83。

3. 组织承诺的度量

组织承诺的量表主要基于迈耶和艾伦（1991）的组织承诺“三因素模型”思想，并借鉴凌文辁等（2000）开发的针对中国职工组织承诺的“五因素模型”，即从情感承诺、规范承诺、理想承诺、经济承诺和机会承诺5个因素进行调查，剔除负荷较低的条目后，量表共有20个项目，每个因素4个项目见表5-4。

五因素量表因子分析的KMO检验结果均超过0.50，Bartlett的球形度检验χ^2值分别为11.88（$df=6$，$p<0.1$）、32.33（$df=6$，$p<0.01$）、48.14（$df=6$，$p<0.01$）、164.15（$df=6$，$p<0.01$）、26.43（$df=6$，$p<0.01$），通过主成分提取方法得到每个因素的因子，其中情感承诺、规范承诺和机会承诺分别得到2个因子，而理想承诺和经济承诺分别得到1个因子，每个因素的因子（正交旋转后）对原始问卷方差变异的解释度均超过60%。进行信度分析表明，组织承诺总体量表的Cronbach α系数为0.77，超过了0.7的这一最低可接受水平，说明量表具有足够的信度。为了计算组织承诺（OC），本研究采用主成分提取方法和具有Kaiser标准化的四分旋转法，得到成分得分系数矩阵，则：

$$M\_OC = \sum_{i=1}^{2}\sum_{n=1}^{5} Q_{n}\_score \times coefficient_{i,n} \times VCR_{i}$$

其中，M_OC管理者组织承诺变量，分别用AOC、NOC、IOC、EOC和OOC五因素替代；Q_n_Score为管理者对条目n的选择得分；$coefficient_{i,n}$为第i个因子条目n成分得分系数；VCR_i为第i个因子的方差贡献率。最后，由五因素的加权平均数得到组织承诺总体指标OC。

表5-4 组织承诺探索性因子分析结果

项目	因子1	因子2	KMO	Bartlett的球形度检验
i 情感承诺（AOC）				
Q1. 在公司里，我觉得自己是“大家庭里的一分子”	-0.05	0.735	0.5	11.88*
Q2. 如果需要，我愿意把业余时间贡献给公司	0.739	0.199		
Q3. 我对公司有很深的感情	0.766	-0.176		
Q4. 即使待遇上不公平，也不会对我工作热情产生负面影响	0.064	0.725		

续表

项目	因子 1	因子 2	KMO	Bartlett 的球形度检验
ii 规范承诺（NOC）				
Q1. 如果提高工资，会更加努力工作提高公司业绩	0.695	-0.433	0.5	32.33***
Q2. 我认为跳槽是不道德的	0.137	0.907		
Q3. 我认为拿了工资就应该对公司全身心投入	0.521	0.053		
Q4. 如果待遇超过预期，就有必要在某些方面表现更积极	0.735	0.246		
iii 理想承诺（IOC）				
Q1. 在这里只要努力就能得到我所要的回报	0.772		0.55	48.14***
Q2. 这里的工作具有挑战性	0.719			
Q3. 在这个公司我可以学有所用	0.262			
Q4. 在这个公司我有晋升的机会	0.513			
iv 经济承诺（EOC）				
Q1. 我不想离开这里因为怕失去很多福利	0.638		0.62	164.15***
Q2. 我不想离开是因为工资比同行业其他公司要高	0.436			
Q3. 自己的资历，这里提供了令人满意的薪酬	0.820			
Q4. 我不想离开是因为怕损失太大	0.774			
v 机会承诺（OOC）				
Q1. 离开这里，另找一个条件好的公司并不容易	0.798	-0.005	0.5	26.43***
Q2. 离开这里，重新找到合适的工作岗位并不容易	0.801	0.016		
Q3. 家庭背景不能给我提供更多的工作选择	0.055	0.720		
Q4. 近三年并没有跳槽的机会	-0.045	0.730		

注：主成分分析法，成分得分系数 Kaiser 标准化的四分旋转后的因子负荷。组织承诺量表 Cronbach α 系数为 0.77。

5.3.2 计量模型设计

本研究针对理论模型所得出的命题，分别设计如下计量模型进行检验，即：

$$SP = \alpha + \beta_1 Sex + \beta_2 Age + \beta_3 Education + \beta_4 RI + \beta_5 Level + \beta_6 Stated + \beta_7 Size + \beta_i \sum Industry + \varepsilon \qquad (5-1)$$

其中，SP 表示管理者的某种社会偏好倾向的强度，分别用 AIAP、DIAP、PRP、NRP、AP、SWP、CP 替代。Sex 为管理者的性别，男性赋值 1，女性赋值为 0；

Age 为管理者年龄；Education 为管理者教育程度，学历越高赋值越大；RI 表示表示风险厌恶偏好，采用管理者参与风险性投资的频率衡量；Level 表示管理者所处管理层级高低，所在层级越高赋值越大；Stated 表示管理者所在企业的所有权性质，如果是国有控股企业，赋值 1，否则赋值 0；Size 为公司规模，用公司员工人数衡量；Industry 表示公司所处行业；ε 为模型的残差，假设其服从标准正态分布。

$$OC = \alpha + \beta_1 CPF + \beta_2 Sex + \beta_3 Age + \beta_4 Education + \beta_5 RI + \beta_6 Level + \varepsilon \quad (5-2)$$

其中，OC 表示管理者组织承诺综合变量，为管理者情感承诺（AOC）、规范承诺（NOC）、理想承诺（IOC）、经济承诺（EOC）、机会承诺（OOC）等 5 个变量的加权平均数；CPF 表示管理者报酬的心理契合度，由量表成分得分系数计算得到。

$$OC = \alpha + \beta_1 CPF + \beta_2 SP + \beta_3 SP \times CPF + \beta_4 Sex + \beta_5 Age + \beta_6 Education + \beta_7 RI + \beta_8 Level + \varepsilon \quad (5-3)$$

其中，SP × CPF 为社会偏好倾向与报酬的心理契合度的交乘项，其他变量定义同上。

$$OC = \alpha + \beta_1 SP + \beta_2 CPF + \beta_3 Sex + \beta_4 Age + \beta_5 Education + \beta_6 RI + \beta_7 Level + \varepsilon \quad (5-4)$$

变量定义同上。

5.4 实证结果与分析

表 5 – 5 列示了管理者个体社会偏好倾向的影响因素的回归结果，各个模型的 F 检验值都在 1% 或者 5% 的水平上显著，说明模型是整体上有效的。可以看到，相对于男性管理者，女性管理者的不公平厌恶偏好和利他偏好更强，且在 1% 或者 5% 的水平上显著，与学者们的结论基本一致（Garcla – Gallego et al.，2012；周业安等，2013），也比较符合我国文化传统；跟预期不一致的是，模型 7 结果表明，女性管理者比男性管理者具有更强的竞争性偏好，且在 5% 水平上显著，这可能是由于在我国职场中，男性通常占据主导地位，尽管在整个人群中男性竞争性偏好更强，但对于在职称中走上管理岗位的女性管理者而言，比一般的女性需要付出更大的努力，其竞争性偏好也会更强些。此外，没有发现互惠偏好和社会福利偏好上的性别差异。从年龄上看，发现年龄越大的管理者，其不公平厌恶偏好和利他偏好分别在 1% 和 5% 的水平上显著更强烈，说明年龄越大，受到传统文化的影响越大，更加乐意与人分享和贡献自己的利益；没有发现其他偏好类型上的年龄差异。从受教育程度来看，受教育程度越高的管理者，其利他

偏好倾向越弱，而消极互惠偏好倾向越强，且都在5%水平上显著；此外，还可以看到，受教育水平越高，不利不公平厌恶偏好和竞争性偏好倾向都更强，而积极互惠偏好更弱，虽然这三类偏好在统计上不显著。整体表明，管理者受教育程度越高，其友好型社会偏好倾向更弱，因此，企业在进行激励机制设计和组织文化建设的时候，必须对教育程度较高的管理人员给予足够的关注，尽可能引导其形成友好型社会偏好，消除或降低其帕累托破坏行为。从管理层级来看，管理者所处层级越高，其各类社会偏好倾向都较弱，其中，不利不公平厌恶偏好和社会福利偏好倾向均在10%水平上显著较低。整体上表明，管理者所处层级越高，其理性化程度越高，在进行经济决策的时候越少受到其自身偏好倾向的影响。此外，结果显示，相对于小公司，大公司的管理者不公平厌恶偏好、利他偏好、积极互惠偏好和社会福利偏好倾向都更加强烈，其中不利不公平厌恶偏好和社会福利偏好倾向均在10%水平上显著较高；而消极互惠偏好和竞争性偏好倾向相对较弱。说明随着公司规模的扩大，团队氛围也会更加浓厚，同时由于分工更细，不同管理者负责的业务类型差异性更大，由相互比较而导致的负面效应也会降低。另外，管理者风险厌恶偏好与其社会偏好呈负相关关系，但并不显著。在管理者所处单位所有权性质方面，国有企业管理者比民营企业管理者体现出更强的社会偏好倾向，但也不显著。

表5-5 管理者个体社会偏好倾向的影响因素回归结果

自变量	模型1 AIAP	模型2 DIAP	模型3 PRP	模型4 NRP	模型5 AP	模型6 SWP	模型7 CP
常数项	2.689*** (4.103)	1.072** (2.299)	7.043*** (3.862)	2.468 (1.144)	68.154*** (7.835)	6.603 (1.200)	5.620** (2.493)
Sex	-0.369*** (-2.627)	-0.400*** (-3.636)	0.328 (1.115)	-0.522 (-1.395)	-4.353** (-2.319)	0.079 (0.146)	-0.949** (-2.233)
Age	0.398*** (2.781)	0.267*** (2.685)	-0.339 (-1.263)	0.188 (0.508)	4.361** (2.247)	0.568 (1.165)	0.491 (1.235)
Education	-0.195 (-1.381)	0.098 (0.881)	-0.279 (-1.023)	0.797** (2.052)	-3.951** (-2.154)	-0.728 (-1.452)	0.685 (1.553)
RI	-0.042 (-0.723)	-0.068 (-1.406)	-0.129 (-1.005)	-0.133 (-0.796)	-0.463 (-0.604)	-0.089 (-0.386)	-0.080 (-0.413)
Level	-0.146 (-0.892)	-0.242* (-1.927)	-0.317 (-0.953)	-0.461 (-1.054)	-3.154 (-1.487)	-0.897* (-1.657)	-0.321 (-0.624)

续表

自变量	模型 1 AIAP	模型 2 DIAP	模型 3 PRP	模型 4 NRP	模型 5 AP	模型 6 SWP	模型 7 CP
Stated	0. 172 (1. 148)	0. 151 (1. 268)	0. 291 (0. 950)	0. 092 (0. 243)	1. 226 (0. 620)	0. 031 (0. 053)	0. 020 (0. 043)
Size	0. 041 (0. 719)	0. 073 * (1. 773)	0. 118 (1. 078)	-0. 075 (-0. 491)	0. 578 (0. 765)	0. 398 * (1. 940)	-0. 007 (-0. 042)
Industry	控制						
N	277	267	292	269	265	293	265
调整 R^2	0. 105	0. 113	0. 099	0. 076	0. 128	0. 113	0. 082
F 检验	1. 68 **	1. 76 **	1. 66 **	1. 43 *	2. 01 ***	1. 93 **	1. 52 *

注：*** 、** 和 * 分别表示双尾 t - 检验值在 1% 、5% 和 10% 水平上显著，计算 t 值时均采用稳健性标准误。

表 5 -6 列示了管理者所得报酬的心理契合度与其组织承诺关系的回归结果。各个模型的 F 检验值均在 1% 的水平上显著，说明模型是整体上有效的。可以看出，我国企业管理者所得报酬的心理契合度与各个层次的组织承诺都在 1% 水平上显著正相关，与大多数相关研究结论一致（倪昌红等，2013；樊耘等，2014），支持了假设 2。可见，满意的报酬作为满足员工较低层次需求的回报，不管是对于顺从、同化还是内化层次的组织承诺都是至关重要的。从控制变量看，相对而言，男性管理者具有更高的理想承诺和机会承诺，而女性管理者具有更高的经济承诺，相对而言，男性管理者对于工作的挑战性、晋升的机会或者职业发展规划等方面有更多的考虑，而女性管理者更加看重职场中所带来的经济方面的回报。随着年龄增长，管理者情感承诺和理想承诺增强，而规范承诺和经济承诺减弱，这基本上与个体需求层次是相符合的，只有满足了生理、安全等需求，社交、尊重和自我实现等更高层次的需求才会变得重要。从受教育程度看，管理者学历越高，理想承诺越高而经济承诺越低。换句话说，高学历管理者更加看重工作的内在价值和发展空间，而低学历管理者比较关注工作带来的经济回报。管理者风险厌恶偏好越强烈，其情感承诺越高，这与相关经验证据一致（欧阳葵和王国成，2014），对组织情感依附越强，说明其越追求稳定的工作状态，而不喜欢未预期的变化。此外，结果表明，管理者所处管理层级越高，组织承诺也越高，特别是情感承诺和理想承诺，都在 10% 水平上显著。相对而言，管理层级越高，对组织的认同感也就越高，也更加关注工作的内在价值。

表 5-6 管理者所得报酬的心理契合度与其组织承诺关系的回归结果

自变量	模型 8 AOC	模型 9 NOC	模型 10 IOC	模型 11 EOC	模型 12 OOC	模型 13 OC
常数项	1.078 *** (5.357)	1.600 *** (7.620)	0.133 (1.099)	1.139 *** (7.252)	1.477 *** (8.599)	1.380 *** (12.510)
CPF	0.113 *** (2.869)	0.309 *** (6.451)	0.425 *** (15.955)	0.515 *** (17.355)	0.151 *** (4.378)	0.375 *** (16.957)
Sex	0.015 (0.341)	-0.029 (-0.611)	0.058 ** (2.063)	-0.066 * (-1.797)	0.143 *** (3.821)	0.029 (1.110)
Age	0.137 *** (3.471)	-0.119 *** (-2.789)	0.057 ** (2.143)	-0.078 ** (-2.142)	0.022 (0.604)	0.005 (0.178)
Education	-0.055 (-1.242)	0.039 (0.848)	0.056 ** (2.138)	-0.063 * (-1.859)	-0.019 (-0.544)	-0.014 (-0.569)
RI	0.039 ** (2.091)	0.022 (0.893)	-0.002 (-0.127)	0.019 (1.205)	0.019 (1.147)	0.024 ** (1.994)
Level	0.091 * (1.967)	0.053 (0.991)	0.055 * (1.826)	0.036 (1.092)	0.012 (0.298)	0.060 ** (2.196)
N	301	305	305	304	303	300
调整 R^2	0.088	0.158	0.493	0.411	0.109	0.453
F 检验	4.291 ***	9.661 ***	45.204 ***	53.849 ***	6.393 ***	54.528 ***

注：***、** 和 * 分别表示双尾 t-检验值在 1%、5% 和 10% 水平上显著，计算 t 值时均采用稳健性标准误。

表 5-7 列示了管理者社会偏好倾向对其报酬的心理契合度与组织承诺之间关系调节效应的回归结果。各个模型的 F 检验值均在 1% 的水平上显著，说明模型是整体上有效的。由表 5-7 可知，交乘项 AIAP × CPF、DIAP × CPF 和 CP × CPF 回归系数均为正，且均在 5% 水平上显著。也就是说，管理者有利不公平厌恶偏好、不利不公平厌恶偏好和竞争性偏好都正向调节了报酬的心理契合度与组织承诺之间的正相关关系，DIAP × CPF 系数为 0.128，大于 AIAP × CPF 的系数 0.081，不利不公平厌恶偏好比有利不公平厌恶偏好调节效应更大，支持了假设 3。整体说明，管理者公平交换诉求显著地影响了薪酬激励契约的效率，以高的努力和高组织承诺回报超额报酬的“负罪感”，以低的努力和低组织承诺来平衡报酬低于预期的“被剥削感”，为近年来行为理论学派的研究提供了中国企业文化背景下的新证据（张永军，2014；张涵等，2015）。同时，管理者不利不公平厌恶偏好和有利不公平厌恶偏好的非对称调节效应要求组织在进行绩效工资设计时，必须兼顾公平，以免顾此失彼。交乘项 CP × CPF 在 5% 水平上显著为正，说

明管理者竞争偏好报酬的心理契合度与组织承诺之间的正相关关系也有正向的调节效应，支持了假设3的预期，竞争性偏好较强的管理者对于报酬的获取相对大小会较为敏感，同时在企业组织中，团队成员在报酬方面形成竞争，有助于较大程度发挥薪酬的激励效应，也能阻止或减少由于共谋而降低的工作效率，符合锦标赛理论预期（Lazear & Rosen，1981）。

由表5－7还可以看到，交乘项PRP×CPF、SWP×CPF的回归系数均在5%水平上显著为负，支持了假设4的预期，即中国人高传统性的偏好倾向，特别是积极互惠偏好和社会福利偏好，会弱化报酬心理契合度对组织承诺的正向激励效果，报酬以外，更多的情感因素影响了其组织承诺层次，使这类管理者对组织薪酬分配制度有着更高的遵从性与适应性（杨春江等，2014；袁卓群等，2015）。与假设预期不一致的是，交乘项NRP×CPF、AP×CPF的回归系数为正，但都不显著。究其原因，前者可能是由于在我国文化背景下，“投我以桃，报之以李”的积极互惠偏好要比“以牙还牙，以眼还眼”的消极互惠偏好更具有普适性和文化认同性，因此，积极互惠偏好能够体现出较为显著的治理效应，而消极互惠偏好则看不到显著的治理效应，部分地支持了假设4中关于两类偏好呈不对称的调节效应的理论预期。对于利他偏好而言，观测不到显著的中介作用可能是由于进入到本研究样本的管理者所在企业的规模或者发展阶段，还没有到达足以使得利他行为弱化报酬契约激励效果的负面效应完全掩盖掉其作为“润滑油”角色给企业带来的积极效应，因此，还必须结合假设5的结果来综合评价利他偏好的治理效应，这与其他学者的研究启示是一致的（王明琳等，2014）。

表5－7　管理者报酬的心理契合度与组织承诺：社会偏好倾向的调节效应

自变量	OC						
	模型14	模型15	模型16	模型17	模型18	模型19	模型20
常数项	1.286*** (5.086)	1.471*** (5.403)	1.165*** (8.525)	1.513*** (10.099)	1.291*** (7.997)	1.239*** (9.844)	1.636*** (9.008)
CPF	−0.005 (−0.071)	−0.045 (−0.612)	0.457*** (11.145)	0.309*** (6.468)	0.376*** (7.259)	0.429*** (13.697)	0.263*** (4.305)
AIAP	−0.147* (−1.902)						
AIAP×CPF	0.081** (2.308)						
DIAP		−0.287*** (−2.632)					
DIAP×CPF		0.128** (2.595)					

续表

自变量	OC						
	模型 14	模型 15	模型 16	模型 17	模型 18	模型 19	模型 20
PRP			0. 048 *** (2. 682)				
PRP × CPF			−0. 018 ** (−2. 218)				
NRP				−0. 028 * (−1. 695)			
NRP × CPF				0. 012 (1. 641)			
AP					0. 001 (0. 269)		
AP × CPF					0. 000 (0. 094)		
SWP						0. 024 ** (2. 465)	
SWP × CPF						−0. 009 ** (−2. 189)	
CP							−0. 030 ** (−2. 261)
CP × CPF							0. 012 ** (2. 048)
Sex	0. 037 (0. 859)	0. 022 (0. 462)	0. 030 (1. 122)	0. 035 (1. 222)	0. 042 (1. 472)	0. 030 (1. 143)	0. 037 (1. 322)
Age	0. 149 *** (3. 786)	0. 148 *** (3. 579)	0. 009 (0. 360)	0. 010 (0. 363)	0. 002 (0. 073)	−0. 000 (−0. 010)	0. 008 (0. 265)
Education	−0. 060 (−1. 349)	−0. 068 (−1. 479)	−0. 013 (−0. 538)	−0. 010 (−0. 375)	−0. 003 (−0. 124)	−0. 010 (−0. 402)	−0. 010 (−0. 371)
RI	0. 034 * (1. 738)	0. 038 * (1. 772)	0. 020 * (1. 698)	0. 020 (1. 550)	0. 023 * (1. 734)	0. 023 * (1. 927)	0. 022 (1. 642)
Level	0. 086 * (1. 781)	0. 060 (1. 187)	0. 058 ** (2. 101)	0. 067 ** (2. 214)	0. 066 ** (2. 114)	0. 062 ** (2. 244)	0. 063 ** (2. 093)
N	280	267	295	268	265	296	265
调整 R^2	0. 095	0. 075	0. 448	0. 430	0. 434	0. 448	0. 434
F 检验	6. 160 ***	4. 178 ***	42. 917 ***	36. 410 ***	39. 704 ***	42. 520 ***	37. 926 ***

注：***、** 和 * 分别表示双尾 t − 检验值在 1%、5% 和 10% 水平上显著，计算 t 值时均采用稳健性标准误。

表 5 -8 列示了控制报酬的心理契合度情况下管理者社会偏好倾向与组织承诺关系的回归结果。各个模型的 F 检验值均在 1% 的水平上显著，说明模型是整体上有效的。

表 5 -8　管理者社会偏好倾向与组织承诺：控制报酬的心理契合度

自变量	OC						
	模型 21	模型 22	模型 23	模型 24	模型 25	模型 26	模型 27
常数项	0.952 *** (4.193)	0.998 *** (4.860)	1.215 *** (5.344)	1.010 *** (4.827)	1.087 *** (4.808)	0.916 *** (4.218)	1.107 *** (5.030)
AP	0.003 * (1.781)						
SWP		0.009 ** (2.273)					
CP			-0.016 ** (-2.507)				
AIAP				0.032 * (1.676)			
DIAP					-0.006 (-0.231)		
PRP						0.026 *** (3.319)	
NRP							-0.012 * (-1.657)
CPF	0.127 *** (2.871)	0.115 *** (2.890)	0.117 *** (2.615)	0.127 *** (3.045)	0.116 ** (2.587)	0.126 *** (3.146)	0.122 *** (2.794)
Sex	0.030 (0.650)	0.016 (0.369)	0.018 (0.381)	0.031 (0.703)	0.029 (0.594)	0.006 (0.144)	0.015 (0.331)
Age	0.139 *** (3.362)	0.127 *** (3.200)	0.145 *** (3.511)	0.146 *** (3.670)	0.140 *** (3.334)	0.140 *** (3.524)	0.155 *** (3.827)
Education	-0.055 (-1.172)	-0.044 (-0.986)	-0.058 (-1.235)	-0.063 (-1.422)	-0.065 (-1.389)	-0.048 (-1.082)	-0.057 (-1.215)

续表

自变量	OC						
	模型 21	模型 22	模型 23	模型 24	模型 25	模型 26	模型 27
RI	0.041 * (1.956)	0.042 ** (2.221)	0.041 ** (1.975)	0.036 * (1.837)	0.045 ** (2.118)	0.040 ** (2.100)	0.038 * (1.913)
Level	0.072 (1.399)	0.090 * (1.937)	0.068 (1.367)	0.089 * (1.809)	0.068 (1.334)	0.098 ** (2.118)	0.076 (1.484)
N	265	296	265	280	267	295	269
调整 R^2	0.098	0.098	0.101	0.108	0.084	0.108	0.097
F 检验	4.472 ***	4.481 ***	4.314 ***	5.563 ***	3.473 ***	4.827 ***	4.049 ***

注：*** 、** 和 * 分别表示双尾 t－检验值在 1%、5% 和 10% 水平上显著，计算 t 值时均采用稳健性标准误。

从表 5－8 可以看到，控制报酬的心理契合度和其他相关因素，管理者利他偏好、社会福利偏好、有利不公平厌恶偏好和积极互惠偏好等友好型社会偏好倾向均与组织承诺水平显著正相关；与之相反，竞争性偏好、不利不公平厌恶偏好和消极互惠偏好等破坏型社会偏好倾向均与组织承诺水平呈负相关关系，其中竞争性偏好在 5% 水平上显著，消极互惠偏好在 10% 水平上显著，而不利不公平厌恶偏好不显著。整体上支持了假设 5，社会偏好倾向更积极的管理者群体更加容易看到事物积极方面，其行为也会更加友好；而社会偏好倾向更利己或更消极的管理者群体，比较容易受到在与组织互动中产生的负面情绪的影响，从而导致低的组织承诺，作出反生产性行为。以上结论对公司治理，特别是企业文化建设是很有启迪意义的，即便不考虑社会偏好在改进薪酬等激励机制方面的前景，也可以通过塑造管理者友好型社会偏好倾向、消除或降低其破坏型社会偏好倾向来提高其组织承诺，进而降低企业的代理成本，提高企业的经营效率。当然，前提是个体的社会偏好必须是可以被塑造的，这并非本研究能够回答的问题，但本研究检验了若干影响管理者社会偏好倾向的个体特征和企业特征，为回答这个问题提供了方向；另外，近年来积极组织行为学派许多经验证据也都表明，个体亲社会偏好是可以被塑造的（Aaken et al.，2014）。

5.5 小　　结

亲社会行为是指人们在社会交往中表现出来的谦让、帮助、合作、分享，甚至为了他人利益而作出自我牺牲的一切有助于社会和谐的行为及趋向，是维持人与人之间良好关系的重要基础，也是建立公正、和谐社会的重要保障，亲社会行为的产生机制一直是社会心理学的研究热点，研究者们不断提出各种理论、模型解释亲社会行为，例如积极组织行为理论学派就试图发掘人性中最美好的东西，利用它来实现组织和个人的共同目标。中国的人情关系具有超规性、义务性、非对称性、高情感性等等特征，与西方强调合规性、自愿性、对称性、低情感性的社会交换关系很不同，表明我国管理者信任结构具备建立在友好型社会性偏好基础上的特殊信任特征，在我国独特的儒家文化情景下，探索管理者个体社会偏好的公司治理效应，具有重要的理论和实践意义。

本研究结果表明：(1) 性别、年龄、受教育程度、管理层级等个体特征及规模等企业特征显著影响管理者社会偏好倾向，没有发现个体风险厌恶偏好和所在企业所有权性质与社会偏好存在显著的相关关系。(2) 管理者所得报酬的心理契合度与各个层次的组织承诺之间的均呈现显著的正相关关系，报酬的心理契合度作为满足员工较低层次需求的回报，是激励机制设计中最基础最重要的部分。(3) 管理者不公平厌恶偏好、竞争性偏好对其所得报酬的心理契合度与组织承诺之间的正相关关系具有正向的调节效应，而积极互惠偏好、社会福利偏好等高传统性偏好具有负向的调节效应；同时也支持了有利与不利不公平厌恶、积极与消极互惠之间均存在不对称调节效应。(4) 进一步研究表明，控制报酬的心理契合度，管理者利他偏好、社会福利偏好、有利不公平厌恶偏好和积极互惠偏好等友好型社会偏好倾向越强，组织承诺越高；与之相反，竞争性偏好、不利不公平厌恶偏好和消极互惠偏好等破坏型社会偏好倾向越强，组织承诺越低。也就是说，企业可以通过顶层制度的设计、内外环境的营造、企业文化的构建、公司治理机制以及人力资源制度等等的完善，使影响管理者社会偏好的各种因素得到改观，进而能够引导、培育管理者形成友好型社会偏好，激发其选择亲社会行为。

◆下　篇◆

理论的运用

本书上篇主要介绍了社会偏好理论，并将社会偏好函数嵌入现有激励机制中，得到了系列可供检验的命题，并基于实验研究，提供了中国企业文化背景下的经验证据。特别地，在第4章中，基于我国公司企业雇员的实验研究和问卷调查数据直接分析了雇员不公平厌恶偏好在薪酬契约中的内生作用机理。

本书下篇将基于我国上市公司的有关薪酬的公开数据①，构建替代性衡量指标，系统地探讨管理层内部薪酬差距、管理层与员工薪酬差距、现金薪酬外部公平性、股权激励外部公平性以及控制权收益外部公平性等方面的公司治理效应，以对上篇得到的社会偏好的若干命题进行实证检验。需要指出的是，基于上市公司公开数据的分析，不能直接地观察到经理人员的公平性偏好和努力水平，因此，对于其公平性偏好的甄别，本书将从其对于薪酬的内部公平性和外部公平性的反应来分析，而对于由此带来的激励效应，本研究主要分析内部薪酬差距和薪酬外部公平性对于公司业绩、经营效率和公司价值的影响。考虑到我国产权性质和结构的独特性，本书基于前面理论模型得到的命题，结合有关研究主题的主要理论推导各个部分的研究假设，并进行实证分析，本书第11章和第12章将专门针对家族控股和国有控股上市公司这两类常见类型企业，分析其激励机制设计中的若干特殊问题。本书下篇数据的整体时间跨度为2000～2016年，样本为我国A股所有上市公司，但具体到各个研究主题，基于研究需要和数据的可得性，时间和样本的选择都有所不同。

有关社会偏好理论对于薪酬激励机制设计的启示方面，现有研究主要是围绕社会比较理论与最优契约理论竞争性解释展开的。鉴于我国制度背景的复杂性，以及研究问题的差异性较大，为了行文中对于与基本命题矛盾的或者竞争性的结论进行更好的解释，本书在对每一种薪酬制度进行实证检验时，会简要的介绍相关的理论分析工具。

社会比较理论是美国社会心理学家利昂·费斯廷格（Leon Festinger）在1954年提出来的构思，通常也称为“经典的社会比较理论”。他认为个体有一种基本的驱动力来对自身的观点和能力进行评价，当缺乏用来评价的客观源的时候，个体就通过与其他人的比较来评价自己，这个过程就是社会比较。通过社会比较，人们形成公平性的认知（Ambrose et al.，1991）。有关公平感形成的理论则主要有经典公平理论、参照对象认知理论与公平启发理论，其中普遍得到接受与使用

① 1997年财政部发布的《企业会计准则——关联方关系及其交易的披露》中将关键管理人员作为关联方，将其报酬作为一种主要的关联方交易要求披露，是我国最先提出的对报酬信息的披露要求。1999年开始施行的《中华人民共和国证券法》中第六十一条规定了股票或者公司债券上市交易的公司披露的年度报告应包含董事、监事、经理及有关高级管理人员简介及其持股情况。中国证券监督管理委员会（CSRC）2001年修订了《公开发行证券的公司信息披露内容与格式准则第2号——年度报告的内容与格式》，在第二十六条对于公司董事、监事和高级管理人员的薪酬情况做了更为全面而详细的披露要求。这使本书下篇可以在一个较长的时间期间（2000～2016年）内系统地考察上市公司薪酬公平性问题。

的仍然是1965年亚当斯提出的经典公平理论（Adams，1965）。这一理论认为，人们判断公平与否的方法是，将自己的收入与投入之比与一个参照对象的收入与投入之比进行比较，若比值相等则产生公平感，若2个比值不等则产生不公平感。实验经济学的研究表明，大多数人在大多数时候会表现出公平偏好，即在关注自己收益的同时，通过与他人收益的比较来关注收益分配是否公平。

社会比较对个体的自我评价主要会产生两种相反的效应，即对比效应和同化效应。所谓对比效应是指个体面对社会比较信息时，其自我评价水平背离比较目标的现象，即个体面对上行比较信息时会降低其自我评价水平，或面对下行比较信息时会提升其自我评价水平。亚当斯公平理论对公平感形成过程的解释实际上反映的正是一种对比效应，即个体在对自我的薪酬水平进行判断时，会产生偏离参照对象水平的评价，彼高则己低，反之亦然，公平感或不公平感由此产生。而同化效应是指当个体面对社会比较信息时，其自我评价水平朝向比较目标的现象，即个体面对上行比较信息时会提升其自我评价水平，或面对下行比较信息时会降低其自我评价水平。施塔珀尔和库门（Stapel & Koomen，2000）发现，处于竞争情境下的个体倾向于对比效应；同时，在组织之间的比较中，发挥作用的只有对比效应，同化效应并不起作用。据此，当雇员发现自己所得薪酬水平高于其他雇员时，下行比较使得其提高自我评价，薪酬激励机制发挥作用。而当雇员发现自己所得薪酬水平低于其他雇员时，上行比较使得其降低自我评价。

第 6 章

内部薪酬差距的公司治理效应：产权视角

6.1 引　　言

我国在 1978 年以前实行的是按劳分配，在公司中，尤其是国有公司中，长期以来存在着分配的平均主义倾向，高层管理人员和普通员工之间的薪酬差距不显著。从 20 世纪 80 年代开始我国在个人收入分配制度上先后进行了一系列的改革，高管与普通员工之间的薪酬差距以及高管团队内部的薪酬差距在逐渐加大。薪酬差距的扩大，一方面，不可否认的是，改革 40 年来，我国企业的经营效率在不断提高；另一方面，其负面效应也日益彰显，收入分配不公平埋下社会不稳定的隐患。国内有关薪酬内部差距的研究比较晚，近年随着上市公司高管薪酬差距不断扩大的趋势，部分学者开始关注其对公司治理各方面的影响。主要针对管理层内部薪酬差距、管理层与员工之间的薪酬差距两个方面，检验锦标赛理论和行为理论在我国的适用情况。

6.2 理论分析、文献回顾与研究假设

6.2.1 理论分析

企业内部的薪酬分配，包括管理层内部的薪酬分配以及管理层与员工之间的薪酬分配，涉及公平与效率问题，一直备受社会关注。新古典经济学的劳动力定价理论和人力资本理论都认为，管理者薪酬水平由边际产出决定，也就是说管理人员之间的边际生产率差异决定其薪酬水平的差距。但是在现实中，企业内高管

与一般管理人员之间的薪酬差距非常大，在逻辑上颇为完备的边际生产力理论无法对此给出合理的解释，正如拉齐尔和罗森（Lazear & Rosen，1981）所指出的，“一旦某人从副总经理晋升为总经理，他的薪酬水平可能会在一天之内成倍增加，我们很难说是由于这个人的能力在一天内就翻番了。”① 出于边际产出决定薪酬的传统理论的质疑，许多学者提出了新的理论分析框架，形成了两个比较有代表性的竞争性理论流派：锦标赛理论和行为理论。锦标赛理论认为企业内部薪酬差距会对组织经营行为产生正向的激励效应，而行为理论则认为薪酬差距会对组织行为产生负面影响进而降低企业绩效。

1. 锦标赛理论

拉齐尔和罗森（1981）在对边际产出决定薪酬的传统理论提出质疑后，发展出了序数锦标赛（Tournament Theory）的基本观点：在确定的环境下，基于相对绩效的薪酬制度与基于边际产出的薪酬制度产生同样的资源配置效率，但会节约一定的评价成本；在不确定的环境下，基于相对绩效的薪酬制度比基于边际产出的薪酬制度能产生更高的资源配置效率，因为前者会消除外部因素带来的收入不确定性。吉本斯和墨菲（Gibbons & Murphy，1990）的研究表明，为了薪酬与晋升而进行的竞争可以激发代理人努力工作，否则他们有可能出现偷懒和搭便车的行为。麦等（Main et al.，1993）的研究表明，薪酬差距会随着竞争者人数的增加而增加，每增加一个竞争者会导致薪酬差距增加3%，这说明如果要维持足够强的激励就必须增加CEO与其副手之间的薪差。对于薪酬差距的正向激励效应，许多学者提供了支持性的证据（Lallemand et al.，2008）。

2. 行为理论

锦标赛理论提出以后得到了很多的支持，由于其与绩效工资等理论相一致，使得相关研究风靡一时。但也渐渐受到其他理论流派的质疑，与竞标赛理论不同，许多社会心理学和组织行为学理论强调组织内部的“公平”，认为薪酬差距在一定程度上不利于团队与组织间的合作，这些理论统称为组织公平理论（Organizational Justice Theories）。行为理论（Behavior theory）学派从不同角度提出对锦标赛理论的批判，比如锦标赛理论认为管理者薪酬主要取决于其所处的行政级别，这无法解释现实中广泛存在的同职不同酬的现象、锦标赛理论也不能说明企业组织扁平化对管理者薪酬决定机制的具体影响等，他们认为较小的薪

---

① 梅多夫和亚伯拉罕（Medoff & Abraham，1980）发现，在职位级别间的报酬差异比同职位级别内部的报酬差异要大得多。Murphy（1985）的研究也发现，公司的副总裁晋升到总裁时平均获得20.9%的报酬增加，晋升到CEO时平均获得42.9%的报酬增加，相比较而言，当他们维持在同样职位的时候仅有3.3%的收入增加。

酬差距会促进团队合作，强调薪酬分配应趋于平均。行为理论着重研究了个人在遭到不公平待遇时的反应及行为，他们发现当个人“不劳而获”时会产生“负罪感”，而当自己没有得到应该得到的薪酬，就会感觉自己被剥削，从而导致怠工、罢工等负面行为，也会导致管理者对组织目标的漠不关心和企业凝聚力下降。因此，当组织团队合作很重要时，分配过程和最终结果的公平、公正会极大地影响组织的合作与生产力。具体而言，行为理论更加适用于以下情况：（1）当维持团队和谐很重要时；（2）当个人边际贡献难以测算时；（3）当团队成员之间的竞争会导致在相互依赖的工作中玩弄政治阴谋时；（4）当团队合作变得重要时。行为理论也得到了许多经验证据的支持（Akerlof & Yellen，1990；Carpenter & Sanders，2002）。

6.2.2　文献回顾与研究假设

1. 管理层内部薪酬差距的公司治理效应

对于管理层内部薪酬差距的公司治理效应，很多学者得到正向激励效应的实证证据，例如林浚清等（2003）发现中国上市公司高管团队内薪酬差距和未来公司绩效之间存在正相关关系。俞震和冯巧根（2010）研究发现，我国上市公司高管层薪酬差距的扩大，有利于减少高管层的盈余管理串谋，从而抑制为了提高薪酬而进行的盈余管理行为。

当然，也有部分学者的研究结论表明，管理层内部薪酬差距有着负向的公司治理效应，例如张正堂（2007）发现薪酬差距并没有对企业绩效表现出正向的影响，相反，两者表现出显著的负向关系。鲁海帆（2010）研究结果表明，当CEO内部继任可能性较小时，公司为了提供足够的激励而倾向于扩大高管层内的薪酬差距，但这种扩大薪酬差距的行为并不一定会导致业绩提升。导致这一结果的原因在于薪酬差距的设定主要反映了CEO及股东们的观点，而业绩如何却在很大程度上依赖于非CEO高管人员对这一薪酬差距的反应。这些研究结果印证了行为理论所主张的薪酬差距的加大对组织内部合作的破坏等负面效应。

2. 管理层与员工薪酬差距的公司治理效应

对于管理层与员工薪酬差距对于公司治理各方面的影响，许多学者也进行了探讨，得到的结论也并不一致。例如卢锐（2007）研究发现，相对于其他企业，在管理层权力大的企业中，高管团队内部的薪酬差距以及核心高管与全体员工的薪酬差距都更大，但业绩并没有更好。刘春和孙亮（2010）研究表明，国企高管和员工间的内部薪酬差距与企业绩效显著正相关。代彬等（2011）指出，国有企业高管的权力越大，不但能获得更高的薪酬水平，还攫取了更多的超额薪酬，并且拉大了高管层与普通员工之间的薪酬差距，表明国企高管的确通过权力的运用扭曲了薪酬激励机制。可见，与管理层内部薪酬差距一样，管理层与员工薪酬差距的公司治理效应在我国制度背景下既可能体现为锦标赛理论所主张的正向效应，也可能体现为行为理论主张的负向效应。

有关薪酬内部差距的经验证据，学者们的研究之所以仍没有达成一致的观点，一个重要的因素在于激励上的冲突和交互影响。在企业内部，对一方的激励，就是对另一方的反激励，而企业的业绩来源于共同合作的结果。因此，笼统地把所有企业薪酬差距进行分析，难以得到有益的结论。必须针对企业不同的代理关系进行分析。第 4 章命题 1 中，相对于分散持股或者存在股权制衡的公司，集中股权的公司提供更加平缓的薪酬斜率 b，进而经理人员的表现和公司绩效有着系统性的差异，笔者认为，相对于分散持股或者存在股权制衡的公司，国有控股公司内部薪酬差距所产生的激励效果更低，至少有如下一些考虑：第一，在我国，政府行为对宏观与微观的资源配置都具有重要影响。国有控股上市公司受到政府的影响更大，更强调“非剥削”和公平，受到平均主义思想的影响更重，因此更倾向于缩小薪酬差距，“限薪令”的颁布就是一个例证。许多经验证据也指出，高管为了获得更高的薪酬，可能相应地也提高其他管理人员或者员工的薪酬水平。第二，锦标赛理论的一个基本假设是，高业绩的经理人比低业绩的经理人能得到更多的业绩薪酬，从而激励经理人努力增加公司价值和约束自利行为。但是，由于国有控股公司的超强控制，高管人员大多由上级主管部门任命这使得锦标赛薪酬的激励效应被弱化，也就是说，在“努力工作—上升到更高职位—得到更高薪酬支付”这一个锦标赛理论的基本逻辑在国有控股公司中并不成立。为了得到更高的职位，经理人员可能进行的是非生产性的“努力”，例如设法去贿赂政府或组织部门的官员，以保住或提升到更高一级的管理职位，而不是进行生产性的努力。第三，由于国有控股的主体地位，往往造成所有者缺位和控制权转移到管理层，“内部人控制”问题严重，使得高管能够直接影响自身的薪酬契约，我国的资本市场、控制权市场以及职业经理市场等外部治理机制尚不能很好发生作用，也会加剧这种可能性。这种情况下，薪酬差距的扩大难以带来正向的激励效应。第四，上级部门的任免标准不一定和企业绩效紧密联系，弱化了晋升与绩效之间的关系，从而也弱化了薪酬差距与绩效之间的关系。

同样地，相对于分散持股或者存在股权制衡的公司，家族控股公司内部薪酬差距所产生的激励效果更低，也有如下一些考虑：第一，虽然相对于国有控股企业来说，“努力工作—上升到更高职位—得到更高薪酬支付”这一个锦标赛理论的基本逻辑在家族控股企业中更可能成立，因为控制股东承担实际剩余损失的风险。但是，由于家族大股东与中小股东相比，信息不对称程度较小，搭便车状况也不严重，所以家族控股股东足够的能力和动力对其管理人员实施监控，他们更倾向于直接监控管理者的决策和行动方案，而不愿意选择较大薪酬差距，以避免由此带来的不公平。第二，目前，我国大部分家族控股公司仍处在第一代创业阶段，往往家族大股东本身就是管理者，薪酬差距并不一定具有锦标赛正向激励作用，而可能是一种“壕沟”行为，这与国有控股企业中高管能够直接影响自己的薪酬的结论是一样的，虽然根源不同。第三，即使两职分离，家族控股企业雇佣外来经理人员，由于家族控股股东为了追求其控制权收益，对于经理人员的薪酬激励强度也有限度。因而，尽管家族控股公司受到政府薪酬管制的影响较小，但它本身可能就有动力维持在一个较低的薪酬激励水平，使内部薪酬差距较小。

通过如上的分析，结合第4章理论模型的命题，提出如下假设：

假设1：相对于分散持股或者存在股权制衡的公司，股权集中的公司内部薪酬差距与公司业绩、经营效率负相关。这种效应在国有控股企业中表现比在家族控股企业中更加明显。

假设2：相对于分散持股或者存在股权制衡的公司，股权集中的公司内部薪酬差距与公司价值呈负相关关系。这种效应在国有控股企业中表现比在家族控股企业中更加明显。

6.3　研究设计与结果分析

6.3.1　主要变量定义和数据来源

1. 高管层内部薪酬差距

借鉴陈震与张鸣（2006）、鲁海帆（2010）等的做法，采用如下公式计算公司高管层内部薪酬差距：

MWD = 董事、监事及高管前3名薪酬总额/3 -（董事、监事及高管年薪总额 - 董事、监事及高管前3名薪酬总额）/（董事、监事及高管总人数 -3）

取高管层内部薪酬差距MWD的自然对数作为解释变量。

2. 高管与员工间薪酬差距

对于高管与员工间薪酬差距，借鉴刘春和孙亮（2010）对高管间薪酬差距衡量的基本思想，采用以下公式测算企业高管与员工之间的薪酬差距：

TSemployee = 支付给职工以及为职工所支付的现金 - 董事、监事以及高管薪酬年度报酬总额

MEWD =（董事、监事及高管年薪总额/董事、监事及高管总人数）- TSemployee/（员工人数 - 董事、监事及高管总人数）

其中，TSemployee 表示企业一般员工的年度总薪酬，可由现金流量表中“支付给职工以及为职工所支付的现金”项目减去公司年报中所披露的高管层总薪酬来估算。MEWD 即为所估算的企业内部薪酬差距，可由企业董事、监事及高管的平均个人报酬和普通员工的平均个人报酬之间的差额来衡量。

同样地，取高管与员工间薪酬差距的自然对数作为解释变量。

选取 2001 ~ 2011 年在沪深两市进行交易的所有 A 股上市公司为初始样本，并按照如下标准对初始样本做了剔除，首先，剔除了金融、保险业的上市公司样本；其次，剔除数据缺失的样本。为控制极端值对检验结果的影响，采用 Winsorize 方法，将所有连续变量将 2% 以下和 98% 以上的分别替换为 2% 和 98% 的取值。

表 6 - 1 列示了不同产权基础下公司内部薪酬差距的双样本 t 检验，可以看出，相对于分散持股或者存在股权制衡的公司，股权集中的公司内部薪酬差距（不管是管理层内部薪酬差距还是管理层与员工之间的薪酬差距）更小，并且都在 1% 水平上显著。另外，家族控股企业管理层内部薪酬差距比非家族控股企业要小，但是管理层与员工之间薪酬差距比非家族控股企业要大，且都在 1% 水平上显著；而在国有控股企业里面情况却相反，管理层内部薪酬差距比非国有控股企业要大，但管理层与员工之间的薪酬差距则较小，这跟许多学者的结论相同，由于国有企业管理人员的薪酬业绩相关性较小，为了提高自身薪酬，往往也会同时提高员工的薪酬，使薪酬差距变小。

表 6 - 1　不同产权基础下公司内部薪酬差距的双样本 t 检验

内部薪酬差距	双样本 t 检验				
	家族控股企业		非家族控股企业		平均值之差（t 值）
	平均值	标准差	平均值	标准差	
lnMWD	12.161	0.016	12.252	0.011	-0.091*** (-4.702)
lnMEWD	10.660	0.023	10.578	0.016	0.082*** (2.896)

续表

内部薪酬差距	国有控股企业		非国有控股企业		平均值之差（t值）
	平均值	标准差	平均值	标准差	
lnMWD	12.23	0.012	12.21	0.013	0.023 (1.327)
lnMEWD	10.52	0.019	10.67	0.018	-0.154 (-5.916)
内部薪酬差距	分散持股或者存在股权制衡企业		集中股权企业		平均值之差（t值）
	平均值	标准差	平均值	标准差	
lnMWD	12.337	0.024	12.205	0.009	0.132*** (5.210)
lnMEWD	10.796	0.031	10.569	0.014	0.226*** (6.212)

注：零假设为两类企业的公司业绩相等，*** 为1%水平上显著；** 为5%水平上显著；* 为10%水平上显著。

6.3.2　企业内部薪酬差距、产权基础及公司业绩

1. 研究设计

为检验不同产权基础企业内部薪酬差距与公司业绩之间的关系，估计如下两个模型：

$$DCP_t = \alpha + \beta_1 WD_{t-1} + \beta_j \sum_{j=2}^{4} UCSP_{t-1} + \beta_j \sum_{j=5}^{7} WD_{t-1} \times UCSP_{t-1} + \beta_8 CP_{t-1} + \beta_9 SIZE_t + \beta_{10} LEV_t + \beta_{11} BDS_t + \beta_{12} CBD_t + \beta_{13} CON_t + \beta_{14} BHLIST_t + \beta_{15} SEP_t + \beta_{16} RISK_t + \beta_{17} MARKET_t + \varepsilon_t \quad (6-1)$$

$$ROA_t/ROE_t = \alpha + \beta_1 WD_{t-1} + \beta_j \sum_{j=2}^{4} UCSP_{t-1} + \beta_j \sum_{j=5}^{7} WD_{t-1} \times UCSP_{t-1} + \beta_8 SIZE_t + \beta_9 LEV_t + \beta_{10} BDS_t + \beta_{11} CBD_t + \beta_{12} CON_t + \beta_{13} BHLIST_t + \beta_{14} SEP_t + \beta_{15} RISK_t + \beta_{16} MARKET_t + \varepsilon_t \quad (6-2)$$

式中，DCP_t 是公司业绩变化量，它等于经行业中位数调整的公司主营业务利润率的变化，即 $DCP_t = CP_t - CP_{t-1}$，其中 CP 是经总资产标准化后的主营业务利润。ROA_t 和 ROE_t 分别表示公司的总资产收益率和净资产收益率。WD_{it-1} 是 t-1 年内部薪酬差距，包括高管层内部薪酬差距（lnMWD）和高管与员工间薪酬差距

(lnMEWD)；$UCSP_{t-1}$是 t-1 年公司产权基础的虚拟变量，它为股权结构和股权性质交叉变量，具体划分为分散持股或者存在股权制衡公司、家族控股公司、国有控股公司以及其他四类。$WD_{t-1} \times UCSP_{t-1}$为 WD_{t-1}和 $UCSP_{t-1}$的交互项。

根据已有文献，模型中控制了公司规模（SIZE）、财务杠杆（LEV）、企业风险（RISK）、董事会规模（BDS）、两职合一（CBD）、管理层持股比例（CON）、是否发行 B 或 H 股（BHLIST）、两权分离度（SEP）、市场化程度（MARKET）等因素。为了处理可能存在的内生性问题，借鉴周黎安和陶婧（2009）的做法，采用滞后三期的内部薪酬差距作为工具变量，进行两阶段（2SLS）回归分析。由于薪酬刚性效应，滞后三期的内部薪酬差距跟当期薪酬差距一般还有较大的相关性，但是跟当期的业绩的关系就比较微弱了。

2. 实证结果与分析

表 6-2 列示了管理层内部薪酬差距对公司经营业绩影响的回归结果。模型（1）和模型（2）分别列示了管理层内部薪酬差距与管理层与员工之间的薪酬差距对公司主营业务利润率的变化的影响，从结果可以看出，相对于分散持股或者股权制衡的公司，国有控股公司和家族控股公司管理层内部薪酬差距都与主营业务利润率的变化呈正相关关系，与本部分的假设预期相反，支持了锦标赛理论。另外，相对于分散持股或者存在股权制衡的公司，国有控股公司和家族控股公司管理层与员工之间薪酬差距都与主营业务利润率的变化呈负相关关系，而且在国有控股企业中表现更为明显，支持了假设 1，与管理层内部薪酬差距不同，管理层和员工之间的薪酬差距在企业里支持了行为理论。

表 6-2　薪酬差距对公司经营业绩影响

变量	DCP_t		ROA_t		ROE_t	
	模型（1）2SLS	模型（2）2SLS	模型（3）OLS	模型（4）2SLS	模型（5）面板	模型（6）OLS
常数项	166.068** (67.300)	-40.850* (21.085)	-5.537** (2.161)	-1.436*** (0.485)	-1.721 (1.398)	-1.166* (0.703)
$lnMWD_{t-1}$	-13.254*** (5.116)		0.377** (0.168)		-0.016 (0.063)	
$lnMEWD_{t-1}$		3.471* (2.089)		0.001 (0.029)		-0.103** (0.046)
UCSP_o	-174.853** (70.312)	38.409 (23.546)	4.057* (2.320)	-0.135 (0.569)	-0.500 (1.410)	-0.840 (0.916)

续表

变量	DCP_t		ROA_t		ROE_t	
	模型（1） 2SLS	模型（2） 2SLS	模型（3） OLS	模型（4） 2SLS	模型（5） 面板	模型（6） OLS
UCSP_ε	-170.207*** (60.311)	37.928* (22.196)	4.584** (1.994)	0.007 (0.342)	0.067 (0.854)	-1.058* (0.549)
UCSP_f	-178.879*** (61.360)	24.851 (22.155)	4.586** (2.031)	0.340 (0.369)	-2.006** (0.933)	-1.953*** (0.602)
WD_{t-1} × UCSP_o	14.159** (5.694)	-3.522 (2.156)	-0.330* (0.188)	0.009 (0.053)	0.040 (0.116)	0.075 (0.085)
WD_{t-1} × UCSP_s	13.733*** (4.863)	-3.494* (2.023)	-0.370** (0.161)	-0.003 (0.032)	-0.004 (0.070)	0.096* (0.050)
WD_{t-1} × UCSP_f	14.675*** (4.968)	-2.327 (2.030)	-0.377** (0.164)	-0.036 (0.034)	0.162** (0.076)	0.174*** (0.055)
CP_{t-1}	-21.634*** (8.031)	0.930 (3.387)				
$SIZE_t$	0.210 (0.652)	0.208 (0.294)	0.033 (0.021)	0.056*** (0.015)	0.077*** (0.022)	0.100*** (0.023)
LEV_t	-0.182 (0.354)	0.105 (0.150)	0.031*** (0.011)	0.027*** (0.007)	0.037*** (0.011)	0.045*** (0.012)
BDS_t	-0.390 (0.321)	-0.134 (0.120)	0.014 (0.010)	0.009 (0.007)	-0.007 (0.011)	-0.010 (0.011)
CBD_t	-1.811 (1.625)	-1.582** (0.626)	0.059 (0.053)	0.023 (0.036)	-0.128** (0.055)	-0.127** (0.058)
CON_t	-10.327 (13.770)	0.510 (6.095)	0.618 (0.444)	0.159 (0.235)	0.307 (0.378)	0.279 (0.394)
$BHLIST_t$	1.148 (2.415)	-0.499 (0.879)	-0.107 (0.078)	-0.080 (0.060)	-0.060 (0.083)	-0.036 (0.085)
SEP_t	-0.086 (0.069)	-0.007 (0.026)	0.003 (0.002)	0.002 (0.002)	0.005** (0.002)	0.005** (0.002)
$RISK_t$	-0.111 (0.115)	0.047 (0.044)	0.003 (0.004)	0.002 (0.002)	0.007* (0.004)	0.009** (0.004)
$MARKET_t$	0.125 (2.620)	0.101 (0.958)	-0.005 (0.085)	0.057 (0.065)	0.089 (0.088)	0.061 (0.090)
行业效应	已控制					
年度效应	已控制					

续表

变量	DCP_t		ROA_t		ROE_t	
	模型（1）2SLS	模型（2）2SLS	模型（3）OLS	模型（4）2SLS	模型（5）面板	模型（6）OLS
样本量	3728	4455	3743	6130	6626	5944
调整 R^2	0.010	0.01	0.04	0.02	0.01	0.01
F/Ward 检验	53.64*	55.20*	57.54**	54.09*	2.10***	2.48***
BPLM 检验	0.66	0.49	0.94	22.78***	0.06	0.00

注：正向额外股权样本和负向额外股权样本的 BPLM 检验均不显著，因而采用混合 OLS 回归模型。*** 为1%水平上显著；** 为5%水平上显著；* 为10%水平上显著（双尾检验）。

模型（3）和模型（4）分别列示了管理层内部薪酬差距与管理层与员工之间的薪酬差距对公司总资产收益率的影响，由表可知，以 ROA 衡量的公司业绩与本文的预期基本一致，相对于分散持股或者存在股权制衡的公司，集中股权公司内部薪酬差距与公司业绩呈负相关关系，与行为理论学派得到的结论一致。

模型（5）和模型（6）分别列示了管理层内部薪酬差距与管理层与员工之间的薪酬差距对公司净资产收益率的影响，由表可知，企业内部薪酬差距能够为股东带大更多的投资回报率，体现为锦标赛理论。

6.3.3 企业内部薪酬差距、产权基础及经营效率

1. 研究设计

公司治理不仅要合理配置企业的控制权和剩余索取权，形成相互制衡的激励机制，还要协调企业内外相关利益者之间的资源、权力和利益关系，以科学的组织结构和管理系统实现企业的高效率运营。实际上，提高效率对于公司的意义，与提高企业利润水平和保护投资者同等重要。要提高生产效率，必然要求大力促进技术进步，提高生产经营效率，以最低的成本产生最大化的产出，而作为公司治理机制核心之一的董事会也应该为此目标服务。因此，本书拓宽以往研究只关注财务绩效指标的思路，运用 SFA 和 DEA 分析方法，研究我国上市公司经理层经营效率，并进一步分析管理层薪酬不公平性与公司经营效率之间的相关关系。

企业效率是一个被广泛使用但也容易被混淆的概念，大体可以分为两大类：第一，财务学上的概念，如经营效率；第二，经济学或经济统计学上的概念，如技术效率、全要素生产率、规模效率等。技术效率是其中最重要的一

个，它主要用来衡量一个企业在等量要素投入条件下，其产出离最大产出的距离；距离越大，则技术效率越低。DEA 方法最初由查尼斯等（1978）提出，它是直接由基于一组特定的决策单位的数据，而不是某种特定的函数形式来界定生产边界的。某个决策单位的实际生产点与最优生产边界的差幅即反映了这一决策单位的无效率状况。非参数方法的一个重大缺陷是假设不存在随机误差的影响，由于忽略潜在的偏误，随机误差可能会包括到效率项的估计中，特别是如果处于效率边界上的决策单位存在随机误差，就会影响所有决策单位的效率估计。

（1）随机前沿方法。SFA 方法可以用来解决两个相互关联的问题。第一，公司表现有效率吗？第二，如果没有效率，其非效率程度又依赖于哪些因素？具体模型如下：

$$\begin{aligned} Y_{it} &= X_{it}\beta + (v_{it} - u_{it}) \\ m_{it} &= z_{it}\delta \end{aligned} \qquad i=1,\ \cdots,\ N;\ t=1,\ \cdots,\ T \tag{6-3}$$

模型（6-3）中，Y_{it}是以对数表示的第 i 个公司第 t 期产出，X_{it}指第 i 个公司第 t 期投入的（$k\times1$）转置向量；β 为待估计的参数。误差项由两部分组成，第一部分随机变量 $v_{it}\in$ iid 并服从 $N(0,\ \delta_v^2)$ 分布，第二部分 $u_{it}\geqslant0$，反映那些在第 t 时期仅仅影响第 i 个企业的随机因素。根据巴兹和科里（Battese & Coelli, 1995）模型的假设，$u_{it}\in$ iid 并服从正半部正态分布 $N(m_{it},\ \delta_u^2)$，v_{it}与 u_{it}之间是相互独立的。根据巴兹和科里（1995），$TE_{it}=\exp(-u_{it})$ 表示样本中第 i 个公司在第 t 时期内的技术效率水平。显然，如果 $u_{it}=0$，则 $TE_{it}=1$，即处于技术效率状态，此时该企业的生产点规模位于生产前沿上；相反，如果 $u_{it}>0$，则 $0<TE_{it}<1$，即为技术非效率状态。z_{it}为影响公司效率的（$p\times1$）向量，而 δ 则是待估计的（$1\times p$）参数。巴兹和科里（1995）提出，$\gamma=\delta_u^2/(\delta_v^2+\delta_u^2)$ 可用来判断是否应该使用 SFA 模型。因为，$\gamma=0\Rightarrow\sigma_u^2\rightarrow0$，即式中的随机误差全部由 v_{it}构成，在统计检验中，如果 $\gamma=0$ 这一原假设被接受，即说明所有企业的生产点都位于生产前沿曲线上。此时使用 LS（Least-square Regression）等技术可以进行分析了；反之，SFA 技术则是必要的。SFA 要求指定函数形式，本书从经典的生产函数出发，设定模型为：

①前沿函数部分。

A. 柯布－道格拉斯随机前沿生产函数（Cobb－Douglas Production Frontier）。

$$\ln Y_{it}=\alpha+\beta_1\ln K_{it}+\beta_2\ln L_{it}+\beta_3 SIZE_{it}+\beta_4 LEV_{it}+(v_{it}-u_{it}) \tag{6-4}$$

$$TE_{it}=\exp(-u_{it}) \tag{6-5}$$

$$\gamma=\delta_u^2/(\delta_v^2+\delta_u^2) \tag{6-6}$$

模型（6-4）中，Y_{it}表示第 i 个公司第 t 年的营业利润，L_{it}表示第 i 个公司第 t 年末雇员人数，K_{it}表示第 i 个公司第 t 年末固定资产净值，$SIZE_{it}$为第 i 个公司第 t 年公司规模，它等于公司资产总额的自然对数。LEV_{it}为第 i 个公司第 t 年财务杠杆，它等于公司资产总额除以负债总额。模型（6－5）和模型（6－6）定义如前所述。

B. 超越对数随机前沿生产函数（Translog Production Frontier）。

$$\ln Y_{it} = \alpha + \beta_1 \ln K_{it} + \beta_2 \ln L_{it} + \beta_3 \ln K_{it}^2 + \beta_4 \ln K_{it} \ln L_{it} + \beta_5 \ln L_{it}^2 + \beta_6 SIZE_{it} + \beta_7 LEV_{it} + (v_{it} - u_{it}) \tag{6-7}$$

$$TE_{it} = \exp(-u_{it}) \tag{6-8}$$

$$\gamma = \delta_u^2 / (\delta_v^2 + \delta_u^2) \tag{6-9}$$

变量和参数定义如前所述。

C. 扩展的柯布－道格拉斯随机前沿生产函数。

$$\ln Y_{it} = \alpha + \beta_1 \ln K_{it} + \beta_2 \ln L_{it} + \beta_3 \ln IA_{it} + \beta_4 SIZE_{it} + \beta_5 LEV_{it} + (v_{it} - u_{it}) \tag{6-10}$$

$$TE_{it} = \exp(-u_{it}) \tag{6-11}$$

$$\gamma = \delta_u^2 / (\delta_v^2 + \delta_u^2) \tag{6-12}$$

在估计柯布－道格拉斯随机前沿生产函数和超越对数随机前沿生产函数时，现有的文献中忽视了无形资产和其他长期资产净额作为资本存量对企业生产效率的重要性，因此，在主函数部分加入这个因素。LA_{it}表示第 i 个公司第 t 年末无形资产和其他长期资产净额。其他变量和参数定义如前所述。

②效率函数部分。根据本书研究问题，对上述模型进行改进，加入方程式：

$$m_{it} = \delta_0 + \delta_1 WD_{i,t-1} + \delta_j \sum_{j=2}^{4} UCSP_{i,t-1} + \delta_j \sum_{j=5}^{7} WD_{i,t-1} \times UCSP_{i,t-1} + \delta_8 BDS_{i,t} + \delta_9 CBD_{i,t} + \beta_{10} CON_{i,t} + \delta_{11} BHLIST_{i,t} + \delta_{12} SEP_{i,t} + \delta_{13} RISK_{it} + \delta_{14} MARKET_{i,t} + \varepsilon_{it} \tag{6-13}$$

式（6－13）中，m_{it}表示技术非效率的程度，δ_0、δ_1、δ_2、δ_3、δ_4、δ_5、δ_6、δ_7、δ_8、δ_9、δ_{10}、δ_{11}、δ_{12}为一组待估计的参数。

本书采用巴兹和科里（1995）编写的软件 FRONTIER（Version 4.1c）测算了样本期间沪深两市上市公司内部薪酬差距对公司经营效率的具体影响。

（2）数据包络分析——Malmquist 生产效率指数分解。为了对公司经营效率进行更为深入的分析，本书运用基于 DEA 的 Malmquist 指数方法来评价各个企业资源配置效率的动态变化情况，进而实证分析内部薪酬差距对企业资源配置效率的动态影响。

①Malmquist 生产效率指数及其分解。无论是基于规模收益不变（CRS）的 DEA 模型，还是基于规模收益可变（VRS）的 DEA 模型，传统的 DEA 分析都只能适用于同一时期不同决策单元相对效率的评价。而费尔等（Fare et al.，1994）提出的 Malmquist 指数则可以对同一决策单元在不同时点上的效率提高程度进行

定量测量。Malmquist 指数可以表示为下面形式：

$$M_{t,t+1}=\left[\frac{D^t(x^{t+1},\ y^{t+1})}{D^t(x^t,\ y^t)}\times\frac{D^t(x^{t+1},\ y^{t+1})}{D^{t+1}(x^t,\ y^t)}\right]^{\frac{1}{2}}\qquad(6-14)$$

式（6－14）中，假设规模报酬不变，$M_{t,t+1}$ 表示全要素生产率，（x^t，y^t）、（x^{t+1}，y^{t+1}）分别表示决策单元在 t＋1 和 t 期的投入和产出向量。$D^t(x^t,\ y^t)$ 为谢帕德（Shephard，1970）提出的距离函数（Distance Function），由下式确定：

$$D^t(x^t,\ y^t)=\inf_{\theta}\{\theta:\ (\theta X^t,\ Y^t)\in P(X)\}\qquad(6-15)$$

其中，$P(X)$ 为一定技术所对应的生产可能集。$D^t(x^t,\ y^t)$ 表示生产配置（X^t，Y^t）到 t 时刻系统前沿面的距离。根据费尔将距离函数定义为 Farrell 技术效率的倒数，这种基于投入的距离函数可以看作是决策单元由某一生产点向理想最小投入点的压缩比例。从而在时期 t，技术参考集处于固定规模报酬 C 和投入要素可处置强度 S 条件下，其投入的距离函数可表示为：

$$D^t(x^t,\ y^t)=\frac{1}{f(y^t,\ x^t\mid C,\ S)}\qquad(6-16)$$

基于产出的全要素生产率指数可以用 Malmquist 指数来表示：

$$M_t=\frac{D^t(x^t,\ y^t)}{D^t(x^{t+1},\ y^{t+1})}\qquad(6-17)$$

该指数测度了在时期 t 的技术条件下，从时期 t 到 t＋1 的技术效率变化。同理，我们可以定义在时期 t＋1 的技术条件下，测度从时期 t 到 t＋1 的技术效率变化的 Malmquist 指数，即：

$$M_{t+1}=\frac{D^{t+1}(x^t,\ y^t)}{D^{t+1}(x^{t+1},\ y^{t+1})}\qquad(6-18)$$

为了避免由于时期选择的任意性所带来的差异，费尔等（1994）以两个时期技术 Malmquist 指数的几何平均值作为 Malmquist 指数，Malmquist 指数也同样可分为效率变化和技术进步变化两部分，并将效率变化和技术变化进一步分解为纯技术效率变化和规模效率变化。

另外，距离函数实际上就是面向投入的 DEA 模型的效率函数值，即有：

$$D^t(x^t,\ y^t)=F^t(x^t,\ y^t)\qquad(6-19)$$

因此，Malmquist 指数可以表示为下面形式：

$$\begin{aligned}M_{t,t+1}&=\left[\frac{D^t(x^{t+1},\ y^{t+1})}{D^t(x^t,\ y^t)}\times\frac{D^{t+1}(x^{t+1},\ y^{t+1})}{D^{t+1}(x^t,\ y^t)}\right]^{\frac{1}{2}}\\&=\left[\frac{F^t(x^{t+1},\ y^{t+1})}{F^t(x^t,\ y^t)}\times\frac{F^{t+1}(x^{t+1},\ y^{t+1})}{F^{t+1}(x^t,\ y^t)}\right]^{\frac{1}{2}}\\&=\frac{F_t^{t+1}(x^{t+1},\ y^{t+1})}{F_t^{t+1}(x^t,\ y^t)}\end{aligned}\qquad(6-20)$$

从上式可以看出，Malmquist 指数实质上就是一个效率指数，反映了阶段效率变化。在经济分析中，常用该指数来反映全要素生产率的变化。当 $M_{t,t+1}>1$ 表示决策单元的全要素生产率从第 t 期至第 t+1 期有所提高，$M_{t,t+1}=1$ 表示生产率水平不变，$M_{t,t+1}<1$ 表示生产率水平下降。

Malmquist 指数可以进行如下分解：

$$M_{t,t+1}=\left[\frac{F^t(x^{t+1},\ y^{t+1})}{F^t(x^t,\ y^t)}\times\frac{F^{t+1}(x^{t+1},\ y^{t+1})}{F^{t+1}(x^t,\ y^t)}\right]^{\frac{1}{2}}$$

$$=\left[\frac{F^t(X^{t+1},\ Y^{t+1})}{F^{t+1}(X^{t+1},\ Y^{t+1})}\times\frac{F^t(X^t,\ Y^t)}{F^{t+1}(X^t,\ Y^t)}\right]^{\frac{1}{2}}\times\frac{F^{t+1}(X^{t+1},\ Y^{t+1})}{F^t(X^t,\ Y^t)} \qquad (6-21)$$

可见，Malmquist 指数可以分解为技术变化指数（TECH）和技术效率变化指数（EFF）。其中，

$$\text{技术变化指数 } Tech_{t,t+1}=\left[\frac{F^t(X^{t+1},\ Y^{t+1})}{F^{t+1}(X^{t+1},\ Y^{t+1})}\times\frac{F^t(X^t,\ Y^t)}{F^{t+1}(X^t,\ Y^t)}\right]^{\frac{1}{2}} \qquad (6-22)$$

$Tech_{t,t+1}$为技术变动（Technical Change）指数，表示决策单元从 t 期到 t+1 期的技术水平变化程度，又称作前沿面移动效应。$Tech_{t,t+1}>1$ 表示技术进步，$Tech_{t,t+1}=1$ 表示技术不变，$Tech_{t,t+1}<1$ 表示技术倒退。Tech 的变化，主要是采用了先进技术等的原因。

$$\text{技术效率变化指数 } Effch_{t,t+1}=\frac{F^{t+1}(X^{t+1},\ Y^{t+1})}{F^t(X^t,\ Y^t)} \qquad (6-23)$$

$Effch_{t,t+1}$是技术效率变动（Technical Efficiency Change）指数，反映决策单元从 t 期到 t+1 期的资源配置效率变化程度，又称作追赶效应。$Effch_{t,t+1}>1$ 表示技术效率提高；$Effch_{t,t+1}=1$ 表示技术效率不变，$Effch_{t,t+1}<1$ 表示技术效率下降。$Effch_{t,t+1}$的改变，主要由管理水平的提高等引起。

为了计算式（6-21），费尔等（1994）通过对 DEA 方法的改进，建立了用来考察两个时期的生产效率变化的 Malmquist 指数，即计算任意相邻两期的 Malmquist 指数的 DEA 模型。对于 t 时期的投入向量（x^t，y^t），就要计算 4 个不同的基于产出型 DEA 的距离函数：

$$[F^t(x^t,\ y^t)]^{-1}=\max\phi[F^{t+1}(x^{t+1},\ y^{t+1})]^{-1}=\max\phi$$

$$ST=\begin{cases}\sum\limits_{i=1}^{N}\lambda_i x_{i,t}\leqslant x_{0,t}\\ \sum\limits_{i=1}^{N}\lambda_i y_{i,t}\leqslant \phi y_{0,t}\\ \lambda_i\geqslant 0\\ i=1,\ 2,\ L,\ N\end{cases} \qquad (6-24)$$

$$ST=\begin{cases}\sum\limits_{i=1}^{N}\lambda_i x_{i,t+1}\leqslant x_{0,t+1}\\ \sum\limits_{i=1}^{N}\lambda_i y_{i,t+1}\leqslant \phi y_{0,t+1}\\ \lambda_i\geqslant 0\\ i=1,2,L,N\end{cases} \tag{6-25}$$

$$[F^t(x^{t+1},y^{t+1})]^{-1}=\max\phi[F^{t+1}(x^t,y^t)]^{-1}=\max\phi$$

$$ST=\begin{cases}\sum\limits_{i=1}^{N}\lambda_i x_{i,t}\leqslant x_{0,t+1}\\ \sum\limits_{i=1}^{N}\lambda_i y_{i,t}\leqslant \phi y_{0,t+1}\\ \lambda_i\geqslant 0\\ i=1,2,L,N\end{cases} \tag{6-26}$$

$$ST=\begin{cases}\sum\limits_{i=1}^{N}\lambda_i x_{i,t+1}\leqslant x_{0,t}\\ \sum\limits_{i=1}^{N}\lambda_i y_{i,t+1}\leqslant \phi y_{0,t}\\ \lambda_i\geqslant 0\\ i=1,2,L,N\end{cases} \tag{6-27}$$

式（6－24）~式(6－27）中，$y_{i,t}$表示 i 地区在 t 时期的产出向量；$x_{i,t}$表示 i 地区在 t 时期的投入向量。

由上面的讨论可以看出，生产率的提高可以通过技术变化与技术效率变化两种不同的途径来获得。更具体地说，技术变化指数反映了生产前沿面的移动对生产率变化的贡献程度，即反映了生产中技术进步的情况。技术效率变化则反映了一定时期内组织管理水平的变化，即该决策单元从给定的一组投入中获取最大产出的能力。可以设想，在技术不发生变化时，一个决策单元也可以通过更有效地利用投入，从而运营在更接近技术前沿的位置上来提高它的生产率。

类似地，放松规模报酬不变的约束，Effch 可以进一步分解为纯技术效率变动（Pure Technical Efficiency Change）和规模效率变动（Scale Efficiency Change)。具体而言：

$$M_{t,t+1}=\left[\frac{F^t(x^{t+1},y^{t+1})}{F^t(x^t,y^t)}\times\frac{F^t(x^{t+1},y^{t+1})}{F^{t+1}(x^t,y^t)}\right]^{\frac{1}{2}}$$

$$= \left[\frac{F^t(X^{t+1},\ Y^{t+1})}{F^{t+1}(X^{t+1},\ Y^{t+1})} \times \frac{F^t(X^t,\ Y^t)}{F^{t+1}(X^t,\ Y^t)}\right]^{\frac{1}{2}} \times \frac{S^t(x^t,\ y^t)}{S^t(x^{t+1},\ y^{t+1})} \times \frac{F^t(X^{t+1},\ Y^{t+1}/CSR)}{F^t(X^t,\ Y^t/CSR)} \tag{6-28}$$

式（6－28）中，第一项表示技术变化指数，第二项表示规模效率变化，第三项表示纯技术效率变化。全要素生产率 $M_{t,t+1}$ 的变化，分解为技术进步指数、规模效率和纯技术效率。纯技术效率指数（PECH）表示决策单元能否有效利用生产技术，使产出最大化，即投入要素在使用上的效率；规模效率变动指数（SECH）表示决策单元的产出与投入比例是否适当，实现产出最大化，SECH 越高，表示规模越适合，生产力也越大。这种分解可以进一步揭示技术效率变化的成因。

②检验模型。

$$\begin{aligned}\Gamma_{it} = {} & \delta_0 + \delta_1 WD_{it-1} + \delta_j \sum_{j=2}^{4} UCSP_{it-1} + \delta_j \sum_{j=5}^{7} WD_{it-1} \times UCSP_{it-1} + \delta_8 SIZE_{it} \\ & + \delta_9 LEV_{it} + \delta_{10} BDS_{it} + \delta_{11} CBD_{it} + \delta_{12} CON_{it} + \delta_{13} BHLIST_{it} \\ & + \delta_{14} SEP_{it} + \delta_{15} RISK_{it} + \delta_{16} MARKET_{it} + \varepsilon_{it}\end{aligned} \tag{6-29}$$

式（6－29）中，Γ_{it}表示技术效率变化指数（EFFCH）（分解为纯技术效率指数（PECH）和规模效率变动指数（SECH））、技术变动指数（TECHCH）和全要素生产率 Malmquist 指数（TFPCH）。δ_0、δ_1、δ_2、δ_3、δ_4、δ_5、δ_6、δ_7、δ_8、δ_9、δ_{10}、δ_{11}、δ_{12}为一组待估计的参数。依据模型的设计，本书运用科里（Coelli，1996）编写的 DEAP2.1 运行软件包进行处理。

2. 实证结果与分析

（1）随机前沿分析。表 6－3 列示了管理层内部薪酬差距对公司经营效率影响的三个模型。从结果来看，γ 估计值在三个估计方程中表现非常一致，均在 0.75 以上，并都通过了 1% 水平下的显著性检验。结合上文模型对 γ 参数的定义可以充分判断，技术非效率状态确实存在于我国上市公司中。根据表 6－3 中最后一行，样本期间，我国 A 股上市公司的平均技术效率在三个方程中都接近 92%，说明我国上市公司在效率提升方面，大约还有 8% 的潜力可挖，假设所有公司的效率都达到充分状态时，则意味着在现有投入产出保持不变的条件下，产出仍可增长 8%。LR 统计值在三个方程中的表现也非常一致，均通过了 1% 水平下的显著性检验，从而保证了整体估计的有效性。

表 6－3 中效率函数部分的结果列示了管理层内部薪酬差距与产权基础虚拟变量的交乘项和其他控制变量对公司经营效率的影响。从表 6－3 可见，相对于分散持股或者存在股权制衡的公司，股权集中的公司内部薪酬差距与公司经营非效率负相关，也就是说，跟经营效率正相关。这种效应在国有控股企业中表现比

在家族控股企业中更加明显。支持了假设1。关于内部薪酬差距与经营效率之间的关系，本部分的结论跟锦标赛理论下的研究证据更为一致，而不支持行为理论。因此，当前，“一刀切”限薪未必是明智之举，给予高管更高的显性薪酬能够降低其追逐在职消费等形式的控制权收益，反而能够提高公司的经营效率。

表6－4列示了管理层与员工薪酬差距对公司经营效率影响的三个模型。从结果来看，管理层与员工之间薪酬差距对公司经营效率的影响并不明显。

表6－3　　管理层内部薪酬差距对公司经营效率（SFA）的影响

变量		柯布－道格拉斯随机前沿生产函数		超越对数随机前沿生产函数		扩展的柯布－道格拉斯随机前沿生产函数	
		估计系数	标准差	估计系数	标准差	估计系数	标准差
前沿函数部分	常数项	0.013	0.419	1.906	2.878	－0.009	0.426
	lnK	－0.005	0.019	－0.187	0.330	－0.006	0.203
	lnL	0.140	0.199***	0.177	0.289	0.139	0.020***
	lnIA					0.004	0.011
	lnK^2			0.009	0.011		
	lnK lnL			－0.026	0.021		
	lnL^2			0.031	0.017**		
	SIZE	0.863	0.246***	0.850	0.027***	0.862	0.025***
	LEV	0.107	0.010***	0.106	0.010***	0.107	0.010***
效率函数部分	常数项	3.932	0.771***	3.817	0.766***	3.929	0.763***
	MWD_{t-1}	－0.289	0.062***	－0.281	0.061***	－0.289	0.061***
	UCSP_o	1.532	1.386	1.426	1.387	1.527	1.387
	UCSP_s	1.013	0.866	1.129	0.865*	1.006	0.864
	UCSP_f	－0.021	0.918	0.086	0.913	－0.019	0.912
	MWD_{t-1}×UCSP_o	－0.122	0.114	－0.113	0.113	－0.122	0.114
	MWD_{t-1}×UCSP_s	－0.098	0.069*	－0.087	0.060*	－0.080	0.060*
	MWD_{t-1}×UCSP_f	－0.002	0.074	－0.011	0.074	－0.002	0.074
	BDS_t	－0.015	0.010*	－0.014	0.010*	－0.015	0.010*
	CBD_t	－0.088	0.052**	－0.086	0.050**	－0.088	0.051**
	CON_t	－0.315	0.336	－0.328	0.335	－0.321	0.336

续表

变量		柯布－道格拉斯随机前沿生产函数		超越对数随机前沿生产函数		扩展的柯布－道格拉斯随机前沿生产函数	
		估计系数	标准差	估计系数	标准差	估计系数	标准差
效率函数部分	$BHLIST_t$	-0.117	0.088 *	-0.118	0.085 *	-0.115	0.086 *
	SEP_t	-0.001	0.002	-0.001	0.002	-0.001	0.002
	$RISK_t$	0.174	0.005 ***	0.173	0.005 ***	0.174	0.005 ***
	$MARKET_t$	0.276	0.084 ***	0.280	0.087 ***	0.2768	0.084 ***
统计部分	γ 比率	0.767 ***	0.045 ***	0.759	0.047 ***	0.767	0.045 ***
	最大对数似然函数值	-2358.64		-2356.18		-2358.58	
	LR 统计值	1361.69 ***		1350.72 ***		1357.85 ***	
	样本平均技术效率	0.925		0.925		0.925	

注：*、**、*** 分别表示在 10%、5% 以及 1% 水平下显著；LR 统计值服从单边卡方分布。

表 6－4　　　　管理层与员工薪酬差距对公司经营效率（SFA）的影响

变量		柯布－道格拉斯随机前沿生产函数		超越对数随机前沿生产函数		扩展的柯布－道格拉斯随机前沿生产函数	
		估计系数	标准差	估计系数	标准差	估计系数	标准差
前沿函数部分	常数项	-0.806	0.413 **	-0.365	2.893	-0.712	0.422
	lnK	-0.011	0.020	0.042	0.333	-0.012	0.020
	lnL	0.104	0.019 ***	-0.068	0.298	0.105	0.020 ***
	lnIA					0.005	0.011
	$\ln K^2$			0.002	0.011		
	lnK lnL			-0.018	0.021		
	$\ln L^2$			0.035	0.016 **		
	SIZE	0.918	0.024 ***	0.902	0.026 ***	0.912	0.024 ***
	LEV	0.112	0.010 ***	0.109	0.010 ***	0.110	0.010 ***
效率函数部分	常数项	2.567	0.537 ***	2.494	0.471 ***	2.479	0.519 ***
	$MEWD_{t-1}$	-0.154	0.045 ***	-0.145	0.039 ***	-0.145	0.042 ***
	UCSP_o	0.687	0.938	0.467	0.307 *	0.691	0.876
	UCSP_s	-0.020	0.552	0.001	0.504	0.027	0.512
	UCSP_f	0.051	0.589	0.098	0.529	0.109	0.575

续表

变量		柯布-道格拉斯随机前沿生产函数		超越对数随机前沿生产函数		扩展的柯布-道格拉斯随机前沿生产函数	
		估计系数	标准差	估计系数	标准差	估计系数	标准差
效率函数部分	$MEWD_{t-1} \times UCSP\_o$	-0.061	0.086	-0.042	0.029*	-0.062	0.080
	$MEWD_{t-1} \times UCSP\_s$	0.001	0.050	-0.001	0.045	-0.002	0.046
	$MEWD_{t-1} \times UCSP\_f$	-0.008	0.053	-0.013	0.048	-0.013	0.052
	BDS_t	-0.027	0.010***	-0.025	0.010***	-0.026	0.010***
	CBD_t	-0.085	0.051**	-0.078	0.048**	-0.080	0.049**
	CON_t	-0.301	0.345	-0.295	0.338	-0.288	0.343
	$BHLIST_t$	-0.152	0.093**	-0.146	0.083**	-0.146	0.085**
	SEP_t	-0.002	0.002*	-0.002	0.002*	-0.002	0.002
	$RISK_t$	0.175	0.005***	0.176	0.005***	0.177	0.005***
	$MARKET_t$	0.085	0.082	0.086	0.077	0.090	0.080
统计部分	γ比率	0.765	0.043***	0.750	0.050***	0.761	0.048***
	最大对数似然函数值	-2390.82		-2367.71		-2372.88	
	LR统计值	1297.34***		1327.68***		1329.24***	
	样本平均技术效率	0.926		0.924		0.924	

注：*、**、***分别表示在10%、5%以及1%水平下显著；LR统计值服从单边卡方分布。

（2）数据包络分析。表6-5列示了管理层内部薪酬差距对公司经营效率影响的数据包络分析结果。从表6-5中的结果来看，模型（8）和模型（10）通过了Hausman检验，拒绝了零假设，因而采用2SLS回归，以内部薪酬差距滞后三期的变量作为工具变量。其他模型BPLM检验均显著，因而相对于混合OLS，面板数据模型更加有效。

由表6-5可知，$MWD_{t-1} \times UCSP_s$的系数符号在模型（9）中为正，但不显著，在模型（10）中显著为负（10%的水平上显著），说明在国有控股企业中，管理层内部薪酬差距降低了公司的规模效率，但是却对管理层纯技术效率有着正向的影响，两者共同作用下，使管理层内部薪酬差距对国有控股公司的技术效率变化指数（EFFCH）没有显著的作用（系数符号为负，但不显著），而由于管理层内部薪酬差距对国有控股公司的技术变动指数（TECHCH）具有显著的正向影响（1%水平上显著），使总体上管理层内部薪酬差距对国有控股公司的全要素生产率（系数符号为负，但不显著）没有显著的影响。在随机前沿分析中，公司内部薪酬差距体现为锦标赛理论下的预期，而从这里的分析可以看出，这种积极的激励效应主要来自技术变动指数的提高，也就是说管理层更加有激励进行技术设备上的更新换代，但经营水平上并没有显著的变动。MWD_{t-1} × UCSP_f 的系数符号在模型（9）中为正，但不显著，在模型（10）中为负，也不显著，两者共同作用下，使管理层内部薪酬差距对家族控股公司的技术效率变化指数（EFFCH）没有显著的作用（系数符号为负，但不显著）。但跟在国有控股公司中一样，管理层内部薪酬差距对技术变动指数（TECHCH）具有显著的正向影响（5% 水平上显著），使总体上管理层内部薪酬差距对国有控股公司的全要素生产率有着正向的影响，但并不显著。总体而言，相对于分散持股或者存在股权制衡的公司，集中股权公司内部薪酬差距的提高能够促使管理层进行更多固定资产投资，但对其经营管理水平的改进具有负向的影响，使得整体上内部薪酬差距对全要素生产率不起作用，这种效应在国有控股企业中更明显，支持了假设 1。

表 6-5　管理层内部薪酬差距对公司经营效率（DEA）的影响

变量	面板数据模型				
	(7) EFFCH	(8) TECHCH	(9) PECH	(10) SECH	(11) TFPCH
常数项	1.134*** (0.182)	1.131*** (0.047)	1.225*** (0.166)	0.929*** (0.068)	1.247*** (0.178)
MWD_{t-1}	-0.000 (0.015)	-0.011*** (0.004)	-0.014 (0.014)	0.011** (0.006)	-0.009 (0.015)
UCSP_o	0.040 (0.216)	-0.117** (0.056)	-0.117 (0.197)	0.136* (0.080)	-0.046 (0.211)
UCSP_s	0.175 (0.188)	-0.126*** (0.049)	-0.016 (0.172)	0.150** (0.070)	0.067 (0.184)
UCSP_f	-0.016 (0.193)	-0.127** (0.050)	-0.139 (0.177)	0.097 (0.072)	-0.119 (0.189)
MWD_{t-1} × UCSP_o	-0.003 (0.017)	0.009** (0.004)	0.009 (0.016)	-0.011* (0.006)	0.004 (0.017)
MWD_{t-1} × UCSP_s	-0.013 (0.015)	0.010*** (0.004)	0.001 (0.014)	-0.012** (0.006)	-0.005 (0.015)
MWD_{t-1} × UCSP_f	0.002 (0.015)	0.010** (0.004)	0.011 (0.014)	-0.007 (0.006)	0.010 (0.015)
$SIZE_t$	-0.008*** (0.002)	0.002*** (0.001)	-0.002 (0.002)	-0.005*** (0.001)	-0.006*** (0.002)

续表

变量	面板数据模型				
	(7) EFFCH	(8) TECHCH	(9) PECH	(10) SECH	(11) TFPCH
LEV_t	-0.003** (0.001)	0.000 (0.000)	-0.003** (0.001)	0.000 (0.000)	-0.003** (0.001)
BDS_t	0.002* (0.001)	0.000 (0.000)	0.002** (0.001)	-0.000 (0.000)	0.002* (0.001)
CBD_t	0.004 (0.005)	0.001 (0.001)	0.004 (0.005)	-0.001 (0.002)	0.005 (0.005)
CON_t	-0.096** (0.045)	-0.013 (0.012)	-0.099** (0.041)	0.004 (0.017)	-0.112** (0.044)
$BHLIST_t$	-0.008 (0.008)	0.003 (0.002)	-0.012* (0.007)	0.003 (0.003)	-0.006 (0.007)
SEP_t	0.000 (0.000)	-0.000 (0.000)	0.000 (0.000)	-0.000 (0.000)	0.000 (0.000)
$RISK_t$	-0.006*** (0.001)	0.000*** (0.000)	-0.006*** (0.001)	-0.000 (0.000)	-0.005*** (0.001)
$MARKET_t$	0.013 (0.008)	0.001 (0.002)	0.010 (0.007)	0.003 (0.003)	0.014* (0.008)
行业效应	控制				
年度效应	控制				
N	869	869	869	869	869
组内 R^2	0.283	0.626	0.296	0.316	0.266
组间 R^2	0.108		0.122		0.111
Wald 值	206.31***	1571.34***	162.78***	473.63***	156.36***
BPLM 检验	46.81***	184.23***	44.01***	66.43***	36.48***
Hausman 检验	-5.98	638.16***	-34.48	156.94***	-40.75

注：括号内的数值为标准差，模型（2）和模型（4）通过了 Hausman，采用 2SLS 回归；其他模型的 BPLM 检验均显著，因而采用面板数据回归；*、**、*** 分别表示在 10%、5% 以及 1% 水平下显著。表中省略其他控制变量结果。

表 6-6 列示了管理层与员工薪酬差距对公司经营效率影响的数据包络分析结果。从表 6-6 中的结果来看，模型（13）、模型（15）和模型（16）通过了 Hausman 检验，拒绝了零假设，因而采用 2SLS 回归，以内部薪酬差距滞后三期

的变量作为工具变量。其他模型 BPLM 检验均显著，因而相对于混合 OLS，面板数据模型更加有效。

由表 6-6 可知，$MEWD_{t-1}$ ×UCSP_s 的系数符号在模型（14）中为正，在模型（15）中均为负，但都不显著，两者共同作用下，使得管理层与员工薪酬差距对国有控股公司的技术效率变化指数（EFFCH）没有显著的作用（系数符号为负，但不显著），而由于管理层内部薪酬差距对国有控股公司的技术变动指数（TECHCH）具有显著的正向影响（5% 水平上显著），使总体上管理层与员工薪酬差距对国有控股公司的全要素生产率（系数符号为正，但不显著）没有显著的影响。$MEWD_{t-1}$ ×UCSP_f 的系数符号在模型（14）中为正，在模型（15）中为负，但也都不显著，两者共同作用下，使管理层与员工薪酬差距对家族控股公司的技术效率变化指数（EFFCH）没有显著的作用（系数符号为正，但不显著）。但跟在国有控股公司中一样，管理层与员工薪酬差距对技术变动指数（TECHCH）具有显著的正向影响（10% 水平上显著），使总体上管理层内部薪酬差距对国有控股公司的全要素生产率有着正向的影响，但并不显著。总体而言，这里的分析跟随机前沿中的结果基本一致，也支持了假设 1。

表 6-6　　管理层与员工薪酬差距对公司经营效率（DEA）的影响

变量	面板数据模型				
	(12) EFFCH	(13) TECHCH	(14) PECH	(15) SECH	(16) TFPCH
常数项	1.187 *** (0.149)	1.064 *** (0.037)	1.189 *** (0.136)	0.993 *** (0.054)	1.232 *** (0.146)
$MEWD_{t-1}$	-0.008 (0.014)	-0.005 (0.004)	-0.012 (0.013)	0.004 (0.005)	-0.011 (0.014)
UCSP_o	-0.007 (0.172)	-0.046 (0.043)	-0.050 (0.157)	0.054 (0.063)	-0.026 (0.169)
UCSP_s	0.007 (0.157)	-0.058 (0.039)	-0.067 (0.143)	0.070 (0.057)	-0.030 (0.154)
UCSP_f	-0.032 (0.159)	-0.068 * (0.040)	-0.057 (0.145)	0.034 (0.058)	-0.070 (0.156)
$MEWD_{t-1}$ ×UCSP_o	0.001 (0.015)	0.004 (0.004)	0.005 (0.014)	-0.005 (0.006)	0.003 (0.015)
$MEWD_{t-1}$ ×UCSP_s	-0.000 (0.014)	0.005 ** (0.003)	0.006 (0.013)	-0.006 (0.005)	0.003 (0.014)

续表

变量	面板数据模型				
	(12) EFFCH	(13) TECHCH	(14) PECH	(15) SECH	(16) TFPCH
$MEWD_{t\ \ 1} \times UCSP\ \ f$	0.003 (0.014)	0.006 * (0.004)	0.005 (0.013)	-0.003 (0.005)	0.007 (0.014)
$SIZE_t$	-0.006 *** (0.002)	0.001 * (0.001)	-0.002 (0.002)	-0.004 *** (0.001)	-0.005 ** (0.002)
LEV_t	-0.003 * (0.001)	-0.000 (0.000)	-0.003 ** (0.001)	0.000 (0.000)	-0.002 * (0.001)
BDS_t	0.002 (0.001)	0.000 (0.000)	0.002 ** (0.001)	-0.000 (0.000)	0.002 (0.001)
CBD_t	0.006 (0.006)	0.001 (0.001)	0.006 (0.005)	-0.001 (0.002)	0.007 (0.005)
CON_t	-0.091 ** (0.044)	-0.015 (0.011)	-0.098 ** (0.040)	0.007 (0.016)	-0.108 ** (0.043)
$BHLIST_t$	-0.009 (0.008)	0.002 (0.002)	-0.013 * (0.007)	0.003 (0.003)	-0.008 (0.008)
SEP_t	0.000 (0.000)	-0.000 (0.000)	0.000 (0.000)	-0.000 (0.000)	0.000 (0.000)
$RISK_t$	-0.006 *** (0.001)	0.000 *** (0.000)	-0.006 *** (0.001)	-0.000 (0.000)	-0.005 *** (0.001)
$MARKET_t$	0.013 (0.008)	-0.000 (0.002)	0.009 (0.007)	0.003 (0.003)	0.012 (0.008)
行业效应	控制				
年度效应	控制				
N	833	833	833	833	833
组内 R^2	0.277	0.658	0.285	0.349	0.160
组间 R^2	0.1085		0.1220		
Wald 值	213.48 ***	1710.09 ***	170.84 ***	508.00 ***	159.09 ***
BPLM 检验	48.42 ***	185.32 ***	46.23 ***	65.47 ***	37.94 ***
Hausman 检验	-6.70	640.50 ***	-43.16	187.97 ***	49.04 **

注：括号内的数值为标准差，除了第二个模型外，其他四个模型 BPLM 检验均显著，因而采用面板数据模型，第二个模型采用混合 OLS 模型；*、**、*** 分别表示在 10%、5% 以及 1% 水平下显著。

6.3.4 企业内部薪酬差距、产权基础及公司价值

1. 研究设计

为检验假设2，设置以下面板数据计量模型：

$$FV_{it} = \alpha_i + \beta_1 WD_{i,t-1} + \beta_j \sum_{j=2}^{4} UCSP_{i,t-1} + \beta_j \sum_{j=5}^{7} WD_{i,t-1} \times UCSP_{i,t-1} + X_{i,t}\lambda + Z_{i,t}\delta + K_{i,t}\eta + W_{i,t}\tau + \varepsilon_i \qquad (6-30)$$

模型（6－30）中，FV_{it}为年度t公司i的公司价值或公司价值变化量。采用以下两种被广泛采用的托宾Q的计算方法来度量公司价值：

i 托宾Q值A：TQ_A = 市场价值/(资产总额－无形资产净值)（6－31）

市场价值 = 股权市价 + 净债务市价

其中，非流通股权市价用净资产代替计算。

ii 托宾Q值B：TQ_B = 市场价值/(资产总额－无形资产净值)（6－32）

市场价值 = 股权市价 + 净债务市价

其中，非流通股权市价用流通股估计代替计算。

构建如下面板数据模型来检验内部薪酬差距对于公司价值的影响：

$$\begin{aligned} TQ_{i,t} = {} & \alpha + \beta_1 WD_{t-1} + \beta_i \sum_{j=2}^{4} UCSP_{t-1} + \beta_j \sum_{j=5}^{7} WD_{t-1} \times UCSP_{t-1} \\ & + \beta_8 ROA_t + \beta_9 SIZE_t + \beta_{10} LEV_t + \beta_{11} ST_t + \beta_{12} BDS_t + \beta_{13} CBD_t \\ & + \beta_{14} CON_t + \beta_{15} BHLIST_t + \beta_{16} SEP_t + \beta_{17} A\_TOP4_t + \beta_{18} A\_OPION_t \\ & + \beta_{19} RISK_t + \beta_{20} MARKET_t + \varepsilon_t \end{aligned} \qquad (6-33)$$

为了进一步检验内部薪酬差距对于公司价值变化量的边际影响，采用如下面板数据模型：

$$\begin{aligned} DTQ_{i,t} = {} & \alpha + \beta_1 WD_{t-1} + \beta_j \sum_{j=2}^{4} UCSP_{t-1} + \beta_j \sum_{j=5}^{7} WD_{t-1} \times UCSP_{t-1} \\ & + \beta_8 ROA_t + \beta_9 SIZE_t + \beta_{10} LEV_t + \beta_{11} ST_t + \beta_{12} BDS_t \\ & + \beta_{13} CBD_t + \beta_{14} CON_t + \beta_{15} BHLIST_t + \beta_{16} SEP_t \\ & + \beta_{17} A\_TOP4_t + \beta_{18} A\_OPION_t + \beta_{19} RISK_t + \beta_{20} MARKET_t + \varepsilon_t \end{aligned} \qquad (6-34)$$

上述模型中$DTQ_{i,t}$为公司i第t年的托宾Q值减去t－1年的托宾Q值的差。两个回归方程中，都控制了行业、年度效应。

2. 实证结果及分析

表6－7列示了管理层内部薪酬差距对公司价值及其变化量影响的分析结果。

从表中结果来看，模型（17）列示了管理层内部薪酬差距对公司价值的影响，从结果可以看出，相对于分散持股或者股权制衡的公司，国有控股公司和家族控股公司管理层内部薪酬差距都与公司价值呈负相关关系，支持了假设2，支持了行为理论下的预期。对于模型（18）中公司价值的变化量的结果也类似。总体而言，相对于分散持股或者存在股权制衡企业，集中股权企业中管理层内部薪酬差距对公司价值具有显著的负面影响，与理论预期一致。

表6-7　　管理层内部薪酬对公司价值（TQ）的影响

变量	模型（17）		模型（18）	
	TQ_A	TQ_B	DTQ_A	DTQ_B
常数项	1.167 (2.070)	8.518*** (2.803)	-1.225 (2.020)	-6.218** (3.018)
MWD_{t-1}	1.184*** (0.183)	0.935*** (0.248)	0.498*** (0.179)	0.900*** (0.267)
UCSP_o	8.534*** (2.565)	3.787 (3.465)	3.475 (2.497)	7.223* (3.719)
UCSP_s	10.465*** (2.186)	6.862** (2.958)	4.543** (2.131)	9.598*** (3.181)
UCSP_f	11.376*** (2.230)	9.235*** (3.020)	4.214* (2.175)	8.705*** (3.248)
MWD_{t-1} × UCSP_o	-0.722*** (0.207)	-0.341 (0.280)	-0.292 (0.202)	-0.597** (0.301)
MWD_{t-1} × UCSP_s	-0.859*** (0.176)	-0.570** (0.239)	-0.368** (0.172)	-0.778*** (0.256)
MWD_{t-1} × UCSP_f	-0.924*** (0.180)	-0.750*** (0.244)	-0.343* (0.176)	-0.712*** (0.263)
ROA_t	-0.015 (0.018)	-0.044* (0.024)	-0.034** (0.017)	-0.055** (0.026)
$SIZE_t$	-0.554*** (0.023)	-0.708*** (0.031)	-0.190*** (0.022)	-0.185*** (0.033)
LEV_t	0.114*** (0.012)	0.168*** (0.016)	0.018 (0.012)	-0.008 (0.017)
ST_t	0.116 (0.081)	0.365*** (0.108)	-0.028 (0.078)	0.010 (0.116)

续表

变量	模型（17）		模型（18）	
	TQ_A	TQ_B	DTQ_A	DTQ_B
BDS_t	-0.009 (0.011)	-0.005 (0.015)	-0.003 (0.011)	-0.007 (0.016)
CBD_t	0.004 (0.057)	0.024 (0.077)	0.004 (0.056)	-0.003 (0.082)
CON_t	1.032 ** (0.479)	3.340 *** (0.637)	1.665 *** (0.464)	1.922 *** (0.680)
$BHLIST_t$	-0.100 (0.088)	0.054 (0.130)	0.022 (0.085)	-0.010 (0.139)
SEP_t	-0.004 (0.002)	-0.002 (0.003)	0.003 (0.002)	0.003 (0.004)
A_TOP4_t	0.277 (0.177)	0.495 ** (0.251)	0.190 (0.172)	0.100 (0.268)
A_OPION_t	-0.478 *** (0.093)	-0.985 *** (0.125)	-0.134 (0.090)	-0.262 * (0.134)
$RISK_t$	-0.017 *** (0.004)	-0.029 *** (0.006)	-0.008 * (0.004)	-0.007 (0.006)
$MARKET_t$	-0.532 *** (0.090)	-0.605 *** (0.121)	-0.240 *** (0.087)	-0.291 ** (0.130)
行业效应	控制			
年度效应	控制			
N	3729	3671	3721	3663
调整 R^2	0.241	0.312	0.027	0.030
Wald 检验	1420.75 ***	1717.95 ***	156.70 ***	78.68 ***
BPLM 检验	666.13 ***	1325.50 ***	341.10 ***	423.54 ***
Hausman 检验	193.41 ***	-15.62	49.24 ***	123.37 ***

注：括号内的数值为标准差，因 Hausman 检验的结果都显著或者为负值，因而采用两阶段回归分析。*** 、** 和 * 分别表示双尾 t-检验值/z-检验值在 1%、5% 和 10% 水平上统计显著。表中省略其他控制变量结果。

表 6-8 列示了管理层与员工薪酬差距对公司价值及其变化量影响的分析结果。模型（19）列示了管理层与员工薪酬差距对公司价值的影响，从结果可以看出，相对于分散持股或者股权制衡的公司，国有控股公司和家族控股公司管理层

与员工薪酬差距都与公司价值呈负相关关系，支持了假设2，支持了行为理论下的预期。对于模型（20）中公司价值的变化量结果也类似。总体而言，相对于分散持股或者存在股权制衡企业，集中股权企业中管理层与员工薪酬差距对公司价值也具有显著的负面影响，与理论预期一致。

表6-8　　　　管理层与员工薪酬差距对公司价值变化量的影响

变量	模型（19）		模型（20）	
	TQ_A	TQ_B	DTQ_A	DTQ_B
常数项	2.639* (1.520)	6.870*** (2.189)	0.718 (1.327)	0.103 (2.068)
$MEWD_{t-1}$	0.687*** (0.160)	0.731*** (0.230)	0.322** (0.140)	0.490** (0.218)
UCSP_o	4.859*** (1.824)	4.977* (2.621)	2.625* (1.593)	4.589* (2.476)
UCSP_s	5.999*** (1.712)	6.451*** (2.460)	3.337** (1.494)	5.509** (2.324)
UCSP_f	5.545*** (1.712)	6.177** (2.463)	2.846* (1.495)	4.966** (2.327)
$MEWD_{t-1}$ × UCSP_o	-0.471*** (0.167)	-0.486** (0.240)	-0.247* (0.146)	-0.427* (0.227)
$MEWD_{t-1}$ × UCSP_s	-0.561*** (0.156)	-0.602*** (0.225)	-0.309** (0.136)	-0.510** (0.212)
$MEWD_{t-1}$ × UCSP_f	-0.511*** (0.157)	-0.569** (0.226)	-0.264* (0.137)	-0.463** (0.213)
ROA_t	0.386*** (0.070)	0.747*** (0.101)	0.194*** (0.061)	0.309*** (0.096)
$SIZE_t$	-0.377*** (0.022)	-0.562*** (0.032)	-0.183*** (0.020)	-0.236*** (0.030)
LEV_t	0.101*** (0.011)	0.157*** (0.016)	0.018* (0.010)	0.004 (0.015)
ST_t	0.073 (0.064)	0.153* (0.091)	0.002 (0.056)	0.031 (0.086)
BDS_t	-0.018** (0.009)	-0.023* (0.013)	0.001 (0.008)	0.006 (0.012)

续表

变量	模型（19）		模型（20）	
	TQ_A	TQ_B	DTQ_A	DTQ_B
CBD_t	0.057 (0.049)	0.052 (0.069)	0.015 (0.043)	0.002 (0.066)
CON_t	1.911*** (0.464)	3.858*** (0.657)	0.905** (0.406)	-0.109 (0.622)
$BHLIST_t$	-0.188** (0.073)	-0.033 (0.112)	-0.043 (0.064)	0.011 (0.106)
SEP_t	-0.002 (0.002)	-0.001 (0.003)	0.003* (0.002)	0.004 (0.003)
A_TOP4_t	-0.094 (0.114)	0.098 (0.171)	0.061 (0.100)	0.176 (0.162)
A_OPION_t	-0.122* (0.073)	-0.497*** (0.104)	0.049 (0.063)	0.028 (0.099)
$RISK_t$	-0.022*** (0.003)	-0.037*** (0.005)	-0.011*** (0.003)	-0.014*** (0.005)
$MARKET_t$	0.095 (0.071)	0.117 (0.102)	-0.027 (0.062)	-0.057 (0.097)
行业效应	控制	控制	控制	控制
年度效应	控制	控制	控制	控制
N	4454	4384	4451	4382
调整 R^2	0.149	0.194	0.019	0.057
Wald 检验	968.61***	1144.71***	201.20***	123.56***
BPLM 检验	371.15***	796.38***	248.72***	308.76***
Hausman 检验	208.08***	130.66***	54.14***	61.46***

注：括号内的数值为标准差，因 Hausman 检验的结果都显著，因而采用两阶段回归分析。***、**和*分别表示双尾 t-检验值/z-检验值在 1%、5%和 10%水平上统计显著。表中省略其他控制变量结果。

6.4 小　　结

本章研究发现：

第一，相对于分散持股或者存在股权制衡的公司，股权集中的公司内部薪酬差距（不管是管理层内部薪酬差距还是管理层与员工之间的薪酬差距）显著更小。另外，家族控股企业管理层内部薪酬差距比非家族控股企业要小，但是管理层与员工之间薪酬差距比非家族控股企业显著更大；而在国有控股企业里面情况却相反，管理层内部薪酬差距比非国有控股企业要大，但管理层与员工之间的薪酬差距则较小。

第二，相对于分散持股或者股权制衡的公司，国有控股公司和家族控股公司管理层内部薪酬差距都与主营业务利润率的变化呈正相关关系，支持了锦标赛理论。相对于分散持股或者存在股权制衡的公司，国有控股公司和家族控股公司管理层与员工之间薪酬差距都与主营业务利润率的变化呈负相关关系，而且在国有控股企业中表现更为明显，与管理层内部薪酬差距不同，管理层和员工之间的薪酬差距在企业里支持了行为理论。

以 ROA 衡量的公司业绩与预期基本一致，相对于分散持股或者存在股权制衡的公司，集中股权公司内部薪酬差距与公司业绩呈负相关关系，与行为理论学派得到的结论一致。企业内部薪酬差距能够为股东带大更多的投资回报率，体现为锦标赛理论，但对公司总资产收益率却体现为负向的激励效应，而且在国有控股企业中这种负向效应更强。

第三，相对于分散持股或者存在股权制衡的公司，股权集中的公司内部薪酬差距与公司与管理层经营效率正相关。这种效应在国有控股企业中表现比在家族控股企业中更加明显。关于内部薪酬差距与经营效率之间的关系，本章的结论跟锦标赛理论下的研究证据更为一致，而不支持行为理论。因此，当前，我国监管部门在国有控股企业中进行限薪，未必是明智之举，给予高管更高的显性薪酬能够降低其追逐在职消费等形式的控制权收益，反而能够提高公司的经营效率。另外，管理层与员工之间薪酬差距对公司经营效率的影响并不明显。

通过数据包络分析发现，相对于分散持股或者存在股权制衡的公司，集中股权公司内部薪酬差距的提高能够促使管理层进行更多的固定资产投资，但对其经营管理水平的改进具有负向的影响，使整体上内部薪酬差距对全要素生产率不起作用，这种效应在国有控股企业中更加明显。

第 7 章

薪酬外部公平性的公司治理效应：产权视角

7.1 引　言

“限薪令”在一定程度上缓解了薪酬制度的缺陷带来的不良后果，但是，相关政策的制定仅仅依照薪酬的绝对数量来判定高管薪酬的高低，忽略了高管薪酬内生的决定因素。实际上，公司特征、治理特征、经营状况等因素能在较大程度上解释高管正常的薪酬水平，本书第 6 章主要分析了企业内部薪酬公平性的公司治理效应，从本章开始，主要分析不同企业之间的薪酬公平性。与企业内部薪酬公平性一样，薪酬外部公平性是影响公司管理层管理行为的重要因素。本研究以我国上市公司强制披露管理层薪酬为背景，结合公司产权基础，检验薪酬外部公平性对管理层表现的影响，进而分析其对公司价值的影响。

7.2 理论分析、文献回顾与研究假设

7.2.1 理论分析

在两权分离的现代公司中，解释高管薪酬的主要理论包括最优契约论和高管权力论。最优契约论认为有效的薪酬契约可以激励高管基于股东利益最大化行事，而高管权力论则认为高管有能力影响自己的薪酬并使得薪酬契约本身成为代理问题的一部分（Bebchuk & Fried，2002）。最优契约理论的隐含假定存在两大问题：一是最优契约理论假定董事会主动去努力实现股东利益最大化。实际上，即使董事会是由股东大会选举出来，董事会与股东之间也存在代理问题，可能既

没有足够的时间，也缺乏必要的信息去监督高管的活动，以确保这些活动符合股东的最大利益。二是最优契约理论也依赖于职业经理人市场的有效约束。但是，现实中经理人市场并不是像商品市场那样充分竞争和信息透明，也缺乏有效的价格机制，所以高管的人力资本本身就难以定价。现有文献中，大部分结果显示管理层权力显著影响高管薪酬。例如科尔等（Core et al.，1999）发现，当公司治理机制薄弱时，CEO 通常能够得到更高的报酬。墨菲（2001）也指出，由于高管薪酬的最初提案通常由公司的人事部门提出，再由公司高管进行审核和修改，最后送往薪酬与考核委员会进行表决，因此高管确实有能力影响其自身薪酬。詹森等（2004）回顾了近 30 年来对高管薪酬激励问题的研究，认为管理层权力理论对现代薪酬机制设计具有较强的解释力。

7.2.2　文献回顾与假设推导

与国外的研究类似，中国的证据也表明高管控制权能够在一定程度上导致其在薪酬方面的自利行为。卢锐（2008）研究结表明，管理层权力大的企业与其他企业相比，高管的现金薪酬更高，而且公司盈利时管理层薪酬与业绩的敏感性更高，公司亏损时敏感性更低。方军雄（2009，2011）研究支持了我国上市公司高管薪酬与公司业绩之间呈现粘性特征，即业绩上升时高管薪酬增加幅度显著高于业绩下降时薪酬的减少幅度。吴育辉和吴世农（2010，2011）研究发现，高管的薪酬水平随着其控制权的增加而显著提高。权小锋等（2010）研究也发现，国有企业高管的权力越大，其获取的私有收益越高，但中央政府控制的国有企业高管偏好隐性的非货币性私有收益，而地方政府控制的国有企业高管更偏好显性的货币性私有收益；随着权力增长，管理层倾向于利用盈余操纵获取绩效薪酬。

对于管理层薪酬外部公平性的公司治理效应的研究，国内的相关文献不多，但为人们更好地理解薪酬契约的有效性提供了全新的视角。周宏和张巍（2010）发现，比较效应在处于同一地区的企业间广泛存在，而在同一产业、同一规模下企业间呈现出相反的效应，现实中更有可能出现仅仅因为处于优势产业或某类规模而获得高收入的情形；通过对绩效报酬与相对业绩评价的结合考虑，他们发现中国上市公司行业方面存在较为严重的运气报酬（Pay for Luck）。江伟（2010）的研究表明，我国的上市公司在制定管理者薪酬契约时采用了行业薪酬基准，并由此导致了管理者薪酬的逐渐增长。吴联生等（2010）研究结果表明，由于国有企业管理层更关注自身的政治前途且受到政府薪酬管制的约束，正向额外薪酬对国有企业管理层没有明显的激励作用，但对非国有企业管理层则具有显著的激励作用；研究结果没有发现负向额外薪酬与非国有企业和国有企业业绩存在相关性，体现出薪酬在公开条件下的横向“刚性”特征。高贵富和吴俊财（2011）

也发现高管组织权力大小与高管薪酬外部不公平性正相关，高管所有制权力大小与薪酬外部不公平性负相关，比较而言，国有上市公司的高管薪酬更具有外部公平性。

现阶段，我国上市公司主要有两大特征：

第一，我国上市公司大部分是由国有企业改制而来，因而，国有控股是我国上市公司的重要特征之一。因此，研究上市公司管理层薪酬问题，必须分析国有产权背后的经济逻辑。主要存在如下一些问题：(1) 许多国有上市公司存在国有股一股独大、所有者缺位，公司治理机制也不完善，因而更可能出现上市公司出现内部人控制的现象，导致高管能够制定自己的薪酬。(2) 在国有控股企业中，许多高管人员是由政府或上级主管部门直接任命，其评估、任期、升迁等均由政府部门决定，其身份不仅仅是一个企业管理人员，更是国家机关的工作人员。他们报酬的高低并不仅取决于公司的业绩，还与其行政职务的高低、国家有关分配政策的制约有关。与薪酬相比，政治前途更为国有企业管理层所关注，因此，国有企业管理层薪酬业绩的敏感程度低于非国有企业。(3) 国有控股企业管理层薪酬受到政府的管制，管制的结果可能扭曲国有企业管理层的相对收入水平。

第二，我国民营上市公司中很大一部分是家族控股企业，这种产权基础主要存在如下问题：(1) 很大一部分家族控股公司还处于第一代创始人的控制当中，严格意义上是“创业家族企业”，大股东往往也是企业的管理者，因而体现出管理层权力也在家族控股企业中产生影响，而由于大股东对小股东“壕沟”动机较强，管理层自定薪酬的可能性较大。(2) 对于那些雇用外部经理人员的家族控股企业，在相对集中的股权结构下，大股东在企业中具有较大的经济利益，且本身有较强的经济实力和拥有足够的能力和动力参与监督管理者的行为，因而通过较高的薪酬来激励经理层的动力较弱，从而体现为经理层激励不足。

结合本书第 4 章模型中推导出来的命题 1 ~ 命题 4，本章提出如下假设：

假设 1：正向额外薪酬与分散持股或者存在股权制衡的企业的经理层表现（企业业绩、经营效率）正相关。

假设 1 -1：相对于分散持股或者存在股权制衡的企业，正向额外薪酬与国有控股企业经理层表现（企业业绩、经营效率）不存在相关性。

假设 1 -2：相对于分散持股或者存在股权制衡的企业，正向额外薪酬与家族控股企业经理层表现（企业业绩、经营效率）存在负相关性。

另外，当管理层发现自己的薪酬水平低于同行业其他管理层时，基于社会比较中，同化效应的上行比较，管理层可能会努力提高公司业绩，负向额外薪酬往往代表着董事会对管理层的消极印象，向管理层传递的是一种警示信号或惩罚，从而促使管理层努力改善公司业绩。而基于对比效应的上行比较，负向额外薪酬下，经理人降低自我评价，进而产生不公平感，产生反向的激励效应。因而，负向额外薪酬下，既可能有正向的激励效应，也可能有负向的激励效应。特别在国有控股企业中，一方面，经理人员更加关注政治前景等目标，薪酬的业绩敏感性又比较低，可能不会产生什么影响；另一方面，来自其他方面的隐性收入可能使得现金薪酬变得不那么重要。综上，提出如下假设：

假设2：负向额外薪酬对国有控股企业、家族控股企业经理层表现（企业业绩、经营效率）均没有显著影响。

综合企业业绩、经营效率等方面效应，提出如下假设：

假设3：相对于分散持股或者存在股权制衡的公司，正向额外薪酬与国有控股企业、家族控股企业公司价值负相关。

假设4：相对于分散持股或者存在股权制衡的公司，负向额外薪酬与国有控股企业、家族控股企业公司价值不存在相关性。

7.3　研究设计与结果分析

7.3.1　变量定义和描述性统计

要检验上述假设，首先需要衡量额外薪酬。霍姆斯特龙（Holmstrom，1979）认为，以本行业中其他企业的平均业绩为标准来设计激励机制，行业中的系统风险和共同风险便可以过滤掉，当行业中企业数量较多时尤其有效。借鉴科尔等（1999），吴联生等（2010），本章采用如下管理层薪酬决定模型：

$$\ln(COMP_t) = \alpha + \beta_1 SIZE_t + \beta_2 LEV_t + \beta_3 ROA_t + \beta_4 ROA_{t-1} + \beta_5 CBD_t + \beta_6 BDS_t + \beta_j \sum_{j=7}^{9} UCSP_t + \beta_{10} CON_t + \varepsilon_1 \quad (7-1)$$

其中，ln(COMP）是公司管理层年度薪酬的自然对数，其他变量定义同前文。对于每个公司管理层的应得薪酬，首先对模型（7－1）进行分年度分行业回归，再将估计系数代入模型（7－1），得到的残差 ε_1，即为公司管理层薪酬的外部不公平性（UF_cash）。

本章样本公司和期间的选取与第6章相同。表7－1（a）和表7－1（b）分别列示了正、负项额外现金薪酬的描述性统计。由表可知，正向额外现金薪酬中，国有控股企业均值最大，家族控股企业次之，分散持股或者存在股权制衡公司最小；而负向额外现金薪酬中，家族控股企业最大，分散持股或者存在股权制衡公司次之，国有控股企业最小。

表 7-1 变量的描述性统计结果

变量	观测值	平均值	标准差	中位数	最小值	最大值
（a）正向额外现金薪酬						
A 栏：正向额外薪酬全样本						
AUF_{t-1}	7066	1.275	0.657	1.267	0.086	2.742
B 栏：正向额外薪酬——国有控股企业样本						
AUF_{t-1}	4300	1.316	0.645	1.315	0.086	2.742
C 栏：正向额外薪酬——家族控股企业样本						
AUF_{t-1}	1615	1.257	0.673	1.230	0.086	2.742
D 栏：正向额外薪酬——分散持股或者存在股权制衡企业样本						
AUF_{t-1}	737	1.113	0.644	1.038	0.086	2.742
（b）负向额外现金薪酬						
A 栏：负向额外薪酬全样本						
AUF_{t-1}	787	25.699	66.520	0.847	0.033	308.077
UF_{t-1}	787	-25.932	67.520	-0.847	-318.922	-0.046
B 栏：负向额外薪酬——国有控股企业样本						
AUF_{t-1}	332	3.501	12.299	0.679	0.033	108.279
UF_{t-1}	332	-3.501	12.299	-0.679	-108.279	-0.046
C 栏：负向额外薪酬——家族控股企业样本						
AUF_{t-1}	219	57.589	92.445	6.702	0.033	308.077
UF_{t-1}	219	-58.079	93.794	-6.702	-318.922	-0.046
D 栏：负向额外薪酬——分散持股或者存在股权制衡企业样本						
AUF_{t-1}	196	30.508	76.484	0.810	0.033	308.077
UF_{t-1}	196	-30.895	77.910	-0.810	-318.922	-0.046

7.3.2 薪酬外部不公平性、产权基础及公司业绩

1. 研究设计

为检验以上假设，采用普通最小二乘法（OLS）运行如下模型：

$$DCP_t = \alpha + \beta_1 AUF_{t-1} + \beta_j \sum_{j=2}^{4} UCSP_{t-1} + \beta_j \sum_{j=5}^{7} AUF_{t-1} \times UCSP_{t-1} + \beta_8 CP_{t-1} + \beta_9 SIZE_t + \beta_{10} LEV_t + \beta_{11} SPR_t + \beta_{12} GROWTH_t + \beta_{13} CBD_t + \beta_{14} BDS_t + \beta_{15} CON_t + \varepsilon_1 \quad (7-2)$$

AUF_{it-1}是 t－1 年管理层额外薪酬（UF）的绝对值，UF 为模型（7－1）的残差，其他变量定义同第 6 章。

2. 实证结果与分析

表 7－2 列示了管理层正向额外薪酬和负向额外薪酬对公司经营业绩的影响。在正向额外薪酬样本下，$AUF_{t-1} \times UCSP\_s$ 的符号为负，且在 1% 水平上显著；$AUF_{t-1} \times UCSP\_f$ 的符号也为负，通过了 5% 的显著水平的检验。说明正向额外薪酬与国有控股企业和家族控股企业的公司业绩都存在负相关关系，体现为管理层权力理论下的预期，支持了假设 1。在负向额外薪酬下，$AUF_{t-1} \times UCSP\_s$ 和 $AUF_{t-1} \times UCSP\_f$ 的符号都为正，但并都不显著。

表 7－2 管理层额外薪酬对公司经营业绩影响

	正向额外薪酬样本		负向额外薪酬样本	
	估计系数	标准差	估计系数	标准差
常数项	-0.0310	0.018*	-0.096	0.052*
AUF_{t-1}	0.002	0.002	0.001	0.000
UCSP_o	0.001	0.004	0.008	0.009
UCSP_s	0.003	0.002	-0.011	0.004**
UCSP_f	0.004	0.003*	-0.006	0.005
AUF_{t-1} × UCSP_o	-0.002	0.005	-0.000	0.000
AUF_{t-1} × UCSP_s	-0.008	0.003***	0.000	0.000
AUF_{t-1} × UCSP_f	-0.008	0.004**	0.000	0.001
CP_{t-1}	-0.577	0.009***	-0.625	0.024***
行业效应	已控制			
年度效应	已控制			
调整 R^2	0.519		0.605	
F 值	188.100***		31.070***	
样本量	6938		785	

注：*** 表示在 1% 水平上显著；** 表示在 5% 水平上显著；* 表示在 10% 水平上显著（双尾检验）。表中省略其他控制变量结果。

7.3.3 薪酬外部不公平性、产权基础及经营效率

1. 研究设计

如第6章的模型，运用SFA和DEA分析方法，研究我国上市公司管理层薪酬外部不公平性与公司经营效率之间的关系。模型设计如下：

（1）随机前沿方法SFA。

$$m_{it} = \delta_0 + \delta_1 AUF_{it-1} + \delta_j \sum_{j=2}^{4} UCSP_{it-1} + \delta_j \sum_{j=5}^{7} AUF_{it-1} \times UCSP_{it-1} + \delta_8 BDS_{it} + \delta_9 CBD_{it} + \delta_{10} CON_{it} + \varepsilon_{it} \quad (7-3)$$

其中，m_{it}表示技术非效率的程度，δ_0、δ_1、δ_2、δ_3、δ_4、δ_5、δ_6、δ_7、δ_8、δ_9、δ_{10}、δ_{11}、δ_{12}为一组待估计的参数，AUF_{it-1}是t－1年管理层额外薪酬（UF）的绝对值，UF为模型（7－1）的残差。

（2）数据包络分析—Malmquist生产效率指数分解。

$$\Gamma_{it} = \delta_0 + \delta_1 AUF_{it-1} + \delta_j \sum_{j=2}^{4} UCSP_{it-1} + \delta_j \sum_{j=5}^{7} AUF_{it-1} \times UCSP_{it-1} + \delta_8 SIZE_{it} + \delta_9 LEV_{it} + \delta_{10} BDS_{it} + \delta_{11} CBD_{it} + \delta_{12} CON_{it} + \varepsilon_{it} \quad (7-4)$$

其中，Γ_{it}表示技术效率变化指数（EFFCH）（分解为纯技术效率指数（PECH）和规模效率变动指数（SECH））、技术变动指数（TECHCH）和全要素生产率Malmquist指数（TFPCH）。δ_0、δ_1、δ_2、δ_3、δ_4、δ_5、δ_6、δ_7、δ_8、δ_9、δ_{10}、δ_{11}、δ_{12}为一组待估计的参数。AUF_{it-1}是t－1年管理层额外薪酬（UF）的绝对值，UF为模型（7－1）的残差。

2. 实证结果与分析

（1）随机前沿分析。表7－3列示了管理层正向额外薪酬对公司经营效率影响的三个模型，从结果来看，γ估计值在三个估计方程中表现非常一致，均在0.90左右，并都通过了1%水平下的显著性检验。此外，LR统计值在三个方程中的表现也非常一致，均通过了1%水平下的显著性检验，说明模型是总体有效的。

表7－3中，交乘项AUF_{t-1}×UCSP_s的系数符号在三个方程中均为负，且通过了5%水平下的显著性检验①，说明相对于分散持股或者存在股权制衡的公司，正向额外薪酬对国有控股公司经营效率具有积极影响，即最优契约论在国有控股企业

① 在SFA估计中，符号为正表示对技术非效率m_{it}有着积极的影响，也就是说，对技术效率有着消极影响，下同。

中起作用，正向额外薪酬体现为“利益协同”效应。交乘项 AUF_{t-1} × UCSP_f 的系数符号在三个方程也均为负，且均通过了10%水平下的显著性检验，相对于分散持股或者存在股权制衡的公司，正向额外薪酬与家族控股企业经营效率存在正相关性，这说明最优契约论在家族控股企业中也起作用，正向额外薪酬体现为“利益协同”效应，并不支持假设1－2。总体而言，相对于分散持股或者存在股权制衡公司，正向额外薪酬对于集中股权公司具有正向的促进效应。

表7－3　管理层正向额外薪酬对公司经营效率（SFA）影响的估计结果

变量		柯布－道格拉斯随机前沿生产函数		超越对数随机前沿生产函数		扩展的柯布－道格拉斯随机前沿生产函数	
		系数	标准差	系数	标准差	系数	标准差
前沿函数部分	常数项	－5.536	0.364***	－9.485	2.481***	－5.644	0.367***
	lnK	－0.019	0.016	0.432	0.249**	－0.018	0.017
	lnL	0.051	0.014***	－0.108	0.153	0.058	0.014***
	lnIA					－0.004	0.010
	lnK^2			－0.009	0.007*		
	lnK lnL			－0.008	0.008		
	lnL^2			0.023	0.007***		
	SIZE	1.118	0.020***	1.119	0.023***	1.122	0.021***
	LEV	0.282	0.015***	0.281	0.015***	0.285	0.015***
效率函数部分	常数项	－0.019	0.572	－0.327	0.618	－0.222	0.568
	AUF_{t-1}	－0.696	0.312**	－0.581	0.302**	－0.657	0.297**
	UCSP_o	0.201	0.609	0.319	0.608	0.682	0.587
	UCSP_s	1.059	0.419***	1.187	0.449***	1.282	0.413***
	UCSP_f	0.464	0.446	0.653	0.462*	0.582	0.438*
	AUF_{t-1} × UCSP_o	－0.239	0.494	－0.265	0.485	－0.513	0.461
	AUF_{t-1} × UCSP_s	－0.545	0.328**	－0.643	0.330**	－0.637	0.314**
	AUF_{t-1} × UCSP_f	－0.420	0.356*	－0.539	0.352*	－0.446	0.342*
	BDS	0.026	0.030	0.024	0.028	0.005	0.029
	CBD	－0.245	0.166*	－0.273	0.169**	－0.338	0.162**
	CON	－1843.032	546.170***	－0.189	1.705	202.510	204.920

续表

变量		柯布-道格拉斯随机前沿生产函数		超越对数随机前沿生产函数		扩展的柯布-道格拉斯随机前沿生产函数	
		系数	标准差	系数	标准差	系数	标准差
统计部分	γ 比率	0.899	0.133 ***	0.901	0.013 ***	0.903	0.012 ***
	最大对数似然函数值	-3946.896		-3950.071		-3954.998	
	LR 统计值	475.685 ***		446.827 ***		458.996 ***	
	样本平均技术效率	0.951		0.951		0.952	

注：*、**、*** 分别表示在10%、5%以及1%水平下显著；LR 统计值服从单边卡方分布。

表7-4　管理层负向额外薪酬对公司经营效率（SFA）影响的估计结果

变量		柯布-道格拉斯随机前沿生产函数		超越对数随机前沿生产函数		扩展的柯布-道格拉斯随机前沿生产函数	
		系数	标准差	系数	标准差	系数	标准差
前沿函数部分	常数项	-8.797	1.0650 ***	83.259	0.998 ***	-8.559	1.145 ***
	lnK	0.127	0.1081	-8.103	0.461 ***	0.074	0.105
	lnL	-0.112	0.0763 *	-1.207	0.912 *	-0.101	0.076 *
	lnIA					-0.019	0.048
	lnK^2			0.195	0.013 ***		
	lnK lnL			0.008	0.056		
	lnL^2			0.051	0.029 **		
	SIZE	1.209	0.109 ***	0.943	0.151 ***	1.262	0.124 ***
	LEV	0.054	0.013 ***	0.045	0.015 ***	0.053	0.012 ***
效率函数部分	常数项	0.347	2.632	2.621	0.843 ***	1.591	1.601
	AUF_{t-1}	-0.005	0.008	-0.007	0.009	-0.004	0.008
	UCSP_o	-0.206	1.473	-1.467	1.055 *	-0.800	1.132
	UCSP_s	0.842	0.526 **	1.058	0.605 **	1.009	0.657 *
	UCSP_f	-0.473	0.815	0.217	0.575	-0.523	0.647
	AUF_{t-1} × UCSP_o	-0.021	1.005	-0.214	1.001	-0.085	0.999
	AUF_{t-1} × UCSP_s	-0.002	0.001 **	-0.002	0.001 **	-0.002	0.001 ***

续表

变量		柯布－道格拉斯随机前沿生产函数		超越对数随机前沿生产函数		扩展的柯布－道格拉斯随机前沿生产函数	
		系数	标准差	系数	标准差	系数	标准差
效率函数部分	AUF_{t-1} × UCSP_f	0.000	0.000	－0.000	0.000	－0.000	0.000
	BDS	－0.046	0.152	－0.257	0.154 **	－0.139	0.101 *
	CBD	0.169	0.839	－0.153	0.416	0.034	0.474
	CON	－0.017	1.023	－0.186	1.078	－0.097	1.145
统计部分	γ 比率	0.914	0.044 ***	0.853	0.064 ***	0.896	0.039 ***
	最大对数似然函数值	－317.691		－302.478		－312.180	
	LR 统计值	38.281 ***		48.650 ***		48.629 ***	
	样本平均技术效率	0.932		0.933		0.930	

注：*、**、*** 分别表示在10%、5%以及1%水平下显著；LR 统计值服从单边卡方分布。

表7－4列示了管理层负向额外薪酬对公司经营效率影响的三个模型，从表7－4的结果来看，γ 估计值在三个估计方程中在0.90左右，并都通过了1%水平下的显著性检验。此外，LR 统计值在三个方程中的表现也非常一致，均通过了1%水平下的显著性检验，从而保证了整体估计的有效性。

表7－4中效率函数部分的结果列示了管理层负向额外薪酬及其与产权基础虚拟变量的交乘项和其他控制变量对公司经营效率的影响。可以看到，交乘项 AUF_{t-1} × UCSP_s 的系数符号在三个方程中均为负，且均通过了5%水平下的显著性检验，相对于分散持股或者存在股权制衡的公司，负向额外薪酬与国有控股企业经营效率存在正相关性，这说明在负向额外薪酬下在国有控股企业中体现为"利益协同"效应，这与预期不一致，更大的负向额外薪酬反而能促使管理层进行同化效应的上行比较，提高公司经营效率。交乘项 AUF_{t-1} × UCSP_f 在三个方程中均不显著，也就是说，相对于分散持股或者存在股权制衡的公司，负向额外薪酬与家族控股公司经营效率不存在显著的相关性，支持了假设2。

（2）数据包络分析。不管在正向额外薪酬还是负向额外薪酬下，管理层正向、负向额外薪酬对公司经营效率（DEA）影响的估计结果均不显著，因而没能得到管理层额外薪酬对公司经营效率影响的确切结论。这里，相关回归结果略去。

7.3.4 薪酬外部不公平性、产权基础及公司价值

1. 研究设计

为检验假设 3 和假设 4，设置如下面板数据计量模型：

$$FV_{it} = \alpha_i + \beta_1 AUF_{i,t-1} + \beta_j \sum_{j=2}^{4} UCSP_{i,t-1} + \beta_j \sum_{j=5}^{7} AUF_{i,t-1} \times UCSP_{i,t-1} + X_{i,t}\lambda + Z_{i,t}\delta + K_{i,t}\eta + W_{i,t}\tau + \varepsilon_t \qquad (7-5)$$

其中，FV_{it}为年度 t 公司 i 的公司价值或公司价值变化量；UF 为模型（7－1）回归残差，AUF_{t-1}为 UF_{t-1}的绝对值。关于管理层外部薪酬不公平性对公司价值的影响，设置如下面板数据模型来检验：

$$TQ_{i,t} = \alpha + \beta_1 AUF_{t-1} + \beta_j \sum_{j=2}^{4} UCSP_{t-1} + \beta_j \sum_{j=5}^{7} AUF_{t-1} \times UCSP_{t-1} + \beta_8 ROA_t + \beta_9 SIZE_t + \beta_{10} LEV_t + \beta_{11} SPR_t + \beta_{12} GROWTH_t + \beta_{13} TURNOVER_t + \beta_{14} ST_t + \beta_{15} CBD_t + \beta_{16} BDS_t + \beta_{17} CON_t + \beta_{18} A\_TOP4_t + \beta_{19} A\_OPION_t + \beta_{20} BHLIST_t + \beta_{21} MARKET_t + \varepsilon_t \qquad (7-6)$$

关于管理层外部薪酬不公平性对公司价值变化量的边际效应趋势，使用如下面板数据模型来检验：

$$DTQ_{i,t} = \alpha + \beta_1 AUF_{t-1} + \beta_j \sum_{j=2}^{4} UCSP_{t-1} + \beta_j \sum_{j=5}^{7} AUF_{t-1} \times UCSP_{t-1} + \beta_8 ROA_t + \beta_9 SIZE_t + \beta_{10} LEV_t + \beta_{11} SPR_t + \beta_{12} GROWTH_t + \beta_{13} TURNOVER_t + \beta_{14} ST_t + \beta_{15} CBD_t + \beta_{16} BDS_t + \beta_{17} CON_t + \beta_{18} A\_TOP4_t + \beta_{19} A\_OPION_t + \beta_{20} BHLIST_t + \beta_{21} MARKET_t + \varepsilon_t \qquad (7-7)$$

上述模型中 $DTQ_{i,t}$为公司 i 第 t 年的托宾 Q 值减去 t－1 年的托宾 Q 值的差，需要说明的是，两个回归方程中，都控制了行业、年度效应。

2. 实证结果及分析

表 7－5 列示了管理层额外薪酬与公司价值（TQ）关系的估计结果。从表中结果来看，正向额外薪酬样本中，AUF_{t-1} × UCSP_s 与 TQ_A 在 5% 水平上显著负相关，与 TQ_B 也呈负相关关系，但不显著。同样地，AUF_{t-1} × UCSP_f 与 TQ_A 和 TQ_B 都在 1% 水平上显著负相关。可以看到，相对于分散持股或者股权制衡的公司，国有控股公司和家族控股公司正向额外薪酬都与公司价值呈负相关关系，支持了假设 3，支持了行为理论下的预期。在负向额外薪酬样本中，AUF_{t-1} × UCSP_s 和 AUF_{t-1} × UCSP_f 与公司价值都不存在显著的相关关系，从而支持了假设 4，即相对于分散持股或者存在股权制衡的公司，负向额外薪酬与

国有控股企业、家族控股企业公司价值不存在相关性。

表 7－5　管理层额外薪酬与公司价值（TQ）关系的估计结果

变量	正向额外薪酬		负向额外薪酬	
	TQ_A	TQ_B	TQ_A	TQ_B
常数项	30.218*** (7.316)	51.509*** (18.673)	17.135*** (2.796)	24.640*** (4.265)
AUF_{t-1}	3.007** (1.324)	3.228 (2.366)	0.000 (0.003)	-0.001 (0.004)
UCSP_o	2.397 (3.045)	2.559 (5.409)	0.119 (0.516)	-0.461 (0.799)
UCSP_s	2.989 (1.909)	3.634 (3.403)	0.366 (0.299)	0.238 (0.447)
UCSP_f	7.563*** (2.100)	12.261*** (3.739)	0.185 (0.308)	0.442 (0.461)
AUF_{t-1} × UCSP_o	-2.939 (2.148)	-3.065 (3.817)	0.001 (0.015)	0.007 (0.022)
AUF_{t-1} × UCSP_s	-2.930** (1.425)	-3.157 (2.547)	-0.004 (0.011)	-0.005 (0.016)
AUF_{t-1} × UCSP_f	-6.070*** (1.556)	-8.920*** (2.775)	-0.002 (0.003)	-0.004 (0.004)
行业效应	控制	控制	控制	控制
年度效应	控制	控制	控制	控制
N	6324	6218	575	566
调整 R^2	0.023	0.022	组内：0.2906 组间：0.4725	组内：0.2917 组间：0.4864
Wald/F 检验	3.30***	3.08***	366.89***	367.33***
BPLM 检验	2.11	0.93	11.84***	12.89***

注：括号内的数值为标准差，正向额外薪酬的两个模型 BPLM 检验不显著，因而采用混合 OLS 回归模型；负向额外薪酬的两个模型 BPLM 检验均显著，因而采用面板数据回归模型，因 Hausman 检验的结果不显著或者为负值，因而采用随机效应模型更加有效，随机效应服从高斯（Gaussian）分布，***、** 和 * 分别表示双尾 t－检验值/z－检验值在 1%、5% 和 10% 水平上统计显著。表中省略其他控制变量结果。

表 7－6 进一步分析管理层额外薪酬与公司价值变化量（DTQ）关系。从表中结果来看，在正向额外薪酬样本中，AUF_{t-1} × UCSP_s 与 DTQ_A 和 DTQ_B 都

呈负相关关系，但不显著。$AUF_{t-1} \times UCSP\_f$ 与 DTQ_A 和 DTQ_B 都在 1% 水平上显著负相关。也就是说，相对于分散持股或者股权制衡的公司，国有控股公司和家族控股公司正向额外薪酬都与公司价值变化量呈负相关关系，支持了假设 3。在负向额外薪酬样本中，$AUF_{t-1} \times UCSP\_s$ 和 $AUF_{t-1} \times UCSP\_f$ 与公司价值变化量都不存在显著的相关关系，从而支持了假设 4。

表 7－6　　管理层额外薪酬与公司价值变化量关系的估计结果

变量	正向额外薪酬		负向额外薪酬	
	ΔTQ_A	ΔTQ_B	ΔTQ_A	ΔTQ_B
常数项	19.423*** (7.294)	35.579*** (13.069)	4.242 (3.568)	3.658 (5.112)
AUF_{t-1}	2.128 (1.320)	2.254 (2.375)	-0.004 (0.003)	-0.003 (0.005)
UCSP_o	1.706 (3.037)	1.827 (5.429)	0.954 (0.672)	0.828 (0.989)
UCSP_s	2.321 (1.904)	2.905 (3.416)	0.363 (0.389)	0.561 (0.554)
UCSP_f	7.112*** (2.094)	11.914*** (3.753)	-0.235 (0.401)	-0.384 (0.570)
$AUF_{t-1} \times UCSP\_o$	-1.977 (2.142)	-1.958 (3.831)	-0.011 (0.019)	-0.008 (0.028)
$AUF_{t-1} \times UCSP\_s$	-2.096 (1.422)	-2.235 (2.557)	0.005 (0.014)	0.001 (0.020)
$AUF_{t-1} \times UCSP\_f$	-5.415*** (1.552)	-8.371*** (2.785)	0.004 (0.004)	0.005 (0.005)
行业效应	控制	控制	控制	控制
年度效应	控制	控制	控制	控制
N	6316	6212	573	565
调整 R^2	0.02	0.02	组内：0.1992 组间：0.3001	组内：0.2096 组间：0.3587
Wald/F 检验	2.96***	2.89***	150.29***	177.12***
BPLM 检验	0.17	0.05	58.34***	34.32***

注：括号内的数值为标准差，正向额外薪酬的两个模型 BPLM 检验不显著，因而采用混合 OLS 回归模型；负向额外薪酬的两个模型 BPLM 检验均显著，因而采用面板数据回归模型，因 Hausman 检验的结果不显著或者为负值，因而采用随机效应模型更加有效，随机效应服从高斯（Gaussian）分布，***、** 和 * 分别表示双尾 t－检验值/z－检验值在 1%、5% 和 10% 水平上统计显著。表中省略其他控制变量结果。

7.4 小　　结

本章研究发现：

第一，正向额外薪酬与国有控股企业和家族控股企业的公司业绩都存在负相关关系，体现为管理层权力理论下的预期，而负向额外薪酬与国有控股企业和家族控股企业的公司业绩都存在负相关关系，体现为利益协同效应。

第二，相对于分散持股或者存在股权制衡的公司，正向额外薪酬对国有控股公司经营效率具有积极影响，即最优契约论在国有控股企业中起作用，正向额外薪酬体现为“利益协同”效应。相对于分散持股或者存在股权制衡的公司，正向额外薪酬与家族控股企业经营效率存在正相关性，这说明最优契约论在家族控股企业中也起作用，同样体现为“利益协同”效应。

相对于分散持股或者存在股权制衡的公司，负向额外薪酬与国有控股企业经营效率存在正相关性，这说明在负向额外薪酬下在国有控股企业中体现为“利益协同”效应。而负向额外薪酬与家族控股公司经营效率不存在显著的相关性。

第三，相对于分散持股或者股权制衡的公司，国有控股公司和家族控股公司正向额外薪酬都与公司价值呈负相关关系，支持了行为理论下的预期。相对于分散持股或者存在股权制衡的公司，负向额外薪酬与国有控股企业、家族控股企业公司价值不存在相关性。

第8章

股权激励外部公平性的公司治理效应：产权视角

8.1 引　　言

股权激励作为一种对公司管理层的长期薪酬激励制度，起源于美国20世纪50年代。1952年，面对最高可达92%的个人所得税边际税率，美国辉瑞公司为了合理避税，首先尝试推出了面向公司全体员工的股票期权机会，开辟股权激励制度的先河。在20世纪70年代后，随着美国政府陆续出台了许多与股权激励制度相关的法规，股票激励制度得到了很大的发展。据不完全统计，到20世纪末，在美国排名前1000的公司中，有90%的公司对高管授予了股票期权，股票期权在高管总收入中的比重也从1976年的不到20%上升到2000年的50%。2002年，安然事件的爆发暴露了股权激励制度的潜在问题潜在的问题，引发了人们对股权激励制度的进一步思考。我国上市公司的股权激励制度推行得较晚，直到1999年底才开始试行股权激励机制。2005年开始的股权分置改革在一定程度上为股权激励的实施扫清了制度性障碍，国务院国资委和财政部分别于2006年1月27日和2006年9月30日颁布了《国有控股上市公司（境外）实施股权激励试行办法》《国有控股上市公司（境内）实施股权激励试行办法》，对国有上市公司建立股权激励制度作出进一步的制度规定。我国股权分置改革以来股权激励制度的推行一直备受争议，股权激励计划草案的设计是否合理，能否激励管理层为股东财富最大化而努力工作、提高公司经营效率？或只是沦为管理层攫取股东利益，中饱私囊的“合法”手段呢？探讨不同股权性质的公司中股权激励外部公平性及其与公司经营效率之间的关联成为一个非常有意义的课题。直观上，现阶段股权激励具有明显的“外部性”特征，即公司管理层会比较其股权激励与同行业其他公司股权激励，进而这种“公平性”的感知会对其激励产生影响，使其管理行为发生变化，进而影响公司的经营效率。

8.2 理论分析、文献回顾与研究假设

8.2.1 理论分析

基于外生视角的股权激励效应研究存在两种理论假说，即利益趋同效应假说（Convergence of Interests Hypothesis）和壕沟效应假说（Entrenchment Hypothesis）。利益趋同假说认为经营者持股比例的增加会降低股东与经营者之间的代理成本，因此科学的激励机制尤其是股权激励机制是解决委托代理问题的有效手段（Jensen et al.，1976）。而壕沟效应假说则认为，股权激励会增强经营者抵御外部压力的能力，经营者持有公司大量股份会扩大其投票权与影响力，有可能出现即使经营者的行为背离公司目标，他们的职位或报酬也不会受到任何负面影响的情形（Fama & Jensen，1983）。

1. 最优契约论

根据最优契约论，设计科学合理的激励机制尤其是股权激励机制是解决委托—代理问题的有效手段。最优契约论的理论逻辑在于两权分离下产生的代理成本来源于经营者不是企业剩余权益的拥有者这一事实，如果让经营者成为企业剩余收益的拥有者，则可减少代理成本。在最优契约论的框架下，西方出现大量实证研究以检验股权激励的效果。许多文献发现，股权激励与公司业绩（或公司价值）之间存在正相关关系（Jensen & Murphy，2004）或者存在区间效应（Morck，1988）。另有学者从管理层对公司某些特定决策的影响角度，间接地考察了股权激励效应，譬如通过研究股权激励下的研发支出（Coles et al.，2006；Wu & Tu，2007）、并购（Bliss & Rosen，2001；Anderson et al.，2002）、压缩规模或剥离不良资产（Dial & Murphy，1995；Mehran et al.，1998）等投资行为，这些研究均表明，在既定条件下，股权激励与公司绩效正相关，体现了利益趋同效应。

2. 管理层权力论

针对美国20世纪90年代后期公司高管（股权）薪酬过度的弊端，贝布丘克等（Bebchuk et al.，2002）学者开始质疑最优契约论，并提出了管理层权力论，也称管理层寻租论。与最优契约论不同，管理层权力论从代理问题的另一个角度来看股权激励问题，认为管理层股权激励不是解决代理问题的有效手段，而是代

理问题的一部分，会沦为管理层寻租的途径，产生管理层“壕沟”效应。其逻辑是，由于在现实中最优契约达成的约束机制，如独立的董事会、完善的产品市场、经理人和资本市场机制、股东权力的有效行使等往往不能有效地发挥作用，使得管理层有影响自己薪酬的能力，他们会利用手中权力获得高于合理水平的薪酬（股权），而这些超常的薪酬（股权）便是管理层权力的租金。管理层权力论已得到众多实证研究的支持，这些证据表明，股权激励中的代理问题集中体现为经理层薪酬中的“过度支付”或者“预算松弛”问题（Cyert et al.，2002；Bebehuka，2002）、股权激励诱发的盈余管理和信息披露问题（Christian & Volker，2009）等，使得股权激励与公司绩效之间存在负相关关系。

以上分析了国外学者在股权激励效应研究中利益趋同效应假说和壕沟效应假说的两方面实证研究证据。近年来，我国部分学者也得到一些支持最优契约论的实证证据，如吕长江等（2009）发现上市公司的股权激励方案既存在激励效应又存在福利效应；唐清泉和易翠（2010）研究发现，高管持股对企业研发投入的促进作用只有当高管持股比例达到0.1%时才显著；徐向艺和徐宁（2010）研究发现，股权激励对于第一类代理问题具有显著的治理效应，但对第二类代理问题的治理效应并未显现，这与控股股东对其存在显著的抑制作用有关；赵青华和黄登仕（2011）检验了高管股票期权激励及其与高管权力交互作用对公司业绩的影响发现，实施股票期权激励有助于公司业绩的提高。

8.2.2 文献回顾与研究假设

在家族控股公司中，控股股东在其中扮演双重角色，在第一类代理链条中，承担着对管理层进行监督的角色，即激励效应；而在第二类代理链条中，控股股东掌握中小股东难以知晓的内部信息，并能够以较小的现金流权实现对所有权关系链上企业的控制，使控股股东既有能力（较高的投票权）又有动机（两权分离）对公司财富进行侵占以获取控制权私有收益，即侵占效应。股权激励与控股股东控制均为重要的治理机制，对于第一类代理问题而言，相对于分散持股或者存在股权制衡的公司来说，家族控股公司集中的股权结构使得控股股东有较强的积极性去监督管理者，使搭便车问题得以有效解决，有利于缓解管理者与股东之间的代理冲突，能够产生一定的激励效应。家族控股企业更为重要的代理问题是第二类代理问题，对此，有研究指出，股权激励安排能够抑制大股东对上市公司的侵占（丑建忠等，2008），理由可能在于，赋予代理人的激励越强，代理人越关心决策的正确性，而代理人越坚持自己的观点，拒绝委托人命令的可能性也就越高。因此，股权激励力度的增加使经营者支持正确决策的动力与能力均得以加强，对控股股东的决策进行判断与选择性拒绝的可能性增大，对于控股股东侵占行为等非正确决策的抵触效应也随之增大，从而导致控股股东侵占的动机可能会相对削弱。本章预期，在实施股权计划的家族控股公司中，具有正向额外股权激励的公司将遵循对比效应的下行比较，而具有负向额外股权激励的公司将遵循同化效应的上行比较，总体上则体现为“利益趋同”效应。同时，由于在组织之间的比较中，发挥作用的只有对比效应，同化效应并不起作用（Stapel & Koomen，2000），提出如下假设：

假设1－1：相对于分散持股或者存在股权制衡的公司，正向额外股权激励与家族控股企业业绩、经营效率存在正相关性、与公司价值存在正相关关系（对比效应的下行比较）。

假设1－2：相对于分散持股或者存在股权制衡的公司，负向额外股权激励与家族控股企业业绩、经营效率和公司价值不存在相关性（同化效应的上行比较）。

2005年股权分置改革以来，基于我国制度背景的部分研究证据也证实了管理层股权激励的“壕沟”效应，如顾斌和周立烨（2007）研究发现，实行股权激励后，大部分公司的净资产收益率在排除了行业因素后，并没有得到显著的提升，这说明实行股权激励是基本无效的。夏纪军和张晏（2008）分析了内部人控制权与高管股权激励的冲突，发现中国上市公司国有企业股权激励效果不显著、甚至有负效应的现象。吕长江等（2009）指出，高管在股权激励公布前公布重大消息以影响股价，从而影响授予价格，被激励的高管操纵激励有效期内的股价，以获得更高的股权激励收益。吴育辉和吴世农（2010）研究发现，尽管拟实施股权激励的公司盈利能力和成长性都较好，但这些公司在其股权激励方案的绩效考核指标设计方面都异常宽松，有利于高管行使股票期权，体现出明显的高管自利行为。张海平和吕长江（2011）研究表明，部分实施股权激励计划的公司管理层利用资产减值政策操纵会计盈余推动股权激励方案的顺利实施，为自己谋利。

我国上市公司很大一部分是由国有企业改制而来，因而，国有控股是我国上市公司的重要特征之一。这种股权结构导致国家对国有企业政治上的“超强控制”和经济上的“超弱控制”。公司治理结构中的董事会、监事会、经理层成员的安排容易受国家行政干预，公司的高层领导仍由组织部门直接任命，坚持党管干部原则与依法保证董事会用人权在实践上存在难度，造成董事会功能和结构的缺失，董事会成员与经理层成员高度重叠，导致科学有效的制衡机制和高效的运行机制很难真正形成，公司治理结构上存在各个利益主体的“错位”“内部人控制”问题仍未得到根本解决。股权激励正式实施后，由于大股东的代表和监管机构的工作人员一般为国家公务员，无法直接从公司收益增加或股价上涨中获益，导致有些股权激励协议缺乏长远战略和有效监督，如高管行权的等待期与股权的限售期过短、业绩考核指标过低、股权激励费用归入非经常性损益项目以及公司信息披露要求不够严格等，为管理层短期内行权并进行盈余管理提供了制度便利，因此正式的股权激励反而可能体现为“壕沟”效应，从而降低公司经营效率。同时，由于国有企业管理层更加关注的是自身政治前途而非薪酬，同时薪酬管制又导致薪酬与业绩的相关性较小，因此，在股权激励方面的社会比较意识可能相对较弱，特别是对于正向额外股权激励。综上，本章预期，在实施股权计划的国有控股公司中，具有正向额外股权激励的公司将遵循同化效应的下行比较，而具有负向额外股权激励的公司将遵循对比效应的上行比较，总体上则体现为“壕沟”效应。据此提出如下假设：

假设2-1：相对于分散持股或者存在股权制衡的公司，正向额外股权激励与国有控股企业业绩、经营效率和公司价值不存在相关性（同化效应的下行比较）。

假设2-2：相对于分散持股或者存在股权制衡的公司，负向额外股权激励与国有控股企业业绩、经营效率、公司价值存在负相关性（对比效应的上行比较）。

8.3 研究设计与结果分析

8.3.1 变量定义和描述性统计

要检验上述研究假设，首先需要衡量额外股权激励。借鉴科尔等（1999），吴联生等（2010），采用如下模型估计管理层股权激励决定模型：

$$\begin{aligned}EQUITY_t = {} & \alpha + \beta_1 SIZE_t + \beta_2 LEV_t + \beta_3 ROA_t + \beta_4 ROA_{t-1} + \beta_5 SPR_t \\ & + \beta_6 GROWTH_t + \beta_7 CBD_t + \beta_8 BDS_t + \beta_9 BHLIST_t + \beta_j \sum_{j=10}^{12} UCSP_t \\ & + \beta_{13} \ln(COMP_t) + \beta_{14} RISK_t + \varepsilon_t \end{aligned} \tag{8-1}$$

其中，EQUITY为公司股权激励变量。本章借鉴博格斯特莱斯和菲利普（Bergstresser & Philippon，2006）的做法，通过以下公式计算股权与期权占管理层总薪酬比率：

$$EQUITY_{i,t} = \frac{0.01 \times PRICE_{i,t} \times (CSHARES_{i,t} + OPTIONS_{i,t})}{0.01 \times PRICE_{i,t} \times (CSHARES_{i,t} + OPTIONS_{i,t}) + CASHPAY_{i,t}} \tag{8-2}$$

其中，$PRICE_{i,t}$为t年末公司i股票的收盘价，$CSHARES_{i,t}$和$OPTIONS_{i,t}$分别为i公司管理层于t年持有股票和期权的数量，$CASHPAY_{i,t}$为公司管理层当年的现金薪酬，包括年薪和各类津贴。

对于每个公司管理层的应得股权激励，首先对模型（8-1）进行分年度分行业回归，再将所得到的估计系数代入模型（8-1），得到的残差 ε_1，即为公司管理层股权激励的外部公平性（UF）。

本章样本公司和期间的选取与第6章相同。表8-1列示了正、负向额外股权激励的描述性统计。可以看到，正、负向额外股权激励绝对值的平均值很接近，但是负向额外股权激励的标准差更大一些，说明在公司之间差异较大。

表8-1　正、负向额外股权激励描述性统计

变量	观测值	平均值	标准差	中位数	最小值	最大值
A栏：正向额外股权激励全样本						
AUF_{t-1}	5945	0.234	0.186	0.196	0.012	0.931
B栏：负向额外股权激励全样本						
AUF_{t-1}	1468	0.261	0.296	0.157	0.005	1.505
UF_{t-1}	1468	-0.261	0.296	-0.157	-1.505	-0.005

8.3.2 股权激励外部不公平性、产权基础及公司业绩

1. 研究设计

为检验以上假设，设置如下的模型：

$$DCP_t = \alpha + \beta_1 AUF_{t-1} + \beta_j \sum_{j=2}^{4} UCSP_{t-1} + \beta_j \sum_{j=5}^{7} AUF_{t-1} \times UCSP_{t-1} + \beta_8 CP_{t-1} + \beta_9 SIZE_t + \beta_{10} LEV_t + \beta_{11} SPR_t + \beta_{12} GROWTH_t + \beta_{13} TURNOVER_t + \beta_{14} BDS_t + \beta_{15} CBD_t + \beta_{16} BHLIST_t + \beta_{17} RISK_t + \varepsilon_t \quad (8-3)$$

其中，AUF_{it-1}是t-1年管理层额外股权激励（UF）的绝对值，UF为模型（8-1）的残差；其他变量的定义与第6章相同。

2. 实证结果与分析

表8-2列示了管理层额外股权对公司经营业绩影响的估计结果。由于正向额外股权样本的BPLM检验显著，因而采用面板数据回归模型；负向额外股权样本的BPLM检验不显著，因而采用混合OLS回归模型。从回归结果来看，R^2都比较高，而且F检验通过了1%水平上的显著水平，模型的拟合效果较好。

在正向额外薪酬样本下，$AUF_{t-1} \times UCSP\_s$ 的符号为正，但不显著；$AUF_{t-1} \times$

UCSP_f 的符号为负，也不显著。说明正向额外股权激励与国有控股企业和家族控股企业的公司业绩不存在显著相关关系。在负向额外薪酬下，$AUF_{t-1} \times UCSP\_s$ 和 $AUF_{t-1} \times UCSP\_f$ 的符号都为正，但都不显著。因此，总体上在这里仍然无法对股权激励是否影响公司业绩表现下结论。

表 8－2　　管理层额外股权对公司经营业绩影响的估计结果

变量	正向额外股权样本		负向额外股权样本	
	估计系数	标准差	估计系数	标准差
常数项	-0.103	0.024***	-0.089	0.041**
AUF_{t-1}	-0.001	0.009	-0.019	0.011*
UCSP_o	-0.005	0.006	-0.007	0.008
UCSP_s	-0.006	0.004	-0.007	0.005
UCSP_f	0.004	0.004	-0.006	0.005
$AUF_{t-1} \times UCSP\_o$	0.023	0.020	0.053	0.027*
$AUF_{t-1} \times UCSP\_s$	0.007	0.011	0.017	0.012
$AUF_{t-1} \times UCSP\_f$	-0.005	0.011	0.012	0.014
CP_{t-1}	-0.613	0.012***	-0.622	0.024***
行业效应	控制			
年度效应	控制			
样本量	4792		966	
调整 R^2/R^2（组内）	0.604		0.604	
R^2（组间）	0.332			
F/wald 值	5343.420***		37.850***	
BPLM 检验	19.630***		0.020	

注：正向额外股权样本的 BPLM 检验显著，因而采用面板数据回归模型，负向额外股权样本的 BPLM 检验不显著，因而采用混合 OLS 回归模型。*** 表示在 1% 水平上显著；** 表示在 5% 水平上显著；* 表示在 10% 水平上显著（双尾检验）。表中省略其他控制变量结果。

8.3.3　股权激励外部不公平性、产权基础及经营效率

1. 研究设计

如第 6 章的模型，运用 SFA 和 DEA 分析方法，研究我国上市公司管理层股权外部不公平性与公司经营效率之间的关系。模型设计如下：

（1）随机前沿方法 SFA。

$$m_{it}=\delta_0+\delta_1 AUF_{i,t-1}+\delta_j\sum_{j=2}^{4}UCSP_{i,t-1}+\delta_j\sum_{j=5}^{7}AUF_{i,t-1}\times UCSP_{i,t-1}+\delta_8 BDS_{i,t}+\delta_9 CBD_{i,t}+\delta_{10}BHLIST_{i,t}+\delta_{11}A\_TOP4_{i,t}+\delta_{12}A\_OPION_{i,t}+\delta_{13}RISK_{it}+\varepsilon_{it} \quad (8-4)$$

其中，m_{it}表示技术非效率的程度，δ_0、δ_1、δ_2、δ_3、δ_4、δ_5、δ_6、δ_7、δ_8、δ_9、δ_{10}、δ_{11}、δ_{12}、δ_{13}为一组待估计的参数，AUF_{it-1}是 t－1 年管理层额外股权（UF）的绝对值，UF 为模型（8－4）的残差。

（2）数据包络分析—Malmquist 生产效率指数分解。

$$\Gamma_{it}=\delta_0+\delta_1 AUF_{it-1}+\delta_j\sum_{j=2}^{4}UCSP_{it-1}+\delta_j\sum_{j=5}^{7}AUF_{it-1}\times UCSP_{it-1}+\delta_8 SIZE_{it}+\delta_9 LEV_{it}+\delta_{10}BDS_{it}+\delta_{11}CBD_{it}+\delta_{12}BHLIST_{it}+\delta_{13}A\_TOP4_{it}+\delta_{14}A\_OPION_{it}+\delta_{15}RISK_{it}+\varepsilon_{it} \quad (8-5)$$

其中，Γ_{it}表示技术效率变化指数（EFFCH）；AUF_{it-1}是 t－1 年管理层额外股权激励（UF）的绝对值，UF 为模型（8－1）的残差；其他变量的定义同前文。

2. 实证结果与分析

（1）随机前沿分析。表 8－3 列示了管理层正向额外股权激励对公司经营效率影响的三个模型。从表 8－3 的结果来看，γ 估计值在 3 个估计方程中表现非常一致，均在 0.75 以上，并都通过了 1% 水平下的显著性检验。此外，LR 统计值在 3 个方程中的表现也非常一致，是 990 左右，并均通过了 1% 水平下的显著性检验，保证了整体估计的有效性。

表 8－3 中效率函数部分的结果列示了管理层正向额外股权及其与股权性质虚拟变量的交乘项和其他控制变量对公司经营效率的影响。可以看到，交乘项 $AUF_{t-1}\times UCSP\_s$ 的系数符号在 3 个方程中均为正，且通过了 1% 水平下的显著性检验[①]，说明相对于分散持股或者存在股权制衡的公司，正向额外股权激励对国有控股公司经营效率具有消极影响，体现为“壕沟”效应，这与我们的理论预期相符合，管理层此时进行同化效应的下行比较，经营效率下降，不支持假设 2－1，说明同化效应在我国企业情境下是起作用的。

交乘项 $AUF_{t-1}\times UCSP\_f$ 的系数符号在 3 个方程中均为负，且均通过了 10% 水平下的显著性检验，相对于分散持股或者存在股权制衡的公司，正向额外股权激励与家族控股企业经营效率存在正相关性，这说明最优契约论在家族控股企业中起作用，正向额外股权激励体现为“利益协同”效应，与理论预期相符合，管

① 在 SFA 估计中，符号为正表示对技术非效率 m_{it} 有着积极的影响，也就是说，对技术效率有着消极影响，下同。

理层此时进行对比效应的下行比较，经营效率提高，支持了假设1-1。

表8-3　　管理层正向额外股权对公司经营效率（SFA）的影响

公司经营效率		柯布-道格拉斯随机前沿生产函数		超越对数随机前沿生产函数		扩展的柯布-道格拉斯随机前沿生产函数	
		系数	标准差	系数	标准差	系数	标准差
前沿函数部分	常数项	-0.203	0.401	-3.636	2.138 **	-0.185	0.408
	lnK	-0.024	0.014 **	0.476	0.229 **	-0.021	0.014 *
	lnL	0.126	0.012	-0.198	0.178	0.127	0.012 ***
	lnIA					-0.006	0.009
	lnK^2			-0.011	0.007 *		
	lnK lnL			-0.009	0.010		
	lnL^2			0.036	0.007 ***		
	SIZE	0.882	0.020 ***	0.864	0.023 ***	0.883	0.021 ***
	LEV	0.255	0.018 ***	0.244	0.017 ***	0.256	0.018 ***
效率函数部分	常数项	0.933	0.235 ***	0.988	0.188 ***	0.935	0.192 ***
	AUF_{t-1}	-0.373	0.232 **	-0.401	0.209 **	-0.374	0.233 **
	UCSP_o	-0.037	0.156	-0.024	0.142	-0.036	0.149
	UCSP_s	0.353	0.099 ***	0.327	0.087 ***	0.354	0.089 ***
	UCSP_f	-0.127	0.098 *	-0.144	0.090 *	-0.127	0.093 *
	AUF_{t-1} ×UCSP_o	-0.343	0.522	-0.475	0.467	-0.339	0.498
	AUF_{t-1} ×UCSP_s	1.174	0.344 ***	1.127	0.296 ***	1.179	0.299 ***
	AUF_{t-1} ×UCSP_f	-0.363	0.283 *	-0.388	0.255 *	-0.360	0.278 *
	BDS_t	-0.031	0.010 ***	-0.028	0.009 ***	-0.031	0.010 ***
	CBD_t	-0.036	0.049	-0.021	0.048	-0.038	0.050
	$BHLIST_t$	-0.084	0.082	-0.080	0.077	-0.086	0.082
	A_TOP4_t	-0.294	0.175 **	-0.188	0.144 *	-0.296	0.159 **
	A_OPION_t	-0.186	0.154 *	-0.204	0.125 **	-0.185	0.124 *
	$RISK_t$	0.276	0.011 ***	0.276	0.011 ***	0.276	0.011 ***

续表

公司经营效率		柯布－道格拉斯随机前沿生产函数		超越对数随机前沿生产函数		扩展的柯布－道格拉斯随机前沿生产函数	
		系数	标准差	系数	标准差	系数	标准差
统计部分	γ 比率	0.789	0.040***	0.768	0.045***	0.792	0.040***
	最大对数似然函数值	－2274.46		－2256.95		－2274.23	
	LR 统计值	981.192***		999.840***		981.630***	
	样本平均技术效率	0.939		0.937		0.939	

注：* 表示在10%水平下显著；** 表示在5%水平下显著；*** 表示在1%水平下显著。LR 为似然比检验统计量，服从单边卡方分布。

表8－4列示了管理层负向额外股权激励对公司经营效率影响的3个模型，γ 估计值在3个估计方程中表现非常一致，均在0.95左右，并都通过了1%水平下的显著性检验。此外，LR 统计值在3个方程中的表现也非常一致，均通过了1%水平下的显著性检验，保证了整体估计的有效性。

表8－4　管理层负向额外股权对公司经营效率（SFA）的影响

公司经营效率		柯布－道格拉斯随机前沿生产函数		超越对数随机前沿生产函数		扩展的柯布－道格拉斯随机前沿生产函数	
		系数	标准差	系数	标准差	系数	标准差
前沿函数部分	常数项	－0.978	1.087	8.202	7.473	－0.706	1.124
	lnK	0.036	0.058	－1.615	0.962**	0.034	0.057
	lnL	0.126	0.036***	2.315	0.851***	0.132	0.037***
	lnIA					0.043	0.029*
	$\ln K^2$			0.059	0.031**		
	lnK lnL			－0.099	0.046**		
	$\ln L^2$			－0.014	0.022		
	SIZE	0.822	0.075***	0.789	0.076***	0.772	0.084***
	LEV	0.120	0.014***	0.123	0.016***	0.123	0.014***

续表

公司经营效率		柯布－道格拉斯随机前沿生产函数		超越对数随机前沿生产函数		扩展的柯布－道格拉斯随机前沿生产函数	
		系数	标准差	系数	标准差	系数	标准差
效率函数部分	常数项	0.709	0.505 *	0.673	0.517 *	0.718	0.491 *
	AUF_{t-1}	-2.818	1.240 ***	-2.243	0.838 ***	-2.893	1.225 ***
	UCSP_o	-0.048	0.567	0.054	0.419	-0.113	0.560
	UCSP_s	-0.353	0.276 *	-0.286	0.242	-0.389	0.277 *
	UCSP_f	-0.651	0.302 *	-0.543	0.248 **	-0.659	0.295 **
	AUF_{t-1} × UCSP_o	1.698	3.158	2.002	1.082 **	1.571	3.063
	AUF_{t-1} × UCSP_s	-3.131	1.271 ***	-2.627	0.854 ***	-3.232	1.259 ***
	AUF_{t-1} × UCSP_f	-3.292	1.312 ***	-2.740	0.880 ***	-3.373	1.296 ***
	BDS_t	-0.013	0.030	-0.021	0.037	-0.011	0.029
	CBD_t	0.437	0.201 **	0.468	0.221 **	0.412	0.198 **
	$BHLIST_t$	-6.272	6.459	-7.601	4.624 **	-5.232	5.522
	A_TOP4_t	-0.307	0.957	-0.379	0.989	-0.364	0.909
	A_OPION_t	0.349	0.344	0.345	0.352	0.379	0.338
	$RISK_t$	0.081	0.008 ***	0.079	0.008 ***	0.080	0.008 ***
统计部分	γ 比率	0.955	0.018 ***	0.952	0.020 ***	0.949	0.022 ***
	最大对数似然函数值	-290.63		-288.17		-289.51	
	LR 统计值	189.180 ***		186.525 ***		188.311 ***	
	样本平均技术效率	0.924		0.924		0.923	

注：* 表示在10%水平下显著；** 表示在5%水平下显著；*** 表示在1%水平下显著。LR 为似然比检验统计量，服从单边卡方分布。

由表8－4中效率函数部分可见，交乘项 AUF_{t-1} × UCSP_s 的系数符号在3个方程中均为负，且均通过了1%水平下的显著性检验，相对于分散持股或者存在股权制衡的公司，负向额外股权激励与国有控股企业经营效率存在正相关性，这说明在负向额外股权激励下在国有控股企业中体现为"利益协同"效应，与预期不一致，假设2－2没有得到支持，更大的负向额外股权激励反而能促使管理层进行同化效应的上行比较（而不是对比效应的上行比较），提高公司经营效率。交乘项 AUF_{t-1} × UCSP_f 的系数符号在3个方程中均为负，且均通过了1%水平下的显著性检验，也就是说，相对于分散持股或者存在股权制衡的公司，负向额外股权激励与家族控股公司经营效率存在正相关关系，这说明最优契约论在家族控股企业中起作用，负向额外股权激励体现为“利益协同”效应，与理论预期相符合，管理层此时进行同化效应的上行比较，经营效率提高。实证结果再次表明，同化效应是能够在我国组织间的比较中起作用的。

（2）数据包络分析。表8－5列示了管理层正向额外股权激励对公司经营效率（DEA）影响的估计结果。由于5个模型BPLM检验均显著，因而采用面板数据模型进行估计。5个模型的Wald检验值都足够大，且在1%水平下通过显著性检验，保证了整体估计的有效性。

可以看到，交乘项 $AUF_{t-1}\times UCSP\_s$ 的系数符号在模型（3）中显著为负（1%的水平上显著），在模型（4）中显著为正（1%的水平上显著），说明在国有控股企业中，正向额外股权激励有助于提高公司的规模效率，但是却对管理层纯技术效率有着消极的影响，两者共同作用下，使得正向额外股权激励对国有控股公司的技术效率变化指数（EFFCH）没有显著的作用，而由于正向额外股权激励对国有控股公司的技术变动指数（TECHCH）也没有显著的影响，使得正向额外股权激励对国有控股公司的全要素生产率没有显著的影响。整体而言，管理层权力论在国有控股企业起作用，正向额外股权激励在国有控股企业中体现为“壕沟”效应，这与理论预期相符合，管理层此时进行同化效应的下行比较，经营效率下降，不支持假设2－1，同化效应在这里是起作用的。交乘项 $AUF_{t-1}\times UCSP\_f$ 的系数符号在模型（4）中显著为正（5%的水平上显著），而在模型（3）中为负，但不显著。说明在家族控股公司中，正向额外股权激励有助于提高公司的规模效率，但是却对管理层纯技术效率有着消极的影响，虽然不显著，两者共同作用下，使得正向额外股权激励对家族控股公司的技术效率变化指数（EFFCH）没有显著的作用，而由于正向额外股权激励对家族控股公司的技术变动指数（TECHCH）也没有显著的影响，使正向额外股权激励对家族控股公司的全要素生产率没有显著的影响。整体而言，最优契约论在家族控股公司中起作用，体现为“利益协同”效应，与理论预期相符，管理层此时进行对比效应的下行比较，经营效率下降，支持了假设1－1。

表8－5　　管理层正向额外股权激励对公司经营效率（DEA）的影响

变量	面板数据模型				
	(1) EFFCH	(2) TECHCH	(3) PECH	(4) SECH	(5) TFPCH
常数项	0.987*** (0.031)	1.038*** (0.009)	0.912*** (0.025)	1.083*** (0.017)	1.024*** (0.030)

续表

变量	面板数据模型				
	(1) EFFCH	(2) TECHCH	(3) PECH	(4) SECH	(5) TFPCH
AUF_{t-1}	-0.044*** (0.014)	0.001 (0.004)	-0.016 (0.011)	-0.024*** (0.008)	-0.044*** (0.014)
UCSP_o	-0.019 (0.011)	0.001 (0.003)	-0.007 (0.009)	-0.014** (0.006)	-0.019* (0.011)
UCSP_s	0.002 (0.006)	0.002 (0.002)	0.010** (0.005)	-0.008** (0.003)	0.004 (0.006)
UCSP_f	-0.004 (0.006)	0.001 (0.002)	-0.001 (0.005)	-0.003 (0.004)	-0.003 (0.006)
AUF_{t-1} × UCSP_o	0.070* (0.039)	-0.006 (0.011)	0.005 (0.031)	0.065*** (0.022)	0.069* (0.037)
AUF_{t-1} × UCSP_s	-0.013 (0.019)	-0.005 (0.005)	-0.052*** (0.015)	0.034*** (0.010)	-0.017 (0.018)
AUF_{t-1} × UCSP_f	0.018 (0.018)	-0.005 (0.005)	-0.009 (0.014)	0.023** (0.010)	0.014 (0.017)
行业效应	控制				
年度效应	控制				
N	1602	1602	1602	1602	1602
R^2（组内）	0.129	0.110	0.227	0.009	0.161
R^2（组间）	0.081	0.075	0.117	0.139	0.081
Wald 值	151.57***	20.14	255.58***	65.93***	172.57***
BPLM 检验	20.37***	472.43***	9.21***	97.26***	4.95**

注：括号内的数值为标准差，5 个模型 BPLM 检验均显著，因而采用面板数据模型；* 表示在 10% 水平下显著；** 表示在 5% 水平下显著；*** 表示在 1% 水平下显著。表中省略其他控制变量结果。

表 8-6 列示了管理层负向额外股权激励对公司经营效率（DEA）影响的估计结果，由于 5 个模型 BPLM 检验均显著，因而采用面板数据模型进行估计。5 个模型的 Wald 检验值都足够大，且都在 1% 水平下通过显著性检验，从而保证了整体估计的有效性。

可以看到，交乘项 AUF_{t-1} × UCSP_s、AUF_{t-1} × UCSP_f 和 AUF_{t-1} × UCSP_o 的系数在所有 5 个模型中均不显著，说明管理层负向额外股权激励并不能对公司经营效率产生显著的影响。与管理层正向额外股权激励不同，管理层负向额外股权激励的 DEA 分析没能对 SFA 分析结果作进一步的分解分析。

表 8-6 管理层负向额外股权激励对公司经营效率（DEA）的影响

变量	面板数据模型				
	(6) EFFCH	(7) TECHCH	(8) PECH	(9) SECH	(10) TFPCH
常数项	0.600*** (0.149)	1.142*** (0.069)	0.516*** (0.171)	1.063*** (0.113)	0.589*** (0.183)
AUF_{t-1}	0.149** (0.066)	0.018 (0.026)	0.128* (0.076)	0.035 (0.050)	0.193** (0.081)
UCSP_o	0.005 (0.034)	0.014 (0.015)	0.011 (0.039)	-0.006 (0.026)	0.021 (0.042)
UCSP_s	0.028 (0.019)	-0.002 (0.008)	0.011 (0.022)	0.019 (0.014)	0.029 (0.024)
UCSP_f	0.036* (0.020)	-0.002 (0.008)	0.021 (0.023)	0.020 (0.015)	0.039 (0.024)
AUF_{t-1} × UCSP_o	-0.037 (0.150)	-0.033 (0.065)	-0.020 (0.172)	-0.020 (0.113)	-0.107 (0.185)
AUF_{t-1} × UCSP_s	-0.057 (0.070)	-0.018 (0.027)	-0.005 (0.080)	-0.057 (0.053)	-0.099 (0.086)
AUF_{t-1} × UCSP_f	-0.069 (0.071)	-0.022 (0.028)	-0.022 (0.082)	-0.061 (0.054)	-0.114 (0.088)
行业效应	控制				
年度效应	控制				
N	182	182	182	182	182
R^2（组内）	0.713	0.957	0.479	0.409	0.414
R^2（组间）	0.338	0.397	0.314	0.512	0.322
Wald 值	260.48***	2009.01***	117.93***	108.01***	89.94***
BPLM 检验	5.67**	61.24***	17.53***	63.39***	4.62**

注：括号内的数值为标准差，5 个模型 BPLM 检验均显著，因而采用面板数据模型；* 表示在 10% 水平下显著；** 表示在 5% 水平下显著；*** 表示在 1% 水平下显著。表中省略其他控制变量结果。

8.3.4 股权激励外部不公平性、产权基础及公司价值

1. 研究设计

关于管理层股权激励外部不公平性对公司价值的影响，使用如下面板数据模型来检验：

$$\begin{aligned} TQ_{i,t} = {} & \alpha + \beta_1 AUF_{t-1} + \beta_j \sum_{j=2}^{4} UCSP_{t-1} + \beta_j \sum_{j=5}^{7} AUF_{t-1} \times UCSP_{t-1} + \beta_8 ROA_t \\ & + \beta_9 SIZE_t + \beta_{10} LEV_t + \beta_{11} SPR_t + \beta_{12} GROWTH_t + \beta_{13} TURNOVER_t \\ & + \beta_{14} ST_t + \beta_{15} BDS_t + \beta_{16} CBD_t + \beta_{17} BHLIST_t + \beta_{18} A\_TOP4_t \\ & + \beta_{19} A\_OPION_t + \beta_{20} RISK_t + \beta_{21} MARKET_t + \varepsilon_t \end{aligned} \tag{8-6}$$

关于管理层股权激励外部不公平性对公司价值变化量的边际效应趋势，设置如下面板数据模型来检验：

$$\begin{aligned} DTQ_{i,t} = {} & \alpha + \beta_1 AUF_{t-1} + \beta_j \sum_{j=2}^{4} UCSP_{t-1} + \beta_j \sum_{j=5}^{7} AUF_{t-1} \times UCSP_{t-1} + \beta_8 ROA_t \\ & + \beta_9 SIZE_t + \beta_{10} LEV_t + \beta_{11} SPR_t + \beta_{12} GROWTH_t + \beta_{13} TURNOVER_t \\ & + \beta_{14} ST_t + \beta_{15} BDS_t + \beta_{16} CBD_t + \beta_{17} BHLIST_t + \beta_{18} A\_TOP4_t \\ & + \beta_{19} A\_OPION_t + \beta_{20} RISK_t + \beta_{21} MARKET_t + \varepsilon_t \end{aligned} \tag{8-7}$$

上述模型中 $DTQ_{i,t}$ 为公司 i 第 t 年的托宾 Q 值减去 t - 1 年的托宾 Q 值的差，需要说明的是，两个回归方程中，都控制了行业、年度效应。

2. 实证结果与分析

表 8 - 7 列示了管理层额外股权激励与公司价值（TQ）关系的估计结果。由表可见，在正向额外薪酬样本中，$AUF_{t-1} \times UCSP\_s$ 与 TQ_A 和 TQ_B 都在 1% 水平上显著正相关。同样地，$AUF_{t-1} \times UCSP\_f$ 与 TQ_A 和 TQ_B 也都呈正相关关系，但不显著。也就是说，相对于分散持股或者股权制衡的公司，国有控股公司和家族控股公司正向额外股权激励都与公司价值呈正相关关系，支持了假设 1 - 1，但不支持假设 2 - 1。在负向额外薪酬样本中，$AUF_{t-1} \times UCSP\_s$ 和 $AUF_{t-1} \times UCSP\_f$ 与公司价值都不存在显著的相关关系，支持了假设 1 - 2，但不支持假设 2 - 2。

表 8-7 管理层额外股权与公司价值（TQ）关系的估计结果

变量	正向额外股权		负向额外股权	
	TQ_A	TQ_B	TQ_A	TQ_B
常数项	9.112*** (0.326)	14.524*** (0.502)	9.756*** (1.309)	16.780*** (1.771)
AUF_{t-1}	-0.018 (0.137)	0.121 (0.209)	-0.022 (0.287)	-0.106 (0.326)
UCSP_o	-0.377*** (0.095)	-0.506*** (0.147)	-0.265 (0.231)	-0.312 (0.331)
UCSP_s	-0.301*** (0.060)	-0.391*** (0.092)	-0.287* (0.166)	-0.362* (0.205)
UCSP_f	-0.193*** (0.063)	-0.247** (0.096)	-0.002 (0.190)	0.045 (0.240)
AUF_{t-1} × UCSP_o	0.514 (0.317)	0.824* (0.484)	-1.035 (0.810)	-1.410 (1.149)
AUF_{t-1} × UCSP_s	0.590*** (0.182)	0.907*** (0.280)	0.382 (0.328)	0.500 (0.379)
AUF_{t-1} × UCSP_f	0.174 (0.164)	0.176 (0.250)	0.305 (0.431)	0.397 (0.527)
行业效应	控制			
年度效应	控制			
N	4785	4711	958	944
调整 R^2	0.487	0.493	组内：0.067 组间：0.305	组内：0.054 组间：0.380
Wald/F 检验	104.22***	105.16***	190.40***	230.07***
BPLM 检验	2.07	1.98	9.06***	22.44***

注：括号内的数值为稳健性标准差（面板数据模型），正向额外股权的两个模型 BPLM 检验不显著，因而采用混合 OLS 回归模型；负向额外股权的两个模型 BPLM 检验均显著，因而采用面板数据回归模型，因 Hausman 检验的结果不显著或者为负值，因而采用随机效应模型更加有效，随机效应服从高斯分布，***、** 和 * 分别表示双尾 t-检验值/z-检验值在1%、5%和10%水平上统计显著。表中省略其他控制变量结果。

表 8-8 进一步分析管理层额外股权激励与公司价值变化量（DTQ）关系。由表可见，在正向额外薪酬样本中，AUF_{t-1} × UCSP_s 与 DTQ_A 和 DTQ_B 都呈负相关关系，但不显著。AUF_{t-1} × UCSP_f 与 DTQ_A 和 DTQ_B 都呈负相关，但并不显著。在负向额外薪酬样本中，AUF_{t-1} × UCSP_s 与 DTQ_A 在10%水平上呈

正相关关系，与 DTQ_B 在5%水平上呈正相关关系；$AUF_{t-1} \times UCSP\_f$ 与公司价值变化量都不存在显著的相关关系，支持了假设1-2。

表8-8　　管理层额外股权与公司价值变化量关系的估计结果

变量	正向额外股权		负向额外股权	
	ΔTQ_A	ΔTQ_B	ΔTQ_A	ΔTQ_B
常数项	2.468*** (0.328)	1.829*** (0.467)	3.102*** (1.081)	3.926** (1.651)
AUF_{t-1}	-0.040 (0.133)	-0.159 (0.193)	0.096 (0.214)	-0.005 (0.303)
UCSP_o	-0.124 (0.094)	-0.069 (0.135)	-0.188 (0.207)	-0.177 (0.319)
UCSP_s	-0.083 (0.059)	-0.083 (0.085)	-0.115 (0.139)	-0.182 (0.189)
UCSP_f	-0.020 (0.063)	-0.046 (0.089)	-0.035 (0.162)	-0.102 (0.229)
$AUF_{t-1} \times UCSP\_o$	0.284 (0.304)	0.227 (0.447)	-0.087 (0.731)	-0.247 (1.123)
$AUF_{t-1} \times UCSP\_s$	0.180 (0.175)	0.147 (0.259)	0.453* (0.255)	0.771** (0.357)
$AUF_{t-1} \times UCSP\_f$	-0.048 (0.159)	-0.119 (0.231)	0.107 (0.399)	0.263 (0.605)
行业效应	控制			
年度效应	控制			
N	4781	4707	955	943
R^2（组内）	0.483	0.514	0.034	0.023
R^2（组间）	0.320	0.363	0.127	0.100
Wald/F 检验	3955.63***	4442.11***	43.03***	33.15**
BPLM 检验	131.03***	166.74***	65.02***	76.93***

注：括号内的数值为稳健性标准差，所有4个模型BPLM检验均显著，因而采用面板数据回归模型，因Hausman检验的结果不显著或者为负值，因而采用随机效应模型更加有效，随机效应服从高斯分布，***、**和*分别表示双尾t-检验值/z-检验值在1%、5%和10%水平上统计显著。表中省略其他控制变量结果。

8.4 小　　结

本章研究发现：

第一，正向额外股权激励与负向额外股权激励与国有控股企业和家族控股企业的公司业绩均不存在显著相关关系。因此，总体上无法对股权激励是否影响公司业绩表现下结论。

第二，相对于股权分散或者存在股权制衡的公司，正向额外股权激励与家族控股公司的经营效率显著正相关、与国有控股公司的经营效率显著负相关；而负向额外股权激励与家族控股公司和国有控股企业的经营效率都显著正相关。换句话说，股权激励外部公平性在家族控股企业中体现为“利益协同”效应（最优契约论），而在国有控股企业中体现为“壕沟”效应（管理层权力论）。这些结论表明，在组织股权激励比较中，不仅对比效应起作用，同化效应也起作用，与社会比较理论的传统观念不同。进一步的研究表明，正向额外股权激励下，家族控股公司的经营效率的提高主要体现在规模效率的改进上，也就是说，我国上市家族公司在做强做大方面具有较大的空间。而国有控股公司的经营效率的下降主要源自纯技术效率变动，也就是管理层工作效率的下降。此外，数据也表明国有控股公司在规模效率改进上具有显著的优势；而在负向额外股权激励下，基于数据包络分析的结果均不显著。

第三，相对于分散持股或者股权制衡的公司，国有控股公司和家族控股公司正向额外股权激励都与公司价值呈正相关关系。

第 9 章

控制权收益外部公平性的公司治理效应：产权视角

9.1 引　　言

管理层薪酬契约可以划分为货币薪酬、股权激励和控制权收益三个部分，本文前面的章节主要研究货币薪酬、股权激励等显性的薪酬，本章则对企业管理层的隐性收入——控制权收益进行探讨。私人控制权收益及其对公司价值的增减变动的影响是评价高管行为的风向标之一，也是党的十八大后，中央提出的限制“三公消费”相关政策的题中之义。控制权收益广泛地存在于现代企业组织里，其基本逻辑在于，给予高管控制权收益在一定程度上是为了为其努力工作创造良好的条件，对公司价值产生正向促进作用（辛清泉和谭伟强，2009）。尽管控制权收益“效率观”得到了很多经验证据的支持，更多的证据却支持了“代理观”，认为当事后薪酬调整不足以弥补控制权收益所耗时，控制权收益对公司价值会产生负效应（陈冬华等，2010）。新近的文献进一步指出，高管控制权收益和公司价值之间的非线性关系与既定的制度背景、投资者保护环境相关（Leuz et al.，2009；Radhakrishnan & Sudarshan，2012）。另外一些学者研究表明，高管的个人特质也是重要的影响因素（Adams & Ferreira，2009；Whitehead，2011）。本章基于社会比较理论，揭示高管个人社会偏好的影响，以期为转型中的企业管理实践提供理论支持。

本章定义下的控制权收益满足以下一些共同特征：（1）与管理层的工作和职位相关；（2）能够提升高管的效用；（3）对公司价值提升并无此消彼长的直接联系；（4）发生的数量、目的、时点更为弹性，而且不受制于明示的契约；（5）体现了管理者个人的主观意愿、兴趣与社会资本（Chen et al.，2009）。这些费用是管理人员处理公司日常事务合法且必要的支出，他们有权力一定范围内支配这些费用。本章对高管控制权收益和额外控制权收益激励方向进行了检验，回答相互关联的两个问题：第一，在我国现阶段制度背景下，高管摄取私人控制权收益是否减损了公司价值？第二，如果是，为什么在过去几年间，我国企业高管控制权收益却在不断攀升？

9.2 理论分析与研究假设

9.2.1 委托代理理论下高管控制权收益对公司价值的双重影响

基于委托—代理理论，学术界对于高管私人控制权收益与公司价值之间的关系，长期存在“效率观”和“代理观”两种观点，形成正向和反向双重激励效应。主流经济理论关于高管激励的研究大都植根于委托代理分析范式下的最优契约理论，认为可以通过激励性契约设计防范经理人的道德风险行为，实现股东利益最大化。支持“效率观”的学者们将公司给予高管的控制权收益视为激励性契约设计的组成部分，认为它内生于高昂的信息成本（Alchian & Demsetz，1972），作为提高高管声望的一种“地位商品”，有利于节约组织的交易成本，提高公司价值。然而，最优契约理论强调契约的有效性和市场机制的合理性，难以直接适用于以股权集中、内部人控制以及缺乏外部市场制约为特征的中国制度情境。当一个股权结构分散的公司经营缺乏效率时，资本市场参与者通过收购股权等方式达到接管企业和更换经理层的目的，对不良高管形成持续性的外部威胁。而当公司股权存在制衡时，一方面大股东的多元化能够对高管形成有效的监督；另一方面股东间的相互监督可以降低控制权收益摄取（Bennedsen et al.，2007），从而对公司价值产生正向影响[①]。总之，当股权分散或者存在制衡时，高管控制权收益的激励效应会及时反应在股价中，通过价格信号调整资金流向，促进公司新陈代谢。反之，如果公司的股权太集中，则内部和外部控制权争夺难以实现，控制权收益往往只是“免费的红利”，沦为代理问题的另一个来源，高管甚至能决定自己的报酬，由此形成了“管理层权力理论”学派（Bebchuk et al.，2002）。管理层权力理论下，高管控制权收益符合“代理观”下的理论预期（Radhakrishnan & Sudarshan，2012）。

我国家族控股公司中，相对于分散持股或者存在股权制衡公司，两层委托代理问题各具独特性：对于股东和管理层之间的代理问题，由于家族与非家族代理

① 当股权高度分散时，内部人控制现象严重，控制权竞争反而难以实现，从而最优契约理论失效，在美国并不鲜见。但是，在我国制度背景下，股权高度分散的情形极少。由股权高度分散而导致的内部人控制问题远少于由股权集中所导致的，为简化，略去分析。

人的激励机制存在显著差异，分为两类：一类是股东和家族高管之间的代理问题（大股东委派①）；另一类为股东和非家族高管之间的代理问题（外聘）。而对于控股和非控股股东之间的代理问题，由于大股东可能以董事会、监事会成员或CEO的身份参与公司的经营，两层委托代理问题交织在一起。具体而言：（1）当家族控股股东担任公司高管时，尽管两权合一而减少了第一层代理问题，但因大宗股份的持有，使其承担了巨大的额外成本（刘少波，2007），摄取控制权收益就成为他补偿该部分成本的获利方式，随着持股比例减少，两权的分离程度越大，其摄取控制权收益的动机就越强烈（谷祺等，2006）。（2）“差序格局”下的人际信任关系（费孝通，1948）在我国有重要的经济意义，尤其在家族控股企业中（储小平和李怀祖，2003），形成独特的“家族主义信任”（李新春，2003），委派家族成员担任高管非常普遍。虽然委派的高管“自己人”的心理认知使其更加努力工作（许静静和吕长江，2011），但同样存在摄取控制权收益的动机：首先，家族高管很容易与控股股东成为“一致行动人”；其次，根据舒尔茨等（Schulze et al.）对“撒玛利亚人困境”的分析，家族企业主的利他主义给予完全有可能“宠坏”家族雇员，致使其滋生偷懒、在职消费等问题，降低公司价值；再次，按需分配方式支配家族财产可能蕴藏着严重的内部代理问题，特别是已实现传承的企业，非领导企业的家族高管可能通过索取高昂报酬和津贴的方式来搭便车（陈凌和鲁莉劼，2009）；最后，家族成员高管缺乏有效的退出机制，势必造成资源配置错位，降低公司价值。（3）随着资本规模的扩大，必须吸纳职业经理人进入企业，集成新的管理能力。由于有效经理人市场的缺失，控股股东与外聘高管的信任并不对称，授权—失控—授权成为普遍现象（储小平和李怀祖，2003），“做贼和防贼”的氛围加大了外聘高管摄取控制权收益的动机：第一，许多研究表明，集中股权公司在提供给外聘高管的薪酬合约中的激励份额处于劣势，一旦他们的努力得不到相应补偿，就有动机摄取控制权收益；第二，对家族高管与外聘高管的差异化管理，会引发其不公平感，加强其摄取控制权收益的动机；第三，外聘高管心理所有权与实际收益的差异也是其职务侵占的重要诱因（储小平和刘清兵，2005）。

我国国有控股企业中，长期以来都是通过组织任命、上级委派或调任等行政任命方式选拔“行政高管”。尽管“行政高管”有政治激励，减弱其追逐经济利益，但其摄取控制权收益的动机也很明显：首先，“行政高管”存在强烈政治动机，决定其激励补偿不仅包括货币薪酬、股权，还包括非货币性收益，虽然长期面临管制，但伴随着管理层权力的增加表现出更多激励不相容性（吕长江和赵宇

---

① 大股东也可能委派非家族成员参与公司经营，但大股东所委派的非家族成员通常与其有较密切的关系，而可以分类到“泛家族成员”（储小平，2000），本章不再进行区分。

恒，2008）；其次，由于国有控股企业承担更多社会性功能，其高管薪酬社会“愤怒成本”较高，行政高管更偏好隐性的非货币性薪酬；再次，官员的“廉价投票权”以及企业的预算软约束造成了“行政高管”一方面对政府的寻租能力较强，另一方面在企业内部权力极大，而上级主管部门又缺乏监督动力，使得其在利用权力获利时更加肆无忌惮（权小锋等，2010）；最后，如果“行政高管”只是短时期的交流或者轮任，对企业长期目标就没有很强的经营动力，也会造成其过度摄取控制权收益，降低公司价值。随着国有企业股份制改革的推进，许多国有企业尝试公开竞争上岗、公开招聘等方式选拔“市场高管”。根据改革思路，给市场高管提供“年薪制”、股票期权等极具竞争力的薪酬。但由于其他的高管和员工的薪金仍没有真正与业绩挂钩，对于“空降兵”给予强激励薪金可能会因为内部矛盾而流于形式，如果其努力得不到预期回报，又不像行政高管有政治激励，就会滋生摄取控制权收益的动机，影响公司价值：首先，国有资产管理部门处于信息劣势，很难低成本地观察到企业的经营业绩，这意味着政府很难做到事前与企业高管签订有效的契约，事后实施有效的监督（陈冬华，2005）；其次，薪酬管制是针对国有企业所有高管，如果市场高管的事前薪酬契约无法落实，造成显性激励不足，就可能引致其增加在职消费等控制权收益的摄取；再次，国有企业目标多元化，使企业业绩与高管付出之间的因果关系模糊，容易滋生“做得多，拿得少”的负面情绪，会诱使其通过摄取私人控制权收益来平衡自己。

为了检验以上两种效应，本章提出如下假设：

假设1-1：在我国现阶段制度背景下，高管私人控制权收益绝对额越高的公司，公司价值越高，其中，相对于分散持股或者存在股权制衡的公司，集中股权公司高管控制权收益绝对额更能显著提升公司价值；整体体现为“利益协同”效应。

假设1-2：在我国现阶段制度背景下，高管私人控制权收益绝对额越高的公司，公司价值越低，其中，相对于分散持股或者存在股权制衡的公司，集中股权公司高管控制权收益绝对额更会显著降低公司价值；整体体现为“堑壕”效应。

9.2.2 基于社会比较理论的高管额外控制权收益对公司价值的影响

最优契约理论和管理层权力理论都以传统“经济人”假设作为基本前提①，

① 按照最优契约理论，报酬委员会理应代表股东设计融合经理与股东利益的激励契约。如果说，高管基于非经济因素干预控制权收益制定，摄取控制权收益，导致超过最优契约点的收益水平不断被拉高，那么，在资本市场上，至少可观测到股东或其代表会将控制权收益重新回归到合理水平，但证据表明，股东及其代表自身就是收益持续攀升的推手之一。基于对缔约方决策心理的研究表明，报酬委员会在订立契约时，往往倾向于将报酬水平锚定在一个基于同行的参照区间，并将报酬设定在同行的平均水平或者稍高一点。

但许多研究表明，代理人并不只关注自身的利益，还关注所获得利益是否公平，进而影响其行为和努力程度（Akerlof & Yellen，1990）。费尔和施密特（1999）建立了公平偏好者的效用函数：当行为人面临“有利不公平”（自身收益比参照收益点多）时，具有公平意识的行为人就会有动机去增加他的努力以缩小他与对方的回报之间的差异；而当行为人面临“不利不公平”（自身收益比参照收益点少）时，则出现反激励效应。很多学者对此进行了检验，证实了代理人公平性偏好显著影响了激励契约的制定和实施（蒲勇健，2007），并且非正式的隐性契约比带有监督的显性契约提供的激励效果更好（Antoni & Randolph，2008）。实际上，不公平厌恶偏好模型只是社会比较理论中的特殊情形——对比效应。个体进行社会比较会产生对比效应和同化效应：所谓对比效应是指个体面对社会比较信息时，其自我评价水平背离比较目标，而同化效应是指当个体面对社会比较信息时，其自我评价水平朝向比较目标。施塔珀尔和库门（Stapel & Koomen，2000）指出，在组织之间的比较中，发挥作用的只有对比效应，同化效应并不起作用。据此，当高管发现自己的控制权收益水平高于同行业其他高管时，下行比较使得高管提高自我评价，也就是说，正向额外控制权收益将促使高管更有动力来改进管理效率、提高公司价值，反之亦然。事实上，已有学者注意到了显性薪酬外部不公平性及其对激励效果的影响（吴联生等，2010）。

控制权收益作为一种隐性契约，比显性薪酬更容易被高管进行社会比较，基于如下考虑，本章认为，相对于分散持股或者存在股权制衡公司，集中股权公司高管将其控制权收益进行社会比较的动机更强，产生的激励效应更明显：首先，研究表明，分散持股或存在股权制衡公司治理结构较为完善，委托人倾向于签订带有监督的显性契约，而集中股权公司则倾向于提供非正式隐性契约，由于隐性契约在不同公司体现出较大的多样性和差异化，容易引致同行之间相互攀比，不公平感更强烈。其次，研究表明，相对于分散持股或存在股权制衡公司，集中股权公司在提供给高管的显性薪酬合约中的激励份额（显性契约斜率 b 部分）处于劣势。斜率 b 越高，高管的努力就越可能如实地反映到其报酬上，就越显得公平，进行社会比较动机就越弱，即使收入比预期低，也倾向于归咎于自身努力不足；相反，斜率 b 越低，高管的努力不能如实反映，容易滋生不公平感，特别是在信息不对称时，委托人不能很好地观测到代理人的努力，代理人很容易将业绩都归结于自己努力，一旦激励契约达不到其期望，就会感到极大不公平，导致反激励。再次，在劳动力市场上，由于公司股权结构不同，决定了其提供给高管的激励契约不同，会吸引到异质性的人力资本。如分散持股或者存在股权制衡公司中，由于其提供的契约斜率 b 份额较大，容易吸引到能力较强、更喜欢竞争性工作氛围、有利不公平厌恶偏好较强的代理人；反之，集中股权公司所提供的契约中斜率 b 份额较小，容易吸引到能力较弱、喜欢稳定高福利工作环境、不利不公平厌恶偏好较强的代理人。异质性的高管在进行社会比较时也会存在较大差异。此外，公司性质的差异会使高管进行社会比较时在比较对象选取上不同。相对于分散持股或者存在股权制衡公司，国有控股公司和家族控股公司所属行业较集中，当同行业内不同公司高管在报酬方面差异性较大时，就容易引致社会比较。例如，同行业内的国有控股公司，市场高管和行政高管的报酬形式存在较大差异，很容易引致高管之间相互比较；再比如同行业内的家族控股公司，外聘高管和家族高管在控制权收益、福利支付等方面都存在较大差异，高管进行社会比较的动机更强。

为检验不同股权结构下高管公平偏好是否影响控制权收益的激励效应，提出如下假设：

假设2：相对于分散持股或者存在股权制衡的公司，集中股权公司中高管额外控制权收益更能明显提升公司价值，体现为“利益协同”效应。

假设2-1：相对于分散持股或者存在股权制衡的公司，集中股权公司（家族/国有控股公司）高管正向额外控制权收益更能显著提升公司价值。

假设2-2：相对于分散持股或者存在股权制衡的公司，集中股权公司（家族/国有控股公司）高管负向额外控制权收益更会显著降低公司价值。

9.3 研究设计

9.3.1 变量定义

根据罗炜等（Luo et al.，2011），采用如下控制权收益决定模型：

$$\frac{Mpay_t}{Assets_{t-1}} = \alpha + \beta_1 \frac{1}{Assets_{t-1}} + \beta_2 \frac{\Delta Sales_t}{Assets_{t-1}} + \beta_3 \frac{PPE_t}{Assets_{t-1}} + \beta_4 \frac{Inv_t}{Assets_{t-1}} + \beta_5 \ln Employee + \varepsilon_t$$

$$\frac{Mexpense_t}{Assets_{t-1}} = \alpha + \beta_1 \frac{1}{Assets_{t-1}} + \beta_2 \frac{\Delta Sales_t}{Assets_{t-1}} + \beta_3 \frac{PPE_t}{Assets_{t-1}} + \beta_4 \frac{Inv_t}{Assets_{t-1}} + \beta_5 \ln Employee_t + \varepsilon_t \tag{9-1}$$

模型（9-1）中，$Mpay_t$ 表示第t年公司现金流量表的“支付的其他与经营活动有关的现金”项目中获得有关高管控制权收益的数据。借鉴陈冬华等（2010）的做法，查阅沪深上市公司每一家每一年的年报，在该项目的会计报表附注中手工收集下列四类容易被高管人员转嫁为私人费用子项并加总：（1）交通差旅费；（2）车辆费；（3）福利支付；（4）高管特权支出。$Mexpense_t$ 表示第t

年公司管理费用总额减去物料消耗、相关税费、技术转让费、矿产资源补偿费、研究费用、排污费、支付给高管的现金薪酬等子项目。$Assets_{t-1}$是滞后一年的公司总资产；$\Delta Sales_t$ 是公司第 t 年营业收入变动额；PPE_t 是固定资产净值；Inv_t 是第 t 年年末存货净值；$lnEmployee_t$ 是公司员工数量的自然对数。

对于正常经营管理所需要的现金流和费用，首先对模型（9－1）进行分年度分行业回归，再将所得到的估计系数代入模型（9－1），得到的残差 ε，即为公司高管额外控制权收益。

9.3.2 模型设定

为了检验假设 1，构建如下两组面板数据计量模型：

$$\begin{aligned} TQ_{i,t}/\Delta TQ_{i,t} = {} & \alpha + \beta_1 PBC_t + \beta_2 ROA_t + \beta_3 SIZE_t + \beta_4 LEV_t + \beta_5 SPR_t \\ & + \beta_6 GROWTH_t + \beta_7 TURNOVER_t + \beta_8 ST_T + \beta_9 BDS_t \\ & + \beta_{10} CBD_t + \beta_{11} CON_t + \beta_{12} BHLIST_t + \beta_{13} SEP_t + \beta_{14} A\_TOP4_t \\ & + \beta_{15} A\_OPION_t + \beta_{16} RISK_t + \beta_{17} MARKET_t + \varepsilon_t \end{aligned} \tag{9-2}$$

$$\begin{aligned} TQ_{i,t}/\Delta TQ_{i,t} = {} & \alpha + \beta_1 PBC_t + \beta_j \sum_{j=2}^{4} UCSP_t + \beta_j \sum_{j=5}^{7} PBC_t \times UCSP_t + \beta_8 ROA_t \\ & + \beta_9 SIZE_t + \beta_{10} LEV_t + \beta_{11} SPR_t + \beta_{12} GROWTH_t \\ & + \beta_{13} TURNOVER_t + \beta_{14} ST_t + \beta_{15} BDS_t + \beta_{16} CBD_t + \beta_{17} CON_t \\ & + \beta_{18} BHLIST_t + \beta_{19} SEP_t + \beta_{20} A\_TOP4_t + \beta_{21} A\_OPION_t \\ & + \beta_{22} RISK_t + \beta_{23} MARKET_t + \varepsilon_t \end{aligned} \tag{9-3}$$

模型（9－2）、模型（9－3）中，$TQ_{i,t}$为公司 i 在第 t 年的公司价值，$\Delta TQ_{i,t}$为公司 i 第 t 年的 TQ 值减去 t－1 年的 TQ 值的差。自变量 PBC_t 为第 t 年高管控制权收益绝对额的度量指标。其他变量定义同第 6 章。

为了检验假设 2，构建了以下面板数据计量模型：

$$\begin{aligned} TQ_{i,t}/\Delta TQ_{i,t} = {} & \alpha + \beta_1 AUF_{t-1} + \beta_j \sum_{j=2}^{4} UCSP_{t-1} + \beta_j \sum_{j=5}^{7} AUF_{t-1} \times UCSP_{t-1} \\ & + \beta_8 ROA_t + \beta_9 SIZE_t + \beta_{10} LEV_t + \beta_{11} SPR_t + \beta_{12} GROWTH_t \\ & + \beta_{13} TURNOVER_t + \beta_{14} ST_t + \beta_{15} BDS_t + \beta_{16} CBD_t + \beta_{17} CON_t \\ & + \beta_{18} BHLIST_t + \beta_{19} SEP_t + \beta_{20} A\_TOP4_t + \beta_{21} A\_OPION_t \\ & + \beta_{22} RISK_t + \beta_{23} MARKET_t + \varepsilon_t \end{aligned} \tag{9-4}$$

模型（9－4）中，UF 为模型（9－1）的回归残差，AUF_{t-1}为 UF_{t-1}的绝对值；$UCSP_{t-1}$是 t－1 年股权结构和股权性质交叉变量，$AUF_{t-1} \times UCSP_{t-1}$为 AUF_{t-1}和 $UCSP_{t-1}$的交互项。

9.4　实证结果及分析

9.4.1　高管私人控制权收益描述性统计

本章样本公司和期间的选取与第6章相同。由表9－1的描述性统计结果可见：第一，相对于分散持股或者存在股权制衡的公司，股权集中公司中高管控制权收益绝对额更高，其中国有控股公司高于家族控股公司；第二，尽管国有控股公司高管控制权收益的绝对值的均值最大，但是额外控制权收益均值却较小；第三，虽然家族控股公司额外控制权收益绝对额的均值最小，但是其额外控制权收益均值却最大。

表9－1　　**高管私人控制权收益描述性统计**

变量	观测值	平均值	标准差	中位数	最小值	最大值
A栏：国有控股公司样本						
$Mpay_t$	2939	1.88e+08	1.43e+09	4.59e+07	281	5.75e+10
UF_{t-1}（正向）	620	0.067	0.109	0.038	0.000	1.069
UF_{t-1}（负向）	943	−0.075	0.385	−0.042	−7.648	−0.000
B栏：家族控股公司样本						
$Mpay_t$	1267	8.18e+07	2.00e+08	3.05e+07	15899.380	3.84e+09
UF_{t-1}（正向）	335	0.089	0.231	0.046	0.000	3.454
UF_{t-1}（负向）	326	−1.658	19.617	−0.049	−294.691	−0.000
C栏：其他集中股权公司样本						
$Mpay_t$	254	6.50e+07	9.06e+07	3.17e+07	3953	5.87e+08
UF_{t-1}（正向）	48	0.065	0.054	0.051	0.002	0.212
UF_{t-1}（负向）	85	0.053	0.058	0.037	−0.444	−0.001
D栏：股权分散或存在股权制衡公司样本						
$Mpay_t$	670	1.26e+08	5.32e+08	3.79e+07	4472.630	1.02e+10
UF_{t-1}（正向）	147	0.088	0.132	0.045	0.000	0.891
UF_{t-1}（负向）	182	−0.049	0.057	−0.039	−0.522	−0.000

9.4.2 实证结果与分析

由表9－2可知，高管私人控制权收益绝对额PBC与公司价值及其变化量都在1%水平呈显著负相关，说明高管摄取控制权收益绝对额越高，公司价值和价值变化量就越低。进一步检验不同股权结构下高管私人控制权收益对公司价值和公司价值变化量的影响发现，相对于分散持股或者存在股权制衡的公司，集中股权公司（家族/国有/其他控股公司）高管控制权收益绝对额与公司价值及其变化量都呈稳定的负相关关系，其中，而 $PBC_t \times UCSP\_f$ 与 ΔTQ 在10%水平上显著负相关。因此，不难得到，整体上高管私人控制权收益绝对额变量PBC与公司价值及其变化量之间显著的负相关关系，主要是因为样本中集中股权公司高管摄取控制权收益降低了公司价值及其变化量，从而支持了假设1－2。既然这样，为什么高管控制权收益在过去几年间却不断攀升呢？对于高管控制权收益的激励效应，需要更为深入的分析。

表9－2　高管私人控制权收益对公司价值的影响

变量	因变量：公司价值		因变量：公司价值变化	
	TQ	ΔTQ	TQ	ΔTQ
常数项	99.556** (43.444)	75.926* (43.420)	65.571*** (16.101)	53.386*** (16.204)
PBC_t	−2.007*** (0.449)	−21.569*** (3.974)	17.707 (19.594)	15.150 (19.635)
UCSP_o			−0.162 (4.183)	0.775 (4.192)
UCSP_s			1.802 (2.404)	1.667 (2.412)
UCSP_f			3.064 (2.609)	3.802 (2.621)
$PBC_t \times UCSP\_o$			−19.393 (51.569)	−36.741 (51.654)
$PBC_t \times UCSP\_s$			−18.025 (22.406)	−15.139 (22.459)
$PBC_t \times UCSP\_f$			−18.129 (19.792)	−36.239* (19.833)

续表

变量	因变量：公司价值		因变量：公司价值变化	
	TQ	ΔTQ	TQ	ΔTQ
行业效应	控制			
年度效应	控制			
N	4567	4541	4567	4541
R^2（组内）	0.030	0.05	0.05	0.07
R^2（组间）	0.050	0.06	0.06	0.09
F/Wald 检验	118.96***	50.22*	4.51***	5.93***

注：括号内的数值为标准差，采用 robust 调整标准误差。***、** 和 * 分别表示双尾 F－检验值在 1%、5% 和 10% 水平上统计显著。表中省略其他控制变量结果。

由表 9－3 可见，相对于分散持股或者存在股权制衡的公司，集中股权公司高管正向额外控制权收益与公司价值显著正相关，其中，在 Mexpense 估计下，AUF_{t-1} × UCSP_f 与 TQ 在 10% 水平上显著，支持了假设 2－1。相对于分散持股或者存在股权制衡的公司，集中股权公司负向额外控制权收益与公司价值显著负相关，其中，在 Mpay 估计下，AUF_{t-1} × UCSP_s 与 TQ 在 10% 水平上显著负相关；在 Mexpense 估计下，AUF_{t-1} × UCSP_s 与 TQ 在 5% 水平上显著负相关，总体上支持了假设 2－2。也就是说，相对于分散持股或者存在股权制衡的公司，集中股权公司中高管额外控制权收益能够发挥“利益协同”激励效应。

表 9－3　　　　高管额外控制权收益对公司价值的影响

分组	正向额外控制权收益组		负向额外控制权收益组	
	Mpay 估计	Mexpense 估计	Mpay 估计	Mexpense 估计
变量	TQ	TQ	TQ	TQ
常数项	18.323*** (1.592)	107.977*** (28.812)	24.238*** (1.335)	13.109*** (3.920)
AUF_{t-1}	－1.130 (1.129)	14.353 (82.401)	4.132* (2.290)	19.012** (8.600)
UCSP_o	－0.360 (0.409)	1.240 (8.309)	－0.395 (0.321)	－3.972 (2.462)
UCSP_s	－0.263 (0.205)	1.966 (5.112)	0.084 (0.197)	－3.179** (1.559)

续表

分组	正向额外控制权收益组		负向额外控制权收益组	
	Mpay 估计	Mexpense 估计	Mpay 估计	Mexpense 估计
UCSP_f	0.016 (0.219)	-2.532 (5.641)	0.076 (0.224)	-4.579*** (1.628)
$AUF_{t-1}\times$UCSP_o	2.663 (3.604)	-32.768 (130.596)	-2.171 (3.721)	-25.494 (16.349)
$AUF_{t-1}\times$UCSP_s	1.582 (1.304)	-4.829 (89.850)	-4.110* (2.440)	-18.991** (9.524)
$AUF_{t-1}\times$UCSP_f	1.115 (1.407)	178.462* (98.470)	-0.834 (2.555)	-14.759 (9.437)
行业效应	控制			
年度效应	控制			
N	1053	3900	1418	2276
R^2（组内）	0.455	0.025	0.384	0.228
R^2（组间）	0.529		0.599	0.093
Wald/F 检验	983.22***	3.18***	1425.81***	494.40***
BPLM 检验	139.85***	0.39	318.49***	12.28***

注：括号内的数值为标准差，Mexpense 估计下，正向额外控制权收益的模型 BPLM 检验不显著，因而采用混合 OLS 回归模型；其他 3 个模型 BPLM 检验均显著，因而采用面板数据回归模型。***、**和*分别表示双尾 t－检验值/z－检验值在 1%、5%和 10%水平上统计显著。表中省略其他控制变量结果。

由表 9－4 可见，相对于分散持股或者存在股权制衡的公司，集中股权公司高管正向额外控制权收益与公司价值变化量显著正相关，其中，在 Mpay 估计下，$AUF_{t-1}\times$UCSP_s 和 ΔTQ 在 1%水平上显著，$AUF_{t-1}\times$UCSP_f 和 ΔTQ 在 10%水平上显著；在 Mexpense 估计下，$AUF_{t-1}\times$UCSP_f 与 ΔTQ 在 10%水平上显著。相对于分散持股或者存在股权制衡的公司，集中股权公司高管负向额外控制权收益与公司价值变化量显著负相关，其中，在 Mpay 估计下，$AUF_{t-1}\times$UCSP_s 与 ΔTQ 在 10%水平上显著，$AUF_{t-1}\times$UCSP_f 与 ΔTQ 在 1%水平上显著；在 Mexpense 估计下，$AUF_{t-1}\times$UCSP_f 和 $AUF_{t-1}\times$UCSP_s 都与 ΔTQ 都在 1%水平上显著。整体上，相对于分散持股或者存在股权制衡的公司，集中股权公司中高管额外控制权收益对公司价值的正向激励效应不仅体现在绝对额上，也体现在其变化量上，进一步支持了假设 2。为更好地结合高管的公平性偏好进行激励，单一企业会不断提高高管控制收益在行业内的相对额度，从而从整个市场或者整个行业来说，随着时间的推移，控制权收益绝对额均值不断攀升；而当控制权收益绝对额上升时，又反过来会减损公司价值，抵消额外控制权收益的激励效应。

表 9-4　　　　高管额外控制权收益对公司价值变化量的影响

分组	正向额外控制权收益组		负向额外控制权收益组	
	Mpay 估计	Mexpense 估计	Mpay 估计	Mexpense 估计
变量	ΔTQ	ΔTQ	ΔTQ	ΔTQ
常数项	3.653*** (1.173)	104.748*** (28.812)	2.785*** (0.841)	13.951* (8.371)
AUF_{t-1}	-2.498*** (0.964)	11.767 (82.377)	4.638** (2.042)	42.345*** (10.070)
UCSP_o	0.182 (0.306)	1.653 (8.303)	-0.063 (0.224)	-1.981 (2.123)
UCSP_s	-0.114 (0.144)	2.255 (5.108)	0.151 (0.135)	-1.857 (1.335)
UCSP_f	-0.039 (0.156)	-2.470 (5.637)	0.173 (0.153)	-2.794** (1.395)
AUF_{t-1} × UCSP_o	-0.990 (3.283)	-34.123 (130.564)	-2.990 (3.484)	-43.868** (19.099)
AUF_{t-1} × UCSP_s	2.942*** (1.111)	-4.326 (89.827)	-4.123* (2.205)	-36.378*** (11.154)
AUF_{t-1} × UCSP_f	1.995* (1.192)	175.587* (98.439)	-6.562*** (2.252)	-42.419*** (11.045)
行业效应	控制			
年度效应	控制			
N	1050	3895	1414	2275
R^2（组内）	0.6496	0.0140	0.5574	0.2534
R^2（组间）	0.6225		0.4841	0.0884
Wald/F 检验	1660.96***	3.41***	1557.91***	552.79***
BPLM 检验	36.79***	0.23	38.45***	3.88**

注：括号内的数值为标准差，Mexpense 估计下，正向额外控制权收益的模型 BPLM 检验不显著，因而采用混合 OLS 回归模型；其他 3 个模型 BPLM 检验均显著，因而采用面板数据回归模型。***、** 和 * 分别表示双尾 t-检验值/z-检验值在 1%、5% 和 10% 水平上统计显著。表中省略其他控制变量结果。

9.5 结论与启示

上市公司高管控制权收益既加大了企业成本，也容易助长整个社会的奢靡、腐化之风，将其控制在一个有效率的水平是我国企业现代化转型中实现增长、国际化和可持续发展的需要。本章探讨高管控制权收益对公司价值的影响，以及高管公平性偏好的作用机理。研究发现：(1) 相对于分散持股或者存在股权制衡的公司，股权集中公司中高管控制权收益绝对额更高，其中国有控股公司高于家族控股公司。(2) 尽管国有控股公司高管控制权收益的绝对值的均值最大，但是额外控制权收益均值却较小，体现了控制权收益的“隐性”特征，造成国有企业中高管“激励不足”的假象；另外，虽然家族控股公司额外控制权收益绝对额的均值最小，但是其额外控制权收益均值却最大，企业间的比较对家族企业高管的心理冲击最大。(3) 在我国当前制度背景下，高管控制权收益绝对额越高的公司，公司价值及其变化量就越低，体现为“堑壕”效应，管理层权力理论具有解释力。(4) 相对于分散持股或者存在股权制衡的公司，集中股权公司高管正向额外控制权收益更能显著提升公司价值及其变化量；而负向额外控制权收益更会显著降低公司价值及其变化量，体现为“利益协同”效应。解释了为什么过度摄取控制权收益减损公司价值，但高管控制权收益在过去几年间却不断攀升的内核因素。本章的政策含义在于：

第一，要从根本上把高管控制权收益绝对额控制在一个有效率的水平，需要从整个市场或者至少从整个行业的规制上着手，而不仅仅是单一企业。监管部门要不断提高监管水平和完善中小投资者法律保护体系，进一步提高外部治理的有效性。

第二，对于单一企业内部治理来说，则需要在控制权收益的绝对额和额外控制权收益两者间权衡利弊，制定科学合理的高管控制权收益管理办法，杜绝非法收入和铺张浪费，维持一个较优的私人控制权收益水平。这就要求企业在进行高管人员激励机制的设计中，一方面要结合高管个人的社会偏好结构，有针对性地进行资源配置；另一方面要营造良好的企业文化氛围，优化内部控制治理机制，塑造高管人员亲社会性的社会偏好结构。

第三，从长期来说，不管是外部监管政策还是内部治理，都应积极改善比例集中和性质集中的股权分布结构，形成控制权的内部有效制衡和监督，从根源上抑制高管过度自利行为，改善由于广泛存在于企业组织中的“内部人控制”所带来的激励非效率问题。

第 10 章

薪酬公平性、股权集中度与盈余管理行为

10.1 引　　言

沃茨和齐默曼（Watts & Zimmerman，1986）的分红计划假设指出，管理层会为了提高薪酬收入而进行盈余管理。特别是当高管认为其努力得不到应有的薪酬回报时，就更有动机进行盈余管理以提高自身薪酬。主流经济理论关于高管激励的研究大都植根于委托代理分析范式下的最优契约理论，在竞争性市场环境和董事会公平缔约的假设下，主要关注代理人缔约后的道德风险行为，认为可以通过激励性契约设计协调委托人与代理人之间的关系，以防范经理人的道德风险行为，实现股东利益最大化的目标。国内外的管理实践中，越来越多的公司会在其“代理人薪酬激励包”中考虑“公平性”条款，通过拉大内部薪酬差距，以降低高管的盈余管理行为。其理论逻辑主要有三方面：其一，基于社会比较理论，通过增加公司高管与其他管理人员或者员工的薪酬差距，可以让努力工作的高管感觉其努力得到应有的回报，减弱其进行盈余管理以提高自身薪酬的动机；让不努力工作的高管因“不劳而获”产生“负罪感”而努力工作，降低盈余管理。米尔科维和纽曼（Milkovieh & Newman，1996）研究认为，过小的报酬差距会产生不利效果，它使得高水平工作、高能力人才和较高的业绩得不到恰当补偿，从而产生反向激励效应。其二，薪酬差距的扩大，有利于减少高管层的盈余管理串谋，从而抑制为了提高薪酬而进行的盈余管理行为（俞震和冯巧根，2010）。这是因为，盈余管理行为往往需要由公司的管理团队的合作才能达成，薪酬差距的扩大在一定程度上会影响高管层之间的合作，从而破坏高管层的盈余管理串谋，

最终降低公司的盈余管理程度①。相反，过小的薪酬差距，可能促成了各层级管理人员的共谋，从而滋生管理层为了提高薪酬收入而进行的盈余管理行为。其三，锦标赛理论为最优契约履行效果提供新的理论解释。在确定的环境下，基于相对绩效的薪酬制度与基于边际产出的薪酬制度产生同样的资源配置效率，但会节约一定的评价成本；在不确定的环境下，基于相对绩效的薪酬制度比基于边际产出的薪酬制度能产生更高的资源配置效率，因为前者会消除外部因素带来的收入不确定性。拉齐尔和罗森（Lazear & Rosen，1981）研究指出，在企业中的晋升作为序贯淘汰锦标赛时，需要向较高等级职位的管理者支付额外的奖励诱使参与人保持较高努力水平或者减少其做对委托人不利的事情，如盈余管理、在职消费等。

基于我国制度背景的内部薪酬差距的研究，大多数集中在检验内部薪酬差距与代理人努力程度、团队的工作效率、公司业绩、公司价值等的关系，即内部薪酬差距在激励代理人“是否做对委托人有利的事情”方面进行相应的理论解释与经济后果分析（张正堂，2007；刘春和孙亮，2010），这些研究大多数支持了锦标赛理论，即扩大内部薪酬差距具有正向的激励效应，并不支持 2009 年以来财政部等监管部门针对上市公司高管的巨额薪酬而出台的“限薪令”，理论研究与政策制定、社会共识存在差异，表明社会各界对公司内部薪酬差距的经济后果和内在作用机理还没有很清晰的认识。其中，一个重要的方面是，内部薪酬差距在激励代理人“是否不做对委托人不利的事情”方面鲜有文献涉及，缺乏相应的经验证据，如代理人的盈余管理行为。具体而言：首先，内部薪酬差距对公司业绩等方面具有正向激励效应，符合锦标赛理论预期，是否就能得到内部薪酬差距降低高管的盈余管理，也符合锦标赛理论预期呢？不一定。这是因为，高管在努力工作，提高公司业绩的同时也非常有可能进行更多的盈余管理行为，两者之间并不必然存在矛盾。因此，以上有关内部薪酬差距降低盈余管理的三方面理论解释仍缺乏说服力，本章研究可以提供相应经验证据，更加全面地分析内部薪酬差距的激励效应，使得理论研究与政策制定、社会共识更为一致。其次，许多研究表明，股权结构和性质对公司盈余管理程度具有重要的影响，例如，由于大股东有动力监督高管，所以股权集中会降低公司盈余管理程度（Ali et al.，2008）、大股东也可能为了攫取其私人控制权收益而有很强的动力进行盈余管理（Gopalan & Jayaraman，2012）。那么，在我国集中股权公司比较普遍的制度背景下，内部薪酬差距与盈余管理之间的关系是否也会受到股权结构和性质的影响？再次，在研

① 例如，总经理为了提高自身的薪酬收入而授意财务经理提高操纵性应计利润，以达到增加公司净利润的目的。但是由于财务经理与总经理之间的薪酬差距很大，公司的财务经理不能够从提高的净利润中获得更多的奖金，使其有可能利用自身在财务方面的专长，杜绝或者降低盈余管理的程度，从而避免盈余管理行为被发现而带来的声誉上的损失。

究高管团队内部薪酬差距时，会发现可能薪酬差距一方面激励了高层级的高管（前三名高管等），另一方面也激励了低层级高管。特别是在我国集中股权公司比较普遍，高层级高管很多时候代表控股股东利益，甚至直接由控股股东及其行动一致人担任。需要回答以下问题：盈余管理到底是股东行为的结果还是高管行为的结果？现有的文献通常只把股东的盈余管理动机作为一种理论解释，本章拟运用事件研究方法，在甄别股东和高管动机方面提供初步证据。另外，高管与普通职工的薪酬差距是否也会影响高管的盈余管理行为？此外，对高管而言，薪酬差距的扩大代表了激励提升还是管理层权力更强？最后，如果是因为在进行内部比较时，薪酬较少导致高管的盈余管理行为，那么，如果在进行薪酬外部比较时如果处于优势，是否会减弱这种动机？本章在我国制度背景下，探讨内部薪酬差距与盈余管理之间的关系，以及股权集中度的影响，为监管部门薪酬政策制定和企业薪酬机制设计提供经验证据和政策建议。

10.2 理论分析与研究假设

新古典经济学的劳动力定价理论认为薪酬由边际产出决定，但现实中不同层级管理者薪酬差距非常大，很难作出合理解释。出于对传统理论的质疑，许多学者提出了新的理论，形成了锦标赛理论（Lallemand et al.，2008）和行为理论（Akerlof & Yellen，1990）两个比较有代表性的流派。锦标赛理论学派将薪酬差距视为参与人在锦标赛中获胜的一种额外奖励，并预期晋升后额外奖励越高，激励效应越大。而社会比较理论指出，人们具有想要评价自己意义和能力的动机，如果缺乏客观评价标准，就会通过与他人进行比较来自我评判，形成公平性的认知（Festinger，1954）。

公司内部薪酬差距能否真的降低高管的盈余管理行为？以上理论解释至少存在以下竞争性观点：一方面，最优契约理论吸纳了社会比较能发挥正向激励的理论解释，却忽略了其反向激励的解释。实际上，社会比较理论学派更加倾向于研究个人在遭到不公平待遇时的反应，当个人所得薪酬与其心理预期不符时，会感觉“被剥削”，进而导致懈怠、盈余管理等反激励行为，在我国强调“公平性”的传统下，这种情况更常见。另一方面，锦标赛理论学派认为内部薪酬差距扩大能抑制盈余管理一个重要的原因是其破坏了高管间的串谋。但是，新近的研究却表明，高管进行盈余管理并不总是需要串谋。金尼和威廉（Kini & William，2012）研究指出，不同层级高管薪酬差距过大不仅不能降低盈余管理，反而会促使低层级高管的盈余管理串谋。此外，布赖恩等（Brian et al.，2013）研究发现，即使是在激励代理人提高业绩方面，内部薪酬差距在短期发挥正向激励，但这种效应也会很快消失，并引发盈余管理等不利的因素，在随后的经营期间显现。据此，提出如下假设：

假设1：控制其他因素，公司内部薪酬差距越大，盈余管理程度越高。

在我国的制度背景下，公司内部薪酬差距在激励代理人减少盈余管理方面，难以发挥最有契约理论预期，还在于缺乏最优契约理论强调的契约有效性和市场机制合理性。股权高度集中下，大股东有动机去监督管理层，从而减少高管的盈余管理行为；但当股权达到一定比例后，往往会通过盈余管理摄取控制权收益（Gopalan & Jayaraman，2012）。尽管近些年我国上市公司终极控制股东持股比例有所下降，但是股权集中的现象并未得到完全改善，高管具有较强的盈余管理动机。例如，国有控股企业中，长期来都是通过组织任命、委派或调任等行政方式选定"行政高管"，锦标赛理论"努力工作—更高职位—更高薪酬"的逻辑并不完全适用于这类高管；另外，"所有者缺位"所造成的内部人控制问题（代彬等，2011）、国企高管薪酬的社会"愤怒成本"、短期的轮任制度等都是其进行盈余管理的重要诱因。近年来，许多国企尝试公开竞岗、招聘等方式选拔"市场高管"。市场化薪酬能提供较大激励，但由于一方面"市场高管"的强激励薪金可能会因内部矛盾而流于形式；另一方面，国有资产管理部门处于信息劣势，难以签订有效的契约和实施有效的监督（陈冬华，2005），加之国企政策性负担使企业业绩与高管努力之间的因果关系模糊（权小锋等，2010），使得这类高管也具有较强盈余管理动机。而家族控股公司中，两层代理问题也各具特性：（1）当前大部分家族企业仍由创始人掌控，尽管大股东参与管理减少了第一层代理问题，但是由于其通常并非100%控股，有动机通过盈余管理以补偿因大宗股份的持有而承担的巨额成本（谷祺等，2006）。（2）由于"家族主义信任"关系，大股东委派的家族高管普遍存在（李新春，2003），尽管"自己人"的心理认知会减少其盈余管理的动机，但由于家族高管很容易与业主成为"一致行动人"或者被业主的利他主义给予"宠坏"、领导企业的高管与其他家族高管之间的分歧导致的串谋（陈凌和鲁莉劼，2009）、对没有意愿或能力的家族高管缺乏有效的退出机制等因素，造成家族高管也有较强的盈余管理动机。（3）随着资本规模的扩大，必须外聘职业经理人，但由于有效经理人市场的缺失导致的信任不对称、业主对家族高管与外聘高管的差异化管理、实际薪酬与心理所有权的差距、"做贼和防贼"的雇用氛围等因素，都会诱使外聘高管通过盈余管理进行职务侵占（储小平和刘清兵，2005）。相比较而言，那些存在股权制衡的公司，股东对高管的监督往往有效，他们因持有相当数量的股份而具有监督动力；同时又不具有绝对大股东那种超强控制力，对公司的盈余信息影响比较客观（Fan & Wong，2002）。

另外，基于如下考虑，笔者认为，相对于分散持股或者存在股权制衡公司，集中股权公司高管更加有动机将其薪酬与他人薪酬作比较，更容易导致盈余管理：首先，研究表明，相对而言，集中股权公司在提供给高管的绩效薪酬契约中的斜率 b 较小。斜率 b 越小，高管的努力越不能如实反映，容易滋生不公平感，为平衡收益差距进行盈余管理。其次，由于集中股权公司绩效薪酬契约激励份额较小，容易吸引到能力较低、竞争意识较弱、而不利不公平厌恶偏好较强的高管，分散持股或存在股权制衡公司则相反（杨志强等，2013），异质性的高管在进行社会比较时也会存在较大差异。此外，我国集中股权公司中天然地存在不同类型的高管，例如国有控股公司中的市场高管和行政高管，家族控股公司中的外聘高管和家族高管，高管之间的社会比较动机更强。据此，提出如下假设：

假设 2：假设其他条件不变，与分散持股或存在股权制衡公司相比，集中股权（家族/国有控股）公司内部薪酬差距越大，盈余管理程度越高。

证监会 2001 年颁发的《上市公司新股发行管理办法》关于向原股东配售股票有关规定和 2005 年颁布的《上市公司股权激励管理办法（试行）》有关股票期权行权条件的规定，为在特定事件期间考察基于股东和高管动机的盈余管理提供了契机。

报告盈余是投资者非常关注的会计信息，而我国当前的财务政策使企业在会计政策的使用上有很大的自主选择权。大量的研究表明，IPO 资格、配股资格、“ST” 和 “PT” 制度等，都可能引致盈余管理。其中，达到 “配股资格线” 更多地体现了股东的盈余管理动机。大股东为了享受从上市公司股权融资中获得超额收益，当公司不具备配股资格时，有动机通过影响高管行为来操纵报告盈余，以达到 ROE 临界值（10% 和 6%）。陆正飞和魏涛（2006）研究表明，配股前，配股公司存在盈余管理行为，配股后，如果无后续融资行为，则业绩会下降，且操控性应计利润会出现反转。因此，公司在配股期间，为了达到 “配股资格线”，很可能进行向上的盈余管理。作为公司一项重要的成本费用，薪酬自然也会成为盈余管理对象，内部薪酬差距和盈余管理之间的正相关关系预期将变弱。据此，提出如下假设：

假设 3：假设其他条件不变，公司是否处于配股期间，对内部薪酬差距和盈余管理之间的关系具有显著的反向调节效应。

尽管每个公司赋予高管的股权激励形式和行权条件不同，但大量的研究表明，高管会在行权日前一年进行相应的盈余管理（Bergstresser & Philippon，2006；苏冬蔚和林大庞，2010）。按照证监会《股权激励有关事项备忘录 2 号》的规定，股权激励方案中至少应包括两方面考核要求：授权业绩考核标准和行权（解锁）业绩考核标准。对于行权（解锁）业绩考核标准，许多公司纳入至少一项基于会计业绩指标度量的增长率，其计算一般以股权激励计划披露或行权前一年的业绩指标为基准，基准年度业绩指标越低，行权条件就越容易达到，因而，高管有动机将基准年度的会计盈余向下操纵，以降低达到行权业绩考核标准的难度。许多研究提供了经验证据，如肖淑芳等（2013）研究发现，股权激励披露日以及行权日之前经理人进行了向下的盈余管理，通过压低基准年度盈余，达到顺利行权的目的。因此，高管股票期权行权前一年很可能进行向下的盈余管理，内部薪酬差距和盈余管理之间的正相关关系将更加显著，据此，提出如下假设：

假设4：假设其他条件不变，公司是否处于高管股票期权行权期间，对内部薪酬差距和盈余管理之间的关系具有显著正向的调节效应。

此外，还需要进一步考察公司内部薪酬差距的成因，贝布丘克等（2002）提出了薪酬契约"管理层权力假说"，认为不断扩大的管理层权力影响了薪酬契约的激励效果，如果高管可以自定薪酬，契约就是失效的。卢锐（2007）研究发现，相对而言，管理层权力大越大，高管层内部的薪酬差距以及高管与普通员工的薪酬差距就越大，但经营业绩并没有更好。方军雄（2011）、黎文靖和胡玉明（2012）研究也都发现，由于管理层权力较大，我国上市公司存在薪酬的"尺蠖效应"，整体拉大了高管与职工的薪酬差距。提出如下假设：

假设5：控制其他因素，公司管理层权力越大，内部薪酬差距越大。

考虑到即使高管的薪酬水平比企业内部其他高管或者职工都高很多，但如果在外部比较中处于劣势，则内部薪酬差距真实的激励方向可能被掩盖的情形，本文最后检验如下假设：

假设6：假设其他条件不变，如果公司高管在同行业薪酬比较中处于优势，对内部薪酬差距和盈余管理之间的关系具有反向调节效应；反之亦然。

10.3 研究设计

10.3.1 数据来源与研究样本

选取2002～2012年所有A股上市公司为初始样本，并按照如下标准对初始样本做了剔除：第一，剔除了金融、保险业的上市公司样本；第二，剔除财务数据以及公司治理数据不完整的公司；第三，得到共计8100个样本观测值。对所有连续变量作Winsorize处理，以控制极端值的影响。

10.3.2 盈余管理的度量

本章使用可操纵应计利润绝对值$|DA(k)_{i,t}|$衡量盈余管理，通过以下两种方

法估计 $DA(k)_{i,t}$：

（1）$DA(k)_{i,t}$：根据横截面琼斯（Jones，1991）模型，使用同年度同行业所有上市公司的数据，对年度 t 公司 i 的总应计利润（Total Accrual，$TA_{i,t}$）进行以下回归分析：

$$\frac{TA_{i,t}}{A_{i,t-1}} = \beta_1 \frac{1}{A_{i,t-1}} + \beta_2 \frac{\Delta REV_{i,t}}{A_{i,t-1}} + \beta_3 \frac{PPE_{i,t}}{A_{i,t-1}} + \xi^1_{i,t} \qquad (10-1)$$

其中，$TA_{i,t} = (\Delta CA_{i,t} - \Delta CASH_{i,t}) - (\Delta CL_{i,t} - \Delta CLD_{i,t}) - DEP_{i,t}$，$\Delta CA_{i,t}$ 为流动资产增加额；$\Delta CASH_{i,t}$ 为现金及现金等价物增加额；$\Delta CL_{i,t}$ 为流动负债增加额；$\Delta CLD_{i,t}$ 为一年内到期的长期负债增加额；$DEP_{i,t}$ 为折旧和摊销成本；$A_{i,t-1}$ 为上年度总资产；$\Delta REV_{i,t}$ 为销售收入增加额；$PPE_{i,t}$ 为固定资产。回归方程（10－1）的残差 $\xi^1_{i,t}$ 即为 $DA(1)_{i,t}$。

（2）$DA(2)_{i,t}$：根据拉曼和沙鲁尔（Raman & Shahrur，2008）修正的横截面琼斯模型，在横截面琼斯模型、德克等（Dechow et al.，1995）修正的横截面琼斯模型和科塔里等（Kothari et al.，2005）修正的横截面琼斯模型的基础上加入公司成长性指标 $BM_{i,t}$（年末流通市值、非流通股份占净资产的金额、长期负债及短期负债之和除以年末总资产）得到：

$$\frac{TA_{i,t}}{A_{i,t-1}} = \beta_0 + \beta_1 \frac{1}{A_{i,t-1}} + \beta_2 \frac{\Delta REV_{i,t}}{A_{i,t-1}} + \beta_3 \frac{PPE_{i,t}}{A_{i,t-1}} + \beta_4 ROA_{i,t} + \beta_5 BM_{i,t} + \xi^4_{i,t} \qquad (10-2)$$

$$DA(2)_{i,t} = \frac{TA_{i,t}}{A_{i,t-1}} - \hat{\beta}_0 - \hat{\beta}_1 \frac{1}{A_{i,t-1}} - \hat{\beta}_2 \left[\frac{\Delta REV_{i,t}}{A_{i,t-1}} - \frac{\Delta REC_{i,t}}{A_{i,t-1}}\right] - \hat{\beta}_3 \frac{PPE_{i,t}}{A_{i,t-1}} - \hat{\beta}_4 ROA_{i,t} - \hat{\beta}_5 BM_{i,t} \qquad (10-3)$$

其他变量定义同前面章节。

10.3.3　研究模型

根据前述逻辑思路与研究问题，将构建以下模型分析内部薪酬差距对公司高管盈余管理行为的影响：

$$|DA(k)_t| = \alpha + \beta_1 WD_t + \beta_2 ROA_t + \beta_3 SIZE_t + \beta_4 LEV_t + \beta_5 ST_t + \beta_6 BDS_t + \beta_7 CBD_t + \beta_8 CON_t + \beta_9 BHLIST_t + \beta_{10} SEP_t + \beta_{11} A\_TOP4_t + \beta_{12} A\_OPION_t + \beta_{13} RISK_t + \beta_{14} MARKET_t + \varepsilon_t \qquad (10-4)$$

为了控制反向因果关系，本章还进一步考察了滞后一期的内部薪酬差距与盈余管理之间的关系。另外，设置以下模型分析公司内部薪酬差距、股权集中度对盈余管理的交互作用：

$$|DA(k)_{j,t}| = \alpha + \beta_1 WD_{t-1} + \beta_j \sum_{j=2}^{4} UCSP_{t-1} + \beta_j \sum_{j=5}^{7} WD_{t-1} \times UCSP_{t-1} + \beta_8 ROA_t + \beta_9 SIZE_t + \beta_{10} LEV_t + \beta_{11} ST_t + \beta_{12} BDS_t + \beta_{13} CBD_t + \beta_{14} CON_t + \beta_{15} BHLIST_t + \beta_{16} SEP_t + \beta_{17} A\_TOP4_t + \beta_{18} A\_OPION_t + \beta_{19} RISK_t + \beta_{20} MARKET_t + \varepsilon_t \quad (10-5)$$

为了控制内生性问题，采用滞后三期的内部薪酬差距作为工具变量，进行两阶段（2SLS）回归分析。其中 WD_{t-1} 为公司内部薪酬差距变量，分别以高管团队内部薪酬绝对差距（MWD）和相对差距（MWDr）、高管与员工间薪酬绝对差距（MEWD）和相对差距（MEWDr）4 个变量，变量的定义同前面章节。

为了对盈余管理行为主体加以识别，拟采用事件研究方法，一方面，比较是否处于公司配股期间，内部薪酬差距与盈余管理行为之间关系的差异，以考察基于控股股东动机的盈余管理行为；另一方面，比较是否处于公司股票期权、增值权和限制性股票期间，内部薪酬差距与盈余管理行为之间关系的差异，以考察基于高管动机的盈余管理行为；具体模型分别设置如下：

$$|DA(k)_t| = \alpha + \beta_1 WD_{t-1} + \beta_2 Allot + \beta_3 WD_{t-1} \times Allot + \beta_4 ROA_t + \beta_5 SIZE_t + \beta_6 LEV_t + \beta_7 ST_t + \beta_8 BDS_t + \beta_9 CBD_t + \beta_{10} CON_t + \beta_{11} BHLIST_t + \beta_{12} SEP_t + \beta_{13} A\_TOP4_t + \beta_{14} A\_OPION_t + \beta_{15} RISK_t + \beta_{16} MARKET_t + \varepsilon_t \quad (10-6)$$

$$|DA(k)_t| = \alpha + \beta_1 WD_{t-1} + \beta_2 Exercise + \beta_3 WD_{t-1} \times Exercise + \beta_4 ROA_t + \beta_5 SIZE_t + \beta_6 LEV_t + \beta_7 ST_t + \beta_8 BDS_t + \beta_9 CBD_t + \beta_{10} CON_t + \beta_{11} BHLIST_t + \beta_{12} SEP_t + \beta_{13} A\_TOP4_t + \beta_{14} A\_OPION_t + \beta_{15} RISK_t + \beta_{16} MARKET_t + \varepsilon_t \quad (10-7)$$

其中，Allot 表示是公司配股事件发生期间的虚拟变量，如果处于公司配股当年或者前一年，则取值 1，否则取值 0；Exercise 为公司股票期权、增值权和限制性股票行权期间的虚拟变量，如果行权前一年，则取值 1，否则取值 0。

为考察管理层权力是否影响公司内部薪酬差距，参照卢锐等（2008）的研究，采用管理层持股比例、董事长与总经理是否两职合一来衡量管理层权力，构建以下模型进行检验：

$$WD_t = \alpha + \beta_1 CON_t + \beta_2 CBD_t + \beta_3 ROA_t + \beta_4 SIZE_t + \beta_5 LEV_t + \beta_6 ST_t + \beta_7 BDS_t + \beta_8 BHLIST_t + \beta_9 SEP_t + \beta_{10} A\_TOP4_t + \beta_{11} A\_OPION_t + \beta_{12} RISK_t + \beta_{13} MARKET_t + \beta_{14} Year + \beta_{15} Industry + \varepsilon_t \quad (10-8)$$

为了进一步检验外部薪酬差距是否影响了内部薪酬绝对差距的激励效应，借鉴科尔等（1999）、吴联生等（2010）的研究设计，采用如下管理层薪酬决定模型：

$$\ln(COMP_t) = \alpha + \beta_1 SIZE_t + \beta_2 LEV_t + \beta_3 ROA_t + \beta_4 ROA_{t-1} + \beta_5 CBD_t$$

$$+\beta_6 BDS_t+\beta_j\sum_{j=7}^{9}UCSP_t+\beta_{10}CON_t+\varepsilon_t \qquad (10-9)$$

正、负向额外薪酬的定义参见第7章。本章将样本分为正向额外薪酬组（在同行业薪酬比较中处于优势）和负向额外薪酬组（在同行业薪酬比较中处于劣势），然后分别检验了内部薪酬差距对高管盈余管理行为的影响。

以上主检验模型中均控制了行业和年度效应。

10.4　实证结果与分析

10.4.1　公司内部薪酬差距与盈余管理

表10－1列示了公司内部薪酬差距对盈余管理影响的回归结果。由表可知，除了模型（7）和模型（8）中 $MEWDr_t$ 不显著外，MWD_t、$MWDr_t$ 和 $MEWD_t$ 均显著为正，支持了假设1。特别是高管团队内的薪酬差距，不管是绝对差距还是相对差距，都显著地拉大了公司的盈余管理，社会比较理论的反向激励效应得到验证，不支持最有契约理论预期。另外，高管与员工薪酬绝对差距越大，公司盈余管理程度也越高；而高管与员工薪酬相对差距与公司盈余管理之间不存在显著的相关关系，这可能是由于高管与员工的薪酬缺乏可比性。为了控制公司内部薪酬差距和盈余管理之间的反向因果关系，减少内生性问题的影响，进一步检验滞后一期的内部薪酬差距与盈余管理之间的关系，结果表明，假设1在更为显著的水平上得到支持。

为了控制公司内部薪酬差距和盈余管理之间的反向因果关系，减少内生性问题对结论的影响，进一步检验滞后一期的内部薪酬差距与盈余管理之间的关系，以上依然是成立。

表10－1　　公司内部薪酬差距对盈余管理影响的回归结果

变量	模型（1）$\lvert DA1\rvert_t$	模型（2）$\lvert DA2\rvert_t$	模型（3）$\lvert DA1\rvert_t$	模型（4）$\lvert DA2\rvert_t$	模型（5）$\lvert DA1\rvert_t$	模型（6）$\lvert DA2\rvert_t$	模型（7）$\lvert DA1\rvert_t$	模型（8）$\lvert DA2\rvert t$
常数项	0.112*** （0.028）	－0.014 （0.025）	0.080** （0.032）	－0.055* （0.028）	0.097*** （0.028）	－0.022 （0.025）	0.123*** （0.028）	－0.008 （0.024）
MWD_t	0.005*** （0.002）	0.006*** （0.001）						

续表

变量	模型（1） |DA1|$_t$	模型（2） |DA2|$_t$	模型（3） |DA1|$_t$	模型（4） |DA2|$_t$	模型（5） |DA1|$_t$	模型（6） |DA2|$_t$	模型（7） |DA1|$_t$	模型（8） |DA2|t
$MEWD_t$			0.002 * (0.001)	0.002 * (0.001)				
$MWDr_t$					0.002 *** (0.000)	0.001 *** (0.000)		
$MEWDr_t$							-0.000 (0.001)	-0.000 (0.000)
ROA_t	0.003 *** (0.001)	0.005 *** (0.001)	0.005 *** (0.001)	0.005 *** (0.001)	0.003 *** (0.001)	0.005 *** (0.001)	0.002 ** (0.001)	0.005 *** (0.001)
$SIZE_t$	-0.002 * (0.001)	0.001 (0.001)	0.000 (0.001)	0.004 *** (0.001)	0.000 (0.001)	0.004 *** (0.001)	-0.001 (0.001)	0.003 *** (0.001)
LEV_t	-0.002 *** (0.001)	-0.002 *** (0.001)	-0.004 *** (0.001)	-0.002 *** (0.001)	-0.004 *** (0.001)	-0.002 *** (0.001)	-0.004 *** (0.001)	-0.002 *** (0.001)
ST_t	0.033 *** (0.005)	0.015 *** (0.004)	0.030 *** (0.006)	0.014 ** (0.005)	0.032 *** (0.005)	0.012 *** (0.004)	0.031 *** (0.005)	0.013 *** (0.004)
BDS_t	-0.003 *** (0.001)	-0.003 *** (0.001)	-0.003 *** (0.001)	-0.002 *** (0.001)	-0.002 *** (0.001)	-0.003 *** (0.001)	-0.003 *** (0.001)	-0.002 *** (0.001)
CBD_t	0.007 ** (0.003)	0.004 (0.003)	0.008 ** (0.003)	0.003 (0.003)	0.005 * (0.003)	0.004 (0.003)	0.007 ** (0.003)	0.004 (0.003)
CON_t	0.006 (0.023)	0.008 (0.021)	-0.003 (0.024)	0.010 (0.021)	0.016 (0.023)	0.017 (0.021)	0.011 (0.023)	0.015 (0.021)
$BHLIST_t$	-0.009 (0.006)	-0.009 * (0.005)	-0.010 (0.007)	-0.009 (0.006)	-0.008 (0.006)	-0.008 (0.005)	-0.009 (0.006)	-0.008 (0.005)
SEP_t	0.000 (0.000)	0.000 (0.000)	0.000 (0.000)	0.000 (0.000)	0.000 (0.000)	0.000 (0.000)	0.000 (0.000)	0.000 (0.000)
A_TOP4_t	-0.005 (0.008)	-0.007 (0.007)	-0.007 (0.009)	0.012 (0.008)	-0.004 (0.008)	-0.007 (0.007)	-0.005 (0.008)	-0.009 (0.007)
A_OPION_t	-0.022 *** (0.004)	0.005 (0.004)	0.019 *** (0.005)	0.008 * (0.005)	-0.021 *** (0.004)	0.006 (0.004)	-0.022 *** (0.004)	0.005 (0.004)
$RISK_t$	-0.002 *** (0.000)	-0.001 *** (0.000)	-0.002 *** (0.000)	-0.001 *** (0.000)	-0.002 *** (0.000)	-0.001 *** (0.000)	-0.002 *** (0.000)	-0.001 *** (0.000)
$MARKET_t$	0.012 ** (0.006)	0.01 * (0.005)	0.014 ** (0.006)	0.013 ** (0.005)	0.014 ** (0.005)	0.014 *** (0.005)	0.016 *** (0.005)	0.015 *** (0.005)

续表

变量	模型（1） $\vert DA1\vert_t$	模型（2） $\vert DA2\vert_t$	模型（3） $\vert DA1\vert_t$	模型（4） $\vert DA2\vert_t$	模型（5） $\vert DA1\vert_t$	模型（6） $\vert DA2\vert_t$	模型（7） $\vert DA1\vert_t$	模型（8） $\vert DA2\vert t$
行业效应	控制							
年度效应	控制							
N	7733	7714	5950	5938	7664	7647	7737	7718
组间 R^2	0.0785	0.050	0.067	0.03	0.08	0.04	0.08	0.005
Wald 检验	395.63***	149.04***	272.94***	115.34***	397.64***	154.38***	381.91***	129.75***

注：***、** 和 * 分别表示双尾 t－检验值在 1%、5% 和 10% 水平上统计显著。

10.4.2 公司内部薪酬差距、股权集中度与盈余管理

表 10－2 列示了内部薪酬差距、股权集中度与盈余管理之间关系的结果。其中，模型（9）~模型（10）中，$MWD_{t-1}\times UCSP\_s$ 和 $MWD_{t-1}\times UCSP\_f$ 的系数均显著为正，支持了假设 2。模型（13）~模型（14）中，$MWDr_{t-1}\times UCSP\_s$ 和 $MWDr_{t-1}\times UCSP\_f$ 的系数均显著为负，说明相对于分散持股或者存在股权制衡的公司，集中股权公司高管团队内薪酬相对差距越大，盈余管理程度越低。综合两种效应，公司在进行激励机制设计时，应尽可能地使相对差距变大的同时，绝对差距不变或者变小。考虑到薪酬黏性以及我国上市公司高管薪酬水平呈逐年上升的趋势（江伟，2010），更可能情形的是，为了提高自身的薪酬，高管会同时提高其他管理者的薪酬，使高管团队内部薪酬绝对差距变大的同时，相对差距不变，甚至变小。因而，集中股权公司高管将其薪酬进行社会比较的动机更强，整体拉高了公司盈余管理水平。

模型（11）~模型（12）中，$MEWD_{t-1}\times UCSP\_s$ 和 $MEWD_{t-1}\times UCSP\_f$ 的系数均显著为正，也支持了假设 2。模型（15）~模型（16）中，$MEWDr_{t-1}\times UCSP\_s$ 和 $MEWDr_{t-1}\times UCSP\_f$ 的系数也都显著为正。整体上，与分散持股或者存在股权制衡的公司相比，集中股权公司高管与员工薪酬差距越大，盈余管理程度越高。综上，拉大高管与员工间的薪酬差距，并不能起到正向的激励效应，这说明：一方面，相对于分散持股或存在股权制衡公司，在股权集中公司中，盈余管理串谋或者薪酬差距的比较只会出现在高管内部，而不会出现在高管与员工之间；另一方面，高管与员工的薪酬不具有可比性，单纯拉大其差距，无法起到锦标赛激励效应。

表 10-2　　公司内部薪酬差距、股权集中度与盈余管理

变量	模型（9）$\|DA1\|_t$	模型（10）$\|DA2\|_t$	模型（11）$\|DA1\|_t$	模型（12）$\|DA2\|_t$	模型（13）$\|DA1\|_t$	模型（14）$\|DA2\|_t$	模型（15）$\|DA1\|_t$	模型（16）$\|DA2\|_t$
常数项	0.482*** (0.158)	0.272* (0.141)	-0.008 (0.055)	0.204** (0.095)	0.068 (0.081)	-0.012 (0.078)	0.176*** (0.025)	0.055** (0.022)
MWD_{t-1}	-0.027* (0.014)	-0.015 (0.012)						
$MEWD_{t-1}$			-0.002 (0.004)	-0.020** (0.010)				
$MWDr_{t-1}$					0.028*** (0.010)	0.029*** (0.009)		
$MEWDr_{t-1}$							-0.011* (0.006)	-0.011** (0.005)
UCSP_o	-0.265 (0.192)	-0.222 (0.173)	0.225*** (0.077)	-0.164 (0.115)	0.133** (0.060)	0.150** (0.058)	-0.023 (0.018)	-0.025 (0.016)
UCSP_s	-0.353** (0.167)	-0.211 (0.148)	0.021 (0.044)	-0.231** (0.107)	0.127** (0.057)	0.131** (0.055)	-0.031* (0.017)	-0.032** (0.015)
UCSP_f	-0.296* (0.170)	-0.148 (0.152)	-0.006 (0.047)	-0.204* (0.107)	0.136** (0.058)	0.143** (0.056)	-0.009 (0.017)	-0.009 (0.015)
WD_{t-1} × UCSP_o	0.021 (0.016)	0.018 (0.014)	-0.021*** (0.007)	0.015 (0.010)	-0.023** (0.011)	-0.026** (0.010)	0.009 (0.006)	0.009* (0.005)
WD_{t-1} × UCSP_s	0.028** (0.013)	0.017 (0.012)	0.003 (0.004)	0.021** (0.010)	-0.026** (0.010)	-0.027*** (0.010)	0.010* (0.006)	0.010** (0.005)
WD_{t-1} × UCSP_f	0.025* (0.014)	0.013 (0.012)	0.002 (0.004)	0.019** (0.010)	-0.023** (0.010)	-0.025** (0.009)	0.008* (0.005)	0.007 (0.005)
行业效应	控制							
年度效应	控制							
N	3575	3559	5767	4230	2260	2251	6158	6142
组间 R^2	0.08	0.03	0.06	0.02	0.03	0.05	0.09	0.03
Wald 检验	346.90***	102.32***	200.05***	154.99***	230.39***	336.46***	618.74***	232.18***

注：***、**和*分别表示双尾 t-检验值在1%、5%和10%水平上统计显著。交乘 WD_{t-1} × UCSP 中，WD_{t-1} 在模型（17）~模型（18）、模型（19）~模型（20）、模型（21）~模型（22）和模型（23）~模型（24）中分别指代 MWD_{t-1}、$MEWD_{t-1}$、$MWDr_{t-1}$ 和 $MEWDr_{t-1}$。表中省略其他控制变量结果。

10.4.3　盈余管理行为主体的识别检验：股东行为还是高管行为

1. 公司内部薪酬差距与盈余管理：控股股东的动机

表10-3列示了公司配股和内部薪酬差距对盈余管理的交互影响的结果。结果显示，$MWD_t \times Allot$、$MEWD_t \times Allot$、$MEWDr_t \times Allot$均和公司盈余管理显著负相关，支持了假设3。另外，已有研究表明，在存在舆论压力或者高管合谋的情况下，核心高管很可能为了提高自身薪酬同时提高其他高管薪酬，主要表现为薪酬绝对差距变大，但相对差距变小。因此，在配股期间，为了进行向上的盈余管理，会进行反向盈余管理，使高管内部薪酬绝对差距变小，但相对差距变大。实证结果中，$MWDr_t \times Allot$和公司盈余管理程度在1%水平上显著正相关，也证实了这种预期。整体表明，股东会为了达到“配股资格线”而在配股当年或者前一年进行向上的盈余管理。需要指出的是，尽管在配股期间，大股东的动机对内部薪酬差距和盈余管理之间的关系具有显著的反向调节效应，但是由于配股融资并非公司经常性事件，反转后的激励效应才是常态，即大多数情境下假设2是成立的。

表10-3　　公司配股、内部薪酬差距与盈余管理：控股股东的作用

变量	模型（17） $\|DA1\|_t$	模型（18） $\|DA2\|_t$	模型（19） $\|DA1\|_t$	模型（20） $\|DA2\|_t$	模型（21） $\|DA1\|_t$	模型（22） $\|DA2\|_t$	模型（23） $\|DA1\|_t$	模型（24） $\|DA2\|_t$
常数项	0.139*** (0.035)	0.129*** (0.040)	0.171*** (0.048)	0.108** (0.046)	0.184*** (0.035)	0.068** (0.031)	0.198*** (0.032)	0.076*** (0.029)
MWD_{t-1}	0.001 (0.002)	-0.010*** (0.002)						
$MEWD_{t-1}$			-0.004*** (0.001)	-0.005*** (0.001)				
$MWDr_{t-1}$					0.002*** (0.000)	0.001*** (0.000)		
$MEWDr_{t-1}$							-0.001 (0.001)	-0.001** (0.000)
Allot	0.199* (0.110)	0.309* (0.169)	0.180* (0.106)	0.166 (0.101)	-0.028* (0.016)	-0.022 (0.014)	0.026* (0.013)	0.024** (0.012)
$MWD_{t-1} \times$ Allot	-0.016* (0.008)	-0.025* (0.013)						

续表

变量	模型（17）$\|DA1\|_t$	模型（18）$\|DA2\|_t$	模型（19）$\|DA1\|_t$	模型（20）$\|DA2\|_t$	模型（21）$\|DA1\|_t$	模型（22）$\|DA2\|_t$	模型（23）$\|DA1\|_t$	模型（24）$\|DA2\|_t$
$MEWD_{t-1}$ × Allot			-0.018 * (0.009)	-0.016 * (0.009)				
$MWDr_{t-1}$ × Allot					0.005 ** (0.002)	0.005 ** (0.002)		
$MEWDr_{t-1}$ × Allot							-0.013 *** (0.004)	-0.011 *** (0.004)
行业效应	控制							
年度效应	控制							
N	6482	6433	5767	5759	6421	6405	7619	7602
组间 R^2	0.12	0.05	0.12	0.09	0.25	0.17	0.26	0.16
Wald 检验	280.17 ***	144.39 ***	267.37 ***	199.63 ***	636.02 ***	438.90 ***	728.71 ***	425.77 ***

注：行业及年度因素已控制；***、** 和 * 分别表示双尾 t - 检验值在 1%、5% 和 10% 水平上显著。表中省略其他控制变量结果。

2. 公司内部薪酬差距与盈余管理：高管的动机

表 10 - 4 列示了高管股票期权行权和内部薪酬差距对盈余管理的交互影响的结果。结果显示，除了 $MEWD_{t-1}$ 外，MWD_{t-1} × Exercise、$MWDr_{t-1}$ × Exercise、$MEWDr_{t-1}$ × Exercise 均和公司盈余管理程度显著正相关，支持了假设 4。也就是说，高管在其股票期权、增值权和限制性股权行权前一年进行与薪酬相关的向下的盈余管理，通过压低基准年度盈余，达到顺利行权的目的，内部薪酬差距和盈余管理之间的正相关关系更加显著。整体表明，基于高管动机的与薪酬相关的盈余管理行为是存在的，提供了与股票期权行权相关的经验证据。

表 10 - 4　　股票期权行权、内部薪酬差距与盈余管理：高管的作用

变量	模型（25）$\|DA1\|_t$	模型（26）$\|DA2\|_t$	模型（27）$\|DA1\|_t$	模型（28）$\|DA2\|_t$	模型（29）$\|DA1\|_t$	模型（30）$\|DA2\|_t$	模型（31）$\|DA1\|_t$	模型（32）$\|DA2\|_t$
常数项	0.305 *** (0.047)	0.239 *** (0.044)	0.162 *** (0.037)	0.043 (0.032)	0.201 *** (0.047)	0.132 *** (0.044)	0.213 *** (0.042)	0.148 *** (0.039)
MWD_{t-1}	-0.012 *** (0.002)	-0.013 *** (0.002)						

续表

变量	模型（25）$\|DA1\|_t$	模型（26）$\|DA2\|_t$	模型（27）$\|DA1\|_t$	模型（28）$\|DA2\|_t$	模型（29）$\|DA1\|_t$	模型（30）$\|DA2\|_t$	模型（31）$\|DA1\|_t$	模型（32）$\|DA2\|_t$
$MEWD_{t-1}$			-0.001 (0.001)	-0.001 (0.001)				
$MWDr_{t-1}$					0.001*** (0.000)	0.001*** (0.000)		
$MEWDr_{t-1}$							-0.002** (0.001)	-0.002*** (0.000)
Exercise	-0.510** (0.243)	-0.426* (0.232)	-0.025 (0.104)	0.043 (0.092)	-0.086*** (0.025)	-0.059** (0.024)	0.002 (0.022)	-0.018 (0.021)
MWD_{t-1} × Exercise	0.041** (0.019)	0.035** (0.018)						
$MEWD_{t-1}$ × Exercise			0.002 (0.009)	-0.003 (0.008)				
$MWDr_{t-1}$ × Exercise					0.021*** (0.005)	0.013*** (0.005)		
$MEWDr_{t-1}$ × Exercise							0.002 (0.005)	0.006*** (0.005)
行业效应	控制							
年度效应	控制							
N	6451	6433	5795	5787	6390	6374	7587	7570
组间 R^2	0.17	0.13	0.21	0.12	0.17	0.13	0.18	0.12
Wald 检验	456.33***	325.59***	496.76***	274.35***	419.23***	311.08***	526.58***	363.11***

注：行业及年度因素已控制；***、**和*分别表示双尾t-检验值在1%、5%和10%水平上显著。此处，“股票期权”为公司股票期权、增值权和限制性股票三者的统称。表中省略其他控制变量结果。

10.4.4 管理层权力与公司内部薪酬差距

由表10-5可知，管理层持股比例（CON_t）和两职合一变量（CBD_t）均与MWD_t、$MEWD_t$、$MEWDr_t$在1%水平上显著正相关，支持了假设5。另外，前已述及，在存在舆论压力或者高管合谋的情况下，核心高管很可能为了提高自身薪酬同时提高其他高管薪酬。在这种情况下，如果高管内部薪酬相对差距变小，但是绝对差距变大，说明其进行了与薪酬相关的盈余管理，这种盈余管理也是高管通过其权力达成的。实证结果中，管理层持股比例（CON_t）与高管内部薪酬相对差距显著负相关，考虑到绝对薪酬差距的扩大，实际上也是管理层权力的一种体现。因此，整体上，实证结果支持了部分文献的理论解释，公司内部薪酬差距部分地来源于管理层权力。

表 10－5　　管理层权力与公司内部薪酬差距

变量	模型（33）：MWD_t	模型（34）：$MEWD_t$	模型（35）：$MWDr_t$	模型（36）：$MEWDr_t$
常数项	3.737 *** (0.168)	1.155 *** (0.345)	9.320 *** (0.901)	－6.057 *** (0.582)
CON_t	0.690 *** (0.154)	1.211 *** (0.233)	－3.887 *** (0.574)	2.421 *** (0.479)
CBD_t	0.040 * (0.022)	0.130 *** (0.039)	0.023 (0.113)	0.357 *** (0.074)
行业效应	控制			
年度效应	控制			
N	8183	6289	8101	8190
调整 R^2	0.32	0.17	0.06	0.06
F 检验	317.26 ***	96.87 ***	25.86 ***	33.69 ***

注：行业及年度因素已控制；***、** 和 * 分别表示双尾 t－检验值在 1%、5% 和 10% 水平上显著。表中省略其他控制变量结果。

10.5　进一步分析：外部薪酬差距的影响

由表 10－6 可知，在负向额外薪酬组，与分散持股或者存在股权制衡公司相比，集中股权公司中高管团队内部薪酬绝对差距与其盈余管理行为显著正相关。在正向额外薪酬组，与分散持股或者存在股权制衡公司相比，集中股权公司中高管团队内部和高管与员工之间薪酬绝对差距均与其盈余管理显著正相关。也就是说，高管在同行业薪酬比较中也处于劣势的话，确实会加强这种不公平感受，出现更强的反激励效应；但是，当高管在同行业薪酬比较中处于优势时，高管并没有因此减少盈余管理行为。说明企业内部薪酬绝对差距的扩大，并非仅仅是最优薪酬契约设计的结果，其反向的激励效应也无法完全由社会比较理论得到合理的解释，可能存在管理层权力等其他因素的影响。

表 10-6 外部薪酬差距对内部薪酬差距激励效应的影响

变量	正向额外薪酬组		负向额外薪酬组	
	模型（37）：$\|DA\|_t$	模型（38）：$\|DA\|_t$	模型（39）：$\|DA\|_t$	模型（40）：$\|DA\|_t$
常数项	0.634** (0.257)	0.296** (0.132)	0.245 (0.221)	0.503 (0.607)
MWD_{t-1}	-0.036 (0.022)		-0.039** (0.019)	
$MEWD_{t-1}$		-0.028** (0.013)		-0.031 (0.078)
UCSP_o	-0.449 (0.294)	-0.262* (0.155)	-1.220*** (0.393)	0.276 (.962)
UCSP_s	-0.476* (0.269)	-0.317** (0.146)	-0.620** (0.240)	-0.254 (0.796)
UCSP_f	-0.437 (0.273)	-0.301** (0.147)	0.059 (0.233)	-0.170 (0.699)
WD_{t-1} × UCSP_o	0.036 (0.023)	0.024* (0.014)	0.107*** (0.034)	-0.027 (0.096)
WD_{t-1} × UCSP_s	0.037* (0.021)	0.028** (0.013)	0.052** (0.021)	0.023 (0.077)
WD_{t-1} × UCSP_f	0.036* (0.021)	0.028** (0.013)	-0.004 (0.019)	0.017 (0.068)
行业效应	控制			
年度效应	控制			
N	2963	3498	139	139
调整 R^2	0.07	0.06	0.23	0.39
Wald 检验	249.62***	104.96***	31.91**	99.44***

注：行业及年度因素已控制；括号内的数值为标准差，***、** 和 * 分别表示双尾 t-检验值在 1%、5% 和 10% 水平上显著。交乘 WD_{t-1} × UCSP 中，WD_{t-1} 在模型（37）和模型（39）中指代 MWD_{t-1}，在模型（38）和模型（40）中指代 $MEWD_{t-1}$。表中省略其他控制变量结果。

10.6 小 结

“公平性”思想对我国微观组织中个体的行为影响深远。本章研究了股权集中公司比较普遍的制度背景下，内部薪酬差距对盈余管理行为的影响。结果表明，社会比较理论比锦标赛理论能更好地解释当前内部薪酬差距与盈余管理之间的关系，并且管理层权力内生于盈余管理行为，成为内部薪酬差距扩大的成因之一。本研究的政策含义：第一，研究表明，在当前制度背景下，内部薪酬差距在激励代理人“是否不做对委托人不利的事”方面并不能发挥最优契约理论下锦标赛激励效应的预期，公司必须审慎地运用薪酬差距这一激励机制。第二，公司在进行薪酬机制设计时，对于高管团队内部薪酬差距而言，应尽可能地使得高管团队内部薪酬相对差距变大的同时，绝对差距不变或者变小；而对于高管与员工间的薪酬差距，由于不管是绝对差距还是相对差距，都不能抑制高管的盈余管理行为，应将其控制在一个合理的水平。第三，本章研究有助于重新反思薪酬制度改革的思路，鉴于我国这样一个集体主义和平均主义传统强大的市场环境，在效率优先的同时，一定要兼顾公平。第四，管理层权力的存在，在一定程度上扭曲了薪酬机制的激励效应，甚至使得激励工具沦为高管“沟壑”的手段。从长远来说，不管是外部监管政策还是内部治理，都应积极改善比例集中和性质集中的股权分布，形成控制权的内部有效制衡和监督以及外部的经理人市场或接管机制，改善“内部人控制”带来的激励非效率问题。

第 11 章

"家业长青"：嵌入"业主—部属"社会偏好的制度信任构建

11.1 引 言

《大学》八目所阐述的结构，格物致知、诚意正心是修身的方法论，齐家、治国、平天下是运用，是实践。其中，"齐家"在中国传统文化下是非常重要的人生实践。在儒家学说中，"家"是一个核心概念，尊卑、长幼、亲疏各有其礼。"仁"是孔子学说的核心概念，但孔子在《礼记》中却反复强调"仁"与亲亲的内在关系，说孝悌是仁之根本。《孝经》中说，"夫孝德之本也，教之所由生也"，程颐进一步指出，"孝悌行于家，而后仁爱及于物，所谓亲亲而仁民也"。孝悌是一种基于血缘的自然亲情，即所谓"凡有气血，莫不尊亲"；而仁则是推爱及亲之外的他人，韩愈的"博爱之谓仁"实际上就是孔子"泛爱众"思想的体现。因此，儒家文化特别强调要治国平天下先要齐家，无孝悌何以亲他人，无仁何以安邦？孟子在回答齐宣王问道时也说，"老吾老，以及人之老；幼吾幼，以及人之幼；天下可运于掌"。当前，传统"家文化"在我国一些地区还非常浓厚，例如岭南地区还保留着很多的家族祠堂，每年固定的日子都有"祭祖"，它是彰显血脉延续的一种庄重的仪式，很多在外务工的家庭成员都会在祭祖的日子回到宗祠。《孝经》中说"守其宗庙""守其祭祀"就是强调香火的延续，所以家庭主义在中国在一个特征就是非常注重整个家族或者姓氏长远的利益，不仅关注自身的现时利益，也关注子孙后代的利益，这与"可持续发展"理念是相通的。因为关注子孙后代的利益，所以人与人之间互动关系就在时间维度上大大地得到延展，甚至超越生死，如"积善之家，必有余庆；积不善之家，必有余殃"，讲的是代际因果，或者是互惠在跨期或者更长的时间维度上的作用。家文化的另外一个重要特征是强调传承，如"世袭""分封"等制度都是一些表现形式。随着社会活动空间的扩大，局限于血缘联结的传承可能会越来越难以驾驭日益多样化的交易，协调更大范围的互动关系的需求呼吁制度上的创新。

20世纪40年代，费孝通现实解剖中国传统社会，提出了“差序格局”概念，认为中国乡土社会以宗法群体为本位，人与人之间的关系，是以亲属关系为主轴的网络关系，就像把一块石头扔到湖水里，以这个石头为中心点，在四周形成一圈一圈的波纹，波纹的远近可以标示社会关系的亲疏。贺小刚等（2013）将亲缘关系分为四类：（1）业主一人型：家族成员中仅业主一人。（2）核心家族型：家族成员与业主为核心家庭成员关系，包括业主的父母、儿女、配偶、兄弟姐妹。（3）近亲家族型：家族成员与业主为远亲关系，包括业主的侄子/侄女、儿媳、堂兄弟/姐妹、女婿、兄弟姐妹的配偶、配偶的父母、配偶的兄弟姐妹、父母的兄弟姐妹、创业伙伴、亲信/好友（同乡、同学、同事等）。（4）远亲家族型：家族成员中既有核心家庭成员又有远亲家族成员。呈现差序格局的亲缘关系是一把双刃剑，随着企业成长以及在代际之间传递，持有企业股份以及担任高管职务的家族成员不仅在数量上变化，还在亲缘关系类型上也会复杂化，进而导致差序格局会进一步复杂化。一旦家族事务的核心管理职能逐步往外圈扩展，信任关系就会受到挑战，如何建立起强信任关系是家业长青需要解决的难题。既然“仁”是推爱及亲之外，而“仁”文化又是人情自然演变而来，表明有别于家族信任的强信任关系的形成是可能的。

11.2 社会偏好与制度信任：一个理论分析

“富不过三代”一直是家族企业成长发展的重大难题，据美国《家族企业杂志》刊载，只有不到30%的家族企业能够成功延续到第二代，而成功传承到第三代手中的不到10%，进入第四代的只有大约4%。据全国工商联发布的报告，截至2013年，全国私营企业达900多万家，个体工商户超过3600万户，注册资金总额近25万亿元，从业人员超过1.8亿，民营经济已占全国GDP的66%。另根据《中国现代家族企业调查报告》结果显示，截至2014年7月31日，1485家A股上市民营公司中，家族企业占比为50.3%。2014年中国非公有制经济“两个健康”的调查报告中显示：基于此次全国范围内调查的1500家民营企业表明：我国民营企业的企业主及其亲属的持股比例均值约为70%，且90%的私营企业主都兼任企业总裁或总经理，负责制定企业的重大决策（张玲丽，2016）。普华永道2016调研报告中也得出有力的佐证：85.4%的中国内地私营企业是家族企业，其对中国GDP的贡献超过65%，显示了家族企业在整体国民经济中的地位。然而，随着第一代创业者谢幕的时间日益临近，未来5~10年将是我国民间财富从第一代创业者转向第二代继任者的高峰期，方太集团主席茅理翔曾断言：未来5～10年，将有一部分家族企业从交接班中消亡。早在1985年，中国香港社会学家黄绍伦根据中国传统特性，提出了适用于中国家族企业的生命周期模型：

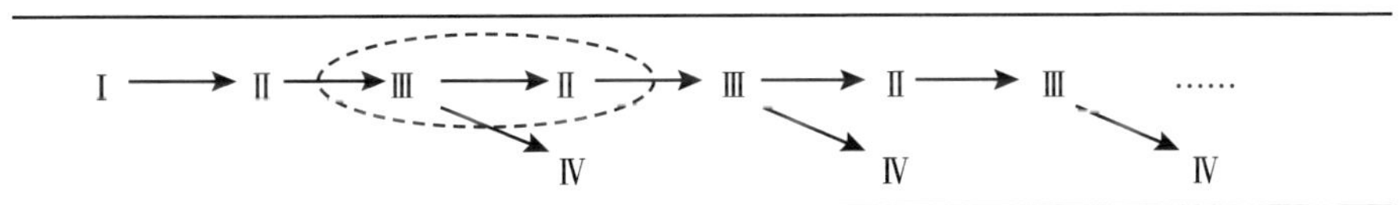

图11－1 中国家族企业的生命周期模型

注：Ⅰ 新兴阶段 Ⅱ 集权管理阶段 Ⅲ 分块发展阶段 Ⅳ 分裂阶段。

图11－1中，虚线圈勾勒出的区域正是当前我国家族企业所面临的转型期，能否从集权管理阶段经历分块发展阶段，达到新的集权管理阶段，实现家族企业的可持续发展，取决于家族企业能否在转型期对内外资源进行有效的整合。其中，对于管理资源的吸纳和整合至关重要。据调查，有90%以上的企业主认为家族制用人已阻碍了企业的发展。经过30多年的改革开放，企业外部的管理资源不足状态大为缓和，如果稀缺的是管理资源，总可以通过人力资本市场价格机制来提高人力资源的供给。已有研究指出，真正制约家族企业成长的是信任资源，在社会转型期，差序格局下的家族主义信任治理具有一定的合理性，但是这种伦理信任不能或难以解决随着组织规模或交易的复杂性增加时出现的代理能力不足问题，未能支撑传统家族企业成长为现代化大企业（李新春，2002）。也就是说，按照家族企业发展的自然规律，随着家族企业的成长，家族信任和制度信任的力量应呈现一个此消彼长的过程。但如图11－2所示，当前我国处于现代化转型期的家族企业，家族信任越来越难以支撑企业的发展，而相对应的制度信任结构远未充分建立健全，信任资源的"双重残缺"成为制约企业长足发展的核心因素（储小平和李怀祖，2003；周文和李晓红，2009）。

具体而言，对于尚未传承的家族企业来说，传统的家长权威下，"家族内为圈内人，家族外为圈外人，圈内与圈外壁垒分明"（樊景立和郑伯壎，2000）的信任建构已越来越受到挑战：一方面，对于年青一代的家族管理人员，他们有着较高的代理人意识及强调自我实现的需要，倾向于接受与领导者之间平等互惠、公平的交换关系，一旦这种"心理契约"遭到破坏，将导致较低的工作满意度、组织承诺以及较高的离职倾向，进而对企业产生负面影响（储小平和汪林，2009）；另一方面，家族企业在规模扩大的同时，家族企业核心层人员也超越了家族成员，如何有效地激励非家族管理人员，提高其组织承诺，也是企业主最为关心的话题。而对于已经实现代际传承的家族企业来说，新的企业主将面临更大的挑战：一方面，创始人建立在家族主义信任之上的业主权威往往难以传承给新的企业主，原有的激励机制可能失效；另一方面，考虑到处于交接班过程的家族企业的第二代继承人大多出生于20世纪70年代，受我国计划生育政策的影响较小（郭萍和陈凌，2009），创始人通常不止一位子嗣，新的企业主除了要面临非家族成员部属的激励问题外，家族成员部属，如兄弟、姐妹等的激励问题也现实地摆在面前。因此，不管是“子承父业”还是聘用职业经理人，“业主—部属”之间的信任建构亟须由建立在传统差序格局上的家族信任向制度信任转变，以更好地吸纳和集成新的管理资源（陈凌和王河森，2012；岳瑨，2012）。

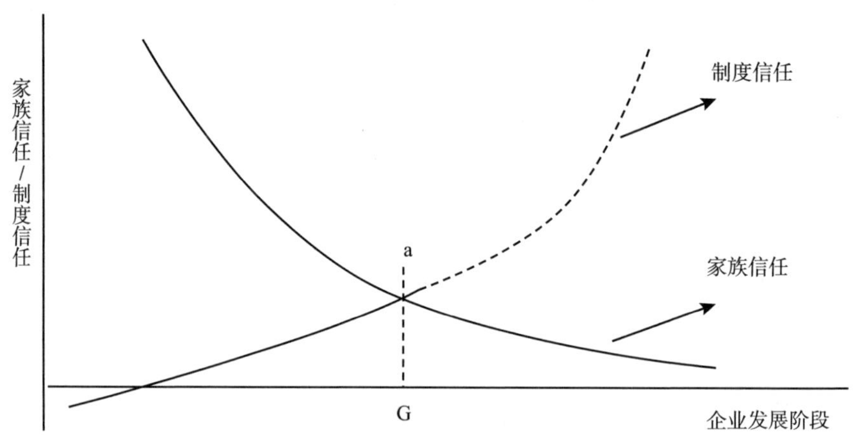

图11－2　家族信任/制度信任与家族企业发展阶段

制度信任是相对于差序格局下的家族信任而言的，它将信任扩展建立在理性的法律、制度、契约基础之上，用非个人性的契约来使包括业主在内的所有成员都受到约束，包括两方面内容：一是建立在法律、合约和正式契约关系基础上的制度信任；二是建立在声誉机制、心理契约等非正式规约之上的制度信任，是一种传统、规制、惯例和身份等文化制度因素的嵌入的非正式制度信任。改革开放40年以来，我国经济社会实现了跨越式发展，但也存在收入分配不公平、不合作、不信任等不和谐的社会因素。其原因在于：家本位—关系信任模式、国本位—机构依附信任模式作为一种本土的文化结构力量，抵制了顺应市场经济发展的、基于制度的信任模式（周怡，2013）。

“要把制度建设摆在突出位置”是党的十八大报告在“坚持走中国特色社会主义政治发展道路和推进政治体制改革”部分所着重强调的，但它对我国转型期经济建设、文化建设、社会建设和生态文明建设等同样具有重要指导意义（江必新，2013）。随着外源性制度信任供给的逐步改善（宏观政策、行业法规、经理人市场等），外部环境变得越来越有利于民营家族企业的生存和发展，内源性制度信任的建构正逐渐成为决定家族企业现代化转型成败的关键因素。制度信任与家族信任并不是相互排斥的关系，正如威廉姆森（Williamson，2001）指出的，制度信任是合约被嵌入其中的社会与组织环境，说明制度信任也会受到社会中个人化的、传统文化等因素的影响。李建标和李朝阳（2013）实验发现，社会偏好对信任除存在直接效应外，还通过信念影响信任有部分中介效应，并且社会偏好对信任的影响程度大于信念对信任的影响程度。而黄凯南（2013）的研究则表明，偏好演化通过影响参与者行为和改变参与者行为动机来影响制度演化，制度演化通过影响参与者行动报酬、价值观和认知模式等来影响参与者偏好演化，偏好与制度存在共同演化的内生互动关系。本书认为，嵌入个体社会偏好的制度信任机制既能够推进民营家族企业制度化转型，又能够兼顾中国人传统性，保留差序格局治理的合理内核，是当前我国家族企业实现现代化转型的可行路径。

信任是一种复杂的社会心理现象，是对他人（组织）表现出“适当”行为的预期，许多研究表明，信任的存在与否影响个体行动方向和策略的选择。纵观国内外研究，对于信任结构的分类有许多经典理论，但分类的角度并不完全相同。国外许多学者基于信任的特征进行分类，比较有影响的有卢曼（Luhmann，1979）的人际信任和制度信任的划分；威廉姆森（1985）的计算的信任、制度的信任和个人的信任之分；路易基和班科（Lewicki & Bunker，1998）计算性信任、知识性信任和认同性信任的划分以及麦卡利斯特（McAllister，1995）的认知性型信任和情感型信任的划分等。以上这些分类更多的是基于社会学文化角度来划分，虽然具有共性，但对家族企业这类组织的信任结构缺乏深入研究。针对中国文化背景下的信任研究，也有一些比较有影响的分类，例如韦伯（1995）认为中国人的信任是一种以血源和宗族为纽带的特殊主义信任，对宗族以外的人则普遍不信任；福山（2001）将社会分为低信任社会和高信任社会，低信任度信任仅限于血亲之间，而高信任度信任可超越血缘关系，他研究指出中国社会是低信任度社会；费孝通（1948）认为中国人的信任是一种“差序格局”，根据与对方关系的亲疏来确定是否是“自己人”，以确定信任度的高低。储小平和李怀祖（2003）将我国家族企业信任分为家族信任、泛家族信任和制度化信任；李新春（2003）则将我国家族企业信任分为私人信任和社会信任。从国内外这些分类可以看出，尽管对完整包含家族企业信任结构的分类问题存在争议，但基本上都是从以血缘为联结的家族主义信任和制度信任这两个维度进行分析的。

国际上，有关家族企业的杂志《家族企业评论》于1988年创刊，同时期相关杂志《创业学：理论与实践》《小企业管理杂志》《商业研究杂志》《商业风险杂志》《小企业经济》《商业历史》《商业伦理杂志》等也开始用更多的篇幅刊登一些有关家族企业研究的文献，这些文献主要基于资源基础理论，家族信任嵌入观等理论，研究“家族”因素所带来的企业异质性（人力资本、社会关系网络、耐心资本，家族联结、代际传承以及裙带关系、跨文化经营等）及其对企业业绩的影响，这些研究主要从血缘关系联结的“家族系统”中甄别能够带来企业竞争优势的独特资源，将家族信任关系的公司治理效应及其局限性的分析引入纵深，典型的文献有探讨家族信任嵌入对于部属工作满意度的影响（Khanin et al.，2012）、家族企业内部属的心理所有权形成机理（Åsa & Nigel，2012）、家庭成员关系冲突，分配公平，角色模糊对于家族企业内部属的破坏性不道德行为的影响（Roland et al.，2012）、家族参与、程序公平环境对非家族成员部属认同感、信任和互惠行为的影响（Alfredo，2014）、家族企业内管理者身份认同及其对组织边界的识别（Knapp et al.，2013）、代际传承阶段家族企业目标多样化以及家族内互动机制对于实现目标的影响（Josip & Alfredo，2013）等。

近 20 年，家族企业研究文献也开始在很多西方主流期刊发表，如《管理学术评论》《管理学术期刊》《战略管理杂志》《金融经济学杂志》《管理科学季刊》《金融学杂志》《会计和经济杂志》《会计研究杂志》《美国经济评论》《会计评论》《管理学刊》《公司金融杂志》等，这些期刊的文献主要基于委托—代理理论、管家理论、利益相关者理论等，就家族企业内两权分离下的控制权、现金流权、壕沟效应等基本的公司治理问题、利他主义等特性所产生的特殊委托—代理问题、私人控股产生“自我控制”问题、“家族主义”在继承决策中的作用机制、独立董事等对家族代理人的制衡机制、非家族成员管理者的激励机制等议题展开讨论，学者们试图使家族企业内“委托—代理”契约的有效性建立在一定有效的规则之上，研究主要围绕制度信任关系展开。近些年，一些新的研究成果使人们对于家族企业内制度信任机制构建的理解更加系统化，例如，刘等（Liu et al.，2012）基于制度基础视角，分析股权集中度、家族管理等制度安排对于家族企业业绩的影响；常和罗（Chung & Luo，2013）从新制度经济学角度分析了新兴市场经济体中领导者接任对于公司业绩的影响发现，继任者身份、关系嵌入和制度建构产生显著调节作用。此外，近些年也出现一些针对中国问题的文献，如蔡等（Cai et al.，2012）以中国家族企业为样本，研究发现，同等条件下，家族成员部属比非家族成员部属的奖金更高、职位更高、拥有更多的决策权和工作职责，但是家族成员部属的激励效应却比非家族成员部属要弱。周等（Zhou et al.，2013）基于中国上市家族企业的分析发现，在创始人主导的家族企业里，家族成员部属更加倾向于选择强化控制的治理机制，但这对公司业绩产生负面影响。

总结国外学者观点，不难发现：第一，尽管同样存在着由家族信任向制度信任演化的趋势，但是我国家族企业的演化逻辑与西方非转型国家家族企业的演化逻辑不同。西方非转型国家家族企业的信任扩展是随着交易的扩展，信任也随之超越了家族人员的界限，而为了激励、约束这些非家族成员的行为，一系列基于约束交易的制度规范也相应地产生了，于是家族信任自然地向制度信任过渡。而转型初期，我国家族企业在夹缝中求生，为了获取生存和发展必需的资源，家族企业往往动用各种关系网络，而且被实践证明卓有成效，强化了家族信任基础建构，并在家族信任基础上扩展交易。随着外部制度环境相对变得有利于民营家族企业的生存和发展，才削弱了家族企业依赖人际信任的利益驱动，推动其逐步向制度信任演进。第二，鉴于西方家族企业信任建构的演化逻辑，学者们在探讨制度信任时，往往缺乏对文化传统、个体社会偏好足够的关注。因此，总体上使得西方家业长青的家族企业所依托的用于解决委托—代理问题的制度信任往往难以进行简单的移植和借鉴。

国内学者对家族企业内信任结构的研究，早期的文献大多数围绕人际信任展开的，例如，黄光国（1985）的人情与面子模式、高承恕和陈介玄（1989）的人情关系与法律、郑伯壎（1995）的组织成员归类与知觉等。近年来，部分学者鉴于我国家族企业内外环境的变化，开始反思基于差序格局的家族信任的局限性，探索建立基于制度的信任基础。比较具有影响力的有李新春（2002）在中国文化空间下，将信任区分为社会信任和私人信任，社会信任是建立于法律、正式契约之上的，而私人信任是一个内外有别的“差序结构”，即“家族主义信任”，这种信任不能或难以解决随着组织规模或交易的复杂性增加时出现的代理能力不足问题，据此提出了“家族主义困境”。储小平和李怀祖（2003）构建三层信任结构，指出随着家族企业的成长，信任的扩展依次经过亲情信任、泛家族信任和制度信任三个阶段，亲情信任迅速地将家族资本聚集起来，强有力地支撑着家族企业初期成长；发展到一定规模后，家族企业的成长得到泛家族信任的支撑，突破了纯血缘亲情信任的局限；随后，由于泛家族信任的内在矛盾，部分家族企业的信任扩展遇到了障碍，企业成长受阻，而另一部分家族企业则在这个阶段继续扩展信任广度，得到制度信任强有力的支撑。李新春（2008）以成功实现三代传承的李锦记集团作为案例研究对象，强调了家族企业成长历程中制度创新的重要性。周文和李晓红（2009）认为转型中新生的非公有制企业成长中需要重点解决的问题是超越关系信任，引入超越家族成员、关系户之间的社会分工，建立基于制度的信任基础。代吉林和李新春（2012）指出，只有在制度理性的约束下，家族伦理文化才有利于企业运行效率的提升。

就家族企业内“业主—部属”之间的委托—代理问题，部分学者针对业主如何激励部属的议题，扩展了家族主义信任角度的研究视角，在“心理契约”“心理所有权”“领导—部属交换”“组织环境认知”“反馈寻求行为”“谏言”机制等非正式制度信任建构研究方面取得较大的进展。储小平和刘清兵（2005）运用心理所有权理论解释了民营家族企业职业经理人职务侵占行为的发生机理，即经理人在行使控制权时，会产生心理所有权，进而产生期望收益，一旦实际收益低于期望收益，就可能产生侵占倾向或行为。储小平和汪林（2008）进一步研究表明，以工作为导向的组织环境认知直接影响了工作表现，而以所有权导向的组织环境认知与员工的心理所有权直接相关，并通过员工的心理所有权影响其工作表现。汪林等（2009）研究表明，家族企业中业主—部属交换与员工的组织公民行为显著正相关，即业主提供给部属较多的支持性资源，会使部属期望通过提高组织公民行为寻求与组织之间平衡互惠的交换关系，并且中国人传统性在其中起到完全中介作用。随后，储小平和盛琼芳（2010）研究表明，在组织变革情景下，心理所有权是员工主动离职的重要因素；陈凌等（2010）以山西票号为例分析指出，在非家族经理进入的不同阶段，采用动态的激励组合促使他们保持高水平的心理所有权是票号经营活力的源泉，但内控机制的缺失使非家族经理心理所有权过高是票号由盛转衰的重要内因；杨红明（2012）基于心理需求中介的视角，探讨了工作特征对员工敬业度的作用机制。另外，学者们还就家族企业内业主对部属"谏言"的影响机制（周浩和龙立荣，2012）、社会情感财富维护机制（朱沆等，2012）、反馈寻求行为（谢俊等，2013）等非正式的激励机制设计进行探讨。部分学者也探讨了正式制度信任的建构，例如贺小刚等（2013）基于企业行为理论，尤其是业绩反馈理论对家族成员内部的权威配置进行分析，并分析制度环境的调节作用；周志强等（2013）以显性契约与隐性契约为主线，构建了家族企业契约治理三环模型，研究表明：代理理论指出管理者为"经济人"，强调显性契约治理；管家理论指出管理者为"社会人"，强调隐性契约治理；两者是可以融合的，短期而言，家族企业可以根据不同发展阶段而采取相应的治理模式，但长远来说，应构建强隐性契约治理和强显性契约治理，即"强强模式"。皮建才（2013）通过分析转型时期家族企业经理选择的决策机制指出，当关系型管理者的关系强度小于企业内部制度环境完善程度和非关系型管理者的能力的共同作用时，家族企业应引入职业经理。而当关系型管理者的关系强度大于企业内部制度环境完善程度和非关系型管理者的能力的共同作用时，家族企业不应引入职业经理。

总结我国学者的研究，可以看到：第一，非正式制度信任激励机制研究文献中，一定程度上纳入了个体社会偏好的因素，但并不是直接针对个体社会偏好的机制设计，对于不同的业主—部属关系，影响存在差异。例如，对于具有公平性偏好或者互惠主义偏好的部属而言，由心理所有权失衡引致的职务侵占行为，会比具有利他主义偏好的部属严重。再如，"中国人传统性"可视为我国个体社会偏好的共性，但这对特定企业内的激励机制设计显然是不够的；部分文献假定所有家族成员的目标是完全一致的，不存在个体偏好的差异，这也是不够的。第二，正式制度信任激励机制往往忽略了激励对象的社会偏好特征，并不能建立起坚实的信任结构。

薪酬契约是委托—代理理论的核心内容，现有的大多数文献都是围绕线性产出分享模型（Holmstrom & Milgrom，1987）、锦标机制模型（Lazear & Rosen，

1981）和标准团队理论模型（Alchian & Demsetz，1972）以及它们的拓展形式进行分析。但是，这三类经典的薪酬激励机制模型均忽略了人类情感的多样化特征，无法对一系列人类行为悖论给出合理的解释，例如，在创业初期的家族企业薪酬支付中，普遍存在的利他主义行为等。近些年，随着实验经济学的不断成熟，在线性报酬机制、按能力分配产出的机制、锦标激励机制、团队产出均享机制、团队内部协商分享制等薪酬机制中，都发现代理人的社会偏好影响了激励效果。泰瑟（Teyssier，2008）的模型都表明，自利的代理人喜欢那些最具有竞争性的激励和约，而不公平厌恶的代理人则感到分成计划更好。阿尔文等（Alwine et al.，2008）的研究表明，只要信息透明，则在初始时点，代理人会选择比较高的努力程度，但从第二期开始，代理人会根据后续其他代理人努力程度信息调整他们自己的努力程度。英格迈尔和万巴赫（Englmaier & Wambach，2010）的模型揭示了最优合同在保险—激励—公平三个因素中进行平衡。巴特林和西门子（Bartling & Siemens，2011）分析了团队激励问题，认为如果代理人的互惠偏好足够高，在预算平衡的平均分享机制下，可达到效率的均衡努力。科斯菲尔德和西门子（Kosfeld & von Siemens，2011）的模型表明，具有较强互惠互利偏好的代理人倾向于那些按照团队的合作业绩来支付报酬的公司。从国内的研究来看，夏纪军等（2003）针对中国传统“自己人”和“外人”两极分化现象，引入利他和互利偏好，建立了一个信任模型，研究发现，随着合作双方禀赋差距的加大，双方的信任水平下降。蒲勇健（2007）通过将雷宾（Rabin，1993）提出的“公平博弈”概念植入现有委托—代理模型，发现现有的线性产出分享模型中的最优合约不是帕累托最优的，由该模型给出来的最优委托—代理合约可以给委托人带来比现有委托—代理最优合约更高的利润水平。魏光兴和蒲勇健（2008）在标准的报酬契约中嵌入公平性偏好，研究发现，公平心理较弱时，最优报酬契约是团队相对主义契约，其中公平心理会导致公平租金和公平风险补偿两种激励效率损失；公平心理较强时，最优报酬契约是团队平均主义契约，其中公平心理只会导致公平风险补偿一种激励效率损失。汪林和储小平（2009）在研究雇用关系时考虑了部属的公平性偏好，证实了公正的分配环境可以提高部属的工作满意度和组织承诺；隋杨等（2012）实验则表明，下属的程序公平感越高，变革型领导与下属心理资本的正向关系越强，反之越弱；进一步地，程序公平调节了下属心理资本对变革型领导－工作绩效和满意度的中介作用。

尽管如此，在家族企业管理实践中，很多的激励机制仍然建立在家族信任之上，内团体偏差导致“内外有别”的公司治理模式明显，例如，在工作和岗位设计上，相对于非家族成员部属，家族成员部属的工作结构较模糊、角色弹性较大、绩效控制较宽松；在组织结构设计上，家族成员部属通常处于较高层级，掌握着核心的业务和部门；在授权和晋升机制上，家族成员部属的授权幅度通常较大，晋升的速度也较非家族成员部属快，而退出与约束机制对家族成员部属则较弱。同样地，家族成员部属通常与业主的沟通较多，决策参与度也较高，其获得的训练机会较多。很多的实证证据表明，这种治理模式极大地制约了家族企业的成功转型和可持续发展（陈凌和王河森，2012）。相反，很多证据表明，当组织价值观、工作设计和要求、资源配置、企业文化跟部属个体偏好和特征契合时，往往能提高其组织承诺，进而促进企业绩效（周帆和刘大伟，2013；曲庆和高昂，2013；张勇和龙立荣，2013）。

传统差序格局上的人际信任激励机制的局限性主要来源于其所引致的内团体偏差（In-group-bias），即业主将部属归类为不同的亲疏类别后，所作的一种后续反应——对自己人做较佳的评价和反应，而对他人团队作较负面的评价和反应，部属对业主的认知也存在这种偏差。在社会心理学的研究中，内团体偏差已经被证实是一个相当稳定的现象，而且具有跨文化的普遍性（李美枝，1993）。因而，构建基于制度信任的激励机制，需要在如下存在内团体偏差的激励机制方面嵌入个体社会偏好，并进行制度化地设计：薪酬契约、工作和岗位设计、授权机制、晋升机制、退出与约束机制等正式制度信任机制和心理契约、心理所有权、身份认知、沟通机制、职业生涯规划等非正式制度信任机制。对于处在转型期的家族企业，业主如果能够更多地针对部属的社会偏好设计激励机制，并将其制度化，不管对家族成员部属还是非家族成员部属都严格执行，减少内团体偏差的影响，才能逐渐建立起基于制度的信任关系，成功实现转型，解决“家族主义困境”。

嵌入个体社会偏好的内源性制度信任机制设计是转型期家族企业制度信任建构的可行路径，当前我国家族企业信任建构应该遵循以下两点原则：一是使得各项机制的制定和实施建立在正式的契约之上，并使其制度化；二是应保留差序格局下人际信任治理的合理内核。根据盖尔西克（1998）经典的家族企业治理中所有权—家庭—企业三环分析模型，应重点甄别下列区域1、3、4、7中参与企业经营管理的部属偏好（见图11－3）。

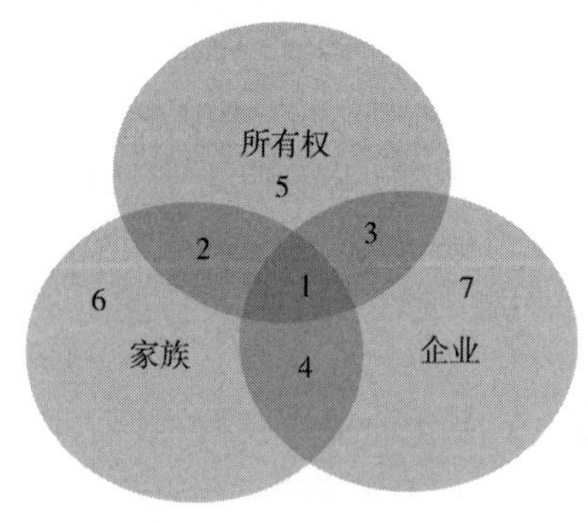

区域1：拥有所有权且参与管理的家族成员
区域2：拥有所有权但不参与管理的家族成员
区域3：拥有所有权且参与管理的非家族成员
区域4：没有所有权但参与管理的家族成员
区域5：不参与管理的非家族股东
区域6：不参与管理也没有股权的家族成员
区域7：没有股权的非家族管理人员（职业经理人）

图11－3　家族企业的三环及区域划分

管理实践中，将“业主—部属”社会偏好结构嵌入到正式制度和非正式制度中。比如，在多代理人—单任务下，可根据部属的互惠主义偏好、不公平厌恶偏好等等，在按能力分配产出的机制、锦标激励机制、团队产出均享机制等薪酬激励机制之间选择，或进行综合性激励机制设计。制度设计思路见图 11 -4，由于各个企业实际情况不同，相应的正式和非正式制度可能存在差异。

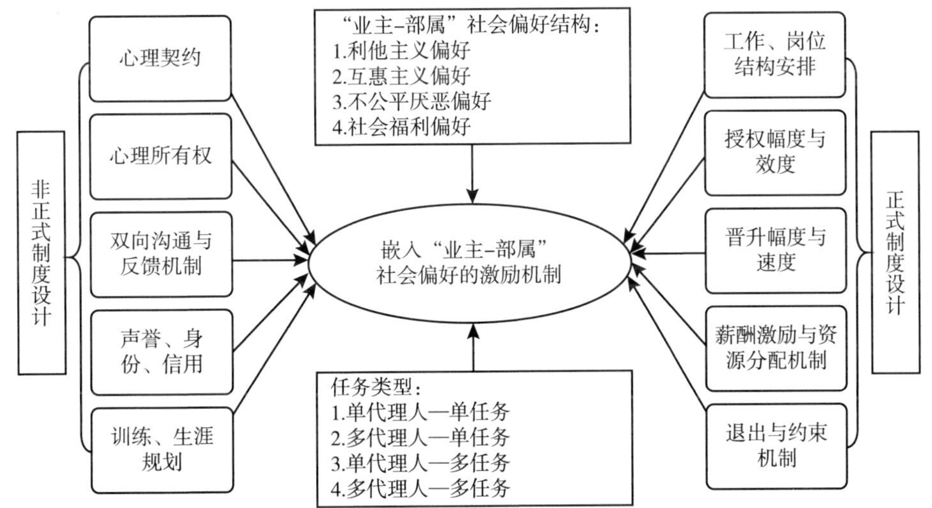

图 11 -4 “制度—偏好—任务”三位一体激励机制设计

此外，业主还应该加强内源性制度信任机制的动态评价，适时调整家族企业激励制度。具体的评价指标体系，可以借鉴麦克奈特等（McKnight et al.，2002）、麦克利斯特（McAllister，1995）量表设计，动态获取家族企业部属“家族信任”和“制度信任”质量和水平。表 11 -1 列示了家族信任/制度信任评价指标构建中需要重点观测的维度。

“家族”维度在企业文化氛围、领导风格、组织结构、工作设计、雇用关系、资源分配制度等方面的涉入如何影响企业的战略制定和实施，是转型中的家族企业需要面对的现实问题，由家族信任转型为制度信任所要克服的障碍在一些家族企业中是巨大的。面临着内外环境的不确定性，即使是经验丰富的业主也不免陷入两难的困境，当企业的经济利益与家族利益产生冲突时，应该如何取舍是业主或者继承人的重要决策之一。本章最后以家族涉入度衡量利他主义偏好，考察其对转型中的家族企业国际化战略的影响，作为这种取舍的一点经验证据。

表 11－1　　家族信任/制度信任评价指标体系的构建

组织行为变量	家族内的部属	←→	家族外的部属	家族信任	制度信任
1. 情感依附					
管理哲学	Y	←→	X		
亲密感	高	←→	低		
义务感	高	←→	低		
吸引力	强	←→	弱		
信任感	高	←→	低		
2. 领导作风					
上下关系	契合	←→	不契合		
决策参与	多	←→	少		
双向沟通	多	←→	少		
授权幅度	大	←→	小		
对待态度	慈爱	←→	严厉		
3. 组织结构					
层级	高	←→	低		
核心	核心	←→	外围	ⅰ. 情感性信任 ⅱ. 认知性信任	ⅰ. 情景正常性 ⅱ. 结构保障性
功能	重要	←→	不重要		
4. 工作设计					
工作结构	模糊	←→	清晰		
角色弹性	大	←→	小		
绩效控制	宽松	←→	严密		
5. 雇用关系					
雇用状况	终身	←→	短期		
升迁速度	快	←→	慢		
升迁幅度	大	←→	小		
训练机会	多	←→	少		
生涯规划	有	←→	无		
6. 资源分配					
奖励标准	非绩效取向	←→	绩效取向		
奖励水准	高	←→	低		
其他资源	多	←→	少		

11.3 家族涉入度与国际化战略：上市家族企业的取舍

11.3.1 引言

近年来，我国大力提倡和引导企业积极参与到“一带一路”建设中，这将为我国家族企业创造前所未有的发展机会和环境契机（李军等，2016），国际化战略对企业发展起到了关键性作用，是转型中的家族企业的战略选择之一。家族涉入是家族企业独一无二的特征，一些学者认为家族涉入对企业国际化活动具有积极影响。例如，扎赫拉（Zahra，2003）通过对美国的家族企业进行实证检验，结果发现家族涉入鼓励企业追求国际化战略；僧伽等（Singh et al.，2013）对印度上市企业的经验证据表明家族涉入显著正向影响企业国际化水平。另一些研究者认为，家族涉入与企业国际化水平呈负相关关系。王增涛等（2018）以中国上市家族企业为样本，发现家族涉入对企业国际化战略具有消极影响。此外，少量文献发现家族涉入与企业国际化之间的关系是非线性的（Sciascia et al.，2012）。

11.3.2 理论分析与研究假设

社会情感财富理论认为，社会情感财富是研究家族企业治理和战略决策的重要切入点。为了保护社会情感财富，家族涉入度越高，企业国际化的可能性越小。一方面，家族涉入度越高，家族成员越优先关注以家族为中心的目标（社会情感财富），在战略决策中更有可能服务于家族利益并迎合家族价值观。国际化会导致家族股权被稀释、经营成果被分享、家族成员关系被疏远等社会情感财富损失，为了保护社会情感财富，即使国际化可能带来较高的经济回报，控制家族也不愿意追求国际化战略。桑切斯 - 布埃诺等（Sanchez - Bueno et al.，2014）研究认为，为了避免社会情感财富损失，随着家族涉入度增加，家族企业追求国际化战略的意愿越低。另一方面，为了保护社会情感财富，控制家族股东更愿意把企业控制在家族内部，控制家族更愿意雇用家族成员担任高级管理者，家族成员可能缺乏国际化战略所需的特定管理技能、信息和专业知识，导致国际化资源和能力缺乏。阿莱桑德里等（Alessandri et al.，2017）研究发现为了保护家族社会情感财富，家族涉入度越高企业更愿意聘请家族成员，越难为国际化提供相匹配的人才，也越缺乏与国际机会相关的各种商业信息。如果国际化成功可能带来经济增值、声誉等潜在社会情感财富，但这些社会情感财富收益具有不确定性，而进行国际化导致家族控制权稀释、人才管理挑战以及传统操作模式变化等社会情感财富损失是确定的，因此家族涉入度越高，家族企业选择国际化的可能性越小。资源基础理论认为，家族企业的资源具有“家族性”特征。尽管家族可以为企业提供一定内部资金，但是为了保证家族的控制权掌握在家族成员手中，控制家族不愿意企业引进外部资金，进而无法获取广泛的资金来源，不利于企业国际化。

除社会情感财富视角和资源基础理论外，代理理论认为，控制家族所有者常常参与企业的经营管理，缓和了股东与管理层之间的代理问题，但是控制家族具有强烈的动机和能力侵占中小股东利益，加剧了企业的第二类代理问题。桑切斯－布埃诺等（2014）研究发现，控制家族往往出于私利，剥削中小股东财富，减少企业国际化的资源基础，降低家族企业国际化倾向。此外，除了控制家族股东与外部中小股东之间存在利益冲突，对利他的追求，也会导致家族企业产生特殊代理成本。由于亲缘关系的存在，导致利他主义产生，家族企业可能会雇用不符合岗位需求的家族成员到企业任职，从而导致员工胜任能力下降，降低企业人力资源基础；且控制家族还会利用大量企业资源向家族成员表示慷慨，例如优惠待遇、高薪或其他福利等，降低企业的资金基础，家族企业国际化的可能性很小。如果国际化成功可能帮助家族企业实现未来财富增值等期望目标，但是国际化带来的成本上升和复杂性增加等挑战，也可能威胁企业当前的财富，家族涉入度越高，家族财富与企业财富越集中，控制家族在战略决策中会变得更加保守和规避风险，以免家族财富损失。据此提出以下假设：

假设1：随着家族涉入度加深，企业的国际化倾向下降。

企业通常通过企业家获得政治身份而建立政治联系，以获取外部融资、减少要素限制，保护产权等来克服制度环境的不完善（陈凌和王昊，2013）。政治关联对家族企业非常重要，目前多数研究都集中在政治关联对国际化的直接影响上，而对调节作用关注较少。

首先，政治关联增加了控制家族的可控资源，为家族控制股东获得更多的控制权私人收益提供了更大的获利空间，家族控制股东获取私利的动机更强，加剧了控制家族股东掏空企业资源，进而加深第二类代理问题。其次，政治关联可能削弱企业资源基础，影响企业国际化。一方面，企业为了获取或维持政治关联会花费大量的资源进行贿赂和游说，会产生“挤出”效应，削弱企业国际化的资源；另一方面，具有政治关联的企业需要承担更多的地方经济增长和就业的“政治包袱”，进一步加剧家族企业国际化的资源竞争，家族企业更不愿意选择国际化。最后，由于政治关联的存在，导致家族企业容易获得政府补助或直接拿下政府采购订单（袁建国等，2015），当面对具有低风险和获利快的投资项目时，对于具有风险厌恶的家族企业来说，更不愿意进行国际化战略。因此，政治关联会加剧家族涉入与国际化倾向的负相关关系。据此提出以下假设：

假设2：相对于没有政治关联的家族企业，政治关联企业家族涉入与企业国际化倾向之间的负向关系受到强化。

随着我国资本市场逐步推进对外开放，机构投资者正在逐渐发展壮大，机构投资者持股对公司治理非常重要，它会影响企业的战略制定和行为实施。部分学者认为，机构投资者作为中小股东的代表，有动机和能力监督企业内部运作，保护中小投资者的利益。然而，当前我国正处于经济转型和体制完善的过程中，机构投资者发展不成熟，我国机构投资者充当的是消极治理角色，即“选择治理”。一方面，机构投资者是短期主义者，通常以“用脚投票”的方式进出企业，追求短期收益（唐跃军和宋渊洋，2010）。看重短期利益的机构投资者更易与家族企业的高管达形成利益联盟，达成共识，使企业战略决策更加趋于保守。国际化需要投入大量的资本，其投资回报的时间和收益具有不确定性，机构投资者持股比例越高，尽量避免开展不确定性和风险性较高的国际化项目的动机越强，家族企业更不愿意进行国际化。另一方面，由于机构投资者被要求按季度对收益进行披露，且作为企业的临时大股东，其对上市企业的长期绩效不会关心，只关注自身的短期利益，从而会通过自身对上市公司的控制权，以利益输送等手段对上市企业进行掏空（申璐，2015），加剧了企业的代理问题。因此，随着机构投资者持股比例提高，增强了家族涉入与国际化倾向的负相关关系。据此提出以下假设：

假设3：随着机构投资者持股比例的增加，家族涉入与企业国际化倾向之间的负向关系受到强化。

11.3.3 研究设计

1. 样本选择与数据来源

由于我国上市家族企业主要集中在中小板和创业板，而且在这两板上市的企业在招股说明书对实际控制人及其家族成员信息披露比较详细和全面（毕立华等，2018）。因此，本章沿袭前文对家族企业的定义，鉴于2008年金融危机的影响，选择2009～2016年中国创业板和中小板上市家族企业为研究样本，并进行以下筛选：（1）考虑到金融行业的特殊性质，遵循惯例，剔除金融行业的企业；（2）剔除了财务数据缺失的样本；（3）为了消除极端值影响，针对连续变量的1%和99%百分位进行Winsorize处理。本章数据主要来自CSMAR和WIND数据库，手工收集和处理最终获得926家家族企业（5197个观测值）。

2. 变量选择

（1）被解释变量。国际化倾向（INT）。家族企业国际化主要从国际化模式和国际化程度来测量，由于中国家族企业国际化进程较短，范围较小，程度较低，因此，本章采用家族企业国际化模式进行度量。家族企业国际化的模式可以分为出口和对外直接投资，参考夏夏等（Sciascia et al.，2012）采用二元变量衡量企业国际化倾向：企业当年有出口或 FDI 行为取值为 1，否则取值为 0。

（2）解释变量。家族涉入（FI），本章使用控制家族所有成员持股比例之和衡量家族涉入。现有研究往往将涉入的家族视为一个整体，家族所有权涉入仅以家族自然人直接或间接持有上市公司的股权比例衡量，未考虑家族成员的持股分布，忽略了企业产权在家族成员中的分布。本章引入拉·波塔（La Porta，1999）的方法进行计算，方法如下：假设家族企业通过 m 条股权关系链控制上市公司，每条股权关系链中有 n 层，则定义家族所有权如下：家族所有 $= \sum_{i=1}^{m} \prod_{j=1}^{n} (a_{ij})$，控制人通过一致行动，多重金字塔式持股，交叉持股等方式拥有的上市公司的所有权。控股家族持股比例并不能直接由 CSMAR 和 WIND 金融数据库直接得到，需要手工整理计算所得。首先，通过招股说明书、年度公告以及各高管的简历，获得了所有家族成员的亲缘关系；其次，再以实际控制人为基础，通过百度等搜索工具进一步查找是否遗漏其他家族成员。

（3）调节变量。政治关联（PC）。在中国，私营企业主不能担任政府官员，但是可以通过参政议政建立自己的政治联系，本章参考陈凌等（2013）方法，采用二元变量定义，企业主担任各级人大代表或政协委员，则认为存在政治联系，取值为 1，否则为 0。

机构投资者持股（INST）。借鉴前人已有研究（曹丰等，2015），本章所指的机构投资者主要包括：证券投资基金、QFII、券商、保险公司、社保基金、信托、财务公司和银行。同时，将上市公司中这些股东的持股比例之和作为机构投资者持股指标。

（4）控制变量。参照陈志军等（2016）研究，选择公司规模 Size（企业总资产的自然对数）、公司年龄 Lnage（企业成立天数的自然对数）、财务杠杆 Lev（资产负债率）、盈利水平 ROA（净利润/总资产）、独立董事比例 Indep（独立董事数量/全体董事数量）作为控制变量。此外，还控制了行业（Industry）和年度（Year）虚拟变量。

3. 模型构建

为了检验家族涉入对企业国际化倾向的影响，构建如下模型：

$$INT = \alpha_0 + \alpha_1 FI + \alpha_2 Size + \alpha_3 Lev + \alpha_4 Indep + \alpha_5 ROA + \alpha_6 Inage + \varepsilon_i \quad (11-1)$$

为了检验政治关联的调节作用，构建如下模型：

$$INT = \alpha_0 + \alpha_1 FI + \alpha_2 PC + \alpha_3 FI \times PC + \alpha_4 Size + \alpha_5 Lev + \alpha_6 Indep + \alpha_7 ROA + \alpha_8 Inage + \varepsilon_i \quad (11-2)$$

为了检验机构投资者持股的调节作用，构建如下模型：

$$INT = \alpha_0 + \alpha_1 FI + \alpha_2 INST + \alpha_3 FI \times INST + \alpha_4 Size + \alpha_5 Lev + \alpha_6 Indep + \alpha_7 ROA + \alpha_8 Inage + \varepsilon_i \quad (11-3)$$

其中，INT代表家族企业的国际化倾向，企业当年有出口或FDI行为取值为1，否则取值为0；FI为家族涉入，其他变量的含义及度量解释如上节。以上模型均控制行业和年度效应。

11.3.4 实证结果及其分析

1. 描述统计

表11－2列示了描述性统计的结果：国际化倾向（INT）均值为81.9%，标准差为38.5%，说明上市家族的国际化倾向的变化范围较大。家族涉入（FI）最大值为75.6%，最小值为10.2%，说明实际控制家族对上市公司的所有权涉入程度变化幅度较大，但是均值为42.3%表明中国家族上市企业的家族所有权集中度较高。政治关联（PC）均值为16%，可知在上市家族企业中，企业主担任各级人大代表或政协委员的现象并不是非常普遍。机构投资者持股（INST）最大值为77.7%，最小值为0，两者极值差距很大则表明不同中国上市家族企业的机构投资者持股波动变化大。

表11－2　　描述性统计

变量	平均值	标准差	最小值	最大值
INT	0.819	0.385	0.000	1.000
FI	0.423	0.159	0.102	0.756
PC	0.160	0.367	0.000	1.000
INST	0.236	0.215	0.000	0.777
Size	21.400	0.839	19.706	23.743
Lev	0.318	0.180	0.031	0.775
Indep	0.486	0.071	0.250	0.667
ROA	-0.071	0.335	-0.970	0.195
Lnage	2.395	0.456	1.099	3.178

2. 回归分析

从表 11 -3 模型（1）可以看出，家族涉入（FI）与企业国际化倾向（INT）的估计系数为负，且在 1% 的水平上显著，这表明家族涉入对企业国际化倾向具有消极影响，实证结果支持研究假设 1。家族涉入程度越高，为了追求非经济情感目标和避免社会情感财富损失，中国上市家族企业国际化的可能性越小。由表 11 -3模型（2）可看出当家族涉入与政治关联的交乘项（FI × PC）对企业国际化倾向在 1% 水平上产生了显著的负向影响，假设 2 得到验证。即，当企业主担任各级人大代表或政协委员时，家族掏空企业资源的动机更强，政治关联带来的资源竞争进一步加剧家族涉入与国际化倾向的负相关关系。从表 11 -3 模型（3）可知，家族涉入与机构投资者持股的交乘项（FI × INST）对家族企业国际化倾向在 5% 水平上产生了显著的负向影响，假设 3 得到验证。说明，随着机构投资者持股比例提高，加剧企业的代理问题，增强了家族涉入与国际化倾向的负相关关系。

表 11 -3　　家族涉入与企业国际化倾向回归结果

变量	模型（1）	模型（2）	模型（3）
FI	-1.289*** (-5.059)	-0.817*** (-2.953)	-0.770** (-2.048)
PC		1.321*** (4.081)	
FI × PC		-3.172*** (-4.404)	
INST			0.755 (1.437)
FI × INST			-2.191** (-1.992)
Size	-0.099** (-1.984)	-0.094* (-1.874)	-0.086* (-1.703)
Lev	-0.029 (-0.121)	-0.038 (-0.155)	-0.030 (-0.125)
Indep	-1.145** (-2.066)	-1.206** (-2.174)	-1.110** (-2.000)
ROA	0.107 (0.944)	0.106 (0.928)	0.113 (0.998)

续表

变量	模型（1）	模型（2）	模型（3）
Lnage	-0.561*** (-6.088)	-0.572*** (-6.143)	-0.569*** (-6.166)
Industry	控制		
Year	控制		
N	5197	5197	5197
Pseudo R^2	0.111	0.115	0.113
Chi^2	525.64**	555.41***	541.02***

注：***、**和*分别表示双尾t-检验值在1%、5%和10%水平上统计显著。

3. 稳健性检验

本章对所有连续变量的5%~95%百分位进行Winsorize处理作为稳健性检验。在表11-4模型（4）~模型（6）的结果表明，结论依然成立。

另外，本研究认为控制家族对企业的涉入程度一定程度上也由其控制权比例决定（陈志军等，2016），因此，采用家族控制权比例进行稳健性检验。从表11-4模型（7）可以看出家族控制权涉入与企业国际化倾向显著负相关；模型（8）可知家族控制权涉入与政治关联的交乘项显著负向影响企业国际化倾向；模型（9）可知家族控制权涉入与机构投资者持股的交乘项显著负向影响企业国际化战略，通过上述检验，可以证实本章基本模型的可靠性。

表11-4　　稳健性检验结果

变量	模型（4）	模型（5）	模型（6）	模型（7）	模型（8）	模型（9）
FI	-1.336*** (-5.060)	-0.834*** (-2.912)	-0.797** (-2.022)	-1.201*** (-4.475)	-0.899*** (-3.116)	-0.747** (-2.105)
PC		1.431*** (4.236)			1.014*** (2.717)	
FI×PC		-3.419*** (-4.512)			-2.106*** (-2.718)	
INST			0.801 (1.440)			1.028* (1.682)
FI×INST			-2.303* (-1.944)			-3.009* (-1.983)

续表

变量	模型（4）	模型（5）	模型（6）	模型（7）	模型（8）	模型（9）
Size	-0.110** (-2.024)	-0.106* (-1.947)	-0.097* (-1.770)	-0.095* (-1.899)	-0.091* (-1.810)	-0.089* (-1.766)
Lev	-0.151 (-0.600)	-0.160 (-0.622)	-0.151 (-0.597)	0.011 (0.044)	-0.005 (-0.020)	0.016 (0.068)
Indep	-1.522** (-2.217)	-1.592** (-2.311)	-1.476** (-2.146)	-1.161** (-2.096)	-1.213** (-2.187)	-1.161** (-2.094)
ROA	0.101 (0.888)	0.098 (0.857)	0.107 (0.938)	0.110 (0.973)	0.104 (0.910)	0.115 (1.017)
Lnage	-0.600*** (-6.232)	-0.612*** (-6.281)	-0.609*** (-6.307)	-0.569*** (-6.175)	-0.569*** (-6.117)	-0.572*** (-6.199)
Industry	控制					
Year	控制					
N	5197	5197	5197	5197	5197	5197
Pseudo R^2	0.1119	0.1162	0.1129	0.1102	0.1118	0.1111
Chi^2	538.02**	558.96***	543.01***	530.08***	527.94***	534.46***

注：***、**和*分别表示双尾t-检验值在1%、5%和10%水平上统计显著。

11.3.5 结论与启示

本节以2009~2016年创业板和中小板上市家族企业为研究对象，探究家族涉入与企业国际化倾向的关系，研究发现：第一，家族涉入与国际化倾向显著负相关，家族涉入程度越高，家族企业国际化的可能性越小。这表明，家族涉入程度越高，利他和为了追求非经济情感目标以及避免社会情感财富损失，中国上市家族企业不倾向进行国际化。第二，政治关联对家族涉入与国际化倾向的关系起着显著负向调节作用。这表明，当企业主担任各级人大代表或政协委员时，家族掏空企业资源的动机更强，同时政治关联带来的资源竞争加剧家族涉入与企业国际化倾向之间的负向关系。第三，机构投资者持股对家族涉入与国际化倾向的关系起着显著负向调节作用。家族企业在权衡国际化利弊时，应结合家族特征和企业发展进行决策，尽管短期家族非经济目标和社会情感财富会有所损失，但从长远来看，国际化有助于提升企业的核心竞争力，从而使家族企业在全球经济中实现经济增值和可持续发展。家族企业发展过程中，还应该正确处理好政商关系以及充分利用机构投资者价值发现的治理效应和监督作用，降低外部环境对企业的负面影响。

11.4 小　　结

如何将建立在传统差序格局上的家族信任向制度信任转变，以更好地吸纳和集成新的管理资源来支撑企业的发展，是现代化转型期家族企业可持续发展的核心制约因素。本章基于文献的梳理，提出嵌入个体社会偏好的内源性制度信任机制设计是转型期家族企业制度信任建构的可行路径。针对如何将被激励对象社会偏好结构嵌入到正式制度和非正式制度中，本章提供了制度信任评价指标体系构建的设想，同时实证检验了家族涉入度与国际化战略之间的关系，分析“家族”利益和“企业”利益存在主观上冲突时，业主或者继承人在“两难”取舍的权衡中，利他主义偏好所扮演的角色。

第 12 章

国企混合所有制、股权激励公平性与管理防御

——以融资行为为例

12.1 引　言

《礼记・大学》中阐述了"修齐治平"之道，治国平天下在齐家之后，治理上要求由"亲亲"推及"仁民"。这是因为，治国平天下的范围已远超"家"的概念，基于血缘关系的家族信任很难治理天下之民，用于齐家的那一套"亲亲"制度需要发展为能够协调不同家族、不同陌生人之间互动关系的"仁民"制度。如果将"天命"理解为自然秩序，那么"仁民"就是要求以人为本，所谓"天视自我民视，天听自我民听""轻徭薄赋""不与民争利"等，都是儒家的治国理念，旨在发挥人民的生产积极性。但轻徭薄赋还不够，先秦儒学特别强调"仁民"的一项重要的内容是要解决人与人之间的纠纷争斗，要进行合理的权利界定，并保障权利的有效执行。在《孟子・滕文公上》中，孟子针对"井田制"曰："夫仁政，必自经界始。经界不正，井地不均，谷禄不平。"就是说，界定产权是实施"仁民"政策的起点，经纬之界不正，井田就不会平均，作租税的俸禄就不会公平，人民就会不安定，因为"民之为道也，有恒产者有恒心，无恒产者无恒心。苟无恒心，放辟邪侈，无不为已"。在多人相处的情景下，如果权利界定不清，就容易产生利益冲突，群体的总体利益就得不到保障。对此，《荀子・王制篇》有完整的阐述："力不若牛，走不若马，而牛马为用，何也？曰：人能群，彼不能群也。人何以能群？曰：分。分何以能行？曰：义。故义以分则和，和则一，一则多力，多力则强，强则胜物；故宫室可得而居也。故序四时，裁万物，兼利天下，无它故焉，得之分义也。"又说："故人生不能无群，群而无分则争，争则乱，乱则离，离则弱，弱则不能胜物。"

国有企业低效率问题，是现代经济社会的一个世界性难题，它的核心就在于

权利界定不清晰。20 世纪 80 年代以来，在全球范围内出现了国有企业改革浪潮，这股浪潮席卷了英国和法国等西欧国家、瑞典和挪威等北欧社会民主主义国家、巴西和阿根廷等发展中国家，以及俄罗斯、东欧国家等转型经济体。中国并没有仿效它们走有计划的私有化道路，而是谨慎地应对所有权改革可能带来的不确定性和风险，在早期以激进的控制权改革来替代所有权改革，经历了放权让利、经济责任制、承包制和租赁制、建立现代企业制度等几个阶段之后，才逐渐进入到大规模的、渐进而稳健的所有权改革，走出了国企改革的“中国范式”。这场改革中，前一阶段改革主要界定了资产的使用权与收入享有权，其激励效应有目共睹；而当前所进行的所有权改革，重点在于“产权可转移性”方面，其激励效果和改进方向如何？亟须经验证据的支持。

从改革的逻辑来看，产权可转移性的释放，一是要深化使用权和收入分享权方面的改革；二是要形成对产权价值的合理预期以更好地发挥产权的专业化比较优势，如通过完善法人治理结构及高管选择和激励机制来改进国企效率（张维迎，2015）。产权的价值由现金流权和控制权私利两部分构成（Jensen & Meckling，1976），产权可转让性的提高总是能够提高现金流量权的价值，但由于控制权的专有性，可转让权对控制权价值的影响条件依存于控制权私利的大小（李增泉等，2012），在国有控股企业中，控制权私利可能表现为承受各种政策性负担，例如，投资于不具比较优势的产业所形成的负担、承担过多的冗员等社会性职能所形成的负担等，也就是说，如果控制权私利过大，即使产权在表象上实现了“可转移”，也仅仅是现金流权价值的转移，隐性控制权的保留使得法人治理结构及高管选择和激励机制无法从根本上得到改观，也就无法达成改革的预期效果。对此，有一大批学者也认为混合所有制能发挥正面效应，主要是通过剥离政策性负担，从而改进国有企业的效率（林毅夫和李志赟，2004；陈林和唐杨柳，2014）。果真如此，则改革的基础价值则是要打个折扣的。诚然，伴随着改革的进程，在竞争性领域，政策性负担的剥离毋庸置疑，但经济增长需依赖于劳动分工水平的不断提升，而要提升分工水平，就要解决更高水平分工的协调问题，其中制度条件是关键，核心就是产权制度（杨小凯，1994）。剥离政策性负担虽然短期内可提高经济绩效，却难以成为长期增长的源泉。更重要的是，国家、私产、市场等这一套协调分工水平的制度基础是否也随着改革在持续改进和稳固？如若不然，“后发劣势”的潜在风险就始终存在。当前的改革，在剥离政策性负担之外，客观上是否也降低了国有产权的计量和执行成本，改进了效率呢？这是当前国有企业改革需要回答的重要问题。国企改革能够改进传统激励机制的效果，作用机理怎样等问题是需要经验证据支持的。国企改革过程中，伴随着出现公平性新问题、新情况，例如，国企内部“行政高管”与“市场高管”的差异，国企与民企生存环境变化下雇员所面临激励契约的差异、他们对这些契约评价高低的差异等，均需提供新的经验证据。

2015 年 9 月份，中共中央、国务院印发了《关于深化国有企业改革的指导意见》，重申了“发展混合所有制经济”为国有企业深化改革的重点，这是继 2013 年党的十八届三中全会提出的“积极发展混合所有制经济”“允许更多国有经济和其他所有制经济发展成为混合所有制经济”“鼓励发展非公有资本控股的混合所有制企业”等关于国企改革方向后的新的纲领性文件。国有企业改革往往与重组交互进行，包括增资减债、分流职工、剥离不良债务、关闭破产和兼并、财政贴息等，从 1994 年实施优化资本结构开始到 2005 年股权分置改革之前的 10 年间，国家承担了巨大的改革成本。根据有关资料（陈清泰，2008），在 1998 ~2000 年 3 年国有企业扭亏脱困期间，国家共核销国有银行呆坏账准备金 1261 亿元、实施债转股 4050 亿元、剥离国有银行（主要由国有企业呆账造成的不良资产 13000 亿元）并由国家出资按原值收购等。当前推行混合所有制改革，势必也将面临重组等问题，2015 年 11 月中央财经领导小组会议关于供给侧结构性改革中“去产能、去库存、去杠杆、降成本、补短板”五大任务就直指当前改革重点。那么，当前的改革有什么新的内涵和特点？巨额的重组成本能否由其内生的自调节和应变机制有效的解决，而不是由国家承担？笔者认为，相对于单方向地强调剥离不良债务（去杠杆），如何优化资本结构是当前国有企业更为紧迫的任务，而资本结构的优化配置，亟须完善企业内部激励和治理机制。

本章基于动态权衡理论，认为企业通过动态调整可以达到最优的资本结构，但是，高管基于职位固守、自身效用最大化等防御动机，可能长时间、大幅度偏离目标值，从而不利于公司价值最大化。运用混合所有制改革外生冲击中股份流通权约束逐步放松形成的“自然实验”条件，本章研究高管股权激励对其融资决策中的管理防御行为的影响，以及混合所有制激励和治理双重效应。

12.2 理论分析、文献回顾与研究假设

12.2.1 理论分析

经济转型期，解决国有企业低效率的方法之一是所有制改革。过去的 18 年，我国政府谨慎地进行了“渐进式”的混合所有制改革进程，从允许多种所有制经济成分并存到允许非公有资本参与国有企业改革，发展混合所有制经济，股份流通权约束逐步放松，提供了一个完美的追踪观测转型经济中所有权结构发挥公司

治理和激励效应的“自然实验”制度平台。控制体制、市场环境相关因素，有关混合所有制经济能发挥正向效应的内在机理研究，国内现有的文献主要分为两类：第一类是以林毅夫、白重恩等为代表的学者认为通过改制，有助于剥离政策性负担，从而能够改善国有企业的经营绩效和市场表现（林毅夫和李志赟，2004；白重恩等，2006）。目前，国企分类治理改革的设想已初见端倪，政策类国企、平台类国企以及竞争类国企的分类也已“拨云见日”，随着改革推进，国有企业在剥离政策性负担方面有更大空间是毋庸置疑的。第二类是以吴敬琏、张维迎和刘小玄等为代表的学者认为通过改制，清晰的产权有助于完善法人治理结构，形成有效的利益激励机制和高管选择机制，从而能从根本上解决国有企业低效的问题（吴敬琏，1993；张维迎，1999；刘小玄和李利英，2005）。有效的利益激励机制和高管选择机制对于国有企业的运营效率无疑是至关重要的，有的学者甚至认为有效的激励机制比所有制改革本身更加重要（Hwang & Kim，2013），其重要性可见一斑。尽管如此，这一类影响路径并不那么直接，结论也并不一致。仅从激励机制来看，就存在两大问题亟待回答：第一，混合所有制改革前后，公司的激励机制是否发生显著的变化（激励效应）？第二，考虑到非公有资本进入后，有效的监督等治理效应强化，混合所有制改革前后，公司激励机制是否更加有效（治理效应）？激励机制的经济后果是否发生显著变化（综合效应）？从现有的经验证据看，这两大问题都没有一致而稳健的答案，加之激励机制本身有效性有待检验，使混合所有制改革的最终效果莫衷一是。

从激励契约本身的有效性看，许多研究表明，仅从激励强度上考虑是不够的，还必须纳入高管个人的社会偏好，因为对于同样额度的股权激励，不同的高管会产生不一样的内心感受，这种内心感受会直接影响到激励效果（杨志强和石本仁，2014）。在我国制度背景下，“公平性”思想源远流长，影响深远，混合所有制改革又滋生了新的公平性问题，例如，原国企高管和其他股权成分高管之间、改制国企和非改制国企高管之间激励契约的差异等，使得薪酬契约天然地存在双重效应：一是激励强度是否合适？二是契约的公平性是否合理？即使股权激励强度足够大，但若公平性不合理，同样得不到应有的激励效果，反之亦然。就算股权激励契约能够同时兼顾激励强度和公平性因素，对高管努力程度、经营业绩和公司价值等具有正向的激励效应（张正堂，2007；刘春和孙亮，2010），是否就体现为最终的激励效果呢？未必。现有关于高管激励机制强度和公平性经济后果的研究文献，大多数集中在检验其与高管“是否做对股东有利的事情”方面（如努力程度、经营业绩等）的相关性，对于激励高管“是否不做对股东不利的事情”方面却鲜有文献涉及，第 11 章检验了激励契约对盈余管理的影响，本章进一步分析激励契约在降低管理防御行为方面的效应，特别地，本章以融资决策中的防御行为为例，分析股权激励契约的作用机理。

管理防御（Managerial Entrenchment）是指高管在公司内、外控制机制下，其职业生涯中会面临被解雇、企业破产、被接管等所带来的威胁与压力，高管在这些压力下所选择有利于维护自身职位并追求自身效用最大化的行为。在信息不对称和道德风险的假设下，当股东监督困难或是无法监督时，高管有可能进行管理层防御，对资本结构进行寻租行为（Chafik & Younes，2012）。由于负债存在刚性，公司资本结构越高，公司破产的风险也就越高。企业的破产不仅会使管理者失去目前所拥有的一切福利待遇，而且将对管理者的职业声誉造成不利的影响。因此，许多学者认为，公司所有者希望能够通过提高杠杆来加大高管的破产成本，从而约束高管的过度投资行为，最大化股东价值；而追求自身利益最大化的高管为了避免承担人力资本破产成本，则会选择较为保守的资本结构，通过降低负债水平来降低自身所承担的风险，特别是存在着管理层防御动机的高管会尽可能地降低公司负债水平的同时提高自身薪资水平（Chintrakarn & Jiraporn，2013）。尽管如此，资本结构的动态权衡理论揭示了不同的预期。

根据 MM 有税理论，公司债所带来的税收节约有利于提高公司价值，公司应尽可能多地用负债来替代权益。但之后李和巴克等（Lee & Barker，1977）等学者讨论“破产成本”与 MM 理论的关系；詹森和麦克林（1976）提出“代理费用”问题。鉴于此，米勒（1988）指出，如果考虑到破产成本或是代理成本，那么为了获得税收节约而采取高杠杆的公司政策就变得非常昂贵了。为使企业的价值达到最大，企业的最优负债融资额决定于负债的边际避税收益和负债的边际破产成本的净现值相等的点。这种最优的负债融资额决定理论就是静态权衡理论。动态权衡理论在此基础上考虑了企业资本结构变化的常态性以及调整成本的重要性，提出了企业目标资本结构是达成最优资本结构的现实路径。根据这个理论，一方面，单方向地提高杠杆虽有助于降低股权代理成本、传递“利好”信号，并获得税盾收益，却会提高债务代理成本、增加公司破产成本，并且会导致高管过度投资于高风险项目，从而不利于股东价值最大化；同样地，降低财务杠杆虽然可以创造较高现金流或保有较多现金储备从而维持财务柔性，但公司会丧失税盾收益，同时也会引发管理者的自由现金流问题。因而对于股东来说最优资本结构才是其实现财富最大化的必然选择。另一方面，对高管而言，尽管过高的负债融资会增加其人力资本破产的风险，但过低的负债水平不仅会影响公司经营绩效、还会使得公司承担被恶意兼并等额外的风险。近年来，高管通过提高杠杆来抵制外部收购的“毒丸计划”频繁发生，这些行为未必是与股东利益趋同的，但一定有助于高管职位的固守及其自身利益最大化。例如，诺瓦埃斯（Novaes，2003）研究表明，在没有受到接管威胁或其他治理机制的约束时，高管会避免债务融资，以降低自身承担的风险，享受不受约束的控制权收益；而但当受到接管威胁时，高管会采取增加负债比率、降低公司价值的办法抵御恶意接管。因而，在动态权衡理论下，追求财富最大化的股东和具有管理防御动机的高管都不是单方向地追求高负债比例或者低负债比例，而是有可能在目标资本结构中实现利益协同。但是，在内外监管机制不够完善的情景下，拥有更多信息的高管很可能会为了自身效用最大化而大幅度地偏离资本结构目标值，调整成本很大。高管是公司资本结构的最终决策者，其对资本结构的调整意愿与能力能够在一定程度上决定资本结构的调整速度与偏离目标资本结构的程度。根据委托—代理理论，在信息不对称下，为了实现利益协同，风险报酬激励不啻为最优选择，而股权激励则是风险报酬的重要方式（Weng et al.，2014）。

12.2.2　文献回顾与研究假设

1. 所有权结构对高管融资决策中防御行为的影响及经济后果

基于国内外管理防御行为经济后果的研究现状分析，不难发现，大多数经验证据表明高管管理防御行为对公司业绩、公司价值和公司股价表现（Chen et al.，2013；Lin et al.，2014）都会产生负面的经济后果。例如，降低了公司的总资产周转率（Florackis & Ozkan，2009）、损害员工利益和破坏自然环境（Chung & Luo，2013）、降低了股票超额收益绩（Chen et al.，2013）、降低了公司业绩和指标，如ROA、ROE、托宾Q值和市账比MB等（Moussa，2013）。部分学者进一步分析管理防御行为负面经济后果的影响因素，例如，菲特里亚和贝斯（Fitriya & Basyith，2013）以中国IPO公司为例，实证研究发现，高管管理防御行为与公司业绩显著负相关，文章进一步指出，这是由现有制度环境和法律保护程度造成的，集中的国有股权是高管管理防御的根本原因。陈等（Chen et al.，2014）以中国上市公司为样本，研究发现低杠杆公司通常是那些现金持有较多的小型公司，这些公司的高管通常具有较强的风险厌恶偏好。菲瑞兹（Feriozzi，2014）构建的分析模型则表明，一定程度的管理防御行为有助于公司业绩提升，特别在短期内，高管基于职业固守或者薪酬获取，倾向于进行正向的盈余管理；但它也同时提高了高管变更的成本，降低了长期绩效和公司价值。另外，高管基于职位固守、声誉或帝国建造等多方面管理防御动机的驱动，普遍倾向于策略性地隐瞒或延迟融资决策中的坏消息的披露并及时地发布好消息，这样信息披露的不对称性使得负面信息不断囤积于公司内部而不为外部投资者知晓，虽然短期内有助于公司业绩的提升，但当累积的坏消息达到一定限度以至于超出高管的隐瞒能力时，例如巨额的利息费用和其他资金成本，将集中释放到外部市场，导致股价暴跌；同时，高管对公司负面信息的窖藏妨碍了外部投资者和董事会及早发现并阻止高管实施非效率的融资决策，结果导致与之相关的负面业绩不断累积直至兑现，引起长期绩效和公司价值的大幅下跌。基于以上分析，提出如下假设：

假设1：给定其他条件不变，公司目标资本结构偏离度和私募发行概率越大，公司的短期业绩越好，但长期业绩和公司价值将越低。

20世纪80年代以来，在全球范围内国有企业改革浪潮中，大多数国家遵循经典的私有化改革方式，在较短时期内完成了从国有企业到私营企业的转变，混合所有制企业形态并没有成为这些经济体的常态。因此，国外私有化改革经济后果的经验证据并不能完全用来解释中国的改革现实，但是，私有化改革的经验证据有助于我们更好地理解所有权变迁所蕴含的不确定性和风险，对于我国当前的改革是借鉴意义的。在大多数转型经济体中，数十年所有制改革还没有看到一致而稳健的证据表明所有制改革明显改善了公司长短期业绩和股价表现，甚至出现反向激励效应。例如，虽然有很多学者的研究表明，所有制改革前后，公司业绩（La Porta & Florencio，1999）、盈利能力和经营效率（Megginson，2001）、劳动生产率（Wallsten，2005）、全要素生产率（Lam & Shiu，2010）等方面都有显著的改善，但另一些学者（Sueyoshi，1998）却提供了反向的经验证据，通过比较日本NTT在1985年实行私有化改革前后企业绩效的情况，研究发现，NTT的公有/私有的混合所有制结构导致了NTT的管理无效率。从国内看，混合所有制改革的经济后果也是喜忧参半，虽然刘小玄和李利英（2005）、蒲宇飞（2013）、和军和季玉龙（2014）等学者的研究，为混合所有制改革在提高企业员工生产效率和整体经济效益等方面提供了经验证据，但也有很多研究（Sun & Tong，2003）得到相反的结论，研究表明，股权上市流通后，国有企业的盈利能力和员工生产产出率提高了，但随着私有化深入，利润率和经营杠杆效应并没有得到改进。刘劲松和舒华英（2014）测算了2001~2012年我国电信业的全要素生产率，分析了电信业的混合所有制改革的经济后果，指出应谨慎试点，“一刀切”地推进改革不一定能带来好的结果。

从以上国内外研究现状分析可以看到，不管是其他转型经济体的私有化改革还是我国“渐进式”的所有制改革，对于公司长短期业绩和股价的影响，均存在正反两方面的经验证据。但相对而言，国内有关改革负面经济后果的研究文献中，几乎都不是对改革的完全否定，只是揭示了局部的负面效应，或者对改革进程适度性的质疑。实际上，我国“渐进式”的混合所有制改革范式，从一开始就遵循实用主义思维（张文魁，2008），在很长时间里刻意回避所有权改革和激进的控制权改革，尽管在较长的改革期内承担了巨大的企业改革成本，但也最大程度降低了改革的不确定性和风险，并内在地形成了自调节和应变机制。基于以上考虑，提出如下假设：

假设2：给定其他条件不变，公司所有制混合度和国有股转让比例越高，目标资本结构偏离度和私募发行概率越小，公司的长短期业绩和公司价值越高。

2. 股权激励强度对融资决策中防御行为的影响：混改调节效应

早在20世纪八九十年代，墨菲（1986）、伯格等（Berger et al.，1997）学者就提供了股票期权等薪酬形式有助于激励高管提高公司的财务杠杆，增加公司价值的经验证据，科尔斯等（Coles et al.，2006）也发现，股权激励尤其是股票期权激励促使高管从事更为激进的债务政策。但道格拉斯等（Douglas，2006）学者却发现高管股权激励与企业债务水平显著负相关，这与詹森等通过理论分析得出的结论一致：过多的负债增大了企业的破产被接管的风险，使高管面临着失业等的风险；另一方面，负债融资必须按期向债权人支付利息偿还本金，减少了高管的其他收益。近期，部分学者发现高管股权激励强度与财务杠杆之间呈非线性关系（Mahmoud，2013）。国内学者对这一问题的研究结果也有三种观点。（1）高管股权激励强度与资本结构不存在显著的相关关系。（2）高管股权激励与负债比率显著负相关。（3）高管股权激励与负债比率显著正相关。近期，也有学者从其他角度分析，例如胡国强和盖地（2014）发现，在经理与股东利益趋同较弱的情况下，经理可能通过选择次优债务期限结构，以形成壕沟防御；但通过高管股权激励使高管与股东利益趋同，有利于形成最优债务期限结构。张兴亮（2014）也表明，高管股权激励对企业债务成本、期限、条款及债权人的会计稳健性需求等均有显著影响。

简言之，对于高管股权激励与公司的财务杠杆之间的关系，国内外学者并没有稳健一致的经验证据，这是由于不管是对于股东还是高管，单方向的过高财务杠杆或者过低财务杠杆都有悖于其利益最大化，最优资本结构配置才可能成为其利益协同的结合点。费兰克和戈亚尔（Frank & Goyal，2007）研究发现对CEO的股权和期权激励会显著提高资本结构的调整速度，而董等（Dong et al.，2010）却发现，股权激励实施导致公司偏离最优资本结构水平。根据最优契约理论，本研究预期，设计有效的股权激励契约可以激励高管降低资本结构目标值偏离度，在最大化股东利益的同时提高自身效用水平。据此提出如下假设：

假设3：控制其他因素，高管股权激励水平越高，公司目标资本结构偏离度和私募发行概率越小。

混合所有制改革后，对高管的股权激励强度变大是内生于改革整体思路的。例如，随着混合所有制改革的推进及现代企业制度的建立，越来越多的国有企业开始尝试采用公开竞争上岗、公开招聘等非行政任命方式选拔“市场高管”，根据改革思路，国有企业在进行公开招聘市场高管时，应提供富有较高激励性、极具竞争力的市场化薪酬，比如在“年薪制”基础，赋予股票期权和高管持股等激励方式。实际上，在混合所有制的国企改革中，有竞争力的薪酬设计是一个十分关键的突破点，平均化、福利化的薪酬将转变为业绩导向的差别化薪酬制度，能者多劳、高激励性薪酬、能力报酬将在企业关键岗位上得到充分体现。一些国企会用高薪从海外聘请高管，作为企业的薪酬标杆，督促企业中的其他管理者，给他们一个奋斗的目标。换句话说，如果连国企最高管理者、总裁都在全球进行市场化招聘，按照市场薪酬水平和工作业绩，该拿多少就拿多少，而不是被国资委的政策限制，那么在不久的将来，企业中层、基层的用人机制、薪酬设计也会有所改变。黄群慧等（2014）也指出，在积极推进混合所有制改革的大背景下，员工持股作为混合所有制改革的一个重要“混合方”，预期将有更多的国有企业开始引入员工持股制度。据此，预期改革能够极大地提高国有企业高管股权激励强度，提出如下假设：

假设4：(混合所有制改革激励效应)：控制其他因素，公司所有制混合度和国有股转让比例越高，公司赋予高管的股权激励强度越高。

基于以下方面的考虑，预期国有企业高管股权激励契约在抑制其融资决策中防御行为的效果较民营企业要差。

首先，作为所有者的国有资产管理部门（或政府）天然地处于信息的劣势，而且虽然他们是国有产权的代理人，但却不是投资的受益人，权利义务不对等，这也就意味着其在事前很难与国有企业的经营者签订有效的激励契约，在事后也很难实施有效的监督。王烨等（2012）研究发现，相对于非国资控股公司，国资控股公司推出的股权激励计划所设定的行权价格更低，国资控股公司的股权激励计划的制定更可能成为内部人攫取私利的渠道和工具。邵帅等（2014）案例研究表明，国有企业由于激励比例及激励收益受到过多的政策限制和存在内部人控制等问题，股权激励设计倾向于福利型。相反，民营控股公司股权激励方案设计更加合理，倾向于激励型。

其次，在资本结构偏离目标值相同的情况下，国有企业的破产、被接管的风险均低于民营企业，由于政府的干预和国家资金注入，常常会使市场的接管要约得以成功，盛明泉等（2012）研究表明，国有控股企业存在预算软约束，资本结构偏离度较大，调整效率较低。因此，国有企业高管在增加职位安全性上的成本远低于民营企业；而在面临相同财务困境或不佳业绩时，国有企业在解雇高管时可能会基于更多社会责任的考虑而更加慎重，特别是对于组织任命的高管，程序上也更加复杂，因此国有企业高管遭解雇或撤换的概率要低于民营企业。

再次，在我国，即便经济改革已经催生了大量的民营企业，但他们获得客户的信任、民众的信任、银行的信任却并非易事，相反，国有企业更加容易获得信赖。即便发生财务危机，国有企业遭受挤兑而破产的概率也远低于民营企业，不但在中国，在许多国家，“国有而不倒”也是常见的现象。因此，国有企业高管面临被解雇、企业破产、被接管等的威胁与压力较民营企业低得多，此消彼长，自身效用最大化的管理防御动机则会更强。

此外，作为高管融资决策的重要相对方，国有商业银行对国有企业和民营企业在事前批准贷款审核、事中发放贷款额度和速度、事后贷款使用监管等方面往往是差别对待，国有企业有着更加畅通的渠道和宽松的环境，这也使得国有企业高管不会特别重视债务融资的财务风险，在优化资本结构上的动力较民营企业高管低，银行扮演“救命人”的角色，使得破产威胁难以发挥其应有的治理功能。郭泽光等（2015）发现，我国上市公司的债务治理效应遭到严重扭曲，债务融资不能很好地发挥激励约束作用，相对于民营企业，国有企业由于“父爱效应”，“债务软约束”的现象更严重。

现代公司制度下，高管股权激励能否发挥最优契约理论下的理论预期，很大程度上取决于公司内外的监督、治理机制。混合所有制改革后，非公有资本进入国有企业，国有资本与民有资本形成合理制衡的多元化产权结构，由于多元利益主体的存在及各自力量的相对均衡，有利于企业治理结构中权利的相互制衡，从而建立对股东及公司利益相关者负责的组织体制、决策机制和执行、监督体系，形成所有者和高管既相互制衡又激励相容的监督约束机制，可以避免“一股独大”和“内部人控制”等弊端，更有利于形成股权与债权优化配置的资本结构安排。

混合所有制形成的产权制衡，也可以部分地解决完全民营化所引起的代理问题。对于民营控股公司，由于经营者往往就是企业的创业者，在“一股独大”的股权结构特征下，作为高管的大股东权力非常大，资本市场上中小股东的“用手投票”机制又往往无法约束其在股权激励计划设计中的机会主义行为，因而“沟壑”行为在民营企业内部可能更为强大（卢锐等，2008）。从我国国企改革历史看，有不少国有企业曾经实现了整体出售，但很多情况下伴随着民营企业违约风险和高管利益侵占概率的提高，因此，在产权安排上，政府“留一手”的混合所有制未必仅是基于意识形态和政治风险的考虑，而可能是较佳的制度选择。有鉴于此，提出如下假设：

假设5：（混合所有制改革治理效应）：给定其他条件不变，公司所有制混合度和国有股转让比例对高管股权激励强度与目标资本结构偏离度和私募发行概率之间的负相关关系具有正向调节效应。

3. 股权激励公平性对融资决策中防御行为的影响：混改调节效应

考察高管股权激励效果，不仅要关注股权激励契约本身，还需要考虑其公平性问题。现有关于薪酬外部公平性经济后果的研究，仅限于分析现金薪酬外部公平性对公司业绩和公司价值的影响（吴联生等，2010；张丽平和杨兴全，2013，黎文靖等，2014），还鲜有将现金薪酬外部公平性的度量推广到股权激励外部公平性和控制权收益外部公平性的研究。福斯特等（Forst et al.，2014）研究指出，高管防御的两类主要动机，即外部敌意收购和股东的解雇风险，对于高管来说，股东解雇风险和外部接管威胁是不同的，其可能采取的防御行为也可能不同。当存在外部接管威胁情况下，如果高管发现自己的薪酬比同行业其他公司高管薪酬高时，职位固守的动机会促使其进行更多的管理防御行为，如大量进行高利息债务融资等，以阻止外部接管成功。而当不存在外部接管威胁情况下，高管进行防御的动机主要来自股东解雇风险和实现自身利益最大化。如果高管发现自己的股权激励比同行业其他公司高管高，说明股东提供了富有吸引力的激励契约，从高管最大化自身利益的角度看，努力达到股东设定的契约条件，以获取更高的股权激励，与股东形成互惠主义的雇用关系是理性选择。另外，高管股权激励外部公平性直接影响其对现有工作的满意度和对公司的忠诚度，在混合所有制改革大背景下，当高管发现自己的股权激励比同行业其他公司高管高时，其工作转换成本就越高，市场工作机会的吸引力就较低，高管基于职位固守而进行防御行为的动机就越强烈，以防止失去这种同行间股权激励的比较优势；反之亦然。基于这种考虑，提出如下假设：

假设6：高管正向额外股权激励水平越高，公司目标资本结构偏离度和私募发行概率越高；反之，高管负向额外股权激励水平越高，公司目标资本结构偏离度和私募发行概率越低。

混合所有制改革后，伴随着薪酬激励强度增大，股权激励的公平性预期也会发生显著变化。至少在短期内，外聘“市场高管”的企业中，其他的高管和员工的薪金仍是原来的模式，“空降兵”的强股权激励可能与之形成巨大的差距，滋生极大的不公平感受。未实施改制企业的高管与实施改制企业高管也极易进行行业间的比较，产生外部不公平性。当然，随着改革的深入，监管部门的管制会降低这种差距。另外，在混合所有制改革背景下，为了避免管理人力资源流失，国有企业在激励契约的设计中也会尽量地参照行业基准，至少不提供远低于行业平均水平的激励强度。据此，提出如下假设：

假设7：（混合所有制改革激励效应）：给定其他条件不变，公司所有制混合度和国有股转让比例越高，高管正向额外股权激励水平越高，而负向额外股权激励越低。

与假设5类似，预期混合所有制改革能极大地改善高管股权激励公平性的激励效果，鉴于此，提出如下假设：

假设8：（混合所有制改革治理效应）：给定其他条件不变，公司所有制混合度和国有股转让比例对高管正向额外股权激励与目标资本结构偏离度和私募发行概率之间的正相关关系具有负向调节效应，对高管负向额外股权激励与目标资本结构偏离度和私募发行概率之间的负相关关系具有正向调节效应。

12.3 研究设计

12.3.1 模型与变量定义

1. 主要变量定义

（1）混合所有制改革变量设计。我国的混合所有制改革并非一步到位，而是“渐进式”地在国有企业中引入非国有资本，具有分批次、分年度、分阶段进行等特点，本研究拟借鉴许召元和张文魁（2015）的思想，构建变量“混合度”变量来表征混合所有制改革深度，从两方面度量：

①所有制混合度。在一个混合所有制企业中，先计算所有国有股股份占全部股权的百分比（E_s）、所有非国有股份占全部股权的百分比（E_p），以其两个数值中的较大者为分母、较小者为分子，所得商数定义为所有制混合度（Ownership Mixing Degree，OMD），即：

如果 $E_s>E_p$，则 $OMD=E_p/E_s$；

如果 $E_p>E_s$，则 $OMD=E_s/E_p$。

这样，OMD 最大值是 1，即国有股和非国有股各占 50% 的比例，此时的混合度最高，OMD 越小，混合度越低。为了在 OMD 中区分一个混合所有制企业中是国有股占多数还是非国有股占多数，把国有股比例高于非国有股比例的企业的混合指数写为 OMD_s，反之，写为 OMD_p。

②国有股转让比例（TransferRatio，TR）。国有股股东转让给非国有股股东的股份数量除以国有股股份总数。

（2）股权激励强度与外部公平性。

①股权激励强度。通过以下公式计算股权与期权占高管总薪酬比率（$Equity_{i,t}$）：

$$Equity_{i,t}=\frac{0.01\times Price_{i,t}\times(Shares_{i,t}+Options_{i,t})}{0.01\times Price_{i,t}\times(Shares_{i,t}+Options_{i,t})+Comp_{i,t}} \quad (12-1)$$

其中，$Price_{i,t}$ 为年末公司股票的收盘价，$Shares_{i,t}$ 和 $Option_{i,t}$ 分别为公司高管持有股票和期权的数量，$Comp_{i,t}$ 为公司高管当年的现金薪酬，包括年薪和各类津贴。

②股权激励外部公平性。本研究拟采用如下模型估计管理层股权激励决定模型：

$$EQUITY_{i,t} = \alpha_0 + \beta_1 SIZE_{i,t} + \beta_2 LEV_{i,t} + \beta_3 ROE_{i,t} + \beta_4 ROE_{i,t-1} + \beta_5 \ln COMP_{i,t} + \beta_6 RGR_{i,t} + \beta_7 RISK_{i,t} + \beta_8 SEP_{i,t} + \beta_9 CBD_{i,t} + \beta_{10} BDS_{i,t} + \beta_{11} AUDIT_{i,t} + \varepsilon_{i,t} \quad (12-2)$$

其中，$EQUITY_{i,t}$为公司 i 在 t 年高管股权激励变量（股权与期权占管理层总薪酬比率）；其他变量的定义与第 8 章相同。对于每个公司高管的应得股权激励，本项目拟先对模型（12－2）进行分年度分行业回归，再将所得到的估计系数代回模型，得到的残差 $\varepsilon_{i,t}$，即为公司高管股权激励的外部不公平性 $UFE_{i,t}$，当 $\varepsilon_{i,t} > 0$ 时，定义为正向额外股权激励 $PUFE_{i,t} = \varepsilon_{i,t}$；当 $\varepsilon_{i,t} < 0$ 时，定义为负向额外股权激励 $PUFE_{i,t} = |\varepsilon_{i,t}|$。

（3）融资决策中防御行为测度。

①目标资本结构偏离度。本研究以年末实际资本结构与当年最优资本结构之差的绝对值来衡量目标资本结构偏离度（$DCS_{i,t}$），即：

$$DCS_{i,t} = |CS_{i,t} - CS^*_{i,t}| \quad (12-3)$$

如果偏离度 $DCS_{i,t}$较小，表明当年的资本结构接近最优资本结构，反之，则偏离最优资本结构。为了得到最优资本结构 $CS^*_{i,t}$，借鉴弗兰纳瑞利和兰根（Flannery & Rangan，2006）的“局部调整”模型将其拟合出来。他们假设公司存在最优资本结构 $CS^*_{i,t}$，它是由公司特征的集合（$X_{i,t-1}$）决定的，公司实际资本结构处于向最优资本结构调整的过程中，在既定时间内，不同公司资本结构局部调整的程度和速度不尽相同。基于此，“局部调整模型”由两部分构成：最优资本结构线性函数以及动态调整方程。具体而言，公司最优资本结构决定函数如下：

$$CS^*_{i,t} = \alpha X_{i,t-1} \quad (12-4)$$

式（12－4）中，$CS^*_{i,t}$表征公司 i 在第 t 年的最优资本结构；α 是系数向量；$X_{i,t-1}$是公司 i 在第 t－1 年影响资本结构的可观测的特征变量集合。

为通过真实资本结构求解最优资本结构，可采用式（12－5）所示的资本结构动态调整方程：

$$CS_{i,t} - CS_{i,t-1} = \lambda(CS^*_{i,t} - CS_{i,t-1}) + \delta_{i,t} \quad (12-5)$$

式（12－5）中，$CS_{i,t}$表征公司 i 在第 t 年的实际资本结构；λ 反映资本结构调整程度，$\delta_{i,t}$是随机误差项。将式（12－5）代入式（12－4），可得到式（12－6）所示回归分析模型：

$$CS_{i,t} = (\lambda\alpha) X_{i,t-1} + (1-\lambda) CS_{i,t-1} + \delta_{i,t} \quad (12-6)$$

对式（12－6）进行回归分析，根据各变量的系数计算相关参数，将参数代入式（12－4）即可测算最优资本结构 $CS^*_{i,t}$。

弗兰纳瑞利和兰根（2006）采用公司的市场资产负债率来衡量资本结构，借鉴他们的做法，通过以下公式计算确定资本结构：

$$MDR_{i,t}=\frac{D_{i,t}}{MV_{i,t}} \tag{12-7}$$

式（12－7）中，$D_{i,t}$表示第 t 年 i 公司总负债的账面价值；$MV_{i,t}$表示第 t 年 i 公司市值，$MV_{i,t}$ = 人民币普通股 × 今收盘价当期值 + 境内上市的外资股 B 股 × 今收盘价当期价 × 当日汇率 +（总股数 − 人民币普通股 − 境内上市的外资 B 股）× 所有者权益合计期末值/实收资本本期期末数 + 负债合计本期期末数。公司最优资本结构决定函数如下：

$$\begin{aligned} MDR_{i,t}^{*} = {} & \alpha_0+\beta_1 SIZE_{i,t-1}+\beta_2 ROA_{i,t-1}+\beta_3 MB_{i,t-1}+\beta_4 SGR_{i,t-1}+\beta_5 RISK_{i,t-1} \\ & +\beta_6 TURNOV_{i,t-1}+\beta_7 CMI_{i,t-1}+\beta_8 SEP_{i,t-1}+\beta_9 CBD_{i,t-1} \\ & +\beta_{10} BDS_{i,t-1}+\beta_{11} AUDIT_{i,t-1} \end{aligned} \tag{12-8}$$

将 $MDR_{i,t}$作为 $CS_{i,t}$的替代变量，然后按照“局部调整”模型的步骤求解目标资本结构偏离度（$DCS_{i,t}$），即：

$$DCS_{i,t}=\left|MDR_{i,t}-MDR_{i,t}^{*}\right| \tag{12-9}$$

$DCS_{i,t}$越大，表示公司实际资本结构对目标资本结构的偏离越大，高管的管理防御程度越大。

考虑到有息负债水平能更准确地捕捉到高管在融资决策中管理防御行为，本研究同时采用“有形资产带息债务比”指标衡量资本结构。

有形资产带息债务比（$TAIDR_{i,t}$）=（非流动负债合计 + 短期借款 + 一年内到期的非流动负债）/（资产总计 − 无形资产净额 − 商誉净额） （12－10）

将 $TAIDR_{i,t}$作为 $CS_{i,t}$的替代变量，代进函数（12－8），然后按照“局部调整”模型的步骤求解目标资本结构偏离度（$DCS\_int_{i,t}$），即：

$$DCS\_int_{i,t}=\left|TAIDR_{i,t}-TAIDR_{i,t}^{*}\right| \tag{12-11}$$

同样的，$DCS_int_{i,t}$越大，表示公司实际资本结构对目标资本结构的偏离越大，高管的管理防御程度越大。

②私募发行概率。按照当前我国再融资方式的特征，相对于配股和发行可转债券来说，私募发行要求较低①，而且具有可选择发行对象、容易达成发行价格等特点，出于职位固守和谋取控制权收益的防御动机，高管更乐意选择私募发行的股权再融资方式来达到其职位固守的目的。基于此，本研究构建私募发行（Privately Additional Issue）融资概率指标（$PAI_{i,t}$）来度量高管防御行为，如果公司 i 第 t 年进行了私募发行，则 $PAI_{i,t}$取值为 1，否则取值为 0。

---

① 公司进行配股，需要满足最近 3 个会计年度加权平均净资产收益率不低于 6%；最近 3 年以现金或股票的方式累计分配的利润不少于最近 3 年实现的年平均可分配利润的 20%。而公司要发行可转债，需要满足最近 3 个会计年度加权平均净资产收益率在 10% 以上，属于能源、原材料、基础设施类的公司可略低，但不得低于 7%，最近 3 个会计年度实现的年均可分配利润不少于公司债券一年的利息；最近 3 年以现金或股方式累计分些已的利润不少于最近 3 年实现的年平均可分配利润的 20%，特别要求：最近一年有分红。

2. 研究模型设计

为了检验假设1，构建如下面板数据计量模型：

$$Perf_{i,t+n} = \alpha_0 + \beta_1 MEB_{i,t-1} + \beta_2 SIZE_{i,t-1} + \beta_3 LEV_{i,t-1} + \beta_4 RISK_{i,t-1} + \beta_5 RGR_{i,t-1} + \beta_6 REVC_{i,t-1} + \beta_7 SEP_{i,t-1} + \beta_8 CBD_{i,t-1} + \beta_9 BDS_{i,t-1} + \beta_{10} AUDIT_{i,t-1} + \sum Industry + \sum Year + \varepsilon_{i,t}$$

$$n = 0, 1, 2, \cdots, m \qquad (12-12)$$

模型（12－12）中，$Perf_{i,t+n}$表示公司i第t+n年长短期业绩指标，分别采用公司的总资产报酬率（$ROA_{i,t+n}$）和净资产报酬率（$ROE_{i,t+n}$）度量；$MEB_{i,t-1}$表示公司i第t－1年融资决策中的防御行为，分别用$DCS_{i,t-1}$、$DCS_int_{i,t-1}$和$PAI_{i,t-1}$替代；控制变量中，$RISK_{i,t-1}$为企业综合杠杆率，度量企业的风险；$RGR_{i,t-1}$为营业收入增长率；$REVC_{i,t}$为营业收入现金含量；$SEP_{i,t-1}$为两权分离度；$AUDIT_{i,t-1}$表示审计质量；其他变量定义与前面章节相同。关注系数β_1在时间序列t+n（n=0，1，2，…，m）中的方向、显著水平和变化趋势。

$$TQ_{i,t}/\Delta TQ_{i,t} = \alpha_0 + \beta_1 MEB_{i,t-1} + \beta_2 SIZE_{i,t-1} + \beta_3 LEV_{i,t-1} + \beta_4 RISK_{i,t-1} + \beta_5 MB_{i,t-1} + \beta_6 SGR_{i,t-1} + \beta_7 CMI_{i,t-1} + \beta_8 SEP_{i,t-1} + \beta_9 CBD_{i,t-1} + \beta_{10} BDS_{i,t-1} + \beta_{11} AUDIT_{i,t-1} + \sum Industry + \sum Year + \varepsilon_{i,t} \qquad (12-13)$$

模型（12－13）中，$TQ_{i,t}$为公司i在第t年的公司价值，$\Delta TQ_{i,t}$为公司i第t年的TQ值减去t－1年的TQ值的差。在计算TQ时，非流通股权市价用流通股估计代替。控制变量中，$SGR_{i,t-1}$表示可持续增长率；$CMI_{i,t-1}$为现金满足投资比率。其他变量定义与前面章节相同。

为了检验假设2，本研究构建如下面板数据计量模型：

$$MEB_{i,t} = \alpha_0 + \beta_1 MIX_{i,t-1} + \beta_2 SIZE_{i,t-1} + \beta_3 LEV_{i,t-1} + \beta_4 ROA_{i,t-1} + \beta_5 RISK_{i,t-1} + \beta_6 MB_{i,t-1} + \beta_7 SGR_{i,t-1} + \beta_8 CMI_{i,t-1} + \beta_9 SEP_{i,t-1} + \beta_{10} CBD_{i,t-1} + \beta_{11} BDS_{i,t-1} + \beta_{12} AUDIT_{i,t-1} + \sum Industry + \sum Year + \varepsilon_{i,t} \qquad (12-14)$$

模型（12－14）中，$MIX_{i,t-1}$为t－1年i公司所有制混合程度分别用$OMD_{i,t-1}$、$OMDs_{i,t-1}$、$OMDp_{i,t-1}$和$TR_{i,t-1}$替代，该比例越大，表示混合所有制改革越深入。其他变量定义同前文。

为检验假设4和假设7，本研究构建如下面板数据模型：

$$Incentive_{i,t} = \alpha_0 + \beta_1 MIX_{i,t-1} + \beta_2 SIZE_{i,t-1} + \beta_3 LEV_{i,t-1} + \beta_4 ROE_{i,t-1} + \beta_5 lnCOMP_{i,t-1} + \beta_6 RGR_{i,t-1} + \beta_7 RISK_{i,t-1} + \beta_8 SEP_{i,t-1} + \beta_9 CBD_{i,t-1} + \beta_{10} BDS_{i,t-1} + \beta_{11} AUDIT_{i,t-1}$$

$$+\sum Industry+\sum Year+\varepsilon_{i,t} \quad (12-15)$$

模型（12－15）中，被解释变量 $Incentive_{i,t}$ 表示公司 i 第 t 年高管股权激励变量，分别用股权激励强度 $Equity_{i,t}$、正向额外股权激励 $PUFE_{i,t}$ 和负向额外股权激励 $PUFE_{i,t}$ 替代。其他变量定义同前面。

为了检验假设 3、假设 5、假设 6 和假设 8，本研究构建如下面板数据模型：

$$\begin{aligned} MEB_{i,t} = {} & \alpha_0+\beta_1 Incentive_{i,t-1}+\beta_2 SIZE_{i,t-1}+\beta_3 LEV_{i,t-1}+\beta_4 ROA_{i,t-1} \\ & +\beta_5 RISK_{i,t-1}+\beta_6 MB_{i,t-1}+\beta_7 SGR_{i,t-1}+\beta_8 CMI_{i,t-1}+\beta_9 SEP_{i,t-1} \\ & +\beta_{10} CBD_{i,t-1}+\beta_{11} BDS_{i,t-1}+\beta_{12} AUDIT_{i,t-1}+\sum Industry \\ & +\sum Year+\varepsilon_{i,t} \end{aligned} \quad (12-16)$$

$$\begin{aligned} MEB_{i,t} = {} & \alpha_0+\beta_1 Incentive_{i,t-1}+\beta_2 MIX_{i,t-1}+\beta_3 Incentive_{i,t-1}\times MIX_{i,t-1} \\ & +\beta_4 SIZE_{i,t-1}+\beta_5 LEV_{i,t-1}+\beta_6 ROA_{i,t-1}+\beta_7 RISK_{i,t-1}+\beta_8 MB_{i,t-1} \\ & +\beta_9 SGR_{i,t-1}+\beta_{10} CMI_{i,t-1}+\beta_{11} SEP_{i,t-1}+\beta_{12} CBD_{i,t-1}+\beta_{13} BDS_{i,t-1} \\ & +\beta_{14} AUDIT_{i,t-1}+\sum Industry+\sum Year+\varepsilon_{i,t} \end{aligned} \quad (12-17)$$

模型（12－16）和模型（12－17）中，相关变量定义同前面。

12.3.2 样本选择与数据来源

本研究以 1999～2015 年间中国上市公司数据为初始样本。对于公司非流通股份，本研究根据其股份性质，将国有股和国有法人股的所有制性质确定为国有股，其他股份归为非国有股。对于股权分置改革后，公司已经流通的股份，本研究根据前十大股东的数据进行甄别。流通股份在股份性质上都被标识为流通 A 股，但公司年度报告中一般会披露前十大流通股东的名称等信息，手工将国有单位持有的流通股份仍然认定为国有股，而非国有单位持有的流通股份仍然认定为非国有股。为了计算方便，基金、信托等理财产品持有的股份将予以剔除。此外，剔除奇异点，比如总资产、销售额为零或负数的样本；剔除数据不全及有时间间断的数据。

12.4 实证结果与分析

表 12－1 和表 12－2 分别列示高管融资决策中防御行为对公司短、长期业绩的面板数据回归结果。由表 12－1 可见，滞后一期的融资决策中防御行为变量（DCS_{t-1}、DCS_int_{t-1}、PAI_{t-1}）均与 ROA_t 和 ROE_t 显著正相关，表明公司目标资本结构偏离度和私募发行概率越大，公司的短期业绩越好，支持了假设

1；而表 12－2 的结果则显示，滞后三期的融资决策中防御行为变量（DCS_{t-3}、DCS_int_{t-3}、PAI_{t-3}）均与 ROA_t 和 ROE_t 显著负相关，表明公司目标资本结构偏离度和私募发行概率越大，公司的短期业绩越差，支持了假设 1。表 12－3 列示了高管融资决策中防御行为对公司价值及其变化量的影响，由表可知，公司高管融资决策中防御行为变量（DCS_{t-1}、DCS_int_{t-1}、PAI_{t-1}）均与公司价值 TQ_t 呈正相关关系，除了私募发行概率不显著外，目标资本结构偏离度指标（DCS_{t-1}、DCS_int_{t-1}）均在 1% 水平上显著；相反，公司高管融资决策中防御行为变量（DCS_{t-1}、DCS_int_{t-1}、PAI_{t-1}）均与公司价值变化量 ΔTQ_t 呈显著负相关关系，其中 DCS_{t-1} 在 5% 水平上显著，DCS_int_{t-1}、PAI_{t-1} 均在 1% 水平上显著。也就是说，尽管高管融资决策中防御行为能够增加公司价值，但是却其增量价值却显著降低了。整体上，假设 1 得到支持，尽管高管融资决策中的防御行为在短期内可以使得业绩指标提高，但却损害了长期业绩水平以及公司价值的增量变动。

表 12－1　高管融资决策中防御行为对公司短期业绩的影响

变量	ROA_t			ROE_t		
	模型（1）	模型（2）	模型（3）	模型（4）	模型（5）	模型（6）
常数项	0.025 (1.573)	0.009 (0.680)	0.030** (2.546)	−0.304*** (−9.195)	−0.236*** (−8.708)	−0.247*** (−11.081)
DCS_{t-1}	0.004*** (3.640)			0.005** (2.194)		
DCS_int_{t-1}		0.004** (2.374)			0.005* (1.742)	
PAI_{t-1}			0.010*** (6.028)			0.018*** (4.622)
$SIZE_{t-1}$	0.001 (0.685)	0.001 (1.413)	0.000 (0.468)	0.014*** (8.495)	0.011*** (8.001)	0.012*** (10.565)
LEV_{t-1}	−0.042*** (−11.109)	−0.046*** (−13.938)	−0.046*** (−15.837)	−0.057*** (−7.208)	−0.042*** (−6.048)	−0.045*** (−7.745)
$RISK_{t-1}$	−0.003*** (−12.330)	−0.003*** (−14.535)	−0.003*** (−16.505)	−0.007*** (−12.285)	−0.007*** (−14.835)	−0.008*** (−17.046)
RGR_{t-1}	0.009*** (7.382)	0.010*** (8.598)	0.011*** (10.799)	0.020*** (6.943)	0.020*** (7.618)	0.025*** (10.691)
$REVC_{t-1}$	0.003*** (3.508)	0.004*** (4.663)	0.003*** (3.996)	0.006*** (2.705)	0.007*** (3.720)	0.007*** (4.188)

续表

变量	ROA_t			ROE_t		
	模型（1）	模型（2）	模型（3）	模型（4）	模型（5）	模型（6）
SEP_{t-1}	0.000 (0.849)	0.000 (0.430)	-0.000 (-0.245)	0.001** (2.371)	0.000** (2.358)	0.000* (1.776)
CBD_{t-1}	-0.004* (-1.821)	-0.003* (-1.672)	-0.002 (-1.197)	-0.007 (-1.621)	-0.008** (-2.299)	-0.004 (-1.337)
BDS_{t-1}	0.001** (2.073)	0.001*** (2.587)	0.001 (1.531)	0.001 (0.581)	0.002** (2.368)	0.001* (1.917)
$AUDIT_{t-1}$	0.014*** (3.974)	0.022*** (7.423)	0.022*** (8.585)	0.085*** (11.484)	0.081*** (12.425)	0.077*** (13.958)
行业效应	控制					
年度效应	控制					
N	8029	10349	13592	8029	10349	13592
R^2（组内）	0.008	0.015	0.022	0.019	0.009	0.012
R^2（组间）	0.212	0.249	0.271	0.275	0.226	0.295
Wald	421.78***	706.35***	975.40***	727.12***	708.53***	1088.06***

注：括号内的数值为异方差稳健标准差，***、**和*分别表示双尾t-检验值/z-检验值在1%、5%和10%水平上统计显著。

表12-2 高管融资决策中防御行为对公司长期业绩的影响

变量	ROA_t			ROE_t		
	模型（7）	模型（8）	模型（9）	模型（10）	模型（11）	模型（12）
常数项	0.360*** (7.791)	0.395*** (6.892)	0.005 (0.366)	0.546*** (4.764)	0.540*** (4.754)	-0.353*** (-14.194)
DCS_{t-3}	-0.005** (-2.488)			-0.007* (-1.909)		
DCS_int_{t-3}		-0.014** (-2.313)			-0.022** (-2.328)	
PAI_{t-3}			-0.004* (-1.764)			-0.011* (-1.863)
行业效应	控制					
年度效应	控制					

续表

变量	ROA_t			ROE_t		
	模型（7）	模型（8）	模型（9）	模型（10）	模型（11）	模型（12）
N	5080	4086	11368	6312	6399	11368
R^2（组内）	0.035	0.050	0.018	0.036	0.035	0.022
R^2（组间）	0.003	0.030	0.244	0.033	0.015	0.281
Wald	13.36***	11.94***	738.51***	10.46***	10.32***	1309.95***

注：括号内的数值为异方差稳健标准差，***、** 和 * 分别表示双尾 t－检验值/z－检验值在 1%、5% 和 10% 水平上统计显著。表中省略其他控制变量结果。

表 12－3　　高管融资决策中防御行为对公司价值及其变动的影响

变量	TQ_t			ΔTQ_t		
	模型（13）	模型（14）	模型（15）	模型（16）	模型（17）	模型（18）
常数项	8.787*** (28.459)	8.458*** (27.230)	7.227*** (34.464)	－0.277 (－1.249)	－6.702*** (－10.548)	－0.346* (－1.862)
DCS_{t-1}	0.113*** (9.702)			－0.026** (－2.337)		
DCS_int_{t-1}		0.315*** (6.475)			－0.278*** (－2.741)	
PAI_{t-1}			0.022 (0.901)			－0.220*** (－7.788)
行业效应	控制					
年度效应	控制					
N	10225	10369	14900	10225	10225	14462
R^2（组内）	0.554	0.555	0.560	0.501	0.269	0.519
R^2（组间）	0.722	0.712	0.723	0.291	0.059	0.369
Wald	15737.08***	15750.14***	22262.32***	9204.11***	265.73***	14525.96***

注：括号内的数值为异方差稳健标准差，***、** 和 * 分别表示双尾 t－检验值/z－检验值在 1%、5% 和 10% 水平上统计显著。表中省略其他控制变量结果。

表 12－4 列示公司混合所有制改革对高管融资决策中防御行为影响的面板数据回归结果。由表可见，公司所有制混合度 OMD_{t-1} 和国有股转让比例 TR_{t-1} 均与高管融资决策中防御行为变量（DCS_{t-1}、DCS_int_{t-1}、PAI_{t-1}）呈负相关关系，且 TR_{t-1} 与 DCS_int_{t-1} 之间系数不显著外，其他变量均显著负相关，整体上支持了假

设2，即混合所有制改革有助于激励高管减少其融资决策中的防御行为，发挥正向的激励效应。

表12-5中分别列示当国有股占比较高或者非国有股占比较高时，所有制混合度对高管融资决策中防御行为的影响。可以看到，$OMDp_{t-1}$均与高管融资决策中防御行为变量（DCS_{t-1}、DCS_int_{t-1}、PAI_{t-1}）呈显著负相关关系，也就是说，当非国有股占比较高时，混合度越高，其在激励高管减少其融资决策中的防御行为的效果越好；而$OMDs_{t-1}$与DCS_int_{t-1}在5%水平上显著负相关、与PAI_{t-1}在10%水平上显著正相关，即当国有股占比较高时，混合度越高，其在激励高管减少其目标资本结构偏离度方面的效果越好，但却会引致更高的私募发行概率。

表12-4　公司混合所有制改革对高管融资决策中防御行为的影响：综合效应Ⅰ

变量	DCS_t		DCS_int_t		PAI_t	
	模型（19）	模型（20）	模型（21）	模型（22）	模型（23）	模型（24）
常数项	-2.485*** (-10.388)	-2.857*** (-8.219)	2.389*** (6.651)	2.011*** (3.087)	0.153** (2.134)	1.093*** (4.821)
OMD_{t-1}	-0.059** (-2.447)		-0.053* (-1.686)		-0.026*** (-2.595)	
TR_{t-1}		-0.082** (-1.980)		-0.051 (-0.649)		-0.062** (-2.261)
行业效应	控制					
年度效应	控制					
N	11117	5693	11983	5836	12011	5903
R^2（组内）	0.050	0.050	0.018	0.015	0.018	0.013
R^2（组间）	0.351	0.063	0.004	0.016	0.069	0.010
Wald	1527.52***	13.89***	7.92***	4.82***	324.25***	4.36***

注：括号内的数值为异方差稳健标准差，***、**和*分别表示双尾t-检验值/z-检验值在1%、5%和10%水平上统计显著。表中省略其他控制变量结果。

表12-5　公司混合所有制改革对高管融资决策中防御行为的影响：综合效应Ⅱ

变量	DCS_t		DCS_int_t		PAI_t	
	模型（25）	模型（26）	模型（27）	模型（28）	模型（29）	模型（30）
常数项	-3.167*** (-5.795)	-2.505*** (-9.583)	0.250*** (2.946)	3.339*** (4.735)	1.354*** (4.691)	0.156* (1.677)

续表

变量	DCS_t		DCS_int_t		PAI_t	
	模型（25）	模型（26）	模型（27）	模型（28）	模型（29）	模型（30）
$OMDs_{t-1}$	0.073 (0.898)		-0.031** (-2.234)		0.092* (1.922)	
$OMDp_{t-1}$		-0.065** (-2.390)		-0.086* (-1.659)		-0.036*** (-2.984)
行业效应	控制					
年度效应	控制					
N	3337	7951	3389	8594	3422	8612
R^2（组内）	0.082	0.023	0.081	0.050	0.016	0.021
R^2（组间）	0.293	0.480	0.408	0.001	0.001	0.068
Wald	577.42***	1478.80***	780.89***	8.01***	3.35***	283.23***

注：括号内的数值为异方差稳健标准差，***、** 和 * 分别表示双尾 t－检验值/z－检验值在 1%、5% 和 10% 水平上统计显著。表中省略其他控制变量结果。

表 12－6 列示了公司混合所有制改革对高管股权激励强度影响的面板数据回归结果。由表可知，国有股转让比例 TR_{t-1} 与公司高管股权激励强度 $EQUITY_t$ 在 1% 水平上呈显著正相关，支持了假设 4。公司所有制混合度 OMD_{t-1} 与公司高管股权激励强度 $EQUITY_t$ 在 1% 水平上呈显著负相关，与假设 4 相悖，可以看到，这种显著的负相关关系主要是由非国有股占比较大的样本数据造成的，因 $OMDp_{t-1}$ 也与公司高管股权激励强度 $EQUITY_t$ 在 1% 水平上呈显著负相关；而当国有股占比较大时，所有制混合度越大，高管股权激励强度也是越大的，但从结果看并不显著。整体而言，混合所有制改革的激励效应主要存在于国有股占比较大的公司中，这类公司随着混合所有制改革的深入，其赋予高管的股权激励会增加，而非国有股占比较大的公司，进行混合所有制改革，对股权激励强度有反向的激励效应。

表 12－6　公司混合所有制改革对高管股权激励强度的影响：激励效应

变量	$EQUITY_t$			
	模型（31）	模型（32）	模型（33）	模型（34）
常数项	0.630*** (9.542)	0.456*** (3.641)	0.453*** (5.208)	0.503*** (5.274)

续表

变量	$EQUITY_t$			
	模型（31）	模型（32）	模型（33）	模型（34）
OMD_{t-1}	-0.076^{***} （-12.326）			
$OMDs_{t-1}$		0.006 （0.547）		
$OMDp_{t-1}$			-0.113^{***} （-13.482）	
TR_{t-1}				0.082^{***} （8.122）
行业效应	控制			
年度效应	控制			
N	10987	3012	7975	5335
R^2（组内）	0.012	0.044	0.018	0.013
R^2（组间）	0.446	0.017	0.470	0.338
Wald	906.49^{***}	2.67^{***}	875.12^{***}	534.32^{***}

注：括号内的数值为异方差稳健标准差，***、** 和 * 分别表示双尾 t－检验值/z－检验值在1%、5%和10%水平上统计显著。表中省略其他控制变量结果。

表12－7列示了公司混合所有制改革对高管股权激励外部公平性影响的面板数据回归结果。可以看到，在正向额外股权激励中，与股权激励强度的结果一致，国有股转让比例 TR_{t-1} 与公司高管正向额外股权激励 $PUFE_t$ 在1%水平上呈显著正相关，支持了假设7。公司所有制混合度 OMD_{t-1} 与高管正向额外股权激励 $PUFE_t$ 在1%水平上呈显著负相关，与假设7相悖，这种显著的负相关关系同样是由非国有股占比较大的样本数据造成的，因 $OMDp_{t-1}$ 也与高管正向额外股权激励 $PUFE_t$ 在1%水平上呈显著负相关；而当国有股占比较大时，所有制混合度越大，高管正向额外股权激励也是越大的，尽管并不显著。在负向额外股权激励中，公司混合所有制改革变量（OMD_{t-1}、$OMDp_{t-1}$、$OMDs_{t-1}$、TR_{t-1}）均与对高管负向额外股权激励 $NUFE_t$ 呈负相关关系，其中 OMD_{t-1} 在5%水平上显著，$OMDp_{t-1}$ 在10%水平上显著，支持了假设7。

表12－8列示了高管股权激励强度对其融资决策中防御行为的影响以及混合所有制改革对两者关系的调节效应。从模型（43）、模型（64）和模型（49）可以看到，高管股权激励强度 $EQUITY_{t-1}$ 与融资决策中防御行为指标（DCS_{t-1}、DCS_int_{t-1}、PAI_{t-1}）均呈负相关关系，其中与 PAI_t 之间负相关关系在10%水平

上显著，支持了假设3。从模型（44）、模型（47）和模型（50）可以看到，高管股权激励强度 $EQUITY_{t-1}$ 与交乘项 $EQUITY_{t-1} \times OMD_{t-1}$ 的系数符号相反，公司股权混合度对于高管股权激励强度与融资决策中防御行为之间的关系具有反向的调节效应，其中，在模型（44）中，$EQUITY_{t-1} \times OMD_{t-1}$ 的系数在10%水平上显著。换句话说，当高管股权激励强度引发更多的融资决策中防御行为时，混合所有制改革能够降低这种效应，而当高管股权激励强度激励高管减少融资决策中防御行为时，混合所有制改革能够加强这种效应。同样地，模型（45）和模型（48）中，高管股权激励强度 $EQUITY_{t-1}$ 与交乘项 $EQUITY_{t-1} \times TR_{t-1}$ 的系数符号也相反，其中模型（45）中 $EQUITY_{t-1} \times TR_{t-1}$ 的系数在10%水平上显著正相关，即国有股转让比例对于高管股权激励强度与融资决策中防御行为之间的负相关关系具有正向的调节效应；而模型（51）中，高管股权激励强度 $EQUITY_{t-1}$ 与交乘项 $EQUITY_{t-1} \times TR_{t-1}$ 的系数符号均为正，且 $EQUITY_{t-1} \times TR_{t-1}$ 的系数在10%水平上显著，表明一旦高管股权激励强度引致高管更多进行私募发行时，国有股权转让后这种效应会更加明显。整体而言，假设5得到支持。

表12－7　公司混合所有制改革对高管股权激励外部公平性的影响：激励效应

变量	$PUFE_t$				$NUFE_t$			
	模型（35）	模型（36）	模型（37）	模型（38）	模型（39）	模型（40）	模型（41）	模型（42）
常数项	1.042*** (10.134)	0.413*** (2.975)	0.785*** (6.023)	1.016*** (6.929)	0.485*** (16.276)	0.418*** (7.499)	0.490*** (13.552)	0.390*** (10.380)
OMD_{t-1}	-0.122*** (-13.632)				-0.011** (-2.468)			
$OMDs_{t-1}$		0.006 (0.340)				-0.004 (-0.430)		
$OMDp_{t-1}$			-0.164*** (-13.588)				-0.010* (-1.711)	
TR_{t-1}				0.112*** (7.732)				-0.000 (-0.022)
行业效应	控制							
年度效应	控制							
N	7143	1872	5271	3409	3048	912	2136	1567
R^2（组内）	0.030	0.050	0.040	0.035	0.372	0.287	0.389	0.319
R^2（组间）	0.449	0.165	0.463	0.350	0.693	0.568	0.691	0.606
Wald	1196.57***	158.47***	1052.88***	655.83***	4161.18***	789.97***	3159.95***	1789.62***

注：括号内的数值为异方差稳健标准差，***、**和*分别表示双尾t－检验值/z－检验值在1%、5%和10%水平上统计显著。表中省略其他控制变量结果。

表 12-8 高管股权激励强度对其融资决策中防御行为的影响：混合所有制改革治理效应

变量	DCS_t			DCS_int_t			PAI_t		
	模型（43）	模型（44）	模型（45）	模型（46）	模型（47）	模型（48）	模型（49）	模型（50）	模型（51）
常数项	-2.841*** (-11.837)	-2.569*** (-10.476)	-2.882*** (-7.743)	1.263*** (5.641)	1.122*** (4.612)	1.737*** (2.630)	0.591*** (4.500)	1.588*** (5.357)	0.173* (1.711)
$EQUITY_{t-1}$	-0.010 (-0.157)	0.115*** (2.791)	-0.139 (-1.418)	-0.049 (-1.499)	-0.073* (-1.806)	-0.042 (-0.238)	-0.058* (-1.688)	-0.041 (-0.994)	0.069*** (3.398)
OMD_{t-1}		0.021 (0.742)			-0.038 (-1.250)			0.002 (0.095)	
$EQUITY_{t-1} \times OMD_{t-1}$		-0.147* (-1.759)			0.071 (0.779)			0.017 (0.279)	
TR_{t-1}			-0.130** (-2.564)			-0.124 (-1.373)			-0.041* (-1.669)
$EQUITY_{t-1} \times TR_{t-1}$			0.234* (1.722)			0.167 (0.690)			0.093* (1.834)
行业效应	控制								
年度效应	控制								
N	12320	10783	5241	12624	11043	5376	12778	11069	5181
R^2（组内）	0.028	0.046	0.043	0.015	0.012	0.011	0.008	0.032	0.005
R^2（组间）	0.074	0.347	0.062	0.026	0.024	0.017	0.002	0.005	0.039
Wald	23.63***	1465.58***	10.70***	206.14***	153.74***	2.81***	6.95***	7.01***	92.36***

注：括号内的数值为异方差稳健标准差，***、** 和 * 分别表示双尾 t-检验值/z-检验值在 1%、5% 和 10% 水平上统计显著。表中省略其他控制变量结果。

表 12-9 列示了高管正向额外股权激励对其融资决策中防御行为的影响以及混合所有制改革对两者关系的调节效应。从表中模型（52）、模型（55）和模型（58）可以看到，正向额外股权激励 $PUFE_{t-1}$ 与融资决策中防御行为指标（DCS_{t-1}、DCS_int_{t-1}、PAI_{t-1}）均呈显著正相关关系，其中模型（52）中 $PUFE_{t-1}$ 的系数在 5% 水平上显著，模型（55）和模型（58）中 $PUFE_{t-1}$ 的系数均在 1% 水平上显著，支持了假设 6，即控制其他因素，高管正向额外股权激励水平越高，公司目标资本结构偏离度和私募发行概率越高。模型（53）中，正向额外股权激励 $PUFE_{t-1}$ 与交乘项 $PUFE_{t-1} \times OMD_{t-1}$ 的系数符号相反，且 $PUFE_{t-1} \times OMD_{t-1}$ 的系数在 10% 的水平上显著负相关，也就是说，当高管正向额外股权激励引发更多的融资决策中防御行为时，股权混合度能够降低这种效应，发挥正面的治理效应；而在模型（59）中，正向额外股权激励 $PUFE_{t-1}$ 与交乘项 $PUFE_{t-1} \times$

OMD_{t-1}的系数符号均为正，且 $PUFE_{t-1}\times OMD_{t-1}$的系数在 10% 的水平上显著，表明股权混合度会对于高管正向额外股权激励与私募发行之间的正相关关系具有正向调节效应，出现负面的治理效应。模型（54）、模型（57）和模型（60）中，正向额外股权激励 $PUFE_{t-1}$与交乘项 $PUFE_{t-1}\times TR_{t-1}$的系数符号相反，且模型（54）中 $PUFE_{t-1}\times TR_{t-1}$的系数在 10% 水平上显著，表明国有股转让对于高管正向额外股权激励与融资决策中防御行为之间的关系具有反向的调节效应，当高管正向额外股权激励引发更多的融资决策中防御行为时，国有股转让能够降低这种效应，而当正向额外股权激励高管减少融资决策中防御行为时，国有股转让能够加强这种效应。整体而言，支持了假设 8。

表 12－9　正向额外股权激励对其融资决策中防御行为的影响：混合所有制改革治理效应

变量	DCS_t			DCS_int_t			PAI_t		
	模型（52）	模型（53）	模型（54）	模型（55）	模型（56）	模型（57）	模型（58）	模型（59）	模型（60）
常数项	-1.961*** (-7.126)	-1.955*** (-8.103)	-1.686*** (-6.670)	0.398*** (9.676)	0.366*** (7.322)	0.862*** (5.347)	0.284*** (3.034)	0.226** (2.527)	0.311** (2.171)
$PUFE_{t-1}$	0.071** (2.071)	0.089** (2.508)	-0.005 (-0.128)	0.017*** (2.835)	0.004 (0.499)	-0.007 (-0.324)	0.029*** (2.640)	0.029* (1.865)	0.067*** (2.776)
OMD_{t-1}		0.037 (1.155)			-0.007 (-1.029)			-0.036** (-2.034)	
$PUFE_{t-1}\times OMD_{t-1}$		-0.125* (-1.758)			0.014 (0.839)			0.079* (1.926)	
TR_{t-1}			-0.060 (-1.086)			0.012 (0.763)			0.020 (0.544)
$PUFE_{t-1}\times TR_{t-1}$			0.169* (1.749)			0.007 (0.231)			-0.017 (-0.278)
行业效应	控制								
年度效应	控制								
N	8141	7206	3391	8308	7350	3468	8316	7447	3472
R^2（组内）	0.028	0.036	0.018	0.098	0.116	0.131	0.019	0.005	0.009
R^2（组间）	0.114	0.149	0.097	0.192	0.342	0.141	0.083	0.039	0.050
Wald	418.41***	510.30***	212.23***	1179.00***	1668.40***	9.25***	321.70***	146.58***	112.35***

注：括号内的数值为异方差稳健标准差，*** 、** 和 * 分别表示双尾 t－检验值/z－检验值在 1%、5% 和 10% 水平上统计显著。表中省略其他控制变量结果。

表 12－10 列示了高管负向额外股权激励对其融资决策中防御行为的影响以

及混合所有制改革对两者关系的调节效应。从模型（64）和模型（67）可以看到，负向额外股权激励 $NUFE_{t-1}$ 与融资决策中防御行为指标（DCS_int_{t-1}、PAI_{t-1}）均呈显著负相关关系，其中模型（64）中 $NUFE_{t-1}$ 的系数在1%水平上显著，模型（67）中 $NUFE_{t-1}$ 的系数在10%水平上显著，模型（61）中负向额外股权激励 $NUFE_{t-1}$ 与目标资本结构偏离度呈正相关关系，但并不显著。支持了假设6。模型（62）和模型（65）中，负向额外股权激励 $NUFE_{t-1}$ 与交乘项 $NUFE_{t-1} \times OMD_{t-1}$ 的系数符号相同，且模型（62）中，$NUFE_{t-1} \times OMD_{t-1}$ 的系数在5%的水平上显著，而模型（65）中 $NUFE_{t-1} \times OMD_{t-1}$ 的系数在10%的水平上显著，也就是说，当高管负向额外股权激励引发更多的融资决策中防御行为时，股权混合度能够加强了这种负面效应，而当高管负向额外股权激励高管减少融资决策中防御行为时，股权混合度能够弱化了这种正面效应。尽管如此，考虑到混合所有制改革以后，高管负向额外股权激励显著降低了，这种负面的治理效应会比较弱。而在模型（68）中，负向额外股权激励 $PUFE_{t-1}$ 与交乘项 $PUFE_{t-1} \times OMD_{t-1}$ 的系数符号相反，且 $PUFE_{t-1} \times OMD_{t-1}$ 的系数在10%的水平上显著负相关，表明股权混合度会对于高管负向额外股权激励与私募发行之间的正相关关系具有反向调节效应，能够发挥正面的治理效应。支持了假设8。

表12-10 负向额外股权激励对其融资决策中防御行为的影响：混合所有制改革治理效应

变量	DCS_t			DCS_int_t			PAI_t		
	模型（61）	模型（62）	模型（63）	模型（64）	模型（65）	模型（66）	模型（67）	模型（68）	模型（69）
常数项	-2.984*** (-5.239)	-3.387*** (-5.142)	-3.157*** (-4.136)	1.263*** (4.327)	0.986*** (4.592)	1.385*** (4.417)	0.867** (2.303)	0.003 (0.013)	-0.078 (-0.376)
$NUFE_{t-1}$	0.160 (0.938)	0.119 (0.519)	0.714*** (2.869)	-0.292*** (-3.898)	-0.057 (-0.726)	-0.057 (-0.751)	-0.131* (-1.697)	0.010 (0.100)	0.010 (0.086)
OMD_{t-1}		-0.113 (-1.156)			-0.023 (-0.974)			0.075** (2.152)	
$NUFE_{t-1} \times OMD_{t-1}$		0.906** (1.987)			-0.211* (-1.679)			-0.264* (-1.672)	
TR_{t-1}			0.368** (2.190)			0.042 (0.961)			-0.002 (-0.034)
$NUFE_{t-1} \times TR_{t-1}$			-0.066 (-0.071)			0.243 (0.912)			-0.204 (-0.622)

续表

变量	DCS_t			DCS_int_t			PAI_t		
	模型（61）	模型（62）	模型（63）	模型（64）	模型（65）	模型（66）	模型（67）	模型（68）	模型（69）
行业效应	控制								
年度效应	控制								
N	3761	1019	872	3885	3341	1763	3892	1549	1765
R^2（组内）	0.08	0.139	0.182	0.062	0.068	0.079	0.016	0.030	0.022
R^2（组间）	0.354	0.222	0.448	0.050	0.022	0.021	0.002	0.042	0.053
Wald	791.90***	249.18***	442.34***	217.35***	178.65***	88.36***	1.69**	59.11***	74.33***

注：括号内的数值为异方差稳健标准差，***、** 和 * 分别表示双尾 t－检验值/z－检验值在 1%、5% 和 10% 水平上统计显著。表中省略其他控制变量结果。

12.5　进一步分析：股权分置改革效应

推行混合所有制的改革实践中，通常是先上市，然后在企业内部推行员工持股计划，之后再引进其他民营资本。可以说，对于大多数改制中的国有企业来说，股权分置改革是混合所有制改革能够顺利实施的先行条件，对股改的影响进行检验也是题中之义。2005 年之前，我国上市公司整体处于股权分置状态，国有控股股东所持有的股份多为非流通股，不能进入二级市场交易，非流通的控股股东不关心企业市场价值，由其挑选的高管在决策时自然不重视二级市场股价中蕴含的信息，因而，最优资本结构所蕴含的公司价值最大化难以成为高管激励契约的对象。反而剥离国有企业不良债务、降低财务风险等宏观层面的改革导向会成为高管激励的目标。应该说，这在当时的历史背景下，是符合现实需要的，1997 年亚洲金融危机至 2004 年股权分置改革前夕，我国国有企业空前的财务困局确实需要一场大规模、单方向的改革攻坚战以实现扭亏脱困的目标（Sun & Tong，2003）。但股改之后，可以预期，国有企业将会回归价值创造的终极目标，而高管被激励的方向也会是资本结构的动态优化，而不再是单方向地降低债务融资水平。特别是旨在消除非流通股与流通股制度差异的股权分置改革增强了上市公司股东之间利益基础的一致性，改善了公司治理水平，更能促进这种转变。例如，有研究表明，股权分置改革减少了由于终极控制人两权分离导致的上市公司过度负债行为，控股股东通过多种渠道“掏空”上市公司的行为会得到抑制（Liu & Tian，2012）。综上，本研究预期，在股改前，国有企业高管股权激励越大，企业财务杠杆反而会越低，激励机制出现错配，这种效应在股改后会降低；而股改后，高管股权激励会抑制高管融资决策中的防御行为，以最优资本结构为目标，同样地，这种效应在股改前会相对较弱，甚至不存在。如果以上理论预期得到支持，就能更好地理解为什么在整个样本期间内，观测不到国有企业高管股权激励在降低目标资本结构偏离度上的效应。本章这部分引入股权分置改革变量，对其激励和治理双重效应及其综合效应进行检验，结果见表12-11、表12-12、表12-13，整体上支持了前文主要结论。

表12-11　股权分置改革对高管融资决策中防御行为的影响：综合效应

变量	DCS_t 模型（70）	DCS_int_t 模型（71）	PAI_t 模型（72）
常数项	-2.192*** (-8.650)	0.891*** (5.323)	0.083 (1.354)
$REFORM_{t-1}$	-0.050** (-2.431)	-0.011 (-0.663)	0.036*** (5.428)
行业效应	控制		
年度效应	控制		
N	13358	13684	13720
R^2 - within	0.035	0.017	0.008
R^2 - between	0.288	0.041	0.050
Wald	1241.81***	273.18***	188.47***

注：括号内的数值为异方差稳健标准差，***、**和*分别表示双尾t-检验值/z-检验值在1%、5%和10%水平上统计显著。表中省略其他控制变量结果。

表12-12　股权分置改革对高管股权激励的影响：激励效应

变量	$EQUITY_t$ 模型（73）	$PUFE_t$ 模型（74）	$NUFE_t$ 模型（75）
常数项	0.645*** (11.055)	1.075*** (11.326)	0.445*** (18.021)
$REFORM_{t-1}$	-0.045*** (-10.597)	-0.062*** (-10.814)	0.008*** (2.671)
行业效应	控制		
年度效应	控制		
N	12566	8060	3581
R^2 - within	0.018	0.050	0.386
R^2 - between	0.408	0.399	0.694
Wald	828.53***	1121.62***	4952.78***

注：括号内的数值为异方差稳健标准差，***、**和*分别表示双尾t-检验值/z-检验值在1%、5%和10%水平上统计显著。表中省略其他控制变量结果。

表 12-13 高管股权激励对其融资决策中防御行为的影响：股权分置改革治理效应

变量	DCS_t			DCS_int_t			PAI_t		
	模型（76）	模型（77）	模型（78）	模型（79）	模型（80）	模型（81）	模型（82）	模型（83）	模型（84）
常数项	-2.335*** (-8.698)	-2.434*** (-7.265)	-8.455*** (-10.066)	1.261*** (5.582)	0.384*** (9.152)	1.445*** (3.180)	1.023*** (4.493)	0.306*** (3.252)	1.370*** (4.031)
$REFORM_{t-1}$	-0.009 (-0.301)	0.013 (0.441)	-0.060 (-1.160)	-0.013 (-0.510)	-0.002 (-0.352)	0.042 (1.074)	0.063*** (5.619)	-0.007 (-0.448)	0.018 (0.507)
$EQUITY_{t-1}$	0.113** (2.099)			-0.047 (-1.022)			-0.013 (-0.335)		
$EQUITY_{t-1} \times REFORM_{t-1}$	-0.081* (-1.710)			-0.010 (-0.239)			-0.046* (-1.945)		
$PUFE_{t-1}$		0.033 (0.463)			0.021*** (2.632)			0.003 (0.144)	
$PUFE_{t-1} \times REFORM_{t-1}$		-0.075* (-1.689)			-0.007 (-0.935)			0.043** (1.984)	
$NUFE_{t-1}$			0.635*** (3.378)			-0.393*** (-4.506)			-0.291* (-1.936)
$NUFE_{t-1} \times REFORM_{t-1}$			0.408** (1.972)			-0.243** (-2.535)			0.210 (1.401)
行业效应	控制								
年度效应	控制								
N	12320	8141	2082	12624	8308	2163	12657	8316	3907
R^2 - within	0.036	0.026	0.110	0.015	0.098	0.124	0.014	0.018	0.043
R^2 - between	0.288	0.039	0.118	0.026	0.194	0.073	0.001	0.089	0.003
Wald	1197.71***	11.23***	11.30***	207.00***	1182.76***	220.64***	4.64***	330.55***	4.86***

注：括号内的数值为异方差稳健标准差，***、** 和 * 分别表示双尾 t-检验值/z-检验值在 1%、5% 和 10% 水平上统计显著。表中省略其他控制变量结果。

12.6 小　　结

本章以 1999~2015 年间 A 股上市公司为初始样本，运用中国企业特有的所有权结构特征和混合所有制改革的外生冲击，研究结果表明：

第一，公司目标资本结构偏离度和私募发行概率越大，公司的短期业绩越好，但长期业绩和公司价值越低。控制其他因素，公司所有制混合度和国有股转让比例越高，目标资本结构偏离度和私募发行概率越小，公司的长短期业绩和公司价值越高。我国混合所有制改革总体效应符合改革顶层设计的基本预期；

第二，公司所有制混合度和国有股转让比例越高，公司高管股权激励强度和正向额外股权激励水平越高；而负向额外股权激励越低。混合所有制改革后，公司给予高管的股权激励总体水平在提高，并且为了减少高管进行行业比较时产生的负面激励效应，正向额外股权激励显著提高，而负向额外股权激励水平下降，行业比较总体上推高了股权激励授予强度；

第三，控制其他因素，高管股权激励强度越大，公司的目标资本结构偏离度和私募发行概率越小，并且公司所有制混合度和国有股转让比例对高管股权激励强度与目标资本结构偏离度和私募发行概率之间的负相关关系具有正向调节效应，混合所有制能够发挥正面的治理效应；

第四，高管正向额外股权激励水平越高，公司目标资本结构偏离度和私募发行概率越高；反之，高管负向额外股权激励水平越高，公司目标资本结构偏离度和私募发行概率越低，并且公司混合所有制改革对高管额外股权激励与目标资本结构偏离度和私募发行概率之间的相关关系具有负向调节效应，能够发挥正面的治理效应。

总之，本章论证了动态权衡理论的适用性以及在改革的特定历史时期的偏离，对于深化中国现实体制背景下国有企业改革的目标指向、建立并完善国有企业内部治理机制，加强企业文化建设，制定和实施有效的股权激励计划，不断优化资本结构、提升公司价值，促进资本市场健康发展具有重要的现实意义。

第 13 章

结论与展望

13.1 研究结论与启示

中国经济改革 40 年来的最大成就是为选择市场经济带来的经济高增长，但这种体制所带来的负面效应也日益彰显，比如收入分配不公平、不合作、短期性经济决策、“仇富”心理及行为等不和谐的社会问题。党的十九大报告明确提出“我国社会主要矛盾已经转化为人民日益增长的美好生活需要和不平衡不充分的发展之间的矛盾”，这是对当前我国基本国情的一个新的深刻认识，有着科学的实践基础和客观依据。如何在持续发展经济的同时实现真正意义上的和谐社会至关重要，通过引入和运用社会偏好效用理论，引导个体形成亲社会性偏好，减少其帕累托破坏性的社会偏好，在微观组织内部形成坚实的制度信任机制，可以更好地解决我国经济改革和转型中存在的问题。研究个体社会偏好和行为特征，既是对漫长历史沉淀下来的文化传统、道德规范、习俗礼仪及其在不同组织中的表现的重视，也是对于它们在降低整个社会交易成本中扮演的角色的重视，更是中国特色社会主义进入新时代的新的历史方位中，倡导文化自信的题中之意。

本书旨在探讨嵌入个体社会偏好的经济机制如何在组织效率中起作用的，以及组织怎样营造能够塑造亲社会性偏好的文化环境，更好地实现现代化转型。薪酬契约是委托代理理论的核心，其对公司管理层行为的激励也一直是学术研究的热点。为了分析我国企业薪酬契约的激励效应，本书在简单回顾有关社会偏好的几种主要的形式后，基于一组实验研究，甄别了我国企业文化情境下管理层各种社会偏好相对强度，在这个基础上，构建一个纳入管理人员社会偏好的理论模型，对于模型中得到的相关命题和推论，本书一方面采用问卷调查的数据，直接进行检验；另一方面，基于我国 A 股上市公司 2001 ~ 2016 年公开的薪酬数据，采用有关社会偏好替代的衡量方式，对模型的命题和推论进行了系统地检验。

中国企业组织根植于传统儒家文化中，管理者对组织工作环境的认知和社会偏好有其特殊性，在本书实验研究部分，主要立足于我国企业文化情景下的实验数据，以310位企业管理人员作为实验对象，通过一组独裁者博弈实验和两组策略博弈实验共9610次分配决策，从各种决策方案之间比例关系的变化分析各种社会偏好及其融合形式的相对普遍性，进而深入分析各种方案之间的收益成本大小变化以及实验对象对其进行的权衡又揭示了各种社会偏好的相对强度。研究发现，我国企业经理人员具有较明显的公平性偏好、准最大最小偏好、积极互惠主义偏好、利他主义偏好等社会偏好中积极的一面，而帕累托破坏性偏好在比例和强度上都较低，这与我国文化中强调"中庸""仁和""谦让"与"容忍""知恩图报"；回避不平等、反对以牙还牙的报复等不谋而合，表明我国经理人员信任结构具备建立在亲社会性偏好基础上的特殊信任特征。

在理论模型的构建和检验部分，本书主要关注管理层薪酬结构中随业绩变动的那部分薪酬（包括现金货币中变动部分、股权、期权激励以及部分控制权收益等），理论模型揭示了由于不同产权基础的公司赋予控制权收益不同权重，在提供这部分薪酬上具有系统性的差异，这种差异会内生地吸引到社会偏好类型和能力结构不同的经理人员，从而对于被激励对象的组织承诺、公司业绩表现、公司价值等产生系统的差异。本书在理论模型构建以后，基于实验数据和问卷调查数据对这些基本命题进行了检验和分析，结果支持了由模型得到的命题和推论。"产权—偏好—合约"内生配置模型的政策含义在于：

第一，在劳动力市场上，应加强异质性的人力资本与不同股权结构公司之间的配置效率。股权结构决定了公司能够提高什么样的契约，而特定的薪酬契约/报酬的心理契合度只有与特定偏好的人力资本匹配才能发挥激励效应。配置效率的低下部分地由于激励机制的扭曲，例如国有控股公司高吸引力的薪酬合约里包含了很大一部分"免费的"制度性红利，可能会使得分散持股的公司所提供的相对高浮动薪酬的合约对能力高、有利不公平厌恶偏好高的经理人员缺乏应有的吸引力，从而形成低效的配置。

第二，公司应结合被激励对象的社会偏好类型进行薪酬机制设计，以更好地发挥其治理效应，减少反激励效应。企业管理者社会偏好倾向能够通过两条路径影响其组织承诺，进而发挥公司治理效应：一是通过影响报酬契约等激励机制的效率发挥作用；二是社会偏好本身直接影响个体的行为决策。但这两条路径并不总是激励相容的，有些情景下，它们甚至是相悖的。例如，管理者积极互惠偏好作为友好型社会偏好类型能够提高其组织承诺，但它却会弱化报酬契约的激励效果；管理者竞争性偏好能够强化报酬契约的激励效果，但它却可能引致其选择增加自身相对利益而使得团队总福利下降的帕累托破坏行为等。再如，针对有利不公平厌恶偏好强的经理人，提高薪酬合约的斜率能获得更好的激励效果，而对于不利不公平厌恶偏好强的经理人，更为公平的薪酬更适宜。对于有多个激励对象的公司，在薪酬设计的时候，不仅要关注薪酬本身的公平性，也要对分配过程的公平性给予足够的重视，以提高团队工作绩效。实际上，并不存在一种适用于所有状态的“完美”治理机制，根据企业所处的不同发展阶段以及内外环境，引入相机选择的动态治理机制，才能最大程度发挥社会偏好在企业资源配置上的积极效应。考虑个体偏好的机制设计能在促进社会公平的同时又不以损害经济效率为代价。

第三，加强企业文化建设，塑造管理人员公平性偏好。本书发现，性别、年龄、受教育程度、管理层级等个体特征及规模等企业特征显著影响管理者社会偏好倾向；另外，控制激励契约结构因素，管理者利他偏好、社会福利偏好、有利不公平厌恶偏好和积极互惠偏好等友好型社会偏好倾向越强，组织承诺越高，企业绩效越好，反之亦然。也就是说，公司人力资源部门可以通过顶层制度的设计、内外环境的营造、企业文化的构建、公司治理机制以及人力资源制度等的完善，来塑造被激励对象的社会偏好，引导、培育管理者形成友好型社会偏好，激发其选择亲社会行为，从而降低激励相容契约制定和执行成本。正如米尔格罗姆和罗伯茨（Milgrom & Roberts，1992）所指出的，很大一部分公司的人力资源部门都将管理目标确定在塑造员工的偏好。

下篇主要是理论的运用。本书首先从产权视角分析了企业内部薪酬差距的公司治理效应。研究发现，相对于分散持股或者股权制衡的公司，国有控股公司和家族控股公司管理层内部薪酬差距都与主营业务利润率的变化呈正相关关系，支持了锦标赛理论。相对于分散持股或者存在股权制衡的公司，国有控股公司和家族控股公司管理层与员工之间薪酬差距都与主营业务利润率的变化呈负相关关系，而且在国有控股企业中表现更为明显，与管理层内部薪酬差距不同，管理层和员工之间的薪酬差距在企业里支持了行为理论。相对于分散持股或者存在股权制衡的公司，集中股权公司内部薪酬差距与公司业绩呈负相关关系，与行为理论学派得到的结论一致。企业内部薪酬差距能够为股东带大更多的投资回报率，体现为锦标赛理论，但对公司总资产收益率却体现为负向的激励效应，而且在国有控股企业中这种负向效应更强。相对于分散持股或者存在股权制衡的公司，股权集中的公司内部薪酬差距与公司与管理层经营效率正相关。这种效应在国有控股企业中表现比在家族控股企业中更加明显，支持了锦标赛理论，而不支持行为理论。另外，管理层与员工之间薪酬差距对公司经营效率的影响并不明显。通过数据包络分析发现，相对于分散持股或者存在股权制衡的公司，集中股权公司内部薪酬差距的提高能够促使管理层进行更多的固定资产投资，但对其经营管理水平的改进具有负向的影响，使得整体上内部薪酬差距对全要素生产率不起作用，这种效应在国有控股企业中更加明显。总体而言，相对于分散持股或者存在股权制衡企业，集中股权企业中管理层内部薪酬差距、管理层和员工之间薪酬差距对公司价值都具有显著的负面影响，与理论预期一致。

在对货币薪酬外部公平性研究中，本书研究发现，正向额外薪酬与国有控股企业和家族控股企业的公司业绩都存在负相关关系，体现为管理层权力理论下的预期，而负向额外薪酬与国有控股企业和家族控股企业的公司业绩都存在负相关关系，体现为利益协同效应。相对于分散持股或者存在股权制衡的公司，负向额外薪酬与国有控股企业经营效率存在正相关性，这说明在负向额外薪酬下在国有控股企业中也体现为"利益协同"效应。负向额外薪酬与家族控股公司经营效率不存在显著的相关性。相对于分散持股或者股权制衡的公司，国有控股公司和家族控股公司正向额外薪酬都与公司价值呈负相关关系，支持了行为理论下的预期，具有反向激励效应。相对于分散持股或者存在股权制衡的公司，负向额外薪酬与国有控股企业、家族控股企业公司价值不存在相关性。

在对股权激励外部公平性研究中，本书研究发现，相对于分散持股或者存在股权制衡的公司，国有控股公司和家族控股公司管理人员正向额外控制权收益与公司业绩都呈正相关关系，体现为控制权收益效率观下的预期，即对显性薪酬具有互补效应。相对于分散持股或者存在股权制衡的公司，国有控股公司管理人员负向额外控制权收益与公司业绩正相关，体现为对显性薪酬的替代效应。负向额外控制权收益在家族控股企业中体现为控制权收益代理观下的预期，这可能是由于目前我国有很大一部分家族控股企业仍然处于第一代企业家控制下，大股东本身也是公司的管理层，使得其有动机通过摄取控制权收益来达到私人的目的，但却不一定对公司有益。相对于股权分散或者存在股权制衡的公司，正向额外股权激励与家族控股公司的经营效率显著正相关、与国有控股公司的经营效率显著负相关，而负向额外股权激励与家族控股公司和国有控股企业的经营效率都显著正相关。也就是说，股权激励外部公平性在家族控股企业中体现为"利益协同"效应（最优契约论），而在国有控股企业中体现为"壕沟"效应（管理层权力论）。进一步的研究表明，正向额外股权激励下，家族控股公司的经营效率的提高主要体现在规模效率的改进上，也就是说，我国上市家族公司在"做强做大"方面具有较大的空间。而国有控股公司的经营效率的下降主要源自纯技术效率变动，也就是管理层工作效率的下降。此外，数据也表明国有控股公司在规模效率改进上具有显著的优势；而在负向额外股权激励下，基于数据包络分析的结果均不显著。另外，相对于分散持股或者股权制衡的公司，国有控股公司和家族控股公司正向额外股权激励都与公司价值呈正相关关系，体现为最优契约理论下的预期。

在对控制权收益外部公平性研究中，本书研究发现，相对于分散持股或者存在股权制衡的公司，正向额外控制权收益对国有控股企业和家族控股企业经营效率都具有积极影响，体现为"利益协同"效应。负向额外控制权收益与家族控股公司经营效率存在正相关关系，说明负向额外股权激励在家族控股企业中也体现为“利益协同”效应。数据包络分析表明，国有控股企业中，正向额外控制权收益有助于提高公司的全要素生产率，这主要得益于纯技术效率的提高和技术变动指数的提高。相对于分散持股或者存在股权制衡企业，在国有控股企业和家族控股企业中管理层负向额外控制权收益都对技术变动指数具有反向激励效应，使得其与全要素生产率呈负相关关系，虽然不显著。此外，相对于分散持股或者存在股权制衡的公司，国有控股公司管理人员正向额外控制权收益与公司价值负相关，而家族控股公司管理人员正向额外控制权收益与公司价值正相关。两类企业中，正向额外控制权收益均与公司价值及其变动量不存在显著相关关系。以上结论的政策含义在于：第一，要从根本上把高管控制权收益绝对额控制在一个有效率的水平，需要从整个市场或者至少从整个行业的规制上着手，而不仅仅是单一企业。监管部门要不断提高监管水平和完善中小投资者法律保护体系，进一步提高外部治理的有效性。第二，对于单一企业内部治理来说，则需要在控制权收益的绝对额和额外控制权收益两者间权衡利弊，制定科学合理的高管控制权收益管理办法，杜绝非法收入和铺张浪费，维持一个较优的私人控制权收益水平。第三，从长期来说，不管是外部监管政策还是内部治理，都应积极改善比例集中和性质集中的股权分布结构，形成控制权的内部有效制衡和监督，从根源上抑制高管过度自利行为，改善由于广泛存在于企业组织中的“内部人控制”所带来的激励非效率问题。

本书前面章节主要提供了在考虑被激励对象社会偏好的情况下，薪酬契约与管理者组织承诺、努力程度、公司业绩、经营效率、全要素生产率、公司价值等方面的因果关系，即薪酬契约在激励代理人“是否做对委托人有利的事情”方面进行相应的理论解释与经济后果分析，但这并不必然意味着同样的薪酬契约形式在激励代理人“是否不做对委托人不利的事情”方面也符合相应的理论预期，管理者在努力工作、提高公司业绩的同时也很有可能进行更多的管理防御行为，如过度投资、盈余管理、超额现金持有等。为了更加全面地考察薪酬契约的经济后果，第 10 章以公司信息披露中的防御行为为例子，检验内部薪酬差距在激励代理人减少不利于委托人利益的应计盈余管理方面，是否也符合锦标赛理论，具有正向的激励效应？结果表明，与大多数检验内部薪酬差距与代理人努力程度、工作绩效、公司业绩、公司价值等关系（张正堂，2008；刘春和孙亮，2010；周权雄和朱卫平，2010）的结论不同，在我国股权集中公司较为普遍的制度背景下，社会比较理论比锦标赛理论能更好地解释内部薪酬差距与应计盈余管理行为之间的关系，并且管理层权力内生于盈余管理行为，成为内部薪酬差距扩大的成因之一，也就是说，内部薪酬差距的机制设计并不能降低高管的盈余管理行为，发挥正向的激励效应，相反，它导致了管理者更大的防御动机。以上结论的政策含义：第一，在我国当前制度背景下，内部薪酬差距在激励代理人“是否不做对委托人不利的事”方面并不能发挥最优契约理论下锦标赛激励效应的预期，公司在进行薪酬激励机制设计时，必须审慎地运用薪酬差距这一激励机制。第二，公司在进行薪酬机制设计时，对于高管团队内部薪酬差距而言，应尽可能地使得高管团队内部薪酬相对差距变大的同时，使绝对差距不变或者变小；而对于高管与员工间的薪酬差距，由于不管是绝对差距还是相对差距，都不能抑制高管的盈余管理行为，应将其控制在一个合理的水平。第三，内部薪酬差距在激励代理人“是否不做对委托人不利的事情”方面符合社会比较理论下的预期，即产生反向激励效应，有助于重新反思薪酬制度改革的思路：市场化改革是必要的，但是基于我国这样一个集体主义和平均主义传统强大的市场环境，在效率优先的同时，一定要兼顾公平。第四，管理层权力的存在，在一定程度上扭曲了薪酬机制的激励效应，甚至使得激励工具沦为高管“沟壑”的手段。从长远来看，不管是外部监管政策还是内部治理，都应积极改善比例集中和性质集中的股权分布结构，形成控制权的内部有效制衡和监督以及外部的经理人市场机制或者接管机制，以降低达到激励相容契约效果的交易成本。

本书下篇的最后两章主要是试图将理论运用于“齐家”与“治国”的故事里，即我国制度背景下两类重要的股权性质企业——国有控股企业和家族控制企业——现代化转型期所面临的核心问题及管理层激励在其中所扮演的角色。其中，在第 11 章核心讨论现代化转型期“齐家”的制约因素在于家族企业如何将建立在传统差序格局上的家族信任向制度信任转变，以更好地吸纳和集成新的管理资源来支撑企业的发展。可以说，随着外源性制度信任供给的逐步改善（宏观政策、行业法规、经理人市场等），外部环境相对变得有利于中国民营家族企业的生存和发展，内源性制度信任的建构正逐渐成为决定家族企业现代化转型成败的关键因素。在这一章里，本书提出，嵌入个体社会偏好的内源性制度信任机制设计是转型期家族企业制度信任建构的可行路径。这样的信任建构满足如下两点原则：一是使得各项机制的制定和实施建立在正式的契约之上，并使其制度化；二是保留了差序格局下人际信任治理的合理内核。尽管如此，如何将被激励对象社会偏好结构嵌入到正式制度和非正式制度中，对于业主来说是任重道远的，虽然本书对于制度信任评价指标体系的构建给出了初步设想，但核心难题还在于对家族企业实际管理情境的把握。面临着内外环境的不确定性，即使是经验丰富的业主也不免陷入两难的困境，例如，当企业的经济利益与家族利益产生冲突时，应该如何取舍是业主或者继承人的重要决策之一。作为上市家族企业“两难”取舍的一点经验证据，本书提供了家族涉入度与国际化战略之间关系的实证分析，重点关注利他主义偏好在这种权衡中所扮演的角色。

第 12 章核心讨论全面深化改革阶段，“治国”的制约因素在于如何在资产的使用权与收入享有权改革的基础上，实现产权可转移性的释放，形成对产权价值的合理预期以更好地发挥产权的专业化比较优势，进而改进国有企业治理效率。这种比较优势的一个重要表现就在于：完善法人治理结构及代理人的选择和激励机制。本书重点关注代理人社会偏好在这个过程中所扮演的角色。毋庸置疑，国企改革过程中，也伴随着发展不充分不平衡的新问题、新情况。例如，国企内部“行政高管”与“市场高管”的差异，国企与民企生存环境变化下代理人所面临激励契约的差异、他们对这些契约评价高低的差异等，均会影响到激励契约效率。本书以国企高管股权激励对其融资决策中的管理防御行为的影响为例，探讨混合所有制激励和治理双重效应，为以吴敬琏、张维迎和刘小玄等为代表的学者们关于“改制是通过完善法人治理结构，形成有效的利益激励机制和高管选择机制来解决国有企业低效问题”的改革观点提供了更为直接的检验。具体而言，主要提供了如下三方面问题的经验证据：(1) 考察混合所有制改革对管理防御行为的影响及经济后果，即检验混合所有制改革的综合效应；(2) 运用混合所有制改革前后股份流通权约束变化形成的独特“自然实验”条件，考察高管股权激励强度对管理防御行为的影响及经济后果，并进一步分离混合所有制改革的激励效应和治理效应；(3) 基于行为理论和社会比较理论，深入分析高管公平性偏好这一根植于中国文化传统的社会偏好类型对于激励机制设计的重要含义，检验高管股权激励外部公平性对管理防御行为的影响及经济后果，并进一步分离混合所有制改革的激励效应和治理效应。研究表明，国有企业产权制度改革系统性地改变了签约前赋予代理人激励合约中报酬绝对额度和相对公平性，也改变了激励合约签订后执行的效率。

13.2 研究局限与展望

本书还存有许多不足。

第一，从方法论上讲，正如序言前言和导论所述，本书的研究方法是经验性的，遵循实证科学方法论，将中国文化传统所塑造的个体偏好和多样化的行为视为建立特定组织中人们会如何行动的一般知识所需格之“物”，即经验的积累。因此，本书所提供经验证据，在空间上是局部的，在时间上是有限，离开了特定的样本范围和样本期间，本书的结论可能被证伪。实证研究结论的价值只在于：在它被证伪之前，它能够解释局限条件下不断出现的实践。关于文化与人性的研究，除了实证科学方法论，人类历史上还有很多的哲学体系，例如古希腊的理性之光、中国心性儒学传统等，但不管是哪一种认识论，经验的积累都是知识构建的基础，从这个角度上看，本书的经验证据作为理解现代化转型期中国企业文化情境下个体社会偏好也是有益的。

第二，人群中社会偏好分布应该呈现“色谱”般连续的性质，并不存在泾渭分明的、离散的偏好类型。因此，有些个体的行为倾向未必能够对应本书重点分析的几种类型的社会偏好。尽管本书也介绍了不同社会偏好的融合形式，但相应的经验证据并不多，仍需后续进一步研究。另外，理论运用部分，本书主要是以公平性偏好为例，阐述社会偏好在激励契约中的作用机理。尽管公平性偏好在中国文化制度背景下有着最为深厚的基础（第 3 章实验结果也表明这一点），激励合约最重要的作用也是为“什么是公平”设定了一个参照物，但是，如果能够进一步提供互惠、利他等偏好倾向的大样本经验证据，同样是很有意义的。

第三，实践中，对代理人的激励，除了货币薪酬、股权激励、控制权收益外，还有诸如内部晋升、发展空间、内部人交易收益、政治晋升、表扬表彰等正式的或者非正式的制度，这些激励形式本书并未一一加以研究，受限于数据的可得性，也未能对其加以控制，这不可避免地会影响本书结论的稳健性。当然，本书许多部分的研究中，已经通过运用差分模型、事件研究、固定效应模型等计量策略，尽可能地降低这方面的影响。

第四，“格物、致知、诚意、正心、修身、齐家、治国、平天下”，从本书的结构来看，“格物致知”和“诚意正心”讲的是研究的方法论，“齐家”重点关注家族企业现代化转型中如何重构信任关系问题，“治国”问题上侧重关注国有企业所有制改革效率方面的问题，但“平天下”视角，即涉及组织国际化交流、跨国投融资、跨国经营等问题，不同产权制度中个体行为的差异性及其经济后果，本书并没有过多涉及。随着我国进一步深化改革开放，越来越多的企业将走出国门，参与世界产业链分工合作，随着交易增多，不同文化背景的人将会在一起工作，他们的互动将会越来越频繁，因此社会偏好差异的冲突及其影响预期会更为凸显，因此，这个方向也是未来需要进一步探索的。

第五，本书在理论的运用方面的研究仍有不足。尽管下篇的经验证据均来自A 股上市公司，但是大样本的实证研究只在平均意义上解释现象。随着大数据、云计算、人工智能等技术的飞速发展，新的商业模式和合约形式不断出现，国内外不确定性因素瞬息万变，亦步亦趋的“模仿”导致失败的概率大大提高了，那些“平均意义”之外的极端值样本可能才是创新的源泉，是未来的方向。因此，走进企业，在把握个案管理的实际情景的基础上进行机制设计，再提炼出一般化的可证伪命题，变得越来越紧迫。

参 考 文 献

中文参考文献

[1] 保罗·格莱姆齐．决策，不确定性和大脑：神经经济学［M］．北京：中国人民大学出版社，2010.

[2] 毕立华，张俭，杨志强，石本仁．家族涉入程度，环境不确定性与技术创新［J］．南方经济，2018（5）：85-103.

[3] 步丹璐，蔡春，叶建明．高管薪酬公平性问题研究：基于综合理论分析的量化方法思考［J］．会计研究，2010（5）：39-46.

[4] 白重恩，路江涌，陶志刚．国有企业改制效果的实证研究［J］．经济研究，2006（8）：4-13+69.

[5] 曹丰，鲁冰，李争光．机构投资者降低了股价崩盘风险吗？［J］．会计研究，2015（11）：55-61.

[6] 杨红明．工作特征对员工敬业度作用机制的研究：基于心理需求中介的视角［J］．暨南大学学报（哲学社会科学版），2012（11）：106-163.

[7] 陈冬华，梁上坤，蒋德权．不同市场化进程下高管激励契约的成本与选择：货币薪酬与在职消费［J］．会计研究，2010（11）：56-64.

[8] 陈瑾，梁欢．集体主义对组织承诺的影响研究［J］．浙江社会科学，2013（2）：101-105.

[9] 陈林，唐杨柳．混合所有制改革与国有企业政策性负担［J］．经济学家，2014（11）：13-23.

[10] 陈凌，王昊．家族涉入，政治联系与制度环境：以中国民营企业为例［J］．管理世界，2013（10）：130-141.

[11] 陈凌，郭萍，叶长兵．非家族经理进入家族企业研究：以山西票号为例［J］．管理世界，2010（12）：143-154.

[12] 陈凌，王河森．中国家族企业的历史发展与现代转型［J］．管理世界，2012（4）：153-158.

[13] 陈凌，鲁莉劼．家族企业、治理结构与企业绩效：来自于浙江省制造业的经验证据［J］．中山大学学报，2009（3）：203-212.

[14] 陈叶烽. 亲社会性行为及其社会偏好的分解 [J]. 经济研究，2009 (12)：131-144.

[15] 陈叶烽，叶航，汪丁丁. 超越经济人的社会偏好理论：一个基于实验经济学的综述 [J]. 南开经济研究，2011 (5)：63-100.

[16] 陈震，张鸣. 高管层内部的级差报酬研究 [J]. 中国会计评论，2006 (1)：15-28.

[17] 陈志军，闵亦杰，蔡地. 家族涉入与企业技术创新：国际化战略与人力资本冗余的调节作用 [J]. 南方经济，2016 (9)：61-76.

[18] 丑建忠，黄志忠，谢军. 股权激励能够抑制大股东掏空吗? [J]. 经济体制改革，2008 (9)：48-53.

[19] 储小平，李怀祖. 信任与家族企业的成长 [J]. 管理世界，2003 (6)：98-104.

[20] 储小平，刘清兵. 心理所有权理论对职业经理职务侵占行为的一个解释 [J]. 管理世界，2005 (7)：83-92.

[21] 储小平，盛琼芳. 组织变革，心里所有权与员工主动离职研究：兼论Lee和Mitchell的员工离职展开模型 [J]. 中山大学学报（社会科学版），2010 (3)：156-163.

[22] 储小平，汪林. 家族企业员工的组织环境认知及对工作表现的影响 [J]. 管理世界，2008 (4)：105-114.

[23] 代吉林，李新春. 家族逻辑，企业逻辑与家族企业成长：S公司案例研究 [J]. 管理学报，2012 (6)：809-817.

[24] 樊景立，郑伯壎. 华人组织的家长式领导：一项文化观点的分析 [J]. 本土心理学研究，2000 (12)：127-180.

[25] 樊耘，马贵梅，颜静. 社会交换关系对建言行为的影响：基于多对象视角的分析 [J]. 管理评论，2014，26 (12)：68-77.

[26] 方军雄. 高管权力与企业薪酬变动的非对称性 [J]. 经济研究，2011 (4)：107-120.

[27] 方军雄. 我国上市公司高管的薪酬存在粘性吗? [J]. 经济研究，2009 (3)：110-124.

[28] 费孝通. 乡土中国 [M]. 北京：三联书店，1948.

[29] 福山. 信任——社会道德与繁荣的创造 [M]. 海口：海南出版社，2001.

[30] 顾斌，周立烨. 我国上市公司股权激励实施效果的研究 [J]. 会计研究，2007 (2)：79-84+92.

[31] 高承恕，陈介玄. 台湾企业运作的社会秩序：人情关系与法律 [J]. 社会与经济（台湾），1989 (4)：151-165.

［32］郭萍，陈凌．中日家族企业权威传承比较研究［J］．经济研究，2009（2）：51－55.

［33］郭泽光，敖小波，吴秋生．内部治理、内部控制与债务契约治理：基于A股上市公司的经验证据［J］．南开管理评论，2015（1）：45－51.

［34］谷祺，邓德强，路倩．现金流权与控制权分离下的公司价值：基于我国家族上市公司的实证研究［J］．会计研究，2006（4）：30－36＋94.

［35］韩姣杰，周国华，李延来．基于利他偏好的项目团队多主体合作行为［J］．系统工程理论与实践，2013，33（11）：2776－2786.

［36］何贵兵，蒋多．任务框架及利他人格对社会折扣的影响［J］．心理学报，2013，45（10）：1131－1146.

［37］和军，季玉龙．国企混合所有制改革红利与实现途径［J］．中国特色社会主义研究，2014（5）：48－52.

［38］贺伟，龙立荣．实际收入水平，收入内部比较与员工薪酬满意度的关系［J］．管理世界，2011（4）：98－110.

［39］贺小刚，连燕玲，张远飞．经营期望与家族内部的权威配置：基于中国上市公司的数据分析［J］．管理科学学报，2013，16（4）：63－82.

［40］黄光国．人情与面子：中国人的权力游戏［J］．载于李亦园，杨国枢，文崇一主编：《现代化与中国化论集》，1985，台北：桂冠图书公司．

［41］黄辉．高管薪酬的外部不公平，内部差距与企业绩效［J］．经济管理，2012，34（7）：81－92.

［42］胡国强，盖地．高管股权激励与银行信贷决策：基于我国民营上市公司的经验证据［J］．会计研究，2014（4）：58－65＋96.

［43］黄凯南．偏好与制度的内生互动：基于共同演化的分析视角［J］．江海学刊，2013（2）：79－86.

［44］黄群慧，余菁，王欣，邵婧婷．新时期中国员工持股制度研究［J］．中国工业经济，2014（7）：5－16.

［45］江必新．“把制度建设摆在突出位置”的若干思考［J］．中国社会科学，2013（1）：17－19.

［46］江伟．行业薪酬基准与管理者薪酬增长［J］．金融研究，2010（4）：144－159.

［47］李建标，李朝阳．信任的信念基础：实验经济学的检验［J］．管理科学，2013，26（2）：62－71.

［48］李军，杨学儒，檀宏斌．家族企业国际化研究综述及未来展望［J］．南方经济，2016，34（5）：62－86.

［49］李美枝．从有关公平判断的研究结果看中国人之人际关系的界限［J］．

本土心理学研究，1993，6（1）：267-300.

［50］李敏，周恋．基于工会直选调节作用的劳动关系氛围，心理契约破裂感知和工会承诺的关系研究［J］．管理学报．2015，12（3）：364-371.

［51］刘劲松，舒华英．如何看待民营资本进入中国电信业：基于对中国电信业全要素生产率的测度值来研究［J］．生产力研究，2014（7）：55-57.

［52］刘少波．控制权收益悖论与超控制权收益：对大股东侵害小股东利益的一个新的理论解释［J］．经济研究，2007（2）：85-96.

［53］李新春．经理人市场失灵与家族企业治理［J］．管理世界，2003（4）：87-95.

［54］李新春．信任，忠诚与家庭主义困境［J］．管理世界，2002（6）：87-156.

［55］李新春，何轩，陈文婷．战略创业与家族企业精神的传承：基于百年老字号李锦记的案例研究［J］．管理世界，2008（10）：127-141.

［56］黎文靖，岑永嗣，胡玉明．外部薪酬差距激励了高管吗：基于中国上市公司经理人市场与产权性质的经验研究［J］．南开管理评论，2014，17（4）：24-35.

［57］黎文靖，胡玉明．国企内部薪酬差距激励了谁？［J］．经济研究，2012（12）：125-136.

［58］林毅夫，李志赟．政策性负担、道德风险与预算软约束［J］．经济研究，2004（2）：17-27.

［59］李正图．积极发展混合所有制经济：战略构想和顶层设计［J］．经济学家，2014（11）：100-101.

［60］林浚清，黄祖辉，孙永祥．高管团队内薪酬差距，公司业绩和治理结构［J］．经济研究，2003（4）：31-40.

［61］凌文辁，张治灿，方俐洛．中国职工组织承诺的结构模型研究［J］．管理科学学报，2000（2）：76-81.

［62］刘春，孙亮．薪酬差距与企业绩效：来自国企上市公司的经验证据［J］．南开管理评论，2010，13（2）：30-39.

［63］鲁海帆．高管层内薪酬差距，CEO内部继任机会与公司业绩研究：基于锦标赛理论的实证分析［J］．南方经济，2010（5）：23-32.

［64］卢锐．管理层权力，薪酬差距与绩效［J］．南方经济，2007（7）：60-70.

［65］卢锐，魏明海，黎文靖．管理层权力，在职消费与产权效率：来自中国上市公司的证据［J］．南开管理评论，2008，11（5）：85-92.

［66］陆正飞，魏涛．配股后业绩下降：盈余管理后果与真实业绩滑坡［J］.

会计研究，2006（8）：52－60.

[67] 吕长江，巩娜．股权激励会计处理及其经济后果分析［J］．会计研究，2009（5）：53－62.

[68] 吕长江，严明珠，郑慧莲，许静静，为什么上市公司选择股权激励计划？［J］．会计研究，2011（1）：68－75.

[69] 吕长江，赵宇恒．国有企业管理者激励效应研究——基于管理者权力的解释［J］．管理世界，2008（11）：99－109.

[70] 吕长江，郑慧莲，严明珠，许静静．上市公司股权激励制度设计：是激励还是福利？［J］．管理世界，2009（9）：133－147.

[71] 李增泉，刘凤委，于旭辉．制度环境、控制权私利与流通权价值［J］．会计与经济研究，2012（1）：24－39.

[72] 苗仁涛，周文霞，刘军，李天柱．高绩效工作系统对员工行为的影响：一个社会交换视角及程序公平的调节作用［J］．南开管理评论，2013，16（5）：38－50.

[73] 倪昌红，叶仁荪，黄顺春，夏军．工作群体的组织支持感与群体离职：群体心理安全感与群体凝聚力的中介作用［J］．管理评论，2013，25（5）：92－101.

[74] 欧阳葵，王国成．社会福利函数与收入不平等的度量：一个罗尔斯主义视角［J］．经济研究，2014（2）：87－100.

[75] 蒲宇飞．完善动态混合所有制结构焕发经济活力［J］．经济问题，2013（11）：4－10.

[76] 蒲勇健．植入“公平博弈”的委托—代理模型：来自行为经济学的一个贡献［J］．当代财经，2007（3）：5－11.

[77] 皮建才．转型时期家族企业经理选择的动态博弈分析［J］．暨南学报（哲学社会科学版），2013（3）：53－58.

[78] 曲庆，高昂．个人—组织价值观契合如何影响员工的态度与绩效：基于竞争价值观模型的实证研究［J］．南开管理评论，2013，16（5）：4－15.

[79] 权小锋，吴世农，文芳．管理层权力，私有收益与薪酬操纵［J］．经济研究，2010（11）：73－87.

[80] 刘小玄，李利英．企业产权变革的效率分析［J］．中国社会科学，2005（2）：4－16.

[81] 石本仁，杨志强，石水平．西方家族企业研究的学者分布及其联动关系：来自1989－2009年的文献计量证据［J］．经济学动态，2011（9）：156－160.

[82] 苏冬蔚，林大庞．股权激励，盈余管理与公司治理［J］．经济研究，

2010 (11): 88 - 100.

[83] 盛明泉，张敏，马黎珺，李昊．国有产权、预算软约束与资本结构动态调整 [J]. 管理世界，2012 (3): 151 - 157.

[84] 申璐．机构投资者对上市公司绩效的影响：基于 A - H 股的自然实验 [J]. 金融论坛，2015 (9): 60 - 68.

[85] 邵帅，周涛，吕长江．产权性质与股权激励设计动机：上海家化案例分析 [J]. 会计研究，2014 (10): 43 - 50 + 96.

[86] 隋杨，王辉，岳旖旎，Luthans, F. 变革型领导对员工绩效和满意度的影响：心理资本的中介作用及程序公平的调节作用 [J]. 心理学报，2012，44 (9): 1217 - 1230.

[87] 许召元，张文魁．国企改革对经济增速的提振效应研究 [J]. 经济研究，2015 (4): 122 - 135.

[88] 唐清泉，易翠．高管持股的风险偏爱与 R&D 投入动机 [J]. 当代经济管理，2010 (2): 20 - 25.

[89] 唐跃军，宋渊洋．价值选择 VS. 价值创造：来自中国市场机构投资者的证据 [J]. 经济学（季刊），2010，9 (2): 609 - 632.

[90] 田喜洲，谢晋宇．积极心理学运动对组织行为学及人力资源管理的影响 [J]. 管理评论，2011，23 (7): 95 - 100.

[91] 汪林，储小平．组织公正，雇佣关系与员工工作态度：基于广东民营企业的经济研究 [J]. 南开管理评论，2009 (4): 62 - 70.

[92] 汪林，储小平，倪婧．领导—部属交换，内部人身份认知与组织公民行为：基于本土家族企业视角的经济研究 [J]. 管理世界，2009 (3): 97 - 188.

[93] 王明琳，徐萌娜，王河森．利他行为能够降低代理成本吗?：基于家族企业中亲缘利他行为的实证研究 [J]. 经济研究，2014 (3): 144 - 157.

[94] 王庆娟，张金成．工作场所的儒家传统价值观：理论，测量与效度检验 [J]. 南开管理评论，2012，15 (4): 66 - 79.

[95] 王增涛，薛丽玲．家族涉入，社会情感财富与中国家族企业国际化：基于 289 家上市家族企业数据的实证研究 [J]. 国际商务（对外经济贸易大学学报），2018 (2): 143 - 156.

[96] 魏光兴．公平偏好的博弈实验及理论模型研究综述 [J]. 数量经济技术经济研究，2006 (8): 152 - 161.

[97] 魏光兴，蒲勇健．基于公平心理的报酬契约设计及代理成本分析 [J]. 管理工程学报，2008 (2): 58 - 68.

[98] 魏光兴，覃燕红．激励合约线性结构的行为合约理论解释 [J]. 管理科学，2010，23 (1): 75 - 80.

[99] 韦倩. 纳入公平偏好的经济学研究：理论与实证 [J]. 经济研究, 2010 (9): 137-148.

[100] 吴联生, 林景艺, 王亚平. 薪酬外部公平性, 股权性质与公司业绩 [J]. 管理世界, 2010 (3): 117-126.

[101] 吴育辉, 吴世农. 高管薪酬：激励还是自利？——来自中国上市公司的证据 [J]. 会计研究, 2011 (11): 40-48.

[102] 吴育辉, 吴世农. 企业高管自利行为及其影响因素研究 [J]. 管理世界, 2010 (5): 141-149.

[103] 吴敬琏. 大中型企业改革：建立现代企业制度 [M]. 天津：天津人民出版社, 1993.

[104] 王烨, 叶玲, 盛明泉. 管理层权力、机会主义动机与股权激励计划设计 [J]. 会计研究, 2012 (10): 35-41+95.

[105] 夏纪军. 中国信任结构及其决定：基于一组实验的分析 [J]. 财经研究, 2005 (6): 39-51.

[106] 夏纪军, 张来武, 雷明. 利他, 互利与信任 [J]. 经济科学, 2003 (7): 95-108.

[107] 夏纪军, 张晏. 控制权与激励的冲突：兼对股权激励有效性的实证分析 [J]. 经济研究, 2008 (3): 87-97.

[108] 肖淑芳, 刘颖, 刘洋. 股票期权实施中经理人盈余管理行为研究：行权业绩考核指标设置角度 [J]. 会计研究, 2013 (12): 40-47.

[109] 谢德仁. 企业剩余索取权：分享与剩余计量 [M]. 上海：上海人民出版社, 2001.

[110] 谢俊, 汪林, 储小平. 关系视角的经理人反馈寻求行为：心理预期和政治技能的影响 [J]. 南开管理评论, 2013, 16 (4): 4-12.

[111] 辛清泉, 谭伟强. 市场化改革, 企业业绩与国有企业经理薪酬 [J]. 经济研究, 2009 (11): 68-80.

[112] 徐向艺, 徐宁. 金字塔结构下股权激励的双重效应研究：来自我国上市公司的经验证据 [J]. 经济管理, 2010 (9): 59-65.

[113] 邢淑芬, 俞国良. 社会比较：对比效应还是同化效应？[J]. 心理科学进展, 2006, 14 (6): 944-949.

[114] 许静静, 吕长江. 家族企业高管性质与盈余质量：自中国上市公司的证据 [J]. 管理世界, 2011 (1): 112-120.

[115] 闫威, 李娜, 杨金兰. 团队锦标赛中沟通对代理人努力, 拆台与共谋行为的影响：实验的方法 [J]. 管理评论, 2014, 26 (5): 77-88.

[116] 杨春江, 逯野, 杨勇. 组织公平与员工主动离职行为：工作嵌入与公

平敏感性的作用 [J]. 管理工程学报, 2014, 28 (1): 16-25.

[117] 杨小凯. 企业理论的新发展 [J]. 经济研究, 1994 (7): 60-65.

[118] 杨志强, 石本仁, 石水平. 不公平厌恶偏好, 股权结构与管理层薪酬激励效果: 一个实验分析 [J]. 管理科学, 2013 (8): 46-59.

[119] 杨志强, 王华. 公司内部薪酬差距, 股权集中度与盈余管理行为 [J]. 会计研究, 2014 (6): 58 66.

[120] 杨志强, 石本仁. 高管公平性偏好, 私人控制权收益与公司价值: 来自A股上市公司行业基准的经验证据 [J]. 财经研究, 2014, 40 (3): 124-134.

[121] 杨志强, 李增泉. 混合所有制、环境不确定性与投资效率——基于产权专业化视角 [J]. 上海财经大学学报, 2018, 20 (2): 4-24.

[122] 俞震, 冯巧根. 薪酬差距: 对公司盈余管理与经营绩效的影响 [J]. 学海, 2010 (1): 118-123.

[123] 岳瑨. 信任的理念: 学术资源回顾与管理伦理定位 [J]. 学海, 2012 (4): 167-172.

[124] 袁建国, 后青松, 程晨. 企业政治资源的诅咒效应: 基于政治关联与企业技术创新的考察 [J]. 管理世界, 2015 (1): 139-155.

[125] 袁卓群, 秦海英, 杨汇潮. 互惠机制对不完全契约效率的影响 [J]. 经济经纬, 2015, 32 (4): 73-78.

[126] 张涵, 康飞, 赵黎明. 联盟网络联系, 公平感知与联盟绩效的关系: 基于中国科技创业联盟的实证研究 [J]. 管理评论, 2015, 27 (3): 153-162.

[127] 张丽平, 杨兴全. 管理者权力, 外部薪酬差距与公司业绩 [J]. 财经科学, 2013, 13 (6): 73-83.

[128] 张玲丽. 家族涉入对企业多元化及其价值效应的影响研究 [D]. 浙江大学, 2016.

[129] 张文魁. 国有企业改革30年的中国范式及其挑战 [J]. 改革, 2008 (10): 5-18.

[130] 张兴亮. 高管薪酬影响企业债务融资的研究综述与未来展望 [J]. 外国经济与管理, 2014, 36 (8): 23-32.

[131] 张旭, 樊耘, 颜静. 文化背景与组织承诺的关系: 内涵一致性与形成路径敏感性的差异化 [J]. 管理学报, 2013, 10 (8): 1144-1154.

[132] 张永军. 绩效考核公平感对反生产行为的影响: 交换意识的调节作用 [J]. 管理评论, 2014, 26 (8): 115-123.

[133] 张勇, 龙立荣. 绩效薪酬对雇员创造力的影响: 人—工作匹配和创造力自我效能的作用 [J]. 心理学报, 2013, 45 (3): 363-376.

[134] 张正堂. 高层管理团队协作需要, 薪酬差距和企业绩效: 竞赛理论的

视角 [J]. 南开管理评论, 2007, 10 (2): 4 – 11.

[135] 赵红梅. 心理契约, 组织公民行为与绩效关系研究 [J]. 中国行政管理, 2007 (12): 53 – 56.

[136] 赵宜萱, 洛桑扎西. 员工幸福感溯源与愿景: 跨国公司分析框架 [J]. 改革, 2015 (9): 110 – 118.

[137] 郑伯壎. 差序格局与华人组织行为 [J]. 本土心理学研究, 1995 (3): 214 – 219.

[138] 周帆, 刘大伟. 工作要求 – 资源模型新视角: 基于心理社会安全氛围的分析 [J]. 心理科学进展, 2013, 21 (3): 539 – 547.

[139] 周浩, 龙立荣. 变革型领导对下属进谏行为的影响: 组织心理所有权与传统性的作用 [J]. 心理学报, 2012, 44 (3): 388 – 399.

[140] 周宏, 张巍. 中国上市公司经理人薪酬的比较效应 [J]. 会计研究 2010 (7): 50 – 57.

[141] 赵青华, 黄登仕. 高管权力、股票期权激励与公司业绩: 基于中国上市公司的实证分析 [J]. 经济体制改革, 2011 (5): 125 – 129.

[142] 周文, 李晓红. 中国转型经济中的企业成长: 基于分工和信任视角 [J]. 管理世界, 2009 (12): 180 – 181.

[143] 张维迎, 栗树和. 地区间竞争与中国国有企业的民营化 [J]. 经济研究, 1998 (12): 13 – 22.

[144] 张维迎. 企业理论与中国企业改革 [M]. 上海: 上海人民出版社, 2015.

[145] 周业安, 连洪泉, 陈叶烽, 左聪颖, 叶航. 社会角色, 个体异质性和公共品自愿供给 [J]. 经济研究, 2013 (1): 123 – 136.

[146] 周怡. 信任模式与市场经济秩序——制度主义的解释路径 [J]. 社会科学, 2013 (6): 58 – 69.

[147] 周志强, 田银华, 王克喜. 家族企业契约治理模型, 模式及其选择研究: 基于代理理论与管家理论融合视角 [J]. 商业经济与管理, 2013 (5): 5 – 12.

[148] 朱沆, 叶琴雪, 李新春. 社会情感财富理论及其在家族企业研究中的突破 [J]. 外国经济与管理, 2012 (12): 56 – 62.

英文参考文献

[1] Aaken D., Splitter V., Seidl D. Why Do Corporate Actors Engage in Pro-social Behaviour? A Bourdieusian Perspective on Corporate Social Responsibility [J]. Organization, 2014, 20 (3): 349 – 371.

[2] Ackerberg D. A., Botticini M. Endogenous Matching and the Empirical Deter-

minants of Contract Form [J]. Journal of Political Economy, 2002, 110: 564 –591.

[3] Adams J. S. Inequity in Social Exchange, in: L. Berkowitz (ed.), Advances in Experimental Social Psychology [M]. New York: Academic Press, 1965, 167 –299.

[4] Akerlof G. A., J. L. Yellen, 1990, The Fair Wage – Effort Hypothesis and Unemployment [J]. Quarterly Journal of Economics, 105: 255 –283.

[5] Alchian A., Demsetz H. Production, Information Costs, and Economic Organization [J]. American Economic Review, 1972, 62 (5): 777 –795.

[6] Alessandri T M., Cerrato D., Eddleston K. A. The Mixed Gamble of Internationalization in Family and Nonfamily Firms: The Moderating Role of Organizational Slack [J]. Global Strategy Journal, 2017, 8 (1): 46 –72.

[7] Alfredo D. M., Francesco C., JosipK., LuciaN. The Temporal Evolution of Proactiveness in Family Firms: The Horizontal S – Curve Hypothesis [J]. Family Business Review, 2014, 27 (1): 35 –50.

[8] Alwine M., Kathrin P., Dirk S., Transparency, Inequity Aversion, and the Dynamics of Peer Pressure in Teams: Theory and Evidence [C]. IZA Discussion Paper No. 3281, 2008.

[9] Ambrose M., L Harland C. Kulik. Influence of Social Comparisons on Perceptions of Organizational Fairness [J]. Journal of Applied Psychology, 1991, 76 (2): 239 –246.

[10] Andreoni J., J. Miller. Giving According to GARP: An Experimental Test of the Consistency of Preferences for Altruism [J]. Econometrica, 2002, 70 (2): 737 –753.

[11] Andreoni J., P. Brown L. Vesterlund. What Makes an Allocation Fair? Some Experimental Evidence [C]. MIMEO, 1999.

[12] Ariely D., Bracha A., Meier S. Doing Good or Doing Well? Image Motivation and Monetary Incentives in Behaving Prosocially [J]. American Economic Review, 2009, 99 (1): 544 –555.

[13] Åsa B., Nigel N. Emotional Ownership: The Next Generation's Relationship with the Family Firm [J]. Family Business Review, 2012, 25 (4): 374 –390.

[14] Bandiera O., Iwan B., Imran R. Social Preferences and the Response to Incentives: Evidence from Personnel Data [J]. Quarterly Journal of Economics, 2005, 120 (3): 917 –962.

[15] Bartling B., Von Siemens F. A. Wage Inequality and Team Production: An Experimental Analysis [J]. Journal of Economic Psychology, 2011, 32 (1): 1 –16.

[16] Battese G. E., Coelli T. J. Frontier Production Functions, Technical Efficiency and Panel Data: with Application to Paddy Farmers in India [J]. Journal of Productivity Analysis, 1992, 6: 153 - 169.

[17] Battese G. E., Coelli T. J. A Model for Technical Inefficiency Effects in a Stochastic Production Frontier for Panel Data [J]. Empirical Economics, 1995, 20: 325 - 332.

[18] Bebchuk L., Fried J. M., and Walker, D. I. Managerial Power and Rent Extraction in the Design of Executive Compensation [J]. University of Chicago Law Review, 2002, 69: 751 - 846.

[19] Becker H. S. Notes on the Concept of Commitment [J]. American Journal of Sociology, 1960, 66 (1): 32 - 40.

[20] Becker G. S. A Theory of Social Interaction [J]. Journal of Political Economy, 1974, 82: 1063 - 1093.

[21] Becker G. S. Altruism, Egoism, and Genetic Fitness: Economics and Sociobiology [J]. Journal of Economic Literature, 1976, 14 (3): 817 - 826.

[22] Bellemare C., Kröger S., Van Soest A. Measuring Inequity Aversion in a Heterogeneous Population Using Experimental Decisions and Subjective Probabilities [J]. Econometrica, 2008, 76 (4): 815 - 839.

[23] Bellemare C., Kröger S. On Representative Social Capital [J]. European Economic Review, 2007, 51 (1): 183 - 202.

[24] Bennedsen M., Nielsen K. M., Perez - Gonzalez, Francisco W. Daniel. Inside the Family Firm: The Role of Families in Succession Decisions and Performance [J]. Quarterly Journal of Economics, 2007, 122: 647 - 691.

[25] Bergstresser D., T. Philippon. CEO Incentives and Earnings Management [J]. Journal of Financial Economics, 2006, 80: 511 - 529.

[26] Bertrand M., Schoar A. Managing with Style: The Effect of Managers on Firm Policies [J]. Quarterly Journal of Economics, 2003, 118: 1169 - 1208.

[27] Bolton G. E., Ockenfels A. ERC: A theory of equity, Reciprocity, and Competition [J]. American Economic Review, 2000, 90 (1): 166 - 193.

[28] Burkart M., Fausto P., Shleifer A. Family Firms [J]. Journal of Finance, 2003, 58 (5): 2167 - 2202.

[29] C. F. Camerer. Progress in Behavioral Game Theory [J]. The Journal of Economic Perspectives, 1997, 11 (4): 167 - 188.

[30] Cai H. B., Li H. B., Park A., Li - An Zhou. Family Ties and Organizational Design: Evidence from Chinese Private Firms [J]. Review of Economics & Sta-

tistics, 2012, 92 (4): 1 -48.

[31] Carpenter J. , Erika S. Do Social Preferences Increase Productivity? Field Experimental Evidence from Fishermen in Toyama Bay [C]. IZA Working Paper, 2005, No. 1697.

[32] Chafik K. , B. Younes. The Nature of the Relationship Between Debt and Managerial Entrenchment [J]. Economics and Finance Review, 2012, 2 (2): 47 -54.

[33] Charness G. , Grosskopf, B. Relative Payoffs and Happiness: An Experimental Study [J]. Journal of Economic Behavior and Organization, 2001, 45 (3): 301 -328.

[34] Charness G. , Rabin M. Understanding Preferences with Simple Tests [J]. Quarterly Journal of Economics, 2002, 117 (3): 817 -869.

[35] Chen Y. P. , X. D. Zhang, Z. Liu. Manager Characteristics and the Choice of Firm "Low Leverage": Evidence from China [J]. American Journal of Industrial and Business Management, 2014 (4): 573 -584.

[36] Chen Z. H. , Y. Huang, K. C. John Wei. Executive Pay Disparity and the Cost of Equity Capital [J]. Journal of Financial and Quantitative Analysis, 2013, 48 (3): 849 -885.

[37] Chen J. , Ezzamel M. , Cai Z. Managerial Power Theory, Tournament Theory, and Executive Pay in China [J]. Journal of Corporate Finance, 2011, 17 (4): 1176 -1199.

[38] Chintrakarn P. , N. Jiraporn , P. Jiraporn. The Effect of Entrenched Boards on Corporate Risk-taking: Testing the Quiet Life Hypothesis [J]. Applied Economics Letters, 2013, 20 (11): 1067 -1070.

[39] Chung C. N. , Luo X. W. Leadership Succession and Firm Performance in an Emerging Economy: Successor Origin, Relational Embeddedness, and Legitimacy [J]. Strategic Management Journal, 2013, 34 (3): 338 -357.

[40] Core J. , R. Holthausen D. Larcker. Corporate Governance, Chief Executive Officer Compensation, and Firm Performance [J]. Journal of Financial Economics, 1999, 51: 371 -406.

[41] D. A. Stapel, W. Koomen. Distinctiveness of Others, Mutability of Selves: Their impact on Self-evaluations [J]. Journal of Personality and Social Psychology, 2000, 79 (6): 1068 -1087.

[42] Daniel J. Benjamin. Is Gift - Exchange Efficient? The Rotten Firm Theorem [C]. forthcoming, http: //www. iza. org/conference _ files/BeOrEc2007/benjamin _ d3427. pdf, 2007.

[43] Dechow P. , Sloan R. , A. Sweeney, Detecting Earnings Management [J]. Accounting Review, 1995, 70: 193 - 225.

[44] Dreber A. , Essen E. V. , Ranehill E. In Bloom: Gender Differences in Preferences Among Adolescents [C]. 2012, Available at SSRN 1804278.

[45] E. Fehr, S. Gächter. Fairness and Retaliation: The Economics of Reciprocity [J]. The Journal of Economic Perspectives, 2000, 14 (3): 159 - 181.

[46] Eisenberger R. , Cotterell N. , Marvel J. , Reciprocation Ideology [J]. Journal of Personality and Social Psychology, 1987, 53 (4): 743 - 750.

[47] Engelmann D. , Strobel M. Inequality Aversion Efficiency and Maximum Preferences in Simple Distribution Experiments [J]. American Economic Review, 2004, 94: 857 - 869.

[48] Englmaier F, Wambach A. Optimal incentive contracts under inequity aversion [J]. Games and Economic Behavior, 2010, 69 (2): 312 - 328.

[49] Falk A. , U. Fischbacher. A theory of Reciprocity [J]. Games and Economic Behavior, 2006, 54 (2): 293 - 315.

[50] Fama E. F. , Jensen M. C. Agency Problems and Residual Claims [J]. Journal of Law & Economics, 1983, 26 (2): 327 - 349.

[51] Fan J. P. H. , T. J. Wong. Corporate Ownership Structure and the Informativeness of Accounting Earnings in East Asia [J]. Journal of Accounting & Economics, 2002 (33): 401 - 425.

[52] Fehr E. , Schmidt K. M. A theory of Fairness, Competition and Cooperation [J]. Quarterly Journal of Economics, 1999, 114 (3): 817 - 868.

[53] Fehr E. , U. Fischbacher. Why Social Preferences Matter - The Impact of Non - Selfish Motives on Competition, Cooperation and Incentives [J]. The Economic Journal, 2002, 112 (478): 1 - 33.

[54] Fehr E. Don't Lose Your Reputation [J]. Nature, 2004, 432: 449 - 450.

[55] Festinger L. A Theory of Social Comparison Processes [J]. Human Relations, 1954 (7): 117 - 140.

[56] Fischbacher U. z - Tree: Zurich Toolbox for Ready - Made Economic Experiments [J]. Experimental Economics, 2007, 10 (2): 171 - 178.

[57] Fischbacher U. , Gächter S. , Quercia, S. The Behavioral Validity of the Strategy Method in Public Good Experiments [J]. Journal of Economic Psychology, 2012, 33 (4): 897 - 913.

[58] Fisman R. , Kariv S. , Markovits D. Individual Preferences for Giving [J]. The American Economic Review, 2007, 97 (5): 1858 - 1876.

[59] Fitriya F., A. Basyith. Entrenched Board in New Public Firms: An Empirical Study of Chinese IPOs [J]. Chinese Business Review, 2013, 12 (8): 540-553.

[60] Flannery M., Rangan K. P. Partial Adjustment Toward Target Capital Structures [J]. Journal of Financial Economics, 2006, 79 (3): 469-506.

[61] Florackis C., A. Ozkan. The Impact of Managerial Entrenchment on Agency Costs: An Empirical Investigation Using UK Panel Data [J]. European Financial Management, 2009, 15 (3): 497-528.

[62] Forst A., M. S. Park, B. Wier. Insider Entrenchment and CEO Compensation: Evidence from Initial Public Offering Firms [J]. Journal of Management Accounting Research, 2014, 26 (1): 101-120.

[63] Frignani N, Ponti G. Risk VS Social Preferences Under the Veil of Ignorance [J]. Economics Letters, 2012, 116 (2): 143-146.

[64] G. Jacobs, F. D. Belschak, D. N. Den Hartog. (Un) Ethical Behaviour and Performance Appraisal: The Role of Affect, Support, and Organizational Justice [J]. Journal of Business Ethics, 2014, 121 (1): 63-76.

[65] Gabriella S. L. Tournaments and Unfair Treatment [R]. Swedish Institute for Social Research, Working Paper, 2006.

[66] García-Valiñas M. A., Llera R. F., Torgler B. More Income Equality or Not? An Empirical Analysis of Individuals' Preferences for Redistribution [R]. University of Technology, 2008, Working Papers.

[67] Garcla-Gallego A., Georantzis N., JaramiIlo-Gutierres A. Gender Differences in Ultimatum Games: Despite Rather Than Due to Risk Attitudes [J]. Journal of Economic Behavior & Organization, 2012, 83 (1): 42-49.

[68] Gilly K. Inequity Aversion: A Social Utility or a Reasonable Strategy? [R]. Technion-Israel Institute of Technology, 2010, Working Paper.

[69] Glimcher P. W. Foundations of Neuroeconomic Analysis [M]. Oxford University Press, USA, 2010.

[70] Gneezy U., A. Rustichini, Pay Enough or Don't Pay at All [J]. Quarterly Journal of Economics, 2000, 115: 791-810.

[71] Gomez-Mejia L. R., Campbell J. T., Martin G. Socioemotional Wealth as a Mixed Gamble: Revisiting Family Firm R&D Investments With the Behavioral Agency Model [J]. Entrepreneurship Theory & Practice, 2014, 38 (6): 1351-1374.

[72] Gong B., Yang C. Gender Differences in Risk Attitudes: Field Experiments on Thematrilineal Mosuo and the Patriarchal Yi [J]. Journal of Economic Behavior & Organization, 2012, 83 (1): 59-65.

[73] Heinz M., Juranek S., Rau H. A. Do Women Behave More Reciprocally than Men? Gender Differences in Real Effort Dictator Games [J]. Journal of Economic Behavior & Organization, 2012, 83: 105-110.

[74] Holmstrom B., Milgrom P. Aggregation and linearity in the Provision of Intertemporal Incentives [J]. Econometrica, 1987, 55 (2): 303-328.

[75] Hwang S., W. Kim. Managerial Entrenchment of Anti-takeover Devices: Quasi-experimental Evidence from Korea [J]. MPRA Paper No. 44030, Posted 28. January 2013, 17: 48 UTC.

[76] J. A. List, T. L. Cherry. Learning to Accept in Ultimatum Games: Evidence from an Experimental Design that Generates Low Offers [J]. Experimental Economics, 2000, 3 (1): 11-29.

[77] Jensen M. C., Meckling W. H., Theory of the Firm: Managerial Behavior, Agency Costs and Ownership Structure [J]. Journal of Financial Economics, 1976, 3 (4): 305-360.

[78] John Quiggin. A theory of Anticipated Utility [J]. Journal of Economic Behavior & Organization, 1982, 3 (4): 323-343.

[79] Jones J., Earnings Management During Import Relief Investigations [J]. Journal of Accounting Research, 1991 (29): 193-228.

[80] Josip K., Alfredo D. M. Goal Setting in Family Firms: Goal Diversity, Social Interactions, and Collective Commitment to Family-Centered Goals [J]. Entrepreneurship: Theory & Practice, 2013, 37 (6): 1263-1288.

[81] Jovanovic B. Firm-specific Capital and Turnover [J]. Journal of Political Economy, 1979, 87 (6): 1246-1260.

[82] Kahneman D., A. Tversky. Prospect Theory: An Analysis of Decision under Risk [J]. Econometrica, 1979, 47: 263-291.

[83] Khanin D., Turel O., Mahto R. V. How to Increase Job Satisfaction and Reduce Turnover Intentions in the Family Firm: The Family-Business Embeddedness Perspective [J]. Family Business Review, 2012, 25 (4): 391-408.

[84] Kickul J., Lester S. W. Broken Promises: Equity Sensitivity as a Moderator Between Psychological Contract Breach and Employee Attitudes and Behavior [J]. Journal of Business and Psychology, 2001, 16: 191-217.

[85] Kim T., K. Leung. Forming and Reacting to Overall Fairness: A Cross-cultural Comparison [J]. Organizational Behavior and Human Decision Processes, 2007, 104: 83-95.

[86] Kirsten I. M., Rohde. A Preference Foundation for Fehr and Schmidt's

Model of Inequity Aversion [R]. Erasmus University, Working Paper, 2009.

[87] Kish - Gephart, Harrison, Trevino. Bad Apples, Bad Cases and Bad Barrels: Meta-analytic Evidence about Sources of Unethical Decisions at Work [J]. Journal of Applied Psychology, 2010 (95): 1 -31.

[88] Kjeldsen A. M., Andersen L. B. How Pro-social Motivation Affects Job Satisfaction: An International Analysis of Countries with Different Welfare State Regimes [J]. Scandinavian Political Studies, 2013, 36 (2): 153 -176.

[89] Knapp J. R., Smith B. R., Krcincr G. E, Sundaramurthy C., Barton S. L. Managing Boundaries Through Identity Work: The Role of Individual and Organizational Identity Tactics [J]. Family Business Review, 2013, 26 (4): 333 -355.

[90] Kosfeld M., Von Siemens F. A. Competition, Cooperation, and Corporate Culture [J]. The RAND Journal of Economics, 2011, 42 (1): 23 -43.

[91] Kothari S. P., Leone A. J., C. E. Wasley, 2005, Performance Matched Discretionary Accrual Measures [J]. Journal of Accounting and Economics, 2005, 39: 163 -197.

[92] Kritikos A., Bolle F. Distributional Concerns: Equity-or Efficiency-oriented? [J]. Economics Letters, 2001, 73 (3): 333 -338.

[93] Kruse D., Freeman R., Blasi J. Do Workers Gain by Sharing? Employee Outcomes Under Employee Ownership, Profit Sharing, and Broad-based Stock Options [R]. 2010, NBER Working Paper No. W14233.

[94] Kruse, Douglas. Profit-sharing and Productivity: Microeconomic Evidence from the United States [J]. Economic Journal, 1992, 102: 24 -36.

[95] Kube S., Maréchal M. A., Puppea C. The Currency of Reciprocity: Gift Exchange in the Workplace [J]. The American Economic Review, 2012, 102 (4): 1644 -1662.

[96] La Porta Rafael, Lopez-de - Silanes F., Shleifer, A. Corporate Ownership around the World [J]. Journal of Finance, 1999, 54: 471 -517.

[97] Lallemand T., Plasman R., Rycx F. Women and Competition in Elimination Tournaments: Evidence from Professional Tennis Data [J]. Journal of Sports Economics, 2008, 9 (1): 3 -19.

[98] Lazear E. P., Rosen S. Rank-order Tournaments as Optimum Labor Contracts [J]. Journal of Political Economy, 1981, 89 (5): 841 -864.

[99] Lazear E. P., Oyer P. Personnel Economics [C]. National Bureau of Economic Research Working Paper Series No. 13480, 2007, http: //www. nber. org/papers/w13480.

[100] Leuz C., K. Lins, F. Warnock. Do Foreigners Invest Less in Poorly Governed Firms? [J]. Review of Financial Studies, 2009 (22): 3245-3285.

[101] Levinson H., Price C. R., Munden K. J., Solley C. M. Men, Management and Mental Healt [M]. Cambridge, MA: Harvard University Press, 1962.

[102] Lew M. I., Kolodzeij E. A. Compensation in a Family-owned Business [J]. Human Resources Professional, 1993, 5 (3): 55-57.

[103] Lin Y. C., Y. C. Wang, J. R. Chiou, H. W. Huang. CEO Characteristics and Internal Control Quality [J]. Corporate Governance: An International Review, 2014, 22 (1): 24-42.

[104] List J. The Behavioralist Meets the Market: Measuring Social Preferences and Reputation Effects in Actual Transactions [J]. Journal of Political Economy, 2006, 114 (51): 1-37.

[105] Liu W. P., Yang H. B., Zhang G. X. Does Family Business Excel in Firm Performance? An Institution-based View [J]. Asia Pacific Journal of Management, 2012, 29 (4): 965-987.

[106] Lopes L. L. Risk and Distributional Inequality [J]. Journal of Experimental Psychology: Human Perception and Performance, 1984, 10 (4): 465-485.

[107] Luhmann. Trust and Power: Two Works [M]. New York: John Wiley and Sons, 1979.

[108] M. Dufwenberg, G. Kirchsteiger. A Theory of Sequential Reciprocity [J]. Games and Economic Behavior, 2004, 47 (2): 268-298.

[109] Mahmoud A. Leverage, Executive Incentives and Corporate Governance [J]. Accounting and Finance, 2013, 53: 1-30.

[110] Meyer J. P., Allen N. J. A Three-component Conceptualization of Organizational Commitment [J]. Human Resource Management Review, 1991, 1 (1): 61-89.

[111] Mowday R. T., Porter L. W., Steers R. M. Employee-organization Linkage: the Psychology of Commitment, Absenteeism, and Turnover [M]. New York: Academic Press, 1982.

[112] Oyer P., Schaefer S. Why Do Some Firms Give Stock Options to All Employees? An empirical examination of Alternative Theories [J]. Journal of Financial Economics, 2005, 76 (1): 99-133.

[113] Rabin M. Incorporating Fairness into Game Theory and Economics [J]. American Economic Review, 1993, 83 (5): 1281-1302.

[114] Rabin M. Psychology and Economics [J]. Journal of Economic Literature,

1998, 36 (1): 11 -46.

[115] Rable, M. D. Relativity, Rank, and the Utility of Income [J]. Economic Journal, 2008, 118: 801 -821.

[116] Radhakrishnan G., J. Sudarshan. Private Control Benefits and Earnings Management: Evidence from Insider Controlled Firms [J]. Journal of Accounting Research, 2012, 50 (1): 117 -157.

[117] Roland K., Franz K., Kimberly E. Harmony, Justice, Confusion, and Conflict in Family Firms: Implications for Ethical Climate and the "Fredo Effect" [J]. Journal of Business Ethics, 2012, 106 (4): 503 -517.

[118] S. Kohler. Altruism and Fairness in Experimental Decisions [J]. Journal of Economic Behavior & Organization, 2011, 80 (1): 101 -109.

[119] Sanchez - Bueno M. J., Usero B. How may the Nature of Family Firms Explain the Decisions Concerning International Diversification? [J]. Journal of Business Research, 2014, 67 (7): 1311 -1320.

[120] Schmeidler D. Subjective Probability and Expected Utility Without Additivity [J]. Econometrica, 1989, 57 (3): 571 -587.

[121] Schmeidler D. Integral Representation without Additivity [J]. Proceedings of the American Mathematical Society, 1986, 97: 255 -261.

[122] Schulze W. S., M. H. Lubatkin, R. N. Dino. Toward a Theory of Agency and Altruism in Family Firms [J]. Journal of Business Venturing, 2003, 18 (4): 473 -490.

[123] Sciascia S., Mazzola P., Astrachan J. H. The Role of Family Ownership in International Entrepreneurship: Exploring Nonlinear Effects [J]. Small Business Economics, 2012, 38 (1): 15 -31.

[124] Singh D. A., Gaur A. S. Governance Structure, Innovation and Internationalization: Evidence From India [J]. Journal of International Management, 2013, 19 (3): 300 -309.

[125] Stefania O., Ferruccio P. An Extension to the Model of Inequity Aversion by Fehr and Schmidt [C]. Working Paper, 2005.

[126] Sun Q., Tong H. S. China Share Issue Privatization: the Extent of Its Success [J]. Journal of Financial Economics, 2003 (70): 183 -222.

[127] Teyssier S. Experimental Evidence on Inequity Aversion and Self-selection Between Incentive Contracts [R]. University of Lyon, 2008, Working Paper.

[128] Teyssier S. Inequity and Risk Aversion in Sequential Public Good Games [J]. Public Choice, 2012, 151 (1 -2): 91 -119.

[129] Tricomi E., Rangel A., Camerer C. F., O'Doherty J. P. Neural Evidence for Inequality-averse Social Preferences [J]. Nature, 2010, 463: 1089-1091.

[130] Wang L., Q. William, J. Judge. Managerial Ownership and the Role of Privatization in Transition Economies: The Case of China [J]. Asia Pacific Journal of Management, 2012, 29 (2): 479-498.

[131] Wei Luo, Yi Zhang, Ning Zhu. Bank Ownership and Executive Perquisites: New Evidence from an Emerging Market [J]. Journal of Corporate Finance, 2011 (17): 352-370.

[132] Weng T. C., C. H. Tseng, C. H. Chen, Y. S. Hsu. Equity-based Executive Compensation, Managerial Legal Liability Coverage and Earnings Management [J]. Journal of Applied Finance & Banking, 2014, 4 (3): 167-193.

[133] Yan Chen, Sherry Xin Li. Group Identity and Social Preferences [J]. The American Economic Review, 2009, 99 (1): 431-457.

[134] Zahra S. A. International Expansion of U. S. Manufacturing Family Businesses: the Effect of Ownership and Involvement [J]. Journal of Business Venturing, 2003, 18 (4): 495-512.

[135] Zhou J., Tam O. K., Yu, P. An Investigation of the Role of Family Ownership, Control and Management in Listed Chinese Family Firms [J]. Asian Business & Management, 2013, 12 (2): 197-225.

附录

管理人员社会偏好甄别——实验说明

非常感谢您参加本次实验，请您按照实验步骤的说明在方案间进行选择。如果您对本次实验结果感兴趣，可以给我们发邮件，Email：tyangzq@gdufe. edu. cn。

（1）实验一：参与者 A

假如您和同事李谦各方面条件都相似，今年工作业绩都比较好，公司决定对你们进行奖励，并且你的选择将决定你和李谦的奖金数量，下面 A 表示您，每个括号内左边是李谦的奖金，右边是您的奖金（黑体）。以下一共 8 个方案，各个方案之间互不关联，请对每个方案分别做出选择（在选项上打√）：

例如：第一个方案中：

如果您选 A1，则你和李谦都得到 4000 元；

如果您选 A2，则李谦得到 7500 元，您只得到 3750。

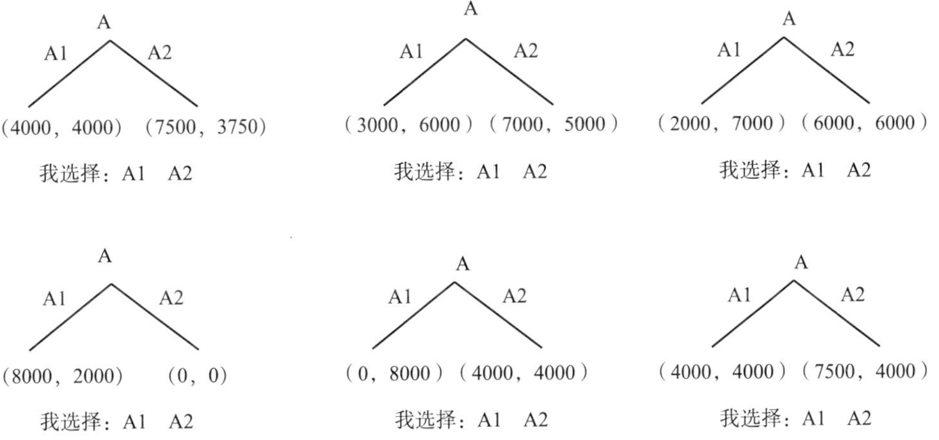

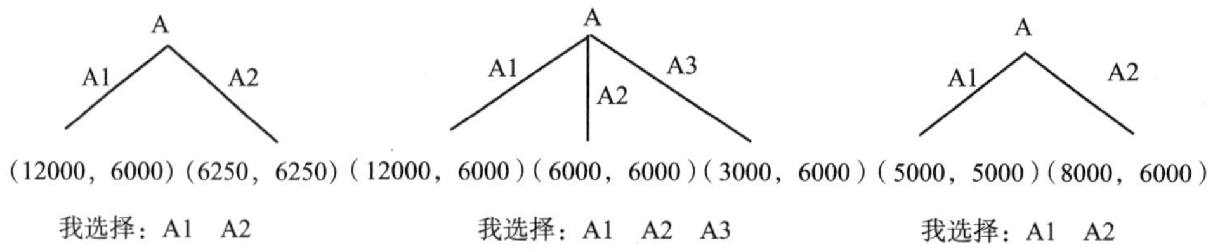

（2）实验二：参与者 E

下面的方案中，您和李谦共同决定你们的奖金数量，E，F 分别表示您和李谦，每个括号内左边是李谦的奖金，右边是您的奖金（黑体）。以下一共 11 个方案，各个方案之间互不关联，请对每个方案分别作出您的选择（在选项上打√）：

例如：第一个方案中，您有优先选择权：

如果你选 E1，你得到 8000 元，李谦得到 0 元；

如果你选 E2，即让李谦（F 表示）选择。如果你让他选择，他会在（0，4000）和（4000，4000）之间选择。如果他选择前者，你得到 4000 元，他得到 0 元，如果他选择后者，你们都将得到 4000 元。

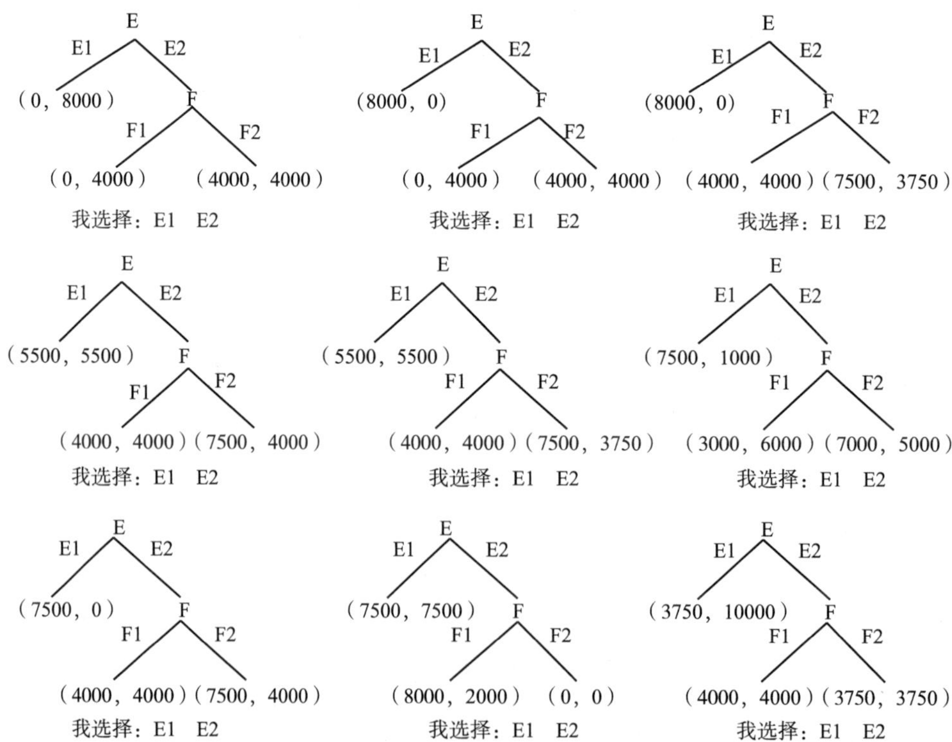

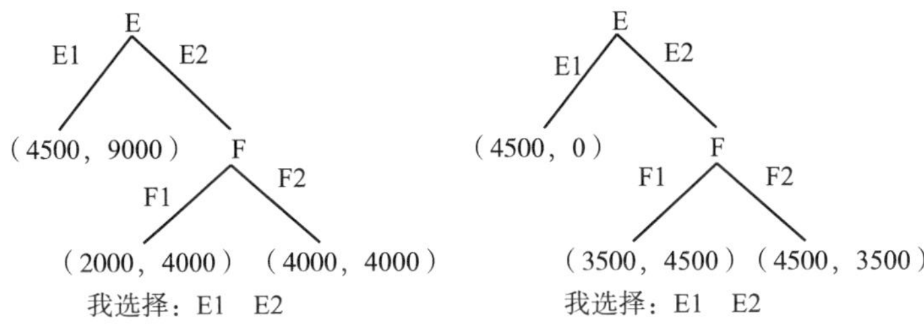

（3）实验三：参与者 F

下面的方案中，您和李谦共同决定你们的奖金数量，E，F 分别表示李谦和您，每个括号内左边是李谦的奖金，右边是您的奖金（黑体）。以下一共 11 个方案，各个方案之间互不关联，请对每个方案分别作出您的选择（在选项上打√）：

例如：第一个方案中：

李谦有优先选择权（E 表示），如果他选 E1，则他得到 0 元，你得到 8000 元。

假设他已选 E2，即让您（F 表示）选择，此时，如果您选 F1，则你得到 4000 元，他得到 0 元；如果您选 F2，则你们都得到 4000 元。

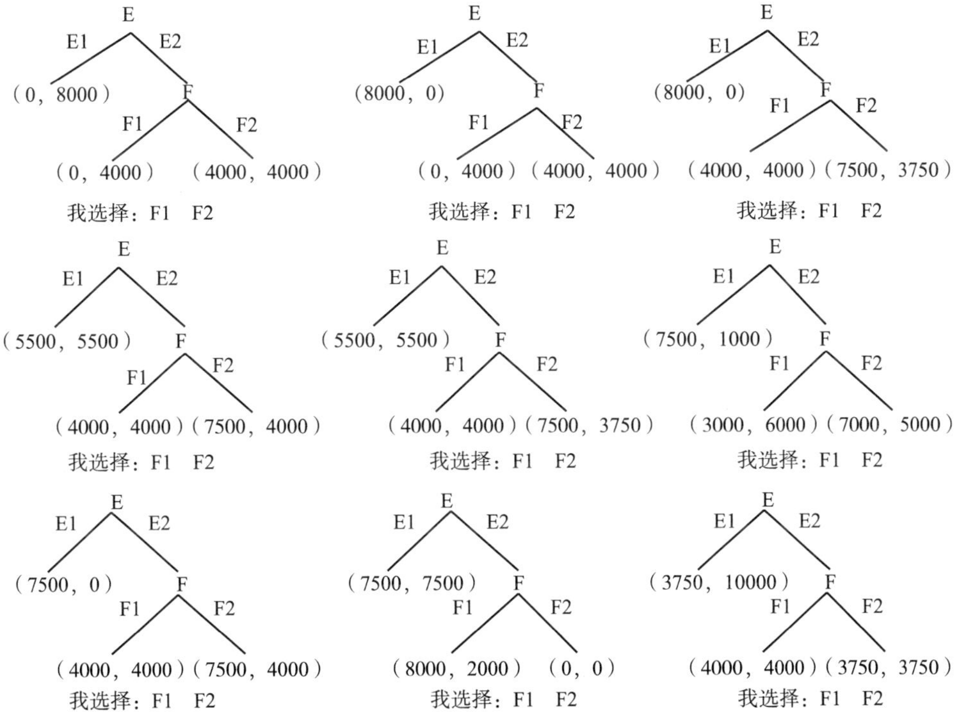

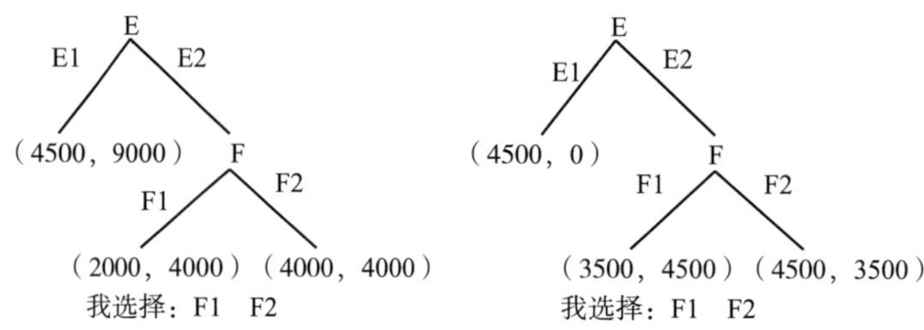

（4）实验后的调查问卷

本调查问卷旨在对我国企业制定薪酬时的公平性与高管、经理人员、员工的社会偏好、努力程度和满意度以及所在企业绩效的关系进行分析。①本问卷只用于研究之用，不作其他用途，任何信息都将严格受到保护，您可以放心作答；②本问卷匿名作答即可；③本问卷大概需占用您5～8分钟，请您按照实际情况耐心作答，非常感谢！（在选项上打√）

1. 贵公司的性质是：

A. 国有企业　B. 民营企业（家族控股）　C. 外资企业

D. 股份制公司（分散持股）

1－1. 如果您所在单位是家族企业，您是家族内部成员还是外聘？

A. 家族成员　B. 外聘

2. 贵公司所属的行业是：

A. 农、林、牧、渔业　B. 采掘业　C. 制造业

D. 电力、煤气及水的生产和供应业　E. 建筑业　F. 交通运输、仓储业

G. 信息技术业　H. 批发和零售贸易　I. 金融、保险业　J. 房地产业

K. 社会服务业　L. 传播与文化产业

3. 贵公司从业人员数：

A. 30人以下　B. 30人（含）～100人　C. 100人（含）～300人

D. 300人（含）～500人　E. 500人（含）以上

4. 您对自己的薪酬：

A. 感到很满意　B. 基本满意　C. 一般　D. 不太满意　E. 非常不满意

5. 您认为你获得的薪酬调整涨幅：

A. 非常合理且令人满意　B. 较合理比较满意　C. 一般

D. 不合理也不太满意　E. 非常之不合理令人不满

6. 您对自己努力付出与工资回报二者公平性的感受是：

A. 非常不公平　B. 不公平　C. 适中　D. 基本公平　E. 完全公平

7. 您对目前公司薪酬制度对员工激励性的评价是：

A. 非常强的激励　B. 较强的激励　C. 一般　D. 激励性不够

E. 非常差

8. 您对目前公司薪酬制度公正性和公平性的评价是：

A. 非常公正和公平　B. 较公正和公平不确定　C. 适中

D. 不够公正和公平　E. 完全不够公正和公平

9. 公司是否制定浮动工资、奖金、期权等与业绩挂钩的薪酬，您对其激励强度的评价：

A. 非常强的激励　B. 较强的激励　C. 一般　D. 激励性不够

E. 非常差

10. 就目前而言，如果公司给您提高工资，你会：

A. 会加倍努力工作，并且工作业绩一定更高

B. 会更努力工作，工作业绩可能会提高

C. 会更努力工作，但业绩上升空间不大

D. 已经很努力工作了，即使工资上升，我也不能做得更好

E. 不会有什么变化

11. 过去一年中，内部员工的离职率：

A. 没有　B. 很低　C. 一般　D. 较多　E. 非常多

12. 贵公司在工资以外的福利方面怎样：

A. 非常好　B. 很好　C. 基本可以　D. 较差　E. 非常差

13. 与同行业的其他企业相比，贵公司员工的基本工资：

A. 远远高于行业平均水平　B. 略高于行业平均水平

C. 差不多是行业平均水平　D. 略低于行业平均水平

E. 远低于行业平均水平

14. 您觉得贵公司的激励模式：

A. 非常好　B. 还好　C. 一般　D. 比较单一　E. 几乎没有

15. 您觉得贵公司薪酬和公司业绩的关联度：

A. 很高　B. 较高　C. 一般　D. 较低　E. 几乎没有

16. 如果薪酬上自己受到不公平待遇，您会：

A. 尽力向上级反映，争取得到公正的待遇

B. 会没有动力做好工作、出现懈怠、跳槽

C. 给我多少钱，我就干多少活

D. 公司有制度，我没法改变

E. 不会跟人比较，只要有一份自己能接受的工资就可以

17. 假如您和同事李谦各方面条件都相似，工作年限也一样，如果只有下面两种薪酬方案（月工资）可供选择，你倾向于：

A. （自己：5000 元/月；李谦：5000 元/月）

B. （自己：6000 元/月；李谦：8000 元/月）

C. 无所谓

18. 假如您和同事李谦各方面条件都相似，工作业绩也差不多，但是公司给你的工资比给李谦的高，你是否觉得有必要在某些方面表现更积极，以使得工资看起来更加“合理化”？

A. 非常有必要　B. 有必要　C. 会考虑做些改变　D. 基本维持现状

E. 完全没必要

19. 以自己的资历，您对自己的薪酬收入：

A. 非常满意　B. 较满意　C. 适中　D. 不满意　E. 非常不满意

20. 和自己同职位的人相比，自己的工资：

A. 非常高　B. 较高　C. 适中　D. 较低　E. 非常低

21. 您是否会做些风险性投资，包括买彩票、下赌注等？

A. 没有　B. 几乎没有　C. 很少　D. 偶尔会　E. 经常做

22. 如果有需要，您是否愿意为公司贡献自己的业余时间？

A. 原意　B. 必须有相应补贴　C. 不愿意

23. 与同行业的其他企业相比，贵公司的业绩：

A. 远远高于行业平均水平　B. 略高于行业平均水平

C. 差不多是行业平均水平　D. 略低于行业平均水平

E. 远低于行业平均水平

24. 就您所负责的业务，与过去两年的业绩相比，贵公司在这一块的业绩涨幅：

A. 很大　B. 较大　C. 一般　D. 较低（包括不涨）　E. 亏损

25. 请问您的性别是：

A. 男　B. 女

26. 请问您的年龄是：

A. 30 岁以下　B. 31 ~ 40 岁　C. 41 ~ 50 岁　D. 51 ~ 60 岁

E. 61 岁以上

27. 请问您的学历是：

A. 小学　B. 中学　C. 专科或大学　D. 硕士　E. 博士

28. 请问您在企业的工作年限是：

A. 2 年以下　B. 2 ~ 5 年　C. 5 ~ 10 年　D. 10 ~ 20 年　E. 20 ~ 30 年

F. 30 年以上

29. 请问您在公司负责的业务是：

A. 研发　B. 生产　C. 销售　D. 财务　E. 人事　F. 其他

30. 请问您在公司的职位是：

A. 普通员工　B. 基层管理者　C. 中层管理者　D. 高层管理者

E. 其他

31. 请问您父母亲的最高学历是：（按照最高者的学历）

A. 小学　B. 中学　C. 专科或大学　D. 硕士及以上

32. 过去三年，您是否收到同行业的其他公司的录用通知书，或者类似的意向：

A. 有　B. 没有

后　记

本书是在我博士论文的基础上，结合参加工作以来及博士后阶段相关研究整理而成。对于“偏好”“效用”“文化”，诸如此类问题，总是存在着方法论和思想上的诸多争论，以余之愚鲁，本不该有所涉足，所幸做的只是“形而下”的经验性工作。即便如此，仍迟迟未敢以专著面世，好在恩师、领导、同事和家人朋友们鼓励之语常在耳边，“作为自己研究的阶段性总结，纵有瑕疵，亦未尝不可”，聊以自慰。诚然，本书在许多方面仍然存在许多不足，却是我攻读博士以来对嵌入个体社会偏好的激励契约方向所开展研究的一个总结，期望得到各位专家、同行的批评与指正。

尽管本书在结构、内容、数据、文字等方面均与博士论文大相径庭，但当我重新翻开博士论文后记时，那种混合了对暨南园的眷恋、对恩师的感激、对同窗的不舍、对父母的愧疚等真情流露，犹历历在目，令让我百感交集。在暨南园求学生涯中，我最想感谢的是恩师石本仁教授，在校三年，先生耳提面命，指导我领会科研的思路，把我带入科学的殿堂，每次与先生交流，都能从他热诚、坦荡的胸怀，认真、严谨的治学态度，亦专亦博的理论素养中感受到忠于学术也忠于岁月的真诚与平静，能够在先生的谆谆教诲下静下心来做些钻研使我受益匪浅。每每我于学业中有疑惑之处，先生都面谈亲授，循循善诱；每每要走向校内外学术会议报告论文前，先生都要花很多时间听我报告，预演再三；每每有好的学习和交流机会，先生都会鼓励我争取参加，扩展自己的视野、提升自己的科研能力；每每我学业中受到挫折，心情低落，先生豁达的心，温暖的言语和体恤都能让我很快走出阴霾，重获信心和动力。博士论文选题最初是源于先生对于中国经济改革几十年来有关公平与效率问题的关切。在先生的指导下，我前期阅读主要集中于经济学与社会学文献，并在开题后逐渐偏向于考虑“人”的社会偏好在管理会计实践特别是薪酬契约中的嵌入。管理会计理论与实践中各种复杂、相互矛盾而抵触的考量和权衡使得传统理论的解释，远未能满足人们对于真实世界了解的渴望；而由于真实的管理情景难以为研究者所知，又使得来自管理会计实践中的经验证据往往受限。博士论文选题试图进入这一领域，首先在数据和方法上就充满着极大的困难和风险，更不要说理论的构建，现在回过头去看，更觉学生“不知天高地厚”，是“无知者无畏”的年少意气。先生的鼓励和支持，令学生能够鼓起勇气，走自己的路。从选题到框架搭建、研究设计到谋篇布局、甚至于格式规范等，都倾注了先生大量心血，实验样本的选取以及实验的顺利进行更是借助了先生的私人关系。参加工作后，从博士生转变为一名高校的青年教师，面对工作、生活中的一系列新问题、新情况，困境比之博士阶段更有甚者，每每感到手足无措之时，我第一个想到求助的还是恩师，一次一次地去麻烦先生，但先生从不厌烦，从课题申报、论文投稿、教学方法、教辅材料，先生都给予我详细的指导和支持；而当我沿着博士论文的方向立项并完成了两项省部级课题之后，在研究方向上感到困惑时，先生更是鼓励我进入博士后流动站开展更有针对性的研究，并通过各种方式为我牵线搭桥，寻访名师。从进入师门，至今已逾十年，点滴所得皆系先生所予，一路走来，先生的恩情，已无法用言语表达，唯有日后更为用心，以不辜负先生的谆谆教诲。

本书能够顺利完稿，特别要感谢我的博士后合作导师李增泉教授在方法论和研究思路上的指导。三年前，承蒙先生的眷顾，我才有机会争取到两个秋冬的时光，走进了商科底蕴深厚、科学研究氛围浓郁的上海财经大学开展博士后研究，聆听靳庆鲁、唐松、刘浩等教授精彩的学术观点，与一群才华横溢青年教师和博士生进行学术上的相互碰撞与交流。事实上，当初起了跟从先生做学术研究之念头并给先生发去自荐信时，纯粹是慕先生的学术名声，对先生了解无多。两三年的交流和学习中，先生的家国情怀、学术智慧、人格魅力、治学态度和处事风格，无一不让学生感到能够跟随先生是一件多么幸运的事情。还记得刚进站那段时间，每每与先生单独请教或者师门交流时，一讨论话题必先想 X（自变量）是什么、Y（因变量）是什么？X 该怎么度量、Y 该怎么度量？焦虑与浮躁之情溢于言表。先生看在眼里，每每告诫要理论联系实际，先把解释之事想清楚，再去思考研究细节，“敢为人先”的创新需建立在“慎思明辨”的基础之上，不要仅为发表而作文，要做有用的研究。先生的耳提面命方才令我沉下心来，重新认真研读了新制度经济学系列经典文献，将产权理论、政治经济学、社会学、公司治理以及中国制度背景下的文化传统、习俗礼仪、不断变化着的约束等，统一在相对简单的框架内进行思考。在与先生的交流中，产权经济学方向的文献是那么熟悉，又是那么陌生。熟悉的是，很多文献已经读过不止一次，甚至于自己的文章中也常有引述；陌生的是，先生对文献的解读常出人意料之外，又在情理之中，使人有醍醐灌顶、茅塞顿开之感。先生那看似平常的话语中，常常隐含着精妙的思想和严密的逻辑，对世事的洞察，往往仅三言两语、手起刀落，让学生叹服的同时也逐渐领略到了解释世事和学术研究的乐趣所在。“人类的一切活动皆源于生存，经济活动镶嵌于社会生活中”“公司治理的逻辑在于最小化公司利益相关者之间基于习俗、法律、管制等制度约束的交易成本”“存在的就已经真实世界里最优的，不均衡、非有效、非理性往往只是因为漠视或忽略了某些约束条件”

“人生的高度取决于生活的热度和思考的深度”“大道至简，理论的力量在于它的简单”等，诸如此类，先生于日常交流中的金句不胜枚举，引人深思。学生驽钝，先生的许多观点，需要在之后较长时间内反复咀嚼方知其味，但笨人笨办法也有好处，那就是促使自己对之前有关社会偏好的研究作了方法论上的仔细斟酌，纠正了书中一些模糊不清和套套逻辑的阐述。本书的整理是在博士后期间进行的，除了对之前研究的系统总结外，主要就是从方法论上重新作了梳理，行文中尽量避免用不同的偏好假设起点去分析不同的个体行为，而是统一在经济理性的框架内解释由既定文化塑造的个体偏好和行为，阐述中尽力做到逻辑自洽。本书的这些修订，均得益于先生的指导，然先生之教诲，远不止于此，先生“存在即是均衡”的观念，与其说是一种理论提炼，不如说是一种人生态度，与苏轼《超然台记》中“凡物皆有可观。苟有可观，皆有可乐，非必怪奇伟丽者也”所蕴含的哲学寓意一样，均是一种自信、豁达、乐观的优良品质。世事皆洞明，自然就不会有不均衡、非有效、非理性引致的不快乐，执念于假想中的“最优”正如执念于怪异、新奇、雄伟、瑰丽的景观一样，终究难以坦然面对真实的人生。先生治学严谨、工作勤勉、家庭美满，在科研、教学、为人处世等方面的言传身教，无不为学生以后漫漫人生路树立了一个个学习的标杆。

在此还要特别感谢暨南大学王华教授和刘国常教授，两位教授都是我博士阶段导师组老师，博士论文的撰写都是在他们的关心与指导下完成的，从一年级的基础理论、二年级的专业理论，到论文选题、预答辩，再到论文最后的敲定，都得益于两位老师的循循善诱和督促鼓励，在此致以最诚挚的谢意！2012 年我博士毕业进入广东财经大学会计学院工作，王华教授是校领导，工作繁忙，但每次见到面，他都非常关心我的工作和生活，教学、科研上继续给了我很多的指导，让我受益匪浅。刘国常教授调到广东财经大学会计学院后，在各个方面也给予我很大的支持，关怀备注，让我非常感动。胡玉明教授管理会计思想深刻，见解独到，论文写作过程受到很多的启迪，同时也感谢他在薪酬研究方面和相关实验、问卷设计方面提出的许多宝贵的意见和实例。程仕军教授有关管理会计的课程，精彩绝伦，为我们展现了管理会计理论与实务中各种复杂、相互抵触的考量和权衡，令我受益匪浅，促使我最终确定了博士论文的主要方向。感谢黎文靖教授、沈洪涛教授在论文预答辩中提出的许多富有价值的意见，两位老师在我参加工作后还依然关注着我的点滴成长，在此谨表我诚挚的谢意！感谢石水平副教授，攻读博士学位以来的成长与石老师的指导和帮助是分不开的，不管是博士论文选题、写作，还是工作论文的写作、遣词造句和文献格式、投稿，以及参加工作后课题的申报、学生指导、教学教研等，石老师都花费了大量的时间和精力来教导我，生活上石老师也给予无私的帮助，其一丝不苟、精益求精的治学、处世态度是我学习的好榜样，在此致以真诚的谢意！此外，暨南大学会计系名师荟萃，博士三年有幸聆听宋献中教授、胡玉明教授、熊剑教授、谭跃教授、黄文锋教授等老师的课堂启迪和对学术的独到见解，正是他们的教导引领我进入学术研究的大门，谨此感谢！暨南大学博士论坛中丁友刚老师、江伟老师、饶品贵老师、白华老师等等对于每期报告论文的精彩点评、质疑以及修改建议等都让我受益良多！我参加工作后，各位老师也都很关心我的发展，并给予了无私的帮助，在此一并致以最诚挚的谢意！

博士毕业之后，我有幸加入广东财经大学会计学院，成为一名青年教师。会计学院的领导、老师们热情、友好，给予我这个初来乍到的新人诸多的关怀和帮助，让我很快就适应了从学生到教师的角色转变，在此对学院所有老师表示诚挚的谢意！自我入职以来，会计学院历任领导，兰艳泽教授、刘国常教授、邢风云教授、陈美华教授、雷宇教授、陈建林教授、庄学敏教授等，以及车嘉丽书记、文波书记、周梅珍主任等等，都致力于营造一个和谐、宽松的科研、教学、生活氛围，在这样的环境下，越来越多的青年才俊加入会计学院，如郭剑花博士、张建平博士、李莉博士、曹丽梅博士、顾小龙博士、温晓博士、施赟博士、肖永慧博士、陈晓珊博士、郑培培博士、刘骏博士、况玉书博士、罗勇根博士、董艳博士等，他们与我志趣相投，大家在工作中相互交流、相互支持，让我由衷地喜欢上会计学院这个大家庭，也对学院的未来充满信心！

在本书写作过程中，还得到张长海、江金锁、曾建新、陶宝山、张俭、毕丽华、周茜、刘华、阙英、龙文滨、李四海、王方方、蔡晓珊、章贵桥、何开刚、孙安其、武凯文、黄金波、杨红明、林大庞等同门、同窗及好友，以及我指导的研究生曹鑫雨、罗迅杰、郭玉洁、胡小璐、王毅婕、焦婕、袁梦、赵瞳瞳、闫宇等的帮助与支持，在此致以最诚挚的谢意！因缘际会，唯愿同学、师生、朋友之间的情谊，犹如月般纯净，一如桂般清香！

感谢父母无私的爱！

感谢我的夫人陈晓茹女士！

本书的完成，是结束，也是新的开始。带着人生极为重要的一段学习、研究和工作经历，怀揣对未来生活的憧憬，我将好好整理行囊，从容地踏上新的征程！本书的写作和修改过程中，所受的诚实、严谨、缜密、拓新等治学之道的熏陶，将使我终身受益，为文如此，做人亦当如此。

是为记。

杨志强

2019 年 6 月于广财北校区